欧阳哲生 ◎ 著

科学与政治

——丁文江研究

图书在版编目(CIP)数据

科学与政治:丁文江研究/欧阳哲生著. —北京:北京大学出版社,2009.1
（未名中青年学者文库）
ISBN 978-7-301-14842-6

Ⅰ.科… Ⅱ.欧… Ⅲ.丁文江(1887～1936)-人物研究
Ⅳ.K826.14

中国版本图书馆 CIP 数据核字(2008)第 204036 号

书　　　　名：	科学与政治——丁文江研究
著作责任者：	欧阳哲生　著
责 任 编 辑：	舒　岚　张　杨
标 准 书 号：	ISBN 978-7-301-14842-6/K·0572
出 版 发 行：	北京大学出版社
地　　　　址：	北京市海淀区成府路205号　100871
网　　　　址：	http://www.pup.cn
电　　　　话：	邮购部 62752015　发行部 62750672　编辑部 62752824
	出版部 62754962
电 子 邮 箱：	weidf02@sina.com
印 　刷 　者：	三河市新世纪印务有限公司
经 　销 　者：	新华书店
	650 毫米×980 毫米　16 开　25.25 印张　362 千字
	2009 年 1 月第 1 版　2009 年 1 月第 1 次印刷
定　　　　价：	50.00 元

未经许可,不得以任何方式复制或抄袭本书之部分或全部内容。
版权所有,侵权必究
举报电话:010-62752024　电子邮箱:fd@pup.pku.edu.cn

目 录

丁文江的一生及其评价 ……………………………… （1）
 一、一个高级学者的知识准备 ……………………… （5）
 二、中国近代地质事业的开拓者 …………………… （13）
 三、其他领域的学术成就 …………………………… （26）
 四、"科学与人生观"论战中的收获 ………………… （44）
 五、介入国内政治生活 ……………………………… （61）
 六、"苏俄经验"与思想调整 ………………………… （81）
 七、未尽的军事才能 ………………………………… （91）
 八、中央研究院的"阁魁" …………………………… （100）
 九、人际交往与友情天地 …………………………… （118）
 十、丁文江文献整理 ………………………………… （136）

丁文江先生年谱 ……………………………………… （140）
 1887年（光绪十三年丁亥）　一岁 ………………… （140）
 1892年（光绪十八年壬辰）　五岁 ………………… （147）
 1896年（光绪二十二年丙申）　九岁 ……………… （147）
 1898年（光绪二十四年戊戌）　十一岁 …………… （148）
 1899年（光绪二十五年己亥）　十三岁 …………… （148）

1900年（光绪二十六年庚子） 十四岁 …………………（148）
1901年（光绪二十七年辛丑） 十五岁 …………………（149）
1902年（光绪二十八年壬寅） 十六岁 …………………（149）
1903年（光绪二十九年癸卯） 十七岁 …………………（150）
1904年（光绪三十年甲辰） 十八岁 …………………（152）
1905年（光绪三十一年乙巳） 十九岁 …………………（159）
1906年（光绪三十二年丙午） 二十岁 …………………（161）
1907年（光绪三十三年丁未） 二十一岁 …………………（162）
1908年（光绪三十四年戊申） 二十二岁 …………………（163）
1909年（宣统元年己酉） 二十三岁 …………………（164）
1910年（宣统二年庚戌） 二十四岁 …………………（164）
1911年（宣统三年辛亥） 二十五岁 …………………（164）
1912年（民国元年壬子） 二十六岁 …………………（171）
1913年（民国二年癸丑） 二十七岁 …………………（173）
1914年（民国三年甲寅） 二十八岁 …………………（178）
1915年（民国四年乙卯） 二十九岁 …………………（183）
1916年（民国五年丙辰） 三十岁 …………………（186）
1917年（民国六年丁巳） 三十一岁 …………………（189）
1918年（民国七年戊午） 三十二岁 …………………（189）
1919年（民国八年己未） 三十三岁 …………………（191）
1920年（民国九年庚申） 三十四岁 …………………（200）
1921年（民国十年辛酉） 三十五岁 …………………（203）
1922年（民国十一年壬戌） 三十六岁 …………………（210）
1923年（民国十二年癸亥） 三十七岁 …………………（218）
1924年（民国十三年甲子） 三十八岁 …………………（225）
1925年（民国十四年乙丑） 三十九岁 …………………（230）
1926年（民国十五年丙寅） 四十岁 …………………（243）
1927年（民国十六年丁卯） 四十一岁 …………………（267）
1928年（民国十七年戊辰） 四十二岁 …………………（276）
1929年（民国十八年己巳） 四十三岁 …………………（285）
1930年（民国十九年庚午） 四十四岁 …………………（293）
1931年（民国二十年辛未） 四十五岁 …………………（297）

1932年（民国二十一年壬申）	四十六岁	（303）
1933年（民国二十二年癸酉）	四十七岁	（310）
1934年（民国二十三年甲戌）	四十八岁	（319）
1935年（民国二十四年乙亥）	四十九岁	（340）
1936年（民国二十五年丙子）	五十岁	（359）

身后记 ……………………………………………………（361）

1936年（民国二十五年丙子）	（361）
1937年（民国二十六年丁丑）	（370）
1938年（民国二十七年戊寅）	（372）
1939年（民国二十八年己卯）	（372）
1940年（民国二十九年庚辰）	（373）
1941年（民国三十年辛巳）	（373）
1942年（民国三十一年壬午）	（374）
1943年（民国三十二年癸未）	（374）
1944年（民国三十三年甲申）	（374）
1946年（民国三十五年丙戌）	（375）
1947年（民国三十六年丁亥）	（375）
1948年（民国三十七年戊子）	（376）
1956年（丙申）	（376）
1958年（戊戌）	（376）
1967年（丁未）	（377）
1970年（庚戌）	（377）
1978年（戊午）	（377）
1983年（癸亥）	（377）
1984年（甲子）	（377）
1985年（乙丑）	（378）
1986年（丙寅）	（378）
1987年（丁卯）	（380）
1990年（庚午）	（380）
1993年（癸酉）	（381）
1997年（丁丑）	（381）
1998年（戊寅）	（381）

2000年(庚辰) ……………………………………………（381）
2001年(辛巳) ……………………………………………（381）
2005年(乙酉) ……………………………………………（381）
2007年(丁亥) ……………………………………………（382）
2008年(戊子) ……………………………………………（382）

《丁文江先生学行记》前言 ……………………………（383）
附录　追悼丁文江佚文三篇 ……………………………（389）
　一、Obituary：Dr. V. K. Ting ………………………（389）
　二、中国地质学会第十二次年会记事(节录) …………（392）
　三、悼丁文江先生 ………………………………………（394）

丁文江的一生及其评价

在近代中国科技事业(特别是地质事业)的发展进程中,丁文江是一位极为重要的人物。他一生的研究和活动范围甚广,涉及地质学、动物学、人类学、地理学、政治、军事、少数民族语言、历史等,在他涉足的每一个领域,他或做出开拓性的贡献,或有其骄人的成就,或有着重大的影响。今天我们评价丁文江,困难的不在于把握他的某一项具体的科技成就,实际上在他工作的领域都已有后来者超越了他。在科技史上,丁文江已成为一个历史的存在。他政治生活中的某些局限,如在军阀孙传芳治下担任淞沪商埠督署总办,亦不需我们作更多的辩解,他同时代的人已有足够的历史解释。我们之所以有兴趣继续探讨这样一位科学人物,是基于对他在中国近代科技史上所树立的科学典范的纪念,是对他所树立的一种科学精神——丁文江精神的怀念。他有关发展中国科学的理念,他前瞻性的科学眼光,他百折不挠的进取精神,他与国际学术界密切交往的宽广胸怀,他热情扶持青年学子的诸般善举,都是值得我们回味和珍惜的历史遗产。作为一个历史标本,丁文江具有不朽的价值。

丁文江的一生(1887—1936年)大致可分为三个阶段:第一阶段是他的求学时期(1887—1911年),从他幼年在私塾阅读中国传统经籍开始,到1902年赴日本留学,再到1904年赴英国留学,先后在司堡尔丁中学、剑桥大学、葛拉斯哥大学求学,在求学过程中,他逐渐确定了自己的治学志趣和专业选择——动物学、地质学。第二阶段是他的事业拓展时期(1912—1926年),他先后担任南洋公学教师(1912年)、民国北京政府工商部地质科科长、地质研究所所长(1913年)、地质调查所所长(1916—1921年)、热河北票煤矿公司总经理(1921—1925年)、淞沪商埠督署总办(1926年5月—12月)等职。在地质研究和调查、煤矿经营、社会政治活动领域,他一显身手。其中最为人称道的是他在担任地质研究所所长、地质调查所所长期间所做的大量开创性的工作,为中国近代地质事业奠定了基础。最受人非议的是他担任淞沪商埠督署总办一职,给他的政治前途蒙上了沉重的阴影。第三阶段是他的事业平稳发展时期(1927—1936年),从他避居北京、大连,研究、整理《徐霞客游记》,到他重返地质调查所赴西南进行大规模的地质调查,再到接受北京大学地质学系研究教授的聘任(1931—1934年),最终倒在中研院总干事的岗位(1934年5月—1936年1月)。他在经过短暂的人生低谷后,重新回到自己的学术岗位,受聘北大研究教授、中研院总干事,当选中研院评议会评议员,标志他的学术地位获得了最高承认。就丁文江一生发展轨迹来看,地质学研究、调查、经营与教学是其主要的职业性工作,正是因为他在这一领域所做的巨大努力和发挥的正确引导作用,中国地质学很快在国际学术界获得一席之地。政治则是丁文江不肯舍弃的追求,他常对朋友说的一句口头禅是:"最可怕的是一种有知识有道德的人,不肯向政治上努力。"[①]1927年6月9日丁文江致信胡适、徐新六,提到自己

[①] 朱家骅:《丁文江与中央研究院》,载1956年12月台北《"中央研究院"院刊》第三辑。

欲做一部分《科学与政治》,"发挥我等政见的根本"。①"科学与政治"可以说是丁文江一生的两大主题,科学是他的职业,政治是他的关爱,一主一辅,成为贯穿他生平事业的两条线索。

丁文江去世后,1936年1月27日中国地质学会理事会由翁文灏倡议,决定设立"丁文江纪念基金"以奖励对地质工作有特殊贡献者,该奖从1940年至1948年间颁发过5次。1939年3月,中央研究院第一届评议会第四次年会经陶孟和、李四光、胡适等提议,决定设立丁文江奖金。根据丁文江奖金章程规定,此项奖金给予对自然科学研究做出新的贡献者。② 1947年6月,中央研究院院务会议决定,将上海自然科学研究所址更名为在君纪念馆。这些纪念基金、奖金的设立,既是科学界对丁文江科学成就的高度认可,也反映了学术界同人对丁文江的深切怀念。

为缅怀丁文江的生平和志业,许多丁文江的朋友、学生陆续发表了悼念、追思性的文字,它们主要刊载在《独立评论》、《地质论评》、《国闻周报》、《中国地质学会志》等刊,以及1956年出版的台北《"中央研究院"院刊》第三辑"丁故总干事逝世廿周年纪念刊",这些文字对丁文江做出了初步的评价。《丁文江这个人》(台北传记文学出版社1967年9月出版)是这些文字的结集,收入其中的39篇。胡适撰写的《丁文江的传记》是第一本丁文江传记(收入1956年12月出版的《"中央研究院"院刊》第三辑),约十万字,它是最早、也是迄今最有价值的丁文江传记,作者与传主之间本有亲密的私人关系,因而胡适可将自己多年与丁文江直接接触的"经验"带入这本传记。胡适一生只写作了这一部当代人物的传记,足见他非常重视与丁文江之间的情谊。美国学者夏诺蒂·弗思(另一中文名傅乐诗,Charlotte Furth)撰写的英文著作《丁文江:科学与中国新文化》(*Ting Wen-chiang*: *Science and China's New Culture*)(哈佛大学出版社1970年出版)是外国学者第一本系统研究丁文

---

① 参见《丁文江致胡适、徐新六》,收入《胡适来往书信选》上册,香港:中华书局,1983年11月版,第436页。
② 《国立中央研究院民国二十六年度至二十八年度总报告》,第102页。

江的著作,①它侧重于讨论丁文江的科学、文化思想、政治活动与中国新文化之间的关系。谷小水的《"少数人的责任"——丁文江的思想与实践》(天津古籍出版社,2005年2月版)一书,主要探讨丁文江政治思想及其活动。其他值得提到的相关著作还有:王仰之的《丁文江年谱》(江苏教育出版社1989年版),这是第一本丁文江年谱,篇幅虽短,但大体勾勒了丁氏一生的轮廓。马思中、陈星灿编著的《中国之前的中国:安特生、丁文江和中国史前史的发现》(Magnus Fiskesj and Chen Xingcan, *China Before China: Johan Gunnar and Andersson, Ding Wenjiang and the Discovery of China's Prehistory*,中、英文对照本),②主要展现安特生、丁文江在中国史前史的考古工作中的合作关系及其成就。丁琴海的《丁文江》(河北教育出版社2001年版)、宋广波的《丁文江图传》(湖北教育出版社2007年版)、林任申、林林的《丁文江》(江苏人民出版社2007年版)。至于零星地出现在一些报刊上有关纪念、研究丁文江的文字,可参见本人编辑的《丁文江先生学行录》(中华书局2008年1月出版)。可以说,现今已有的研究论著,在探讨丁文江的生平事迹和科学成就方面,已经做了大量工作。但也应承认,由于大家都是在没有一部《丁文江全集》,或者接近于全集的《丁文江文集》的情况下开展自己的工作,在资料占有上未免存在这样、那样的局限。胡适当年写作《丁文江的传记》时,即明确地承认这一点。③由此可见,编辑、出版一套《丁文江文集》,实属必要。正是基于这一要求,我们启动了《丁文江文集》这一文献整理工作。

评估一个重量级的历史人物,不仅需要我们具有一般的历史

---

① 中译本有〔美〕费侠莉著,丁子霖、蒋毅坚、杨昭译:《丁文江——科学与中国新文化》,长沙:湖南科技出版社,1987年3月版。北京:新星出版社,2006年1月版。

② Magnus Fiskesj and Chen Xingcan, *China Before China: Johan Gunnar and Andersson, Ding Wenjiang and the Discovery of China's Prehistory*(《中国之前的中国:安特生、丁文江和中国史前史的发现》), Stockholm: Museum of Far Eastern Antiquities, 2004。

③ 胡适在《丁文江的传记》引言中说:"我的材料只限我在海外能收集的在君遗著,和那二十多篇纪念文字。遗著也很不完全,例如在君在《努力周报》上写的文字,在天津《庸报》上写的文字,我在海外都看不到。因为材料太不完全,所以我只能写一篇简略的传记。"《胡适文集》第6册,北京大学出版社,1998年11月版,第402页。胡适所说的这种情形,后来的研究者虽有改善,但资料的占有,仍是一大问题,丁文江的英文作品,尤少见人采用。

专业素养,而且要求我们谙熟研究对象从事的专业工作和知识背景。在历史专业素养中,除了通常所说的加强历史技艺的修养(如搜集历史材料、解析文本信息,提炼历史观点),以强化"历史的细腻"和学术的精致;我以为还应提倡"历史学家的厚道",亦即陈寅恪先生所谓"同情之了解",对历史人物作设身处地的考量。近代中国是一个历史转型的"大时代",在"革命话语"占主导地位的年代,政治标准居于首位,学术的、职业的要求退居其次,这在使用人才,衡估历史时均是如此。当整个社会走上现代化道路,革命性的政治观念相对淡化,专业工作的评判越来越严格,由此在历史领域产生的一个变化,人们对那些在专业工作领域取得卓越成就的科学家、作家和从艺者重新予以认识,许多被湮没的专业工作者被挖掘出来,给予重新评价。与此同时,研究对象所具有的文化含量,也成为我们衡量其历史价值和研究价值的一个重要条件,一些备受争议的文化学术人物因其内含的复杂性和不确定性因素,对我们的历史研究可能构成一大挑战,也为我们的研究预留了一定空间,成为考验学术研究走向成熟的必要素材。只有通过"百家争鸣",我们才可能获得一种新的认识上的平衡、和谐。对丁文江的个案研究,正是中国近代史(特别是中国近代科技史)领域这一新趋势的反映。

一、一个高级学者的知识准备

丁文江诞生在一个富绅家庭,故其童年有机会接受良好的传统教育,具有深厚的传统文史基础。据其兄丁文涛回忆:"亡弟于襁褓中,即由先慈教之识字,五岁就傅,寓目成诵,阅四年,毕《五经》、四子书矣。尤喜读古今诗,琅琅上口。""于塾中课业外,常浏览古今小说,尤好读《三国演义》。""六七岁后,即阅《纲鉴易知录》,续读四史、《资治通鉴》诸书,旁及宋明诸儒语录学案,每毕一篇,辄系以短评。于古人,最推崇陆宣公、史督师。又得顾亭林《日知录》,黄梨洲《明夷待访录》,王船山《读通鉴论》,爱好之,早夜讽诵不辍,重其有种族观念也。"①这段文字反映丁文江童年接受了常规的私塾教育,倾慕陆贽、史可法、顾炎武、黄宗羲、王船山诸贤,受他们的思想影响甚大。

显示丁文江早年的才学和志趣,是他的两篇作文。一篇是在十一岁所作《汉高祖明太祖优劣论》,"首尾数千言,汪洋纵恣,师为敛手,莫能易一字也"。一篇是在十五岁时赴泰兴县城应知县龙璋面试所作《汉武帝通西南夷论》,龙璋阅卷后,"大叹异,许为国器,即日纳为弟子,并力劝游学异国以成其志"。②

对自己所受的传统私塾教育,丁文江本人似不太满意,1935年他发表的《现在中国的中年与青年》一文,站在新文化的立场对传统教育忽视体育运动和私塾教师的写作能力批评道:"三十年前受教育的青年都是在旧式私塾里读书的。不特一切的新式运动完全没有梦见,而且受了'规行矩步'的影响,终年不肯劳力,因此'书生'变这全国最'文弱'的阶级。""我十六岁以前没有步行到三里以上,学地质的时候才努力学了走路。""教我书的先生是一位名贡生,但是他写封普通信札,还不如现在的高中毕业生写得流畅。"③传统私塾教育忽视体育运动,这是人所皆知的通病。教书先生写不通信札,应属个别案例,可能与泰兴县当时教育的不甚发达有关。

丁文江赴日留学仅一年半多时间,他在日本留学时期的生活,我们现可依的材料甚为稀缺,故不得其详。④ 丁文江本人在《中国学生》(Chinese Students)一文中谈及学习日语时声称"一个聪明的

---

① 丁文涛:《亡弟在君童年轶事追忆录》,载1936年2月16日《独立评论》第188号。关于丁文江出国留学前的学业情况,目前仅存丁文涛一文有简略说明。

② 丁文涛:《亡弟在君童年轶事追忆录》将丁文江见龙璋一事置于十三岁,现依胡适《丁文江的传记》改。

③ 丁文江:《现在中国的中年与青年》,载1935年3月31日《独立评论》第144号。

④ 关于丁文江留日时期的生活,仅有三篇文章有简略记载:一、丁文渊:《梁任公先生年谱长编初稿》前言,收入丁文江主编:《梁任公先生年谱长编初稿》上册,台北:世界书局,1972年10月再版。二、李毅士:《留学时代的丁在君》,载1936年7月5日《独立评论》第208号。三、汤中:《对于丁在君先生的回忆》,载1936年7月26日《独立评论》第211号。丁文江本人有两篇文章片断地记述或提及这段生活:V. K. Ting, Chinese Students, *Westminster Review*, Vol. 169, No. 1, January 1908。丁文江:《现在中国的中年与青年》,载1935年3月31日《独立评论》第134号。

中国人在通过三个月的学习后阅读日语没有任何困难",①这应是他的个人经验之谈,否则他绝不会如此武断地得出这样的结论。在《现在中国的中年与青年》一文中,他对自己的留学生活略有提及:"我第一次看见中国地图是在日本。""我第一次在日本学几何的时候,只觉得教员讲的一个点,一根线,是一种毫无意识的举动。"②显然,他应进入了学校读书。《北华捷报》(*The North-China Herald*)在他去世后发表的《一个真正的爱国者》(*A True Patriot*)悼文中说:"因为那学校课程并不严格的缘故,他转换了方向,研究法律,正像他自白中所谓,他曾费去大部分的时间来写很多的革命论文,以及吸了很多的卷烟。"③留日生活是丁文江人生经历的一次重大转变。他走出国门,学习了第一门外语——日语,对日本社会文化有了真实的体验和观察;他开始接触近代自然科学知识,为自己进一步深造做了初步的准备。

丁文江留学英国七年(1904—1911年),其中在英国东部司堡尔丁(Spalding)的一所中学读书两年(1904—1906年上半年)。在剑桥大学学习半年(1906年下半年),"选习的大概是文科";④赴欧洲大陆游历半年(1907年上半年)。关于这一年的学习情形,与他同伴的李毅士有所提及:"他在剑桥大学时,受了名师的指导,于英文一项,竟告完成。他的文字居然于这个时期在一两个大杂志里发表。至于他在大陆上居住,不特使他对于欧洲政治的观察有了长进,又使他的法语可以谈话自如。"⑤在葛拉斯哥的工科学院预备报考伦敦大学医科半年(1907年夏至1908年初)、在葛拉斯哥大学三年(1908—1911年)。在葛拉斯哥大学,丁文江主修为动物学,副修为地质学、天文学。该校档案馆现今仍保留丁文江在校学习的学业档案,并在网络版的收藏简介中特别说明这一点。检索该校的《学位与奖学金名单》(Degree and Prize List)可知,丁文江在大学时期的学业成绩优异,动物学(Zoology):1909年夏季学期(Summer

---

① V. K. Ting: Chinese Students, *Westminster Review*, Vol. 169, No. 1, January 1908.
② 丁文江:《现在中国的中年与青年》,载1935年3月31日《独立评论》第144号。
③ A True Patriot, *The North-China Herald*, January 7. 1936, p. 4.
④ 李毅士:《留学时代的丁在君》,载1936年7月5日《独立评论》第208号。
⑤ 李毅士:《留学时代的丁在君》,载1936年7月5日《独立评论》第208号。

Session)获奖章(Medal)和一等证书(First-Class Certificate,仅一名),1910 年按学业成绩(In order of merit),获二等证书(Second-Class Certificates),排在第 14 位(共 21 位,其中一等证书 10 名)。地质学(Geology):一次获奖章(Medal,仅一名)和一等证书(First-Class Certificate,排列第一,共 12 名),一次获一等证书和奖章、考华奖(Medal, Cowia Prize)的唯一获得者。天文学(Astronomy):获一等证书(First-Class Certificate)。葛拉斯哥大学教授泰勒(G. W. Tyrrell)曾这样谈及当年他对丁文江的印象:"我记得丁是一个矮个子、身材结实、宽肩膀的中国学生,他极为聪明、富有个性,表现出后来在他身上所出现的卓越的特征。已故的格里哥里教授对丁的能力给予了高度的评价,也许不能过分地说丁受到了这位杰出人物的影响。丁通过经常地通信保持着与葛拉斯哥大学地质系的联系,并使我们熟悉中国地质学的进展。"① 关于自己的留英学习生活,丁文江也略有提及:

> 当前清光绪末年考留学生的时候,以人情得着官费的大概在一半以上。当时规定私费学生能够考进外国大学的可以递补官费。我考进了大学,而且几次考得第一。但是始终没有得着官费。同时有屡次入学试验不及格而补得两个官费的人!②

这段简要的回忆文字,除说明他未得官费一语不太确凿外,其对成绩的说明与该校保存的材料完全一致,表明丁文江当时确为该校的一名优秀学生。在 20 世纪初中国人的留学热中,虽有大批青年学子跨出国门,或留学日本,或留学欧美,但真正学有所成者并不太多。像丁文江这样学业成绩优异者,可谓凤毛麟角。③

留学期间,丁文江全力以赴投入自己的学业和专业训练,几乎

---

① G. W. Tyrrell:*Dr. V. K. Ting*,载 1940 年《中国地质学会志》第 20 卷,第 369 页。
② 丁文江:《现在中国的中年与青年》,载 1935 年 3 月 31 日《独立评论》第 144 号。
③ 在留日学生中,1905 年蒋百里以日本士官学校步兵科第一名毕业。根据日本军部规定,士官榜首由天皇亲自赐刀,日本人引以为荣。此次为中国留学生所得,他们不免耿耿于怀。所以,从第四期起,步兵科中日学生分开授课,以防中国学生再度夺得锦标。参见陶菊隐:《蒋百里传》,北京:商务印书馆,1985 年 2 月版,第 10 页。此例凸显出当时留学生中学业成绩的民族主义性质。

没有阅读一本"国书"。踏上祖国的土地,即经前辈叶浩吾指点,他开始搜购《徐霞客游记》,以一个受过地质学、地理学训练的学者特有的眼光研读此书。以后,在上海南洋公学教书,在北京地质研究所、地质调查所从事教学和科研,他的治学兴趣继续拓展,他的知识、思想渐次进入一个新阶段。之所以出现这种新的发展,主要动力来自于三个方面:一是他与梁启超、张君劢、蒋百里、徐新六等一批研究系朋友的结交,对他的治学兴趣向社会政治方面,甚至军事方面发展,应有极大的影响。二是新文化运动的蓬勃发展,与胡适等北大新派教授的结识,对他参与新文化运动,有着强烈的吸引力。三是著名哲学家罗素在华的讲学活动及其思想引导,对他的思想拓展,有很大的牵引力。"五四"前后,丁文江在人际关系、社会活动和思想言论等方面,都明显地突破了地质学专业的圈子,朝着更为广阔的学界、政界方向发展。

丁文江在"科学与人生观"论战中发表了《玄学与科学的讨论的余兴》一文,文中将"平日自己爱读的书,同这一次参考过的书列举出来","供读者选择",并对其中有些书目的要旨略作点评。生物学与演化论方面有:达尔文著《物种由来》,"要知道达尔文的学说,最好是看他自己的书。我不知道在中国批评他学说的人,有几个从头至尾看过这部名著"。威尔逊著《发生同遗传中的细胞》(E. B. Wilson: *The Cell in Development and Inheritance*)、冒根著《试验动物学》(T. H. Morgan: *Experimental Zoology*),"这两部都是近代的佳作,但是都是为专门学者说法的"。孔克林著《遗传与环境》(E. C. Conklin: *Heredity and Environment*)、托姆森著《遗传性》(J. A. Thomson: *Heredity*),这两种比较容易懂。理化学方面的有:安因斯坦著《相对论》(Einstein: *Relativity*)、苏点著《物质与能力》(F. Soddy: *Matter and Energy*)、施罗森著《创造的化学》(Slosson: *Creative Chemistry*)。人种学方面的有:琦士著《人类的古代》(A. Keith: *The Antiquity of Man*)、德克峨士著《体形学与人种学》(W. L. H. Duckworth: *Morphology and Anthropology*),"这两部都是很重要的书,但是没有学过比较动物学的人是不容易看得懂"。德克峨士著《有史以前的人》(Duckworth: *The Prehistoric Man*)、戈登外叟著《人种学引论》(Goldenweiser: *Early Civilization, Introduction to Anthropol-*

ogy),这两部书"比较的浅近"。科学历史,方法同人生的关系方面有:赛推克著《科学小史》(W. T. Sedgwick and H. W. Tyler:*A Short History of Science*)、梅尔士著《十九世纪欧洲思想史》(J. T. Merz:*History of European Thought in the 19th Century*)、皮耳生著《科学的规范》(Karl Pearson:*The Grammar of Science*)、詹文斯著《科学通则》(S. Jevons:*The Principle of Science*)、赫胥黎著《方法与结果》(Huxley:*Method and Results*)和《科学与教育》(*Science and Education*)、韦布伦著《近代文化(明)中科学的地位》(Veblen:*The Place of Science in Modern Civilization*)、苏点著《科学与人生》(F. Soddy:*Science and Life*)、鲁滨孙著《在制造中的人》(Robinson:*The Mind in the Making*)。心理学方面有:詹姆士著《心理学的通则》(W. James:*The Principles of Psychology*)和《心理学教科书》(*Text Book of Psychology*)、诺司峨塞著《孩童心理学》(N. Northworthy and M. T. Whitley:*The Psychology of Childhood*)、何尔姆士著《动物智慧的进化》(S. J. Holmes:*The Evolution of Animal Intelligence*)。关于知识论同玄学的:马哈著《感觉的分析》(E. Mach:*The Analysis of Sensations*)、罗素著《心之分析》(B. Russell:*The Analysis of Mind*),"罗素这一部书是介绍心理学同哲学最好的著作。他是为中国学生做的。所以说理是由浅入深,引证是折衷众说,而他的文章简练活泼,步步引人入胜"。杜威著《哲学的改造》(J. Dewey:*Reconstruction in Philosophy*)、《实验论理文存》(*Essays in Experimental*)、和《德国的哲学与政治》(*German Philosophy and Politics*),"要知道君劢所信的正统哲学在德国政治上发生的恶果,同对于欧战应负的责任,不可不读此书"。柏格森著《创造的进化》(H. Bergeon:*Creative Evolution*)、《心理的能力》(*Mind Energy*)、开仑著《詹姆士与柏格森》(H. M. Kallen:*William James and Henri Bergson*)、哀利屋特著《近代科学与柏格森的幻想》(Eliot:*Modern Science and the Illlusions of Prof. Bergson*)。① 这是一份内容涉及多学科的书目,可见丁文江当时的阅读兴趣之广。除了动物学、生物学系其所学专业外,其他如物

---

① 丁文江:《玄学与科学的讨论的余兴》,载1923年6月10日《努力周报》第56号。

理、化学、科学历史与方法、心理学、哲学中的知识论等领域的著作，应属他自修的范围；实验主义哲学家皮耳生、詹姆斯、杜威和其他哲学家罗素、柏格森的著作，更是他新近阅读的著作，这与张君劢、胡适等人的交往有密切关系。丁文江的科学、哲学、历史素养与时俱进，保持跟踪知识界前沿思想动向的态势，这是他的一大优势。

丁文江在语言方面是一个天才。他精通英语，可以熟练地运用英语写作，发表了大量英语文章；日语、德语、法语亦能运用，其中德语还可写作。丁文江对自己的英文水平颇为自负，1930年12月9日为编辑中国太平洋关系协会的"中国文化讨论会"论文集，他致信胡适，对几位与会者提交的英文论文所存的语病问题毫不客气地给予严厉批评："莎菲把所有的文章都给我看过了。除去孟和、元任、济之、曾小姐四篇我没有细看外（因为陶、赵、李的文章应该拿得出。小姐的大作人家可以原谅）。此外都有许多毛病：蔡先生的是 utterly unreadable，朱桂莘的 illogical disconnected □，农山的是 full of grammatical mistakes，叔永的是 shallow or corner place in thought，childish elusion。"①胡适说："在君是个科学家，但他很有文学天才，他写古文白话文都是很好的。他写的英文可算是中国人之中的一把高手，比许多学英国文学的人高明的多。他也爱读英法文学书，凡是罗素、威尔士、J. M. Keynes 的新著作，他全都购读。他早年喜欢写中国律诗，近年听了我的劝告，他不作律诗了，有时还作绝句小诗，也都清丽可喜。"②汪敬熙说："他自己说过，他青年时受 T. H. Huxley 及 Francis Galton 的影响颇大，现时的作家，他最喜读 Bertrand Russell，H. Z. laski，H. G. Wells 及 Julian Huxley 的文章。他是国内科学家中眼光最阔、智识最博的一个。"③朱家骅对丁文江的外语造诣亦印象深刻："他自幼颖慧过人，有神童之称，不但精通英、德、法三国语文，而且兼谙日语，汉学造诣更不必说，所以有极优越的治学条件，可惜他死得太早，否则对国家与学术必有更辉煌的贡献，以他的才华与学力，要是生在已经现代化的国家，虽

---

① 参见《丁文江致胡适》，收入耿云志主编：《胡适遗稿及秘藏书信》第23册，第160—162页，合肥：黄山书社，1994年12月版。
② 胡适：《丁在君这个人》，载1936年2月16日《独立评论》第188号。
③ 汪敬熙：《丁在君先生》，载1936年2月16日《独立评论》第188号。

享年较浅,在学术上的成就也当不仅止此。"①董显光对他的外语能力和博学亦有佳评:"他中文、英文和德文的造诣都极深,而治学范围又极广,因此,天文地理,无不通晓。"②傅斯年谈及他们共同的读书兴趣:"在君吩咐一个英国出版者,凡威尔斯(H. G. Wells)、罗素(Bertrand Russell)、金斯(J. M. Keynes)的书,一出来,即寄来。他爱这三个人全不是偶然的。我问他觉得 Bernard Shaw 怎样,他说,'他是一个极不负责任的,活脱的爱尔兰人。'我又问他 John Galsworthy,他说,'专门描写英国中等阶级之最上层,没有大意思。'当罗素来中国时,他做了总招待。……他对罗素说,'罗素先生,你乃真正的是英国贵族产生的精品。'"③可见,丁文江的外语水平(特别是英语造诣),以及他对英国社会文化的了解,在朋友圈中有口皆碑。

丁文江有着良好的中文修养,中文写作除政论外,还喜爱古律诗创作。傅斯年谈到丁文江的文史偏好,亦有趣论:"偶与在君谈中国诗,他极不欢喜选学派的诗,这是必然的。他欢喜杜诗,这也是想象得到的,他很喜欢苏诗,能成诵的很不少。我听到他爱苏的话,恰中我的意思,我说,'苏诗真是气象万千,没有人像他这样多方面。'他说,'唯其如此,专就一格论诗是不当的。'他对于文词既不喜那些小品的风趣,也不爱排架子的古文。他很不佩服韩退之,说'韩文蛮不讲理',他很崇拜柳子厚。他在英国学会了 Recitation,一次北大聚乐会中手舞足蹈的把杜诗《兵车行》照样一办(扮),大家大乐。"④丁文江留下的诗词中,像《麻姑桥晚眺》中的"出山要比在山清",《嘲竹》中的"竹是伪君子,外坚中实空。成群能蔽日,独立不禁风"等诗句,因其明白晓畅、寓意深邃,在学界流传甚广。

众多名家对丁文江的赞扬,可以归纳为四个方面:第一,他有着极好的专业训练背景,这从他在葛拉斯哥大学的学业成绩可以

---

① 朱家骅:《丁文江与中央研究院》,载 1956 年 12 月台北《"中央研究院"院刊》第三辑。
② 董显光:《我和在君》,载 1956 年 12 月台北《"中央研究院"院刊》第三辑。
③ 傅斯年:《丁在君一个人物的几片光影》,载 1936 年 2 月 23 日《独立评论》第 189 号。
④ 傅斯年:《丁在君一个人物的几片光影》,载 1936 年 2 月 23 日《独立评论》第 189 号。

得到印证。第二,他的外语造诣。像丁文江这样有着英、德、法、日语四门外语修养的学人,在当时并不多见,能运用英语在英、美等国高级学术刊物上发表论文更属罕见。第三,他有着广泛的阅读兴趣,知识面宽广。举凡生物学、物理、化学、人种学、心理学、哲学、科学史及其科学方法等书,均有涉猎;特别是对罗素、威尔士、金斯、赫胥黎这几位英国名家作品,他有着特殊嗜好,这实际上也表现了他个人的思想抉择。第四,他具有中国文学修养和流畅的中文写作能力。他撰写的教科书《动物学》《徐霞客先生年谱》等著作行云流水一般的文字、他畅快淋漓的时评政论、他逻辑严密的"科学与人生观"论战文字,他留下的脍炙人口、寓含哲理的诗词,都表现了他有着一般科学家所不具有的中文修养,这也是他的文字具有相当影响力的原因之一吧!

丁文江是按照一个大家所需要的知识结构来塑造自己,并为自己的学术前景做出规划。正像他在生活上有着极其讲究、"欧化最深"的一面,对家庭、对朋友是一位"理学大儒"、"模范的人格",在知识背景和文化技能的准备上,他亦是有意识、自觉地朝着建构自己科学化的知识大厦而迈进。

二、中国近代地质事业的开拓者

中国科学在近代处于落后地位,这样一种窘境迫使中国向欧美、日本派遣留学生学习近代的自然科学,逐渐引进先进的科学技术,这是总的历史趋势。在这一历史过程中,各个学科的发展步伐并不一致,有的学科因有得力人物,其成长速度较快,率先达到与欧美学术界并驾齐驱的水平,地质学即属于近代中国走在前列的一门自然科学。在中国近代科技发展史上,它是以较快的速度,建设成为接近或在某些领域达到与欧美国家具有同等水平的一门学科。而中国地质事业早期发展能取得这样的成就当然不是一二人奋斗的结果,黄汲清先生在《我国地质科学工作从萌芽阶段到初步开展阶段中名列第一的先驱学者》一文中,列举华蘅芳(1831—1902年)、潘松(生卒不详)、周树人(1881—1936年)、王笼佑(1879—1958年)、张相文(1867—1933年)、邝荣光(生卒不详)、章鸿钊(1877—1951年)、

科学与政治——丁文江研究

丁文江(1887—1936年)、翁文灏(1888—1937年)、叶良辅(1894—1949年)、李四光(1889—1971年)、杨钟健(1897—1978年)十二位地质学家所做的三十项名列第一的开拓性成就,其中丁文江就占了七个第一,它们是:第一位地质教学机构"地质研究所"的首脑、第一位地质调查所所长、第一篇正式地质调查报告的学者、第一位远征边疆的学者、第一位进行煤田地质详测并拟订钻探计划的学者、第一位发表中国矿产资源论文的学者、第一位发表《矿业纪要》的学者(与翁文灏合著)。① 黄先生认为,在中华民国成立前,虽有一些学者"多少写了一点有关地质学的文章或做了一点地质工作,但为期甚短,影响不大。严格地说,我们把章鸿钊、丁文江、翁文灏三人作为中国地质事业的开拓者和第一代地质学家,似乎也是名正言顺的。"② 从传统功名的获得来看,李四光的资历亦早,1911年在清朝的最后一班留学生考试中,李获得"工科进士",进入地质学界的时间,李虽晚于章、丁、翁三位,但他对北大地质系的学科建设和中研院地质研究所的创建,也立下了汗马功劳。

关于丁文江对中国地质学方面的具体学术成就,黄汲清先生在《丁文江选集》序言中按地球科学的分支系统,从地层学,区域地质、地质图及地质测量方法,矿床学、矿业及矿务,中国的造山运动,古生物学,工程地质学,地理学,川广铁道路线初勘报告八个方面对丁文江的研究成果做了系统、精当的总结和评价。阮维周等人亦有回忆和评论。③ 黄先生从丁文江逝世时发表《丁在君先生在

---

① 收入王鸿祯主编:《中国地质事业早期史》,北京大学出版社,1990年7月版,第17—35页。后来黄先生在《丁文江选集》序中,又有所修正和增加,减少处为:第一任地质调查所所长。修正处为:第一位发表地质矿产报告,并附有区域地图的学者,第一位详细研究煤田地质,并建议进行有计划的钻探,从而获得经济效益的学者。增加处为:第一位发表工程地质论文的学者,第一位用统计学方法研究古生物的学者,第一位以地质学者身份主持铁道勘察的学者。参见黄汲清:《丁文江选集》序,收入《丁文江选集》,北京大学出版社,1993年2月版,第15页。
② 参见黄汲清:《丁文江选集》序,收入《丁文江选集》,第1页。
③ 参见阮维周:《丁在君先生对地质学上之贡献》,载1956年台北"中央研究院"院刊第三辑。夏湘蓉:《缅怀忠于发展中国地质科学事业的丁文江先生》、曾世英:《追忆川广铁道考察和〈申报地图〉编绘》、傅锟:《丁文江的贵州地质调查和对地层研究的贡献》、韩德馨:《丁文江与中国煤田地质学》、李鄂荣:《丁文江考察"中江"》、段淑英:《丁文江与中国古生物学》,这些论文均收入王鸿祯主编:《中国地质事业早期发展史》,北京大学出版社,1990年7月版。

地质学上的工作》一文,到1947年6月与尹赞勋等负责编辑、整理、出版《丁文江先生地质调查报告》,再到1990年与潘云唐、谢广连合作编辑,由北京大学出版社出版《丁文江选集》,对丁文江地质文献整理可以说做出了特殊贡献,对丁文江地质学的成就亦如数家珍。黄先生是丁文江的学生和助手,追随丁多年,本身又是国际知名的地质学家,担任过中国地质学会会长,他对丁文江地质学成就的评价,自然也最具权威性。

作为丁文江的挚友,胡适在评论丁文江对地质学的贡献时亦别有洞见,他认为:第一,"在君的最大贡献是他对于地质学有个全部的认识,所以他计划地质调查所,能在很短的时期内树立一个纯粹科学研究的机构,作为中国地质学的建立和按步发展的领导中心。""在君的第二个最大贡献是他自己不辞辛苦,以身作则,为中国地质学者树立了实地调查采集的工作模范。""在君的第三件最大贡献在于他的真诚爱护人才,热诚而大度的运用中、外、老、少的人才。"①在《丁文江的传记》中,胡适以三分之一强的篇幅,生动、具体地叙述了丁文江所做的地质学工作,对他在中国地质事业所发挥的领导作用和表现的科学精神做了充分的论述。

我个人认为,丁文江对地质学事业的贡献实际表现在两个层次:第一个层次是他实现了数个零的突破,这是从无到有的飞跃。第二个层次是他极力缩短中国地质学与西方发达国家地质学水平的距离,在某些领域甚至敢于向西方权威学者提出挑战,逐渐提升中国地质学在国际学术界的地位。

在第一个层面,丁文江主要是做了两件大事:一是创建了中国近代第一个地质教学机构——地质研究所,培养了一批地质专业人才。二是创建了中国近代第一个地质调查机构——地质调查所,并在该所建立了一套行之有效的科学管理制度。

1913年1月,丁文江进京担任工商部矿政司地质科科长。他担任这一职务,主要得力于时任矿政司司长的张轶欧,胡适称"他是一位有远见的人,认识地质学的重要,在君和章鸿钊、翁文灏,都

---

① 胡适:《丁文江的传记》,收入《胡适文集》第7册,第434—435页。

是他先后邀到工商部去的。张轶欧的计划是要办一个地质调查所。"①由此可见,张轶欧是民国初年矿政业的一个关键决策人。设立"地质研究所"之议,则最早出自章鸿钊。南京临时政府成立时,章氏即任实业部矿政司地质科科长,政府迁至北京后,章仍任该职,他在任内草拟了一份《中华地质调查私议》,主张政府大力开展全国性地质调查,建议创办"地质研究所"。② 据章后来自述:"当局举棋不定,异议蜂起,予苦之,借故它去,后改任农林部技正,而工商部之地质事务亦即委之丁文江矣。"③

成立地质研究所的转机是在丁文江上任以后,"他利用了北京大学停办地质门的机会,把北京大学地质门原有的图书标本借了过来,由工商部开办一个地质研究班,后来称为地质研究所。"④先后进入该所任教的有梭尔格(1913年)、章鸿钊(1914年)、翁文灏(1915年)等。1913年7月1日招生,10月1日开学,招收学生"正取学生二十七名,备取学生九名"。⑤ 其中来自江浙的学生如叶良辅、徐韦曼、徐渊摩、李学清、周赞衡,皆为南洋公学的学生,他们报考地质研究所,显然是受到丁文江的影响。第一批学生于1916年夏毕业,其中十三名学生进入地质调查所,从而改变了此前地质调查所是一空架子局面,使其工作得以真正开展起来。

在创办地质研究所及其教学过程中,丁文江发挥了重要作用。从他为该所拟定的《试办地质调查简章》、《地质研究所章程》,到地质研究所招生时,他亲自起草《工商部地质研究所招生广告》;从担任"古生物学"及"地文学"课的教学,到带领学生赴野外进行实习考察,丁文江都倾注了大量心血。对于他的教学,时在地质研究所学习的朱庭祜回忆:"丁由云南回到北京,在地质研究所兼授古生物学及地文学。同学们对他的印象是:1.记忆力相当好,对很难记忆的古

---

① 胡适:《丁文江的传记》,收入《胡适文集》第7册,第418页。
② 章鸿钊:《中华地质调查私议》,载1912年《地学杂志》第1、3、4期。
③ 章鸿钊:《六六自述》,武汉地质学院出版社,1987年3月版,第31页。
④ 胡适:《丁文江的传记》,收入《胡适文集》第7册,第418页。
⑤ 载1913年8月17日《政府公报》第461号。另据朱庭祜回忆,此次实际招收学生二十五人。朱庭祜:《我所知道的丁文江》,载1982年2月《文史资料选辑》第80辑,第17页。一说为二十二人,参见王仰之:《丁文江年谱》,南京:江苏教育出版社,1989年8月版,第11页。

生物名词,记得很熟,讲解时没有发生错误;2.科学知识很丰富。教地文学是要分析宇宙间一切自然现象来推论地球历史如何发展的,他讲起来左右逢源,还要讲一点天文和气象知识,以为野外工作如测量地形及方位等方面之用。当时国内各种科学均落后,多学一些与地质工作有关的科学,是有用处的。"① 朱庭祜的这篇回忆录发表在1982年《我所知道的丁文江》中,当时对丁文江评价似还有所保留,但朱氏不在乎这些,以科学工作者的身份,实事求是地论断丁文江早年的科学工作,反映了丁文江超越时空的人格魅力。

地质研究所在中国地质教育史上占有重要地位。此前北京大学的前身京师大学堂虽于1909年设立地质门,并招收学生,但因地质门是一冷门,报考学生甚少,只招到3名学生,"其中王烈先生是国内本科大学学习地质并从事地质专业的第一人"。② 北大地质门于1913年暂时停办。地质研究所的诞生恰好填补了因北大地质门的停办而出现的真空,且在招生规模上超过了此前的北大地质门,在教学质量上也明显高于前者,故地质研究所虽只办一期,但其地位与作用不可低估。

地质调查所于1916年成立。在经费方面,丁文江初任地质科科长时,苦于没有资金,无法开展地质调查。1913年10月张謇、刘厚生就任农商部总长、次长,他俩"依照张轶欧的计划,用种种方法筹到五万元一笔款子,作为地质调查所的开办经费",③解决了地质调查所创办的经费问题。1916年以后每年由农商部拨给常年经费68000元(实际仅发42000元),④经费数额虽远不能与欧美发达国家相比,但毕竟有了稳定的经费来源。在机构设置方面,据1916年10月24日大总统批准的《地质调查所章程》,该所设立地质、矿产、编译三股,1920年改设总务、地质、矿务三股和陈列馆。在人员配置方面,建所之初编制为:所长1人,股长3人(其一以所长兼任

---

① 朱庭祜:《我所知道的丁文江》,载《文史资料选辑》第80辑,北京:文史资料出版社,1982年版。
② 参见《地质老照片》,北京:地质出版社,2004年8月版,第1页。
③ 参见翁心钧:《怀念丁文江伯父》,收入《泰兴文史资料——纪念丁文江先生诞辰一百周年》第4辑,第66页。
④ 参见王仰之:《中国地质调查所史》,北京:石油工业出版社,1996年5月版,第99页。

之),技师6人,调查员12人,测绘员3人,事务员1人。① 故初期人数不过25人。1920年人员不超过30人。在学术刊物方面,1919年创办了《地质汇报》,每年至少出版一期,主要发表地质调查所学者撰写的地质调查报告,"报告以中文为主,惟纯科学论文则得用英文或德文、法文,洋员报告也得用西文;凡重要报告用中文者,出版得用西文著简单的摘要;用西文者,其摘要用中文附刊于原文之后;凡地图地名均用中文著报告者,认为必要时得酌量参加西名。"② 同年,创刊《地质专报》(分甲、乙、丙三种),甲种发表区域地质或专题研究报告,以英文为主,附中文节要。乙种发表与地质有关的记述或研究报告,以中文为主。丙种为历年之矿业统计,即《中国矿业纪要》。1922年创刊《中国古生物志》等。这些学术刊物为地质调查所同人交流的学术园地,也成为外界了解中国地质学成果的窗口。在对外交流方面,建立了与国外同行交流、联系的机制,先后聘请了安特生(J. G. Andersson)、赫勒(T. G. Halle)、丁格兰(F. R. Tegengren)、葛利普(Amadeus William Grabau)、步达生(Davidson Black)等著名欧美学者来所任职或访学,这些外国专家的到所,给地质调查所带来了国际上同行的最新研究动态,同时双方的合作研究也为地质调查所注入了新的创造活力。在图书购置方面,建所之初即建立了专业性的图书资料室,大约有书刊四百册;1919年丁文江利用赴欧美考察之便,从国外购回了大批书籍,当时因没有空间放置,致使这些书籍没有开箱。1920年地质调查所发起募捐,在兵马司9号建筑图书馆,得到了时任大总统黎元洪、实业家袁涤庵以及开滦煤矿公司、中兴煤矿公司、福兴公司等机构和个人的赞助,捐款数量约有3.9万元,1921年9月图书馆落成。总之,在经费筹措、机构建设、人员编制、学术刊物、对外交流、图书仪器诸方面,丁文江任内均已奠定了基础。③ 正因为如此,丁

---

① 参见《地质调查所章程》,载1919年《地质汇报》创刊号。
② 参见1919年7月《地质汇报》创刊号。
③ 有关丁文江在担任地质调查所所长时的详细情形,参见王仰之:《中国地质调查所史》,北京:石油工业出版社,1996年5月版。该书从沿革、机构、人员、经费、贡献等方面对该所的发展状况做了详细讨论。张九辰:《地质学与中国社会:1916—1950年》,济南:山东教育出版社,2005年10月版。亦对地质调查所的学术运作,包括学术体制与学术方向、学术权威的作用、地质学家群体的分析、对中国地质学界的影响等问题做了新的探讨。

文江才得以确立其作为中国地质事业奠基人的地位。

作为地质调查所的领导者,丁文江注重造就良好的所风。1916年7月14日在地质研究所首届学生毕业典礼上,丁文江告诫大家:"第一,不可染留学生习气。""第二,不可染官僚之习气。"①这些学生在进入地质调查所工作后,勤勤恳恳、扎扎实实地工作,成为该所骨干力量。1919年丁文江为《地质汇报》作英文序时首先引用德国地质学家李希霍芬在其著《中国》第一卷上的一段话:"中国读书人专好安坐室内,不肯劳动身体,所以他种科学也许能在中国发展,但要中国人自做地质调查,则希望甚少。"然后他反驳说:"现在可以证明此说并不尽然,因为我们已有一班人登山涉水,不怕吃苦。"②丁文江以地质所工作人员的实绩推翻了李氏傲慢的结论。

在地质调查所初期(1916—1921年),1914年1月,丁文江与梭尔格、王锡宾联名在《农商公报》第1卷第1、2期连载《调查正太铁路附近地质矿务报告书》,这是中国发表的第一篇正式地质调查报告。1914年,丁文江在滇东、滇北各地进行地质调查,重点考查个旧锡矿和东川铜矿,此次地质调查的成果反映在他《上农商总长书》、《云南东川府铜矿》两文,他是中国第一位远征边疆的地质学家。1915—1916年,丁文江接受了山东峄县枣庄中兴公司之邀,详细调查了煤田地质,测制了五万分之一地质详图,编写了详细报告,他是中国第一位进行地质详测并拟定钻探计划的地质学家。1921年6月,丁文江与翁文灏联名发表《中国矿业纪要》,作为"地质专报丙种第一号",由农商部地质调查所印行,他是中国第一位发表《矿业纪要》的学者。③ 可以说,丁文江最具创造性的成果和开拓性的工作,大都完成于此时。

1928年丁文江重新回到地质调查所工作,第二年他率领曾世

---

① 参见《地质研究所毕业记》,收入《农商部地质研究所一览》,1916年出版。
② V. K. Ting, "Forward" to the Bulletin of the Geological Survey of China. *Bulletin of the Geological Survey of China*, No 1, July 1919.
③ 相关论述详见黄汲清:《我国地质科学工作从萌芽阶段到初步开展阶段中名列第一的先驱学者》,收入王鸿祯主编:《中国地质事业早期史》,北京大学出版社,1990年7月版,第23—26页。

科学与政治——丁文江研究
Kexue Yu Zhengzhi——Dingwenjiang Yanjiu

英、王曰伦等人赴西南考察,黄汲清评及此次考察时说:"此次之行为先生平生最大地质旅行亦为最后的大规模地质旅行。其所得结果对于地质学、矿产、地理学及人种学无疑的必有很大的贡献。地质方面工作则沿途均绘有精细的地形及地质图,对于地层研究尤一丝不苟,而于泥盆纪、石炭纪及二叠纪更有精细的透辟的考查。将来西南各省这三纪地层研究要以他的结果为基础。"[①]李四光亦赞扬道:"丁文江、田奇㻪和葛利普的研究,为我们了解中国西南部泥盆纪的海陆变迁,作出了许多贡献。"[②]

经过地质调查所同人十多年的艰苦奋斗,到1920、1930年代地质调查所逐渐在国际学术界产生了一定的影响。1932年3月19日美国地质调查所首席地质专家大卫·怀特(David White)写信给丁文江,高度赞扬地质调查所取得的成绩:"中国地质调查所是如何能够存在,并持续它的高水平的一系列的出版物和专题研究,对我来说是一个极深的迷。仅仅从中国所有的报纸来判断,它不是在混乱之中,就是充斥战争和扰乱,总是处在混乱和无序之中。我们惊讶在那种如果不是绝望也是令人失望的环境里,你们能够做出这样好的成绩。"[③]

在第二个层次,丁文江积极引导中国地质学界与国际学术界对话,使中国地质学研究渐次在国际上占有一席之地。在拓展国际学术交流方面,丁文江以身作则,做出了表率,这方面他引人注目的动作有:

第一,积极聘请国际上知名的外国专家、教授来华教学与研究。胡适曾说:"在中国地质调查所的历史上,有好几位外国学者的重要工作、重要贡献,是不可磨灭的。古生物学的葛利普,是不用我重述了的。此外,如德国学者梭尔格,如瑞典学者安特生(J. G. Andersson),如法国学者德日进(Teihard de Chardin),都曾为地质学、古生物学,以及地质调查所主持提倡的史前考古学,做过重要的工作。其中当然要算安特生先生最有贡献,他不但做了重要

---

① 黄汲清:《丁在君先生在地质学上的工作》,载1936年2月16日《独立评论》第188号。
② J. S. Lee, *The Geology of China*, London: T. Marby & Co., 1939, p.120.
③ V. K. Ting, Modern Science in China, *Asia*, V.36, No.2, February 1936, p.132.

的地质矿产的调查，并且发现了河南'仰韶的石器陶器'和他处的新石器时代文化，为中国史前考古学划开一个新时代。德日进先生在中国旧石器时代文化的发现和研究，都曾有重要贡献。"① 胡适提到的这几位外国学者，如德国专家梭尔格，是一位不易相处的人，但丁文江"虚心的请教他"，结果两人"变成功极好的朋友"。② 哥大教授葛利普是丁文江专门从美国请来的。安特生在中国考古事业的成功，与丁文江的密切合作和大力支持，有着极大的关系，为纪念他俩的友谊，安特生特将自己的自传体著作《龙与洋鬼子》(Der Drache und die Fremden Teufel)题献给丁文江。可以说，丁文江不仅独具眼光地请到外国真正有科学研究能力的专家，而且善于利用他们的才能，发挥他们的专长。③ 与此同时，中国的地质学会活动亦邀请外国专家或同行参加，"1920年前后，在北京的地质人员创立中国地质学会，丁实主持之，京内外各地的外国人对研究中国地质有兴趣的也都可参加"。④ 这自然大大加强了中外地质学界的交流与联系。

第二，积极参与国际学术会议，与欧美学者直接对话。国际地质学会(International Geological Congress)于1876年成立，1878年在法国巴黎召开第一届大会，1906年在墨西哥召开的第十届大会和1910年在斯德哥尔摩召开的第十一届大会，清朝责令中国驻当地的外交人员出席会议，所以在前十二届大会均无中国地质学者出席会议，更不用说提交论文。第十三届于1922年8月在比利时首都布鲁塞尔举行，翁文灏代表中国官方出席会议，丁文江虽未与会，但委托翁氏向大会提交了英文论文《滇东的构造地质学》(The Tectonic Geology of Eastern Yunnan)，并被会议收入论文集出版。当时在该会注册的中国会员为9人，除了丁文江、翁文灏、章鸿钊为本国人外，其他6名皆是在华的外籍人士。⑤ 1934年丁文江出席在

---

① 胡适：《丁文江的传记》，收入《胡适文集》第7册，第436页。
② 胡适：《丁文江的传记》，收入《胡适文集》第7册，第437页。
③ 丁文江在这方面的事迹，参见胡适：《丁文江的传记》，收入《胡适文集》第7册，第436—437页。
④ 参见朱庭祜：《我所知道的丁文江》，载1982年2月《文史资料选辑》第80辑。
⑤ 参见 Congrès Géologique International, 13eme session, Belgique, Comptes Readus, pp.3,30。

美国华盛顿举行的国际地质学会第十六届大会,并与葛利普合作向大会提交了两篇学术论文:《中国之二声纪及其在二声纪地层分类之意义》(The Permian of China and its Bearing of Permian Classification)和《中国之石炭纪及其在密士失必与本薛文尼二系地会分类上之意义》(The Carboniferous of China and its Bearing on the Classification on the Mississippian and Pennsylvanian),两文均收入大会论文集出版。

第三,在国内外英文或其他文种学术报刊上发表论文,或展示自己的研究成果,或向国外同行介绍中国的科学研究。丁文江先后在《威士特敏斯特评论》(Westminster Review)、《远东时报》(The Far Eastern Review)、《地质汇报》(the Bulletin of the Geological Survey of China)、《新中国评论》(New China Review)、《北华捷报》(The North-China Herald)、《远东古迹》(Far Eastern Antiquities)、《中国社会与政治科学评论》(Chinese Social and Political Science)、《自然》(Nature)、《亚细亚》(Asia)等刊发表了英文论文三十余篇。为《斯文·赫定七十岁纪念册》、《庆祝蔡元培先生六十五岁论文集》撰写英文学术论文。丁文江的这些英文学术论文的发表,一方面向国外学术界展示了自己的成果,一方面也扩大了中国地质学研究在国际上的影响。中国地质学界特别是地质调查所在国际上的声誉日隆,是与丁文江及其同人在国内外学术刊物以外文发表学术成果有着直接的关系。

第四,积极向国外推荐、派遣中国留学生,为中国地质学界培养具有国际眼光的后备人才。据朱庭祜回忆:"1919年在巴黎召开和平会议,他随同北京政府特派员梁启超前往巴黎。历时虽短,但认识了许多中外有名人物,美国威斯康星大学地质学系主任利斯(C.K.Leith,是随威尔逊总统到和会的)亦于此时相识。在进一步联系后,利斯表示对培养中国青年地质人才,愿予帮助,丁乃介绍其学生谢家荣、朱庭祜、谭锡畴、王竹泉先后去该系进修。又在北京与美国人宾福士(Foster Bain 后为美国政府矿务局长)取得联系,得其协助,使另一学生徐韦曼到美国芝加哥大学地质学系习古生物学。"①周赞衡、黄汲清、李学清等在其申请赴国外留学及留学过程中，均得丁文江的帮助，或热情指点，或帮助联系，或给予资助。丁文江对晚辈的提携，给这些人的学业成长提供了重要条件，使他们终身不忘。

第五，根据自己的研究对西方权威学者就中国地质探研中的某些错误结论，提出不同意见。德国著名地质学家李希霍芬(Ferdinand von Richthofen)曾于1868—1872年在华作旅行考察，遍及18个省区，搜集中国各地地质、地貌、矿藏、水文和海岸线等资料数据，回国出版了五卷本的《中国》(China)，这是一部有关中国地质调查的空前巨著，在西方学术界享有极高的声誉。然而中国地学、矿学界虽有耳闻，真正知悉此书者甚少，故田文烈称："地质之学于矿学最为切近，晚近矿业发展益阐其用，若吾国者矿产之富世称无尽藏者也。其于苗层之分布，蕴蓄之量数，往往莫能究诘，厥初仅有德国地质家李希霍氏所著《支那》一书，传播海外，吾人反从而耳食焉。所谓慢藏诲盗者非耶，抑亦不学无术之咎也。"②丁文江可能是最早精读李希霍芬《中国》一书的中国读者。1913年丁文江被聘为工商部矿政司地质科科长，上任之初，政务疏松，无所事事，丁文江"出所携李希霍芬氏书读之，书言京西地质，中有斋堂地名，询之同官者，皆谢不知。"③同年，丁文江赴山西调查铁矿，发现山西的煤的确很多，但铁却不似李希霍芬极口称赞的那样丰富，为此他撰写了旅行记《有名无实的山西铁矿——新旧矿冶业的比较》，纠正李氏的观点。④ 在1919年发表的《芜湖以下扬子江下游之地质报告》(Report on the Geology of the Yangtze Below Wuhu)中，丁文江更是数处征引李希霍芬《中国》一书的观点或材料，或详加引述，或摘要补证，或据理反驳。不过，由于丁文江是在李氏的基础上展开自己的地质考察活动，对此黄汲清先生批评道："区域地质工作之基础是地层的划分和地质时代的确定。令人遗憾的是，本区前人的工作只有李希霍芬的《中国》可供参考，后者内容比较

---

① 朱庭祜：《我所知道的丁文江》，载1982年2月《文史资料选辑》第80辑。
② 田文烈：《地质汇报》序，载1919年《地质汇报》创刊号。
③ 丁文江：《地质汇报》序，载1919年《地质汇报》创刊号。
④ 参见丁文江：《漫游散记》(八)，载1932年9月4日《独立评论》第16号。

粗糙,错误甚多。然而他的学术威望影响了丁文江,因而他的错误免不了为丁氏所继承,在地层划分方面就是这样。"①尽管如此,丁文江重视借鉴外国同行的研究成果,对中国地质学界同人毕竟有着积极的引导作用。

　　丁文江的上述举动,对推动中国地质事业的发展,无疑是极其重要的,它使中国地质学界很快就与国际学术界建立了密切的关系,使中国地质研究能在一个国际化的环境里成长。丁文江从1913年提交《工商部试办地质调查说明书》,建议设立地质研究所、地质调查团。到1920年与翁文灏合撰《矿政管见,附修改矿业条例意见书》,围绕"壹、整理矿业法令。贰、厉行矿业期限。叁、变通矿区限制。肆、组织辅助机关。伍、提倡钢铁事业。陆、奖励特有矿产。柒、养成专门人才。"提出条陈。再到1931年发表《中国地质学者之责任》,认为:"各地方地质的材料不同,是很明显的。因为材料不同,各地方地质学者的贡献,也就有地域性的分别。""中国地质材料与其他各国不同的当然很多",从中国地质与世界地质的关系而言,一是"解决世界二叠纪的地质问题",二是"中国山脉造成的时代"这两大问题"是中国地质学者很大的责任"。从对内的义务而言,"要建设一个新的国家,一定非工业化不可","工业所需的原料,种类很多",其中煤、煤油、水利、铁、铜、铝等原料极为重要,"中国地质学者若是果然能把他们逐一的发见,使我们样样能够自给,就是新中国的真正的功臣"。②渐次形成了自己对发展中国地质事业的一整套设想。章鸿钊还提到丁文江壮志未酬的一个遗愿:"就是要把全中国百万分之一的地质总图尽先制成出版。记得他当时对我有几句豪语:这件事有两三人就可以担任得了的,就是由北至南,一人走西路,一人走东路,还有一人走中路,不出数年,便成功矣。他自己想担承的,当然是比较艰难的西路。……后来虽因环境关系和它种研究问题,不能集中力量到这方面去,但照现在的趋势,我想中国的地质图迟早要在万国地质总图里占一重

---

　　① 参见黄汲清:《丁文江选集》序,收入黄汲清、潘云唐、谢广连编:《丁文江选集》,第6页。
　　② 丁文江:《中国地质学者之责任》,载1931年4月《北京大学地质研究会会刊》第5号。

要位置,使丁先生这个最初志愿完全到达为止的。"①丁文江对中国地质事业的推进,高瞻远瞩、精心擘画,充分表现了一个学术领导人的远见卓识。

丁文江在中国地质学事业初期发展中所发挥的作用极为关键。傅斯年说:"积极方面说,他在中国建设出地质学,至少他是创造了一个可以使地质学在中国发达的环境,已可谓功在国家。至今还没有第二个人在提倡科学研究上比得上他。"②李济说得更准确:"从好些方面看,他是一个划分时代的人。他可以算是中国提倡科学以来第一个好成绩。固然严格的说起来,他没有写很多的报告,他没有发表很多的论文;关于这一类的工作,现在已经有比他成绩更好的人,但他是开创这种风气并且使之实现的人。他的提倡科学与一般的提倡,有点重要的分别。一般所谓提倡,往往都是设一个机关,安置几个'人',发表几篇文章而已。他却倒转来做,先扎硬功夫。他办地质调查所,先从训练学生起,训练调查人员,先叫他们下煤矿做苦力工作,训练完了,成绩不合格的,仍是不用他们。一切的野外工作,他都领导先干,以身作则,这种实事求是的精神,可以说是地质调查所成功最重要的原因,地质调查所工作的成绩,已为世界所公认了。出版物中,他写作的东西并不多;他的工夫完全消费在使这些合乎科学标准的工作继续的发展下去。"③丁文江真正起到了一门学科的领导人或学术带头人的作用。

然而,令人悲叹的是,在中国地质事业取得举世公认的成就时,许多地质工作者为此却付出了生命的代价。1941年尹赞勋曾作了一项统计,民国以来的地质人员不过二百人,"除因故暂时或永久不能继续从事地质事业者外,正在积极工作的地质学人只有一百一二十人。这一百上下地质学家,在过去十五年中,死去了十六位,大体说,约占全数的百分之十四。地质学界的死亡率之大何

---

① 章鸿钊:《我对于丁在君先生的回忆》,载1936年6月《地质论评》第1卷第3期。
② 傅斯年:《我所认识的丁文江先生》,载1936年2月16日《独立评论》第188号。
③ 李济:《怀丁在君》,载1936年2月16日《独立评论》第188号。

等惊人!"①丁文江即是这十六位牺牲的地质人员中的一员。这从一个侧面也反映了险恶的社会环境和恶劣的工作条件对科技工作者身心的严重摧残。

三、其他领域的学术成就

除了在本专业地质学领域取得令人称羡的成就外,丁文江在中国古代科技文献整理和研究、少数民族语言文献研究、地理学、人类学、动物学、历史学等领域,亦有开拓性的贡献,或引人注目的著作,在相关领域产生了重大影响,当我们清理这些领域的学术成果时,他是不可或缺、值得重视的一位科学家。

在中国古代科技文献整理方面,丁文江有两项重要成就:一是整理《徐霞客游记》和撰写《徐霞客先生年谱》。二是发掘宋应星的《天工开物》一书的科学价值。徐霞客和宋应星均是17世纪中国杰出的科学家。遗憾的是,由于历史的原因,他们的科学成就在清代却不被国人所认识,他俩因丁文江的发掘而获得"再生",成为这一时期中国科学复兴的主要代表。

《徐霞客游记》 徐霞客(1586—1641年)是明末地理学家,他一生不辞辛苦,不避艰险,在三十多年的行旅生涯中,遍访祖国名山大川,尤于西南云滇地区考察最细。《徐霞客游记》是徐霞客根据自己的旅行实情用日记体撰就,它详尽地记载了他所游历过的各地山川、地貌、风俗、民情、工矿、市井等情况,对于我们了解明代后期的历史状况,具有重要的史料价值。同时该书记述西南地区的岩溶地貌,较欧洲科学家格鲁柏(T. Gruber)对斯洛文尼亚喀斯特地貌(即岩溶地貌)的考察和研究要早一百多年,其在地理学上的贡献和价值极为重要。《徐霞客游记》行世近三百年,虽有清初著名学者钱牧斋那句"徐霞客千古奇人,游记乃千古奇书"的名言表彰,但据丁文江看来,并没有人真正理解"霞客的真精神"。"霞客的真精神"为何? 丁文江的回答是:"然则先生之游,非徒游也,

---

① 尹赞勋:《哀许德佑、陈康、马以思三先生》,载1941年6月11日重庆《时事新报》。

欲穷江河之渊源、山脉之经络也,此种'求知'之精神,乃近百年来欧美人之特色,而不谓先生已得之于二百八十年前!故凡论及先生者,或仅爱其文章,或徒惊其游迹,皆非真能知先生也。"①

丁文江整理的《徐霞客游记》于1928年由商务印书馆出版,他在《序》中交待:

> 余十六出国,二十六始归,凡十年未尝读国书。初不知有徐霞客其人,辛亥自欧归,由越南入滇,将由滇入黔,叶浩吾前辈告之曰:"君习地学,且好游,宜读《徐霞客游记》。徐又君乡人,表彰亦君辈之责。"……元年寓上海,始购得图书集成公司铅字本,然时方以舌耕为活,昼夜无暇晷,实未尝一读全书也。
>
> 三年复入滇,……独行滇东、滇北二百余日,倦甚则取《游记》读之,并证以所见闻。始惊叹先生精力之富、考察之精、记载之详且实。……回京后又为职务所羁,无复余力,仅于十年夏间作一总图,加以先生游历之路线,及于北京文友会中,宣读英文论说一篇,略叙先生之生平而已。
>
> 时友人胡君适之,方作《章实斋年谱》,谓传记可以为治学作人之范,年谱为传记之特式,乃吾国人之所发明,宜改善而改充之。因思仿其意,为先生作一年谱。……
>
> 余所见《游记》,沈松泉之新印本外,有集成之铅印本、扫叶山房之石印本、光绪年之活字本、嘉庆年之叶氏初刻本、蒋君汝藻及叶君景夔所藏之清初抄本,而校雠所据,一依叶氏,盖叶本为诸印本之宗。②

从这段文字可以看出,丁文江研读《徐霞客游记》达十六七年之久,作为一名地质学家,与一般古籍整理者校订《徐霞客游记》不同,他的研读至少有两个特点:一是多种版本参读。《徐霞客游记》是后人根据徐霞客的日记整理而成,有诸多版本流传,丁文江择其善者(叶景夔本)校订并加句点。二是他参照《徐霞客游记》,实地考察

---

① 丁文江:《徐霞客先生年谱》,收入氏编《徐霞客游记》,北京:商务印书馆,1996年1月版,第28—29页。

② 丁文江:《重印〈徐霞客游记〉及新著年谱序》,收入氏编:《徐霞客游记》,上海:商务印书馆,1928年11月版。

徐霞客走过的西南地区。有的论者还指出丁编《徐霞客游记》的四个特点:一是材料收集之多,前所未有;二是编制了徐霞客旅行地图;三是博采众长,精选版本;四是所撰《徐霞客先生年谱》具有相当的科学价值。① 《徐谱》表现了丁文江强烈的爱国主义思想,如《徐谱》1623年处引《游记》描述华山"四面皆石壁,故峰麓无乔枝异干"语,赞"先生之富于观察如此。而近日外国人言森林者,妄谓北方旧有森林,至近代始遭采伐,其固陋诚可笑也。"② 又如《徐谱》1641年处论及霞客之贡献时谓:"知金沙江为扬子江上游,自先生始,亦即先生地理上最重要之发见也。惜无继先生者为之宣传,其文遂埋没于县志及《游记》中。直至康熙中派天主教教士,制全国地图时,始再发见金沙之出路,而欧人遂谓中国人未尝知江之真源。数典而忘其祖,亦吾国学者之耻也。"③

丁文江整理的《徐霞客游记》出版后,在学术界产生了重大反响,研究者对丁编这部《徐霞客游记》有各种不同评价。章鸿钊先生指出丁文江与徐霞客两人的五点类似之处,称"他作的《徐霞客年谱》也算一部精心结撰的著作,不单是表彰先贤,对于地理方面,也有重要贡献。"④ 有的论者根据梁启超的《中国近三百年学术史》对《徐霞客游记》的评价,认为"梁启超是第一个站出来,从学术发展史的角度,着重评价徐霞客及其《游记》的"。⑤ 此说值得商榷。从时序上看,梁启超的《中国近三百年学术史》出版在前(1926),丁文江整理的《徐霞客游记》出版在后(1928年),但丁文江早在1921年已有英文讲演《论徐霞客(1586—1641年)探险家与地理学家》(On Hsu Hsia-K'o(1586—1641年), Explorer and Geographer)发表,1926年又有《徐霞客游记》一文载《小说月报》第17卷号外"中国文学研究"。对徐霞客游历的目的、游历的途程、是否到达西藏、四

---

① 参见洁甫:《丁文江和商务印书馆》,收入《商务印书馆九十年》,北京:商务印书馆,1987年1月版,第554—555页。
② 丁文江:《徐霞客先生年谱》,收入氏编《徐霞客游记》,北京:商务印书馆,1996年1月版,第14页。
③ 丁文江:《徐霞客先生年谱》,收入氏编《徐霞客游记》,第63页。
④ 章鸿钊:《我对于丁在君先生的回忆》,载《地质论评》第1卷第3期。
⑤ 参见朱钧侃、潘凤英、顾永芝:《徐霞客评传》,南京大学出版社,2006年8月版,第16页。

川、《游记》的文学价值等问题做了全面探讨,展现了《徐霞客游记》的科学价值。当时丁文江对《徐霞客游记》的研究在学术界已形成影响,梁启超正是从与丁的交往中,重视对《徐霞客游记》的研究。1924年3月9日梁任公致沈松泉书末提到:"吾友丁君文江,研究霞客最深,吾以此序抄示之,彼欢喜赞叹,谓为佳构。吾自揣更作新序,亦无以逾次耕序,故抄以应命,亦非尽偷懒也。丁君近为霞客作一详传,非久出版,愿得与尊校同受学界欢迎。"①显然,1924年以前,梁启超对《徐霞客游记》的认识尚未超出吴江潘耒(次耕)的樊篱,并自认丁文江"研究霞客最深",其《中国近三百年学术史》有关《徐霞客游记》的评价应与丁文江的影响有关,在《徐霞客游记》研究史上,梁启超很难说已成一家之言。

丁编《徐霞客游记》问世后,有论者指出该书的不当之处,其中方豪的《〈徐霞客先生年谱〉订误》和谭其骧的《论丁文江所谓徐霞客地理上之重要发现》两文对丁著有一些订正和质疑,②然白璧微瑕,无伤大雅。《徐霞客游记》之整理本,自"丁文江本"出版后,以后还有多种版本承续其后,然徐霞客年谱迄今仍只有丁文江一种,足见丁撰《徐谱》之不易替代也。

《天工开物》 宋应星(1587—?)撰著,它是我国有关农业和手工业技术的百科全书式的重要文献。此书刻于1637年(明崇祯十年),史称"涂刻本",1771年日本据"涂刻本"出版了营生堂翻刻本,1869年法国出版了《中华帝国古今工业》的节译本,1882年德国出版的《中国植物》一书也有该书节译。丁文江发掘此书的贡献主要表现在:一是寻得日本营生堂刻本。此版本为丁文江1922年从天津罗振玉(叔韫)手中获得。丁文江遂作《重印〈天工开物〉始末记》,在文末称:"传既成,就正于叔韫先生,复承先生之命,以付

---

① 梁启超:《梁任公先生代序》,收入《徐霞客游记》,上海:群众图书公司发行,1928年版,第2页。
② 方文主要指出《徐霞客先生年谱》所存的文字、日期和事实遗漏三类问题。参见方豪:《〈徐霞客先生年谱〉订误》,该文作为附录收入丁文江编:《徐霞客游记》,北京:商务印书馆,1996年1月版。谭文对丁文江所示徐霞客地理上之五大发现提出质疑,称"盖霞客之成就,仍在其游迹文章,霞客能到人所不能到,写人所不能写,此霞客之所以为'千古奇人',《游记》之所以为'千古奇书'也"。参见谭其骧:《论丁文江所谓徐霞客地理上之重要发现》,载1942年12月浙江大学《徐霞客逝世300周年纪念刊》。

印事商诸张菊生先生。因原刻附有和文,不宜摄影,乃另抄副本排印,加以句读,而书其始末于首,后生末学与有荣焉。"①1923年9月,丁文江在致张元济的一封信中谈到:"《天工开物》注释,年内当有以报命,特先将原书托人带上,请先饬人将原图照相制版,以省时日,至于书之大小,似不妨仍以涵芬楼秘笈为范。"②惜后来商务印书馆并未付印。直到1928年武进陶湘刻印《天工开物》三卷(陶刻本),书末附有丁文江所作《奉新宋长庚先生传》、《重印〈天工开物〉卷跋》两文。《天工开物》"陶刻本"的行世,使这部被湮没的伟大著作重新回到自己的祖国。论者认为:"喜咏轩丛书甲编,是我国近代研究《天工开物》的可喜开端。"③二是彰显《天工开物》的科学价值。丁文江以为该书"三百年前言农工业书如此其详且备者,举世界无之,盖亦绝作也。读此书者,不特可以知当日生活之状况,工业之程度,且以今较昔,吾国经济之变迁,制作之兴衰,亦于是中观焉。"丁文江详细讨论该书的经济史料价值和思想史料价值,这是中国人第一次对该书蕴涵的科学价值做出系统总结。虽然后来有学者继续挖掘该书所蕴涵的价值,但丁文江的首发之功不可没也。

丁文江发掘《徐霞客游记》和《天工开物》的科学价值,表彰徐霞客、宋应星的卓越事迹,其意是为了针砭现实:

> 今天下之乱,不及明季,学术之衰,又复过之,而青年之士,不知自备,徒借口世乱,甘自暴弃,观先生之风,其亦可以自愧也乎。④

> 方今天下之乱,未必过于明季,交通之利研究之便,则十倍之,而学工者尝知固有之手艺,习农者不能举南北之谷种,习经济者不能言生活之指数。旧日之生产未明,革新之方案

---

① 丁文江:《重印〈天工开物〉始末记》,载1923年1月7日《读书杂志》第5期。
② 参见洁甫:《丁文江和商务印书馆》,收入《商务印书馆九十年》,第557页。
③ 参见杨维增编著:《〈天工开物〉新注研究》,南昌:江西科技出版社,1987年3月版,第395页。
④ 丁文江:《徐霞客游记》序,收入氏编《徐霞客游记》,北京:商务印书馆,1996年1月版,第3页。

已出,故无往而不败。观于宋氏之书,其亦有以自觉也夫。①

阐发先贤之潜幽,以砥砺青年志士与学界同人的锐气,这是丁文江的深意所在。地质学界以现代的徐霞客比拟丁文江,实际上也是为了表彰他那种献身科学、勇于探险的敬业精神。

《申报》地图(《中华民国新地图》、《中国分省新图》) 1930年秋,为纪念《申报》创报六十周年,丁文江向史量才提议编制《中华民国新地图》以为纪念,史量才接受了丁文江这一创议。② 丁文江遂邀约翁文灏、曾世英合作,形成所谓"丁君创其计划,翁君定其体例,曾君任其工作"之组合。③ 1930年冬开始编绘地图,参加此项工作的不到10人。在编绘期间,平均每天工作12小时,夜以继日,"无暇旁骛",这种锲而不舍的治学精神,正是该图集得以较快速度编成的重要因素。编制该图集广泛参考了地质调查所图书馆收藏的各种地形图近八千幅,搜集了大量天文测量的经纬度相关成果,采用了一千多个经纬点,工作量之巨大自不待言。④ 1933年8月16日出版《中国分省新图》初版,1934年4月22日出版《中华民国新地图》,二图习称为"《申报》地图"。

参与此项工作的曾世英对丁文江在这项工作中的作用有详细评述:

> 丁先生首先要求方位准确,地形要表示。这两个要求,我随丁先生在西南调查时就有所体会。……一面搜集古今中外经纬度测量成果,进行分析对比,择优用以订正各地的方位;

---

① 丁文江:《重印〈天工开物〉卷跋》,收入1956年12月台北《"中央研究院"院刊》第三辑。

② 1930年9月翁文灏发表《清初测绘地图考》(载《地学杂志》第18卷第3期),丁文江向史量才提出此建议,应与受启于此文有关。史量才在《中华民国新地图》序中提到丁文江当时说:"吾国自清康乾后,局部测绘,有之,汇合以成全国精图,殆犹未也。其先事制图便。"后来王庸先生评价《中华民国新地图》时,亦将其与康熙主持编绘的《大清一统舆图》相联,称"自康乾测图到20世纪30年代,才产生这一种划时代的'作品'。"参见王庸:《中国地图史纲》,北京:商务印书馆,1960年1月版,第109页。丁文江显然对编绘《中华民国新地图》的意义和价值有明确认识,并以此说服了史量才。

③ 参见王庸:《中国地理学史》,北京:商务印书馆,1998年4月版,第220页。

④ 参见李昌文、姜素清:《业精于勤、锲而不舍——访地图制图学家曾世英教授》,收入刘纪远主编:《现代中国地理科学家的足迹》,北京:学苑出版社,2002年6月版,第146页。

一面考核上述各图海拔的依据。经过订正，据以描绘等高线，并采用分层设色法，取代晕渲法，排除龙脉说。这是《申报地图》地学上有所贡献的主要方面，这必须归功于丁先生的原则性指导。

《中华民国新地图》的普通地图部分采用人文（行政区划）和地文（自然地理）分幅的办法是依据丁先生的地理要求决定的。地名是地图的主要要素之一，如何说略适当，需因图而异。丁先生认为小比例尺地形图上，如果地名密密麻麻，势必影响地形的清晰性。分幅绘印，使这一矛盾得到解决。又该图的普通地图部分按经纬线不按省区分幅，也是请示丁先生决定的。……

《申报》地图，包括《中华民国新地图》和《中国分省新图》，出版后受到国内外地学界的重视，影响深远，被誉为划时代之作。饮水思源，必须归功于丁先生的创议、领导和多方面的关心。①

著名地理学史家王庸曾提到在印刷该图时出现的一个插曲，"《中国新地图》制成时，因为当时中国印刷术不够好，所以部分的图在日本印刷，而日本就依据这一本图，放大翻印，制成百万分之一航空图。由此可见帝国主义者是无孔不入，不惜利用一切机会盗取我们的成果作为他们侵略的工具。"②曾世英先生还忆及此过程中的另一件事，在商议印刷《中华民国新地图》和《中国分省新

---

① 曾世英：《追忆川广铁道考察和〈申报地图〉编绘》，收入王鸿祯主编：《中国地质事业早期史：纪念丁文江100周年章鸿钊110周年诞辰》，北京大学出版社，1990年7月版，第188—190页。

② 王庸：《中国地图史纲》，第110页。另据曾世英回忆："在东行以前以为大阪是工业中心，至少应去试探，但到了东京，始知大阪方面工厂，长于风景片美女画等类的商用印件，善于地图印刷的还是集中于东京，并且就在东京方面，善于印图的也只有两家。后来就由规模很小的工厂小林又七承印，所以有一个日本制者在《东方学报》发表一篇论文说：中国地图向来由日人编纂，送到中国印刷；《中华民国新地图》却由中国人编纂，送到日本来印刷。并且在该图印刷期内，小林又七竟抄袭原稿，印了一张东三省新地图发售。"参见曾世英：《中华民国地形挂图编纂余言》，收入《中华民国地形挂图地名索引》，上海：申报馆、美商哥伦比亚出版有限公司，中华民国二十八年八月初版，第7、12页。这里的"东三省新地图"是指小林又七《大满洲国地图》订正第六版，二百万分之一，昭和七年十月十五日印刷二十日发行。

图》时出现了两种意见：一边是黄炎培，建议交日本小林又七株式会社的胶印工厂印刷，"理由是成本上当时外汇便宜，技术上驾轻就熟"；一边是曾世英，"认为地图印刷不宜依赖外国，必须在国内自己培植力量"，主张交给中华书局的印刷厂承印。丁文江站在曾一边，史量才亦同意曾的意见。所以，《中国分省新图》由中华书局的印刷厂承印。曾世英肯定中华书局印刷厂"这支印刷力量的培植应该说和丁先生的支持和鼓励是分不开的。"①

《申报》地图出版后，在国内社会上和学术界均有极大反响。《图书评论》开辟专栏刊登黄国璋、胡焕庸、郑鹤声三人的评论，②赞扬、批评两种相左的意见互见。沙学浚继而撰文大力推介："编制精益，描绘细致，参考周详，内容丰富……在中国地图史上，是空前巨制。"③著名地理学家张其昀亦给予高评："《中华民国新地图》之完成为一绝大贡献，可与世界进步之地图并列而无愧色"，"二图印刷精美，校订精审，出版以来风行海内外，洵于中国地图辟一新纪元。"④王庸在《中国地图史纲》一书中作扼要评论，一方面肯定"它是利用过去的测绘成绩，参考中外地图七千多幅，采用了一千多个经纬点，并采取适于中国亚尔伯斯双标准纬线（北纬24度与48度）投影，完成投影的坐标计算。关于地形方面，它采用分层设色法来表现，作者又在图上量算各级的高度面积。此外，又在卷首加上十幅专门性质的地图。在这一地图的基础上，另行缩制《中国分省新图》作为一般参考之用。此图曾改编印行过五次（第六次改编本未发行），不但风行一时，而且是解放以前坊间一般地图的主要依据，可以说自康乾测图到20世纪30年代，才产生这一种划时代的'作品'。"一方面也指出"当时的五万分之一地形图只晋鲁豫浙四省，其他零星图幅不及全国十分之一，现在的水准纲和经纬点已

---

① 参见曾世英：《追忆川广铁道考察和〈申报地图〉编绘》，收入王鸿祯主编：《中国地质事业早期史》，北京大学出版社，1990年7月版，第189—190页。
② 参见黄国璋、胡焕庸、郑鹤声：《丁文江等合编〈中国分省新图〉》，载1933年12月1日《图书评论》第2卷第4期。
③ 沙学浚：《关于〈中国分省新图〉说几句话》，载1934年《方志月刊》第7卷第6期。
④ 张其昀：《中国近年地图学之成绩》，载1935年《方志月刊》第8卷第9—10合期。

较那时候增加一半。所以严格讲起来,这图还是不十分精确的"。①在国外,被称为丁氏地图(V. K. Ting Atlas),英国皇家地理学会的《地理杂志》和美国纽约地理学会的《地理评论》等刊多次载文评论,称"全部制作技术都是高水平的","是迄今为止最为可靠"的中国地图。②解放以后,地理学界同行亦极为重视该图,"各方面建设需要地图参考,该图的重要性才充分显示出来。"③解放初期出版的全国地图,也都注明"国界根据抗日战争前申报地图绘制"。有关部门在分析对比各种流行的地图后,认为该图比较精细,故要求出版的地图国界要以《申报地图》为依据,这可以说是对该图的高度评价。④

《动物学》 丁文江在英留学时所学专业为动物学,回国后他在南洋公学教授生物学,结合教学需要,应商务印书馆之约,丁文江编写了一部教科书——《动物学》。据1912年11月20日《张元济日记》所载:"请丁文江(在君),编《动物学》。全书计润四百元。"⑤此著撰写进展颇快,1914年商务印书馆出版。该书作为"民国新教科书"之一种,供中学校、师范学校用,署名"英国格拉斯哥大学理科学士丁文江编"。全书文字精当、图文并茂、科学性强,表现了丁文江优异的动物学素养。该书的基本内容应是丁文江编译英国同类教材而成,但丁文江也有自己的创意,如《编辑大意》第五条交待:"凡中学教科书,皆宜注重本国物产,故本书所论,多系吾国所习见之物,庶读者可以随地留心,易于收益。书中新制之图,如鸟如化石,大半皆本国产物。"可见,丁文江注意结合本国实际情况。又如第六条称:"自严氏译《天演论》,而物竞天择之说,乃盛行于吾国。然严氏间采斯宾塞学说,附注其中,以驳赫氏,非仅译赫氏书而已也。按斯宾塞以用进废退论言天演,其害甚大。近世之言社会主义者,尤借之为护符。吾国浅学者流,拾其唾余,变本加

---

① 王庸:《中国地图史纲》,北京:商务印书馆,1960年1月版,第109—110页。
② 参见《曾世英》,收入《中国科学家传略辞典》(现代第二辑),济南:山东科学技术出版社,1983年5月版,第357页。
③ 黄汲清:《丁文江选集》序,收入《丁文江选集》,第14页。
④ 参见李昌文、姜素清:《业精于勤、锲而不舍——访地图制图学家曾世英教授》,收入刘纪远主编:《现代中国地理科学家的足迹》,第145—146页。
⑤ 《张元济日记》上册,北京:商务印书馆,1981年9月,第9页。

厉,其祸不可胜言。然在欧洲,自外司门(Weismann)出,斯宾塞学说,已稍稍衰。作者不敏,昔曾亲炙于外氏,兹特介绍其说于吾国,使读者知个体与全种之分,一时与万世之别。于教科书,作一家言,知我者其不罪我乎!"①说明严译《天演论》"间采斯宾塞学说","按斯宾塞以用进废退论言天演,其害甚大"。丁文江可能是中国读者第一人,为此他特别介绍其师外司门的学说。以后该书每年再版一次,至1919年已印行七版,成为民国初年动物学领域最具影响力的教科书之一。

古生物学 丁文江是中国古生物学研究的开拓者。葛利普对此评价道:"丁博士最初即感觉中国地质研究之困难在于地层内之化石知识之欠缺。此种化石,非特须搜集之、保存之而已,尤须予以科学之描述及说明。渠深觉此种工作之重要,因而筹划刊物,专门记载与解证中国生物之遗迹。伟大之《中国古生物志》刊行即为实现此计划。"②翁文灏论及此点时指出:"地质学中,在君先生对于古生物研究,极有提倡之功。在民国五六年间,他深惜中国人没有古生物学专家,所以力请北京大学聘请美国葛利普君来当教授,他又在地质调查所内创办《中国古生物志》,至今已印八十余册,为全世界有名的科学刊物。他又为地质调查所新生代研究(室)的名誉主任。他自身对于古生物学,虽非甚为专精,但也能认识许多标准化石,为中国多数地质学者所难能。他又曾用统计方法考定丁氏石燕与谢氏石燕的分别,也是一种学术贡献。"③黄汲清亦谓:"在老一辈的地质学家中,丁文江所受到的古生物学训练比较扎实,在农商部地质研究所中,丁氏担任古生物课程。据学生朱庭祜称,丁氏课尚能担任。后来的许多野外工作证明,丁氏采集的化石不但种类繁多而且保存完好,这当然和他受到过良好的古生物学训练有密切关系。令人遗憾的是,他没有时间研究自己采集的化石,而把它们交给古生物专家鉴定,并著书立说,大放光彩。"④

---

① 丁文江:《动物学》,上海:商务印书馆,1919年11月七版,第2—3页。
② 〔美〕葛利普著,高振西译:《丁文江先生与中国科学之发展》,载1936年2月16日《独立评论》第188号。
③ 翁文灏:《对于丁在君先生的追忆》,载1936年2月16日《独立评论》第188号。
④ 黄汲清:《丁文江选集》序,收入《丁文江选集》,第13页。

科学与政治——丁文江研究

丁文江开始介入古生物学的工作,是在1914年底他担任教授地质研究所的"古生物学"课程。地质研究所开学的第二年秋季,欲开设"古生物学"课,但当时请不到教这门课的先生。丁文江被视为唯一合适的人选,然他尚在西南地区进行地质勘探工作,故无法开课。直到年底回京,据时任地质研究所所长的章鸿钊回忆:"丁先生的古生物学,虽然不象现在北京大学教授葛利普先生那样专门,但他是一位富于生物学知识的地质学家,对于这门学问,也颇感兴趣,所以在当时我国范围内也是求之不得的了。丁先生也预料到这一层,便早早从云南赶了回来,毫不踌躇的担承了这个讲座。"①

丁文江最受人称道的是他创办并主编《古生物志》杂志。该刊1922年创刊,其"意欲使此刊物较之其他国家之同类出版物有过之而无逊色。全志共分甲、乙、丙、丁四种:甲种专载植物化石,乙种记无脊椎动物化石,丙种专述脊椎动物化石,丁种则专论中国原(猿)人。"②章鸿钊高度评价丁文江对《古生物志》的贡献:"丁先生对于研究古生物学提供最力。在地质调查所归他主持出版的《中国古生物志》前后已印八十余册,其中根据他所得的材料的也有十二巨册。这也不能不算他一种极有价值的功绩。"③

在古生物学领域,丁文江本人的成就以研究大化石著称,他是"第一位用统计学方法研究古生物的学者",④表现这一成就的代表性论文为《丁氏石燕($Spirifer\ tingi$)与谢氏石燕($Spirifer\ hsiehi$)宽高率差之统计学研究》一文。

人类学　丁文江有关人类学的论文主要有两篇:一、《读数误差对身高、指距和坐高测量结果的影响》(*On the Influence of the Observational Error in Measuring Stature, Span and Sitting-Height upon the resulting Indices*,载1935年《庆祝蔡元培先生六十五岁论文集》

---

①　章鸿钊:《我对于丁在君先生的回忆》,载1936年《地质论评》第1卷第3期"丁文江先生纪念专号"。
②　〔美〕葛利普著,高振西译:《丁文江先生与中国科学之发展》,载1936年2月16日《独立评论》第188号。
③　参见章鸿钊:《我对于丁在君先生的回忆》,载1936年6月《地质论评》第1卷第3期。
④　参见黄汲清:《丁文江选集》序,收入《丁文江选集》,第15页。

下册)。该文根据三十六组材料,比较两种指数之价值,证验两种指数是否受测量错误之影响。结论为:(1)就两指数价值言,中国人体质与非中国人有显著区别。(2)证明各组指数并未受测量错误之影响。① 二、《中国人体质之分类》(未完)。大约在1928—1929年间,丁文江赴广西、贵州、云南、四川等处考察时,开始搜集材料,"计共六十五组,代表全国各省重要区域人民与边疆诸民族,材料极为完备。其中由在君先生亲自测量者十四组,约共一千一百余人,尤以蜀黔滇等省边境诸原始民族测量材料最可贵。在君先生与许文生、葛内恩(Stevenson and Grabam)两教授共同测量者两组,其余为他人测量但经在君先生详细校审认为可作比较资料者。人体测量学之价值,全视其测量之正确度而定。在君先生平时对于此点特别注意,其所采用之材料,据许文生氏言,曾费半年时间检验各组测量数值。""在君所采用之方法有三种,皆统计学上认为最精确者,此实国内用数量方法研究科学之先导也。"②

国际上对丁文江的人类学素养和工作高度认可。1934年夏,国际人类学与民族学社在伦敦开会,推选各国出任该会的理事,中国当选者为丁文江、李济、许文生三人。丁文江去世时,1936年1月8日英国著名人类学家史密斯先生(Grafton Eliot Smith)在《泰晤士报》(*The Times*)发表悼文《丁文江博士:一个评价》(*Dr. V. K. Ting: An Appreciation*),高度评价丁文江的科学成就。

《爨文丛刻》 丁文江在赴祖国的西南地区从事地质考察的同时,颇留意搜集当地的少数民族语言文字文献。这方面他发表有《广西壮语之研究》(中、英文)和《爨文丛刻》。据丁文江在《爨文丛刻》自序中交待,"我第一次看见猓猓文是在民国三年。那时我从云南到四川,经过武定县的环州。李士舍的夫人送了我一本《占吉凶书》。书是先用硃墨写在草纸上的,以后硃字上又盖了一层黑墨,我屡次请教猓猓的'师傅',他们都说是占吉凶用的,但是他们只会读,不会讲。"1929年12月他在贵州大定因赵亚曾刚被害,无

---

① 参见吴定良:《丁在君先生对于人类学之贡献》,载1936年2月16日《独立评论》第188号。

② 参见吴定良:《丁在君先生对于人类学之贡献》,载1936年2月16日《独立评论》第188号。

心做事,故"才再着手研究猓猓。一面测量他们的体格,一面搜集他们的书籍。第一部搜集到的是《玄通大书》",其后经人介绍一位罗文笔先生,丁与他约定,"请他把他所藏的七部书全数翻译出来","翻译的方法是先抄猓猓文为第一行,再用注音字母译音为第二行,然后用汉文逐字对照直译为第三行,最后一行乃用汉文译意。"罗氏照丁文江的方法费了三年功夫才把七部书译完。这七部书是:《说文》(又名《宇宙源流》)、《帝王世纪》(又名《人类历史》)、《献酒经》、《解冤经》上卷、《解冤经》下卷、《天路指明》和《权神经》。"因为要保存猓文的真相,只好用罗文笔先生墨迹石印,又因为《玄通大书》的原来尺寸很大,不能再十分缩小,所以其他的书不能不以它为准,每页分上、下两页或三页,卷册未免太大一点。"①此书直到他去世的那一个月才由商务印书馆出版。

据杨成志先生考证,外界发掘彝文,最早是西方的法国传教士Grabouillet、英国探险家Baber、法国汉学家伯希和(Peliot)和Charria等人。1928年杨氏"往云南调查民族,侥幸地对罗罗文献进行了搜集,数量既比中外学人所得的为多,而在质的方面也多为前人所未见。"②如从时间上来说,丁文江较杨氏似更早看到猓猓文,并产生了研究的兴趣。但正式动手的时间则晚一年(迟至1929年)才开始。不过,直到丁文江编辑的《爨文丛刻》出版,杨并没有出版他搜集到的彝文文献。所以丁文江在序中提及杨成志时,特别说明:"最近研究猓猓文的是中山大学的杨成志先生。1931年他出版了《云南猓猓族的巫师及其经典》。他所搜集的材料很多,可惜大部分还没有付印。"丁文江之所以对此项研究有兴趣,一方面与他本人对人类学的研究兴趣有关,他从人类学的角度研究彝族至少在1915年第二次赴云南考察时就已开始,甚至于可能早在1911年第一次进入云南即已开始。另一方面他也可能从西方传教士那里获得启发,他提到"最早研究猓猓文的是在云南的天主教士维亚尔

---

① 参见丁文江:《爨文丛刻》序,收入氏编《爨文丛刻》,上海:商务印书馆,1936年1月版。
② 参见杨成志:《中国西南民族中的猓猓族》第五部分《猓猓族的文献发现》,原载1934年《地学杂志》第1期。收入中央民族学院彝文文献编译室编:《彝文文献研究》,北京:中央民族学院出版社,1993年3月版,第3—4页。

Pere Vial。他在1898年已经出版了他的Leslolos,翻译了猓猓的宇宙源流的神话,而且把猓猓文和法文并列。其后他又著了一部猓猓字典。"1920年丁文江正是根据维亚尔Leslolos和《云南通志》所载的爨语,"发现白狼文与猓猓文有将近20个相同的字,就大胆的认为白狼文是猓猓文的前身。以后杨成志先生和王静如先生也都有此说。"①从这些情况来看,称丁文江是最早研究彝文的中国学者并不为错。

丁文江所编辑的这部《爨文丛刻》出版后,对学术界有一定影响。闻宥发表书评称:"吾人对于此方面夙感兴趣者,于此贵重典籍之流传,不禁有贫儿暴富之乐。"②"盖已往未有之大结集也"。③"第一次正式用彝、汉文对照的形式,向国内学术界介绍了彝文典籍。"④著名民族学家马学良先生在其主编《增订〈爨文丛刻〉》一书的序文中关于此书之价值和局限,有过这样的评价:

> 在少数民族语文和民族本身同样是受歧视和被压迫的黑暗时代,像丁先生这样一位著名的科学家,竟然不畏艰险,毅然深入彝族,收集整理彝文经典。在那时为保存彝族文化,到今天为发扬彝族文化,做出了重大贡献,这是难能可贵的。我常想,如果这部珍贵的文化遗产,当时没有丁先生的收集整理付印,仍留藏在彝族呗耄(祭师)手中,即使不毁于国民党大汉族主义同化政策下,也难逃林彪、"四人帮"极"左"路线的浩劫。
>
> 《丛刻》的翻译者是贵州大定县的彝族经师罗文笔。翻译的方法是丁先生为他设计的。……这是四行对译法。至今犹为翻译的好方法。为我们研究彝族语言文字提供了真实可靠的彝文资料。但原《丛刻》本限于当时的条件和水平,标音和译文,多有不妥之处。尤其用注音字母标音,既不准确,又不

---

① 丁文江:《爨文丛刻》序,收入氏编《爨文丛刻》,上海:商务印书馆,1936年1月版。
② 闻宥:《读〈爨文丛刻〉》,载1936年《图书季刊》第3卷第4期。
③ 参见余宏模:《贵州彝文典籍翻译工作的历史和现状》,原载1981年《贵州民族学院学报》第1期。
④ 罗希吾戈:《略论云南彝文典籍的收集和研究》,原载1981年《思想战线》第1期。

通行,因此有必要重加增订。①

有的论者总结彝学的发展史时说,彝学作为一门独特学科的形成,开始于1930年代、1940年代。它的发展经历了三个阶段:1930年代、1940年代是"艰苦跋涉的起步阶段"。"当时,以林耀华、傅懋绩、马学良、丁文江、光未然等为代表的少数立志发展彝族文化宝藏的学者,冒着生命危险深入彝区,首次进行了对彝族文化的系统考察,完成了《凉山夷家》、《爨文丛刻》、《撒尼彝语研究》、《阿细的先基》等著作,开创了彝学研究的先河,为后来彝学的发展铺下了基石。"第二阶段(1950年代、1960年代前期)是彝学研究的基础建设阶段。第三阶段(1970年代末至现在)是彝学研究的重新恢复和发展阶段,其标志性的成果是马学良先生主持的《增订〈爨文丛刻〉》。② 从学术史上来看,丁文江在这一领域所从事的工作,不仅具有开拓之功,而且还有启后之用,直到1980年代以后,马学良先生主持的《增订〈爨文丛刻〉》,实在是对丁文江开拓性的工作的继承和发展。

《梁任公先生年谱长编初稿》 在历史学领域,丁文江有一项为人推重的工作——主持编撰《梁任公先生年谱长编初稿》。1929年1月19日梁启超去世后,他的亲属故旧为纪念"这位有影响的历史人物,给后人研究评论梁启超提供基本资料,商议办两件事。一是编辑《饮冰室合集》,由梁的朋友林志钧(宰平)负责。""二是编一部年谱,为梁启超传作准备",此事交给丁文江负责。③ 丁文江接受这一任务后,即着手搜集有关材料。因公开出版的梁启超著作,已交由林宰平负责整理,年谱须搜集的主要材料自然是未曾公开出版的梁启超的私人信札,这也是后来面世的《梁任公先生年谱长编初稿》以梁氏信札见长的缘由之一。4月16日丁文江在给胡适的信中谈及这一情形时说:"连日为任公年谱事极忙,竟将地质

---
① 马学良:《增订〈爨文丛刻〉序》,收入马学良主编:《增订〈爨文丛刻〉》,成都:四川民族出版社,1986年版。
② 参见《北京彝学研究座谈会发言摘要》李德君的发言,收入《彝文文献研究》,第468—469页。
③ 赵丰田:《梁启超年谱长编》前言,收入丁文江、赵丰田编:《梁启超年谱长编》,第2页。

研究放过一边,甚为忧闷。""任公家中所发现的信不下千封,整理极费时日。任公自己的长信也有多种。材料不可谓不多,但各时期详略不一,真正没有办法。"①过了一个月,5月21日丁文江致胡适信中再次提到:"近来搜集年谱的材料日多一日,壬子以前的一千几百封信已将次整理好了。自光绪丙午到宣统末年的事实已经很可明白。""朋友方面所藏的任公信札,也居然抄到一千多封,但是所缺的还是很多。"②7月8日丁文江向胡适汇报自己新的工作进展:"自从我上次写信以后,又收到许多极好的材料。任公的信,已有二千多封!有用的至少在一半以上。只可惜他家族一定要做《年谱》,又一定要用文言。我想先做一个《长编》,敷衍供给材料的诸位,以后再好好的做一本白话的'Life and Letter'。"③8月13日丁文江又提到:"任公的Private东西很多,都在我这里。我看过了,认为可供宰平参考的就送给他去。"④在梁启超去世后短短的半年多时间里,丁文江为撰写梁谱,除搜集梁启超本人的著述和私人信札等材料外,还收集与梁启超有关的报刊,如《知新报》、《湘报》、《湘学报》等;与梁启超交往密切的人物材料,如康有为日记、自编年谱、《驿舍探幽录》、孙慕韩兄弟孙仲屿的日记、蒋观云与梁启超来往书信等;他人撰写的纪念、追悼梁启超的文字等。丁文江为此工作劳累了半年多光景,可谓收获颇丰。由于这年冬天,他需率团去西南地区进行地质考察工作,搜集、整理梁启超年谱材料一事只能暂时搁下。第二年6月,丁文江结束西南地质考察工作,回到北平。1931年秋,丁文江就任北京大学地质系研究教授,需要承担繁重的地质教学和研究工作,只好另寻助手,帮助他继续这项工作。

1932年暑假,赵丰田"到北京图书馆正式接手此项工作"。据赵后来回忆:"当时已经搜集到的梁启超来往信札有近万件之多,这是编年谱的主要材料。此外,还有梁几百万字的著作,以及他人撰写的有关梁的传记。要把这么浩繁和杂乱的资料疏理清楚,并编辑成书,任务是比较艰巨的。好在丁文江对此已有了比较成熟

---

① 《丁文江致胡适》,收入《胡适来往书信选》上册,第513—514页。
② 《丁文江致胡适》,收入《胡适来往书信选》上册,第515—516页。
③ 《丁文江致胡适》,收入《胡适来往书信选》上册,第520页。
④ 《丁文江致胡适》,收入《胡适来往书信选》上册,第532页。

的意见,向我强调了下面几个主要之点:一、梁启超生前很欣赏西人'画我像我'的名言,年谱要全面地、真实地反映谱主的面貌;二、本谱要有自己的特点,即以梁的来往信札为主,其他一般资料少用;三、采用梁在《中国历史研究补编》中讲的编辑方法,平述和纲目并用的编年体;四、用语体文先编部年谱长编。这最后一点与梁家的意见不同。梁的家属主张编年谱,并用文言文。丁文江觉得重要材料很多,先编年谱长编,既可以保存较多的材料,又可较快成书。他又是胡适的好友,很赞成胡适提倡的白话文运动,所以仍是坚持用白话文。"①可见,在赵丰田介入梁谱的编撰工作以前,丁文江至少已经基本完成了材料的搜集工作,"刚粗加整理";对年谱的编写"已经有了比较成熟的意见",这为以后梁谱的编写打下了重要基础。这是梁谱工作的第一阶段。

从1932年暑假赵丰田开始参与这项工作,至1934年秋编出第一稿,抄成二十四册,约一百余万字,这是梁谱工作的第二阶段。这一阶段主要由赵阅读和选定所需资料,"再将选录的资料按年分类连缀起来,定出纲目,加上说明性的或论介性的文字,显现谱主在有关年月中的主要活动"。丁文江则"不定期地前来了解编辑情况,及时提出一些指导性的意见"。② 第一稿出来后,丁文江认为篇幅太大,要赵丰田"大加消简后,再送给他审阅"。

1934年6月丁文江就任中研院总干事后,赵亦于1935年初从北平移居南京中研院,以就近丁文江,便于工作,赵对第一稿"进行删削"。1936年1月5日丁文江去世,翁文灏"接替主管梁谱编辑工作",至1936年5月赵完成了第二稿,约67万字。这是梁谱工作的第三阶段。第二稿定稿后,油印了五十部,这就是我们现今能看到的最早的《梁任公先生年谱长编初稿》(油印本)。

从梁谱工作的三个阶段来看,第一阶段主要由丁文江本人承担,第二、三阶段他扮演的主要是指导性的角色,他在《梁任公先生年谱长编初稿》中留下的批注,可以说明这一点。从整个梁谱的撰

---

① 赵丰田:《梁启超年谱长编》前言,收入丁文江、赵丰田编:《梁启超年谱长编》,第2—3页。

② 赵丰田:《梁启超年谱长编》前言,收入丁文江、赵丰田编:《梁启超年谱长编》,第3页。

写来看,丁文江所发挥的主导作用不可低估。一是《梁谱》的"主要部分是谱主与其师友的来往书信,共七百余件,约占全书的十分之八",①这些信件的搜集基本上是在梁谱的第一阶段即已完成。二是采用白话文撰写,此点如没有丁文江的坚持,似也不可能。三是现有的梁谱体例采用资料长编的做法,尽量保存原始材料。四是梁谱的现有篇幅和体例。这些都是依据丁文江的意见而定。这四条决定了我们现能看到的梁谱的基本面貌。

年谱之撰写创始于唐宋,发达于明清。然在年谱中以聚积未刊书札见长,且篇幅之大空前未有,这是《梁任公先生年谱长编初稿》的一大特色,也是它面世后受到学界特别重视的原因所在。采用这种方式撰写梁谱的一个原因诚如《例言》第二条所揭,"本书采用英人《赫胥黎传记》(The Life and Letters of Thomas Henry Huxley)体例,故内容方面多采原料,就中尤以信件材料为主。"②也就是说,丁文江在设计梁谱时,参考了西方传记撰写体例,这一外来因素也就是梁谱区别于传统的年谱的特质所在。近代人物年谱虽持续不断地有人撰著,但梁谱迄今仍享有盛誉,被视为同类体裁著作中的经典之作。

1958年台北世界书局出版《梁任公先生年谱长编初稿》时,胡适在该书的序中写道:"这部《长编初稿》的主编人是丁文江,编纂助理人是赵丰田。每年先有一段本年的大事纲领,然后依照各事的先后,分节叙述。凡引用文件,各注明原件的来源。""但这部《长编初稿》是大致完成了的一部大书。其中最后的一小部分是在君死后才完成的。"从我们现在看到的《梁谱》(油印本)来看,应该说它还是一部未完成的"大书",全书至"光绪二十六年庚子(公历1900年)先生二十八岁"这一年,的确是"依照各事的先后,分节叙述"的做法处理,但此后的年份则未见"分节叙述"的情形了,可见后面的整理、修订工作尚未及进行。尽管如此,胡适当年仍大加褒奖和推荐这部书:"正因为这是一部没有经过删削的《长编初稿》,所以是

---

① 赵丰田:《梁启超年谱长编》前言,收入丁文江、赵丰田编:《梁启超年谱长编》,第4页。

② 《梁任公先生年谱长编例言》,收入丁文江、赵丰田编:《梁启超年谱长编》,第1页。

最可宝贵的史料,最值得保存,最值得印行。"①

丁文江心中还酝酿一些未酬的志愿。1927年6月9日他致胡适信中,坦言自己在学术上的打算:"现在有许多心愿未了。第一就是我的科学报告。""第二是我想做一部新的中国史,我自信预备颇有成绩。""第三是想做一部分《科学与政治》,发挥我等政见的根本。""所困难的是要完成我的工作非两年到三年不可,而我的钱最多不过再支持一年。到外国教书(除非在日本),我不愿意;前次Lord Willingdon有信来表示要我到坎拿大去,我已经谢绝。"②这段话语反映丁文江的兴趣仍在拓展,他甚至想向历史学领域发展。1931年他的确发表了《中国如何获得她的文明》(How China Acquired Her Civilization)、《评格兰教授著〈中国文明〉》(Prof. Granet's "La civilization chinnoise")两篇英文文章,借与西方汉学家对话,初步表达了自己对中国历史的一些看法。但因种种原因的限制,他所拟就的第二、三项工作未能如愿完成。当丁文江诉说心中酝酿的计划时,他还必须考虑自己所面临的经济拮据的问题和工作岗位的问题,他的生命以后还延续了十年,他的经济状况很快也得到改善,但他的工作重心在1930年代似乎越来越被一种不能自控的外部力量所冲击,特别是随着民族危机的加深,迫使所有的知识分子不得不将自己的注意力转向民族救亡这一大任上来。1933年11月他从欧美访问归来后,曾一度想再回到自己的学术工作中去,但很快又被蔡元培拉到中央研究院总干事的行政岗位上去,他个人的学术研究工作遂只好搁置。

四、"科学与人生观"论战中的收获

1921—1925年这五年之间,丁文江的主业是担任北票煤矿公司总经理。但在他的业余时间,胡适以为"有两件事是值得记载的:一件是他和我们发起一个评论政治的周报——《努力周

---

① 胡适:《梁任公先生年谱长编初稿》序言,收入丁文江主编:《梁任公先生年谱长编初稿》,台北:世界书局,1972年10月再版,第3、4页。
② 《丁文江致胡适、徐新六》,收入《胡适来往书信选》上册,第436—437页。

报》——这个报其实是他最热心发起的,这件事最可以表现在君对于政治的兴趣;一件是他在《努力周报》上开始'科学与人生观'的讨论,展开了中国现代思想史上一个大论战。"①丁文江的名字之所以出现在中国现代思想史上,主要是因为他在这场思想论战中所扮演的重要角色。

新文化运动在思想史上所产生的划时代意义,是与它打出"民主"与"科学"的两面大旗分不开。而在"科学"方面,就其主要的成就而言,并不是指在技术层面上做出了惊人的具有世界影响的科学成就,而是表现在科学方法、科学精神层面。在科学方法的提倡上,讲求"实验是检验真理的标准",提倡怀疑精神,倡导实验室的科学态度。就这一点而言,实验主义的传入起了很大的作用。在社会历史领域,开始运用马克思主义分析社会历史问题,使中国社会历史问题的研究逐渐走向社会科学化。不过,"新文化运动虽然提倡科学,却并不真正关心在中国如何发展科学事业,当时的大多数科学家对新文化运动表现出冷漠的态度,可能与此有关。"②事实上,我们在《新青年》的作者名单上几乎找不到自然科学家的名字。然而,在为新文化运动殿后的"科学与人生观"论战中,作为地质学家的丁文江的名字赫然添列其中。在这场论战中,强调在人生观领域,科学律则同样发挥作用,科学方法适用于人生观,持守这样的见解还有其他人,如胡适、陈独秀,但当时最具影响力的不得不推在"科学与人生观"论战中充当科学派主将的丁文江。

在科学与"玄学"两大派中,丁文江、张君劢分别是两派挂帅的人物。丁与张争论的主要是两个问题:"第一:欧洲的破产是不是科学的责任?第二:科学的方法是否有益于人生观?"这场论战最早可以追溯到梁启超回国以后发表的《欧游心影录》这部书,在该书中,梁任公对欧洲文明发出了怀疑的感叹,对科学发展所引起的战争恶果提出了批评,从而引发了人们对欧洲资本主义文明的重新反省。接着,梁漱溟发表了《东西文化及其哲学》一书,提出了世

---

① 胡适:《丁文江的传记》,收入《胡适文集》第7册,第442—443页。
② 樊洪业:《"赛先生"与新文化运动——科学社会史的考察》,收入《五四运动与中国文化建设——五四运动七十周年学术讨论会论文选》上册,北京:社会科学文献出版社,1989年10月版,第483页。

界文化的三条路向说,即印度、中国、西方。梁氏预言"世界未来文化就是中国文化的复兴,有似希腊文化在近世复兴的那样。"①二梁在当时一片激扬的"西化"声浪中,标新立异,带有极大的反潮流性质,从而开启了现代中国文化保守主义思潮的先河。但二梁的声音虽然有极大的反响,远不足以与蓬勃发展的新文化运动抗衡。梁启超在政治上日渐失势之时,文化学术上也不易再支撑起其辛亥时期那样的称雄局面。梁漱溟地位微弱,更是难以挽回儒学意识形态解构以后"儒门淡薄,收拾不住"的残破局面。在这种背景下,需要一些深具西学背景、且植根于中学土壤的学人站出来,重新挑起文化保守主义的大梁,文学上吴宓、梅光迪创刊的《学衡》,哲学界张君劢挑起"科学与人生观"问题的论战以及随后冯友兰的出现,都是在这种背景下应运而生的新的文化保守主义的代表。

　　丁文江与张君劢在"科学与人生观"论战前有许多类似经历:(一)两人同岁(1887年出生)同省,张是江苏嘉定人氏,丁是江苏泰兴人。(二)两人都出生在一个农村的大家庭,且排行第二。张出生在一个儒医兼经商的家庭,其父张祖泽娶刘氏,生子女十四人(成人者男六女五);丁出生在一个富绅家庭,其父丁吉庵先生娶单氏,生子四人,丁文江为老二,他另有异母弟三人。(三)两人早年都有过报考传统功名的经历,旧学根柢不错。张6岁开蒙读书,12岁考入上海广方言馆,1902年参加宝山县县试,考中秀才。丁亦6岁入塾读书,13岁考秀才,博得泰兴县知县龙璋的赏识。(四)两人都留学日本、欧洲,获得官费补助,接受了系统的专业训练;而在留学期间,又参与一些政治活动,并与立宪派人或革命党人发生关系。张于1906年被宝山县选为官费留日生,进入早稻田大学政治科预科学习,1910年夏毕业。留日期间,张加入梁启超组织的政闻社,创办《宪政新志》。丁1902年赴日留学,在留日期间曾参与《江苏》一刊的编辑;1904年负笈英伦,留英期间,与吴稚晖来往密切,并随其在伦敦拜访过孙中山先生,留日、留英期间均受到官费补助。区别之处:张学政治学,丁学动物学、地质学。(五)两人均为1911年学成回国,随后参加了清朝学部为游学毕业生举行的考试,

---

① 梁漱溟:《东西文化及其哲学》,收入《梁漱溟全集》第1卷,第525页。

两人都有过在北京政府供职的经历。张君劢于1911年5月经过考试被清朝授予翰林院庶吉士;民国初年,他参与组织共和建设讨论会、国民协会、民主党等,周旋于黎元洪、梁启超、袁世凯之间;1913年赴德国柏林大学留学,1916年回国;参加了反袁斗争,成为梁启超研究系的骨干。丁文江于1911年9月经过考试登录"格致科进士",1913年进入北京政府工商部矿政司地质科工作,以后创办地质研究所、地质调查所。相比而言,张沉迷于政治,始终没有放弃对政治的追求;丁早期基本上不涉政治,是一个较为纯粹的地质学者或低阶技术官员。如果说,丁文江与张君劢早期生涯有许多的相似点,那么,两人应梁启超之邀,共赴欧洲考察,则是丁、张二人联结的一个交汇点,也可以说是他们结谊的开始。赴欧考察任务结束后,张继续留在德国,拜师著名哲学家倭铿(Rudolf Eucken),攻读哲学达两年之久,1921年底与应邀来华讲学的德国哲学家杜里舒一起回到中国。而丁只身前往美国,作了为期两个月的短期考察。比较而言,张君劢已有多次办报的经验,在公共舆论界获得了一定知名度,他与梁启超的关系比丁文江更为长久、与政治的关系也更为密切。

讨论"科学与人生观"论战的文字已是汗牛充栋,①但并不说明

---

① 关于探讨"科学与人生观"论战的文字,参见高力克:《科玄之争与近代科学思潮》,载1986年11月《史学月刊》第6期。雷颐:《从"科玄之争"看五四后科学思潮与人本思潮的冲突》,载1989年5月《近代史研究》第3期。张巨成:《追求科学:丁文江与科玄论战》,载1993年5月《学术探索》第3期。李申:《科玄论战七十年祭》,载1994年1月《自然辩证法研究》第1期。江伟:《"科学与人生观"论战述评》,载1994年3月《河南大学学报》(社会科学版)第2期。李文义:《试论科玄论战的理论误区》,载1994年9月《齐鲁学刊》第5期。龚隽:《近代中国科学主义的误区》,载1994年10月《华南师范大学学报》(社会科学版)第4期。吴小龙:《"科玄论战"与丁文江》,载1998年2月《民主与科学》第1期。李醒民:《"科学论战"中的皮尔逊》,载1999年2月《自然辩证法通讯》第1期。郭汉民:《关于科玄论战的几个问题》,载1999年2月《广西社会科学》第1期。黄玉顺:《"科玄之争"再评价》,载1999年2月《中国哲学史》第1期。罗志田:《从科学与人生观之争看后五四时期对五四基本理念的反思》,载1999年6月《历史研究》第3期。周云:《从"科玄论战"看20年代西方思想与中国社会思潮》,载1999年11月《社会科学辑刊》第6期。王庆宇:《从"科玄之战"看科学主义在近代中国的影响》,载2000年8月《江西社会科学》第8期。周青丰:《科玄论战性质新论——以科玄论战中的丁文江为中心的考察》,载2003年3月《江西师范大学学报》(哲学社会科学版)第2期。范铁权:《中国科学社与"科玄论战"》,载2004年9月《广州大学学报》(社会科学版)第9期。实际涉及这一论战的文字远不止这些,这里仅例举其中部分要目而已,以见其数目之多。

我们对这一论战有了非常清晰的说明。自然有些问题(如对张、丁之争的评价),论者可以各持己见,但有些涉及基本史实的描述则需要共识。这里我想有必要先讨论两个问题:

关于论争(或论战)的名称,究竟是定为"科学与人生观"论争,还是命名"科学与玄学"论战?前者是以主题命名,后者是以派别命名,我以为以主题命名为宜。作为论战文字结集的两部书——《科学与人生观》(1923年12月上海亚东图书馆出版)、《人生观之论战》(1925年上海泰东图书局出版),其书名实际上已表达当时人们对这场论战名称的处理,即以论战主题命名。只是偏向于科学派的亚东图书馆冠以"科学与人生观",强调论战是以讨论"科学与人生观"的关系为主题;偏向于张君劢的泰东图书局以"人生观之论战"命名,直截了当地强调论战的主题是"人生观"。两书书名虽在名称上各有所偏,但并无不可,以之概括所收文章和作为论战名称均可成立。这样一种处理可以上溯到梁启超在论战中发表的《人生观与科学》一文,它认定论战的主题为"人生观"与"科学"之关系,希望张、丁两位能对此有清楚的说明。梁任公如是说:"凡辩论先要把辩论对象的内容确定:先公认甲是什么,乙是什么,才能说到甲和乙的关系何如。否则一定闹到'驴头不对马嘴',当局的辩论没有结果,旁观的越发迷惑。我很可惜君劢这篇文章,不过在学校里随便讲演,未曾把'人生观'和'科学'给他一个定义。在君也不过拈起来就驳。究竟他们两位所谓'人生观',所谓'科学',是否同属一件东西,不惟我们观战的人摸不清楚,只怕两边主将也未必能心心相印哩。"① 梁氏的这段话对论战起了引导的作用。范寿康对此评论说:"梁氏这段评论最是确当。这次争论的缺点我以为第一就在讨论的程次和范围问题多被忽视的一点。梁氏独具慧眼,对于这个问题,独能首先认定清楚,而且他又能与以相当的解决,他确不愧为论坛的老将。"② 而以"科学与玄学"论战冠名,则明显有偏于扬丁贬张之嫌,因为"玄学"一词首先出自丁文江的回应

---

① 梁启超:《人生观与科学》,载1923年6月3日《时事新报·学灯》。
② 范寿康:《评所谓"科学与玄学之争"》,载1923年8月1日《学艺杂志》第5卷第4号。

文章标题——《科学与玄学——评张君劢的〈人生观〉》,文章以"玄学鬼"指称张君劢,实在有贬损张氏之意。以后,作为对立一方的梁启超、孙伏园、林宰平、范寿康等在文章中受到丁文江的牵引,不自觉地沿用此说,"科学与玄学之争"的说法遂传播开来。问题是,在中文的语义中,"科学"是褒义词,"玄学"就其与"哲学"对应这一面来说,可以说是中性词,1920年代、1930年代哲学界许多人亦主张此说;而就其寓含玄思、玄妙、玄理,则又略带贬意,故从语义上来判断这两派,科学派具有天然的优势。因而我们以丁氏的文章命名这场论战,无疑已预设了自己的学术立场。在科学派占主流的现代中国思想界,许多论者习惯使用这一名称,实际上也是沿承科学派的传统。这种尚未研究,即预设立场讨论问题的方式,在确立"学术价值中立"原则的当今,理应为我们所摒弃。一些论者迄今仍对"玄学派"表示"同情的理解",对"科学与人生观"论战中"科学派"的"科学主义"倾向表示质疑,这表明这一问题仍有不确定的空间。实际上,"五四"以来的许多思想论争,如此前的"东西文化问题"之争、此后的"中国社会性质问题"论战,多以主题命名,这种处理相对为宜。

关于论战的主要代表,张君劢作为一方的代表,似无争议。另一方的四位代表:胡适、陈独秀、吴稚晖与丁文江,胡、陈具有较强的代表性地位,而丁文江作为"科学派"的主要代表,却常常被人有意无意地矮化甚至忽略。① 这里夹杂一个因素,即亚东图书馆在为此次论战结集出版时,请陈独秀、胡适作序,以为该书造势。陈独秀在论战过程中没有写过一篇文字,他的序文不过是借题发挥,陈独秀说:"我们相信只有客观的物质原因可以变动社会,可以解释历史,可以支配人生观,这便是'唯物的历史观'。"为本来缺席的马克思主义在这场论争中赢得一席之地。胡适在论争中也只写过一篇简短的调侃性文字——《孙行者与张君劢》,以示声援;丁文江写

---

① 如张君劢以为"最能代表中国这个时代的思想,可以说有三篇文章:第一篇是吴稚晖的《一个新信仰的宇宙观及人生观》,第二篇是胡适之在《科学与人生观》论文集的序文,第三篇是陈独秀对于论文集的序文",对自己的主要论敌丁文江只字不提,参见张君劢:《人生观论战之回顾》,载1934年5月1日北平《再生》第2卷第8期。

科学与政治——丁文江研究

作的第一篇文字《玄学与科学——评张君劢的〈人生观〉》与他通报过,①他是丁文江背后的最有力支持者;他写作序文,可以说是从后台走到前台,宣告自己的"自然主义的人生观"及其"胡适的新十诫"。在文字上,陈独秀逐个点评,酣畅淋漓,睥睨一切,颇有横扫千军万马之势,表现了初兴的马克思主义凌厉的气势。胡适提纲挈领,高屋建瓴,语意幽默,给"科学派"增添新的证词,强化了科学主义的思维定式。可以说,陈、胡的序文喧宾夺主,使此前颇有大将风度的丁文江反而略显逊色。有趣的是,论战结束后,张君劢无论在《人生观之论战》序中,还是在十年后发表的《人生观论战之回顾》一文中,都只字不提自己的论敌丁文江的名字,而只言胡适、陈独秀、吴稚晖三人,尤其是胡适,仿佛他才是自己真正的论敌,丁文江反而被有意地被淡化甚或遮蔽了,表现出他与胡适更为深刻的分歧。但从丁文江给论战带来的"科学"特质看,从其展开的科学与人生观的主题看,他都是其他人无法替代的一个要角。

"科学与人生观"论战经历了两个阶段:第一阶段主要是在张君劢与丁文江之间或者围绕他们的观点展开,这可以说是论战的主体阶段。第二阶段是在陈独秀、胡适、张君劢三人之间展开。如果说,"问题与主义之争"是实验主义与马克思主义分化的起点,那么,他们三人为论战结集的文字所作序文,则意味着三大思想流派(马克思主义、实验主义和文化保守主义)的基本形成。

张君劢、丁文江是这场论争双方的主将,他们之间的论战经过了三个回合。第一个回合是双方就主题"科学与人生观"的关系初步阐述各自的观点。1923年2月14日张君劢在清华大学作题为《人生观》的讲演,首先揭开论战的序幕,他在文中点题道:

> 人生观之特点所在,曰主观的,曰直觉的,曰综合的,曰自由意志的,曰单一性的。惟其有此五点,故科学无论如何发达,而人生观问题之解决,决非科学所能为力,惟赖诸人类之自身而已。而所谓古今大思想家,即对于此人生观问题有所

---

① 参见《丁文江致胡适》(1923年3月26日),收入《胡适来往书信选》上册,第188—190页。在该信中,丁文江告诉胡适,他欲"作一篇《科学与形而上学——张君劢的人生观之批评》"的文字。

贡献者也。……自孔孟以至宋元明之理学家,侧重内心生活之修养,其结果为精神文明。三百年来之欧洲,侧重以人力支配自然界,故其结果为物质文明。……

科学之为用专注于向外,其结果则试验室与工厂遍国中,朝作夕辍,人生如机械然。精神上之慰安所在则不可得而知也。①

在这里,张君劢作了三个判断:第一,人生观之特点,决定了科学之发达不能解决人生问题。第二,中国的儒家创造了精神文明,欧洲科学之发达造成的是物质文明。第三,科学的功用在于向外,只能征服自然界。张氏的观点,其中的第二点已为二梁所表述,他的新意在于第一、三点,即对人生观和科学两者特性的解释,张君劢做了哲学上的探讨和说明,这实是对二梁的观点在理论上的进一步深化,张君劢的观点明显是对新文化运动的主流取向提出挑战。

对于张文,丁文江很快以《玄学与科学——评张君劢的〈人生观〉》一文做出了针锋相对的回应,明确了他与张君劢之争是"玄学与科学"之争。他的文章分十节:一、引言:玄学鬼附在张君劢身上。二、人生观能否同科学分家。三、科学的智识论。四、张君劢的人生观与科学。五、科学与玄学战争的历史。六、中外合璧式的玄学及其流毒。七、对于科学的误解。八、欧洲文化破产的责任。九、中国的"精神文明"。十、结论。丁文的前四节主旨诚如胡适所指出的,"是要指出君劢原文所举九类'人生观',——无一件不是可以用科学方法研究的,无一件不可以作科学研究的材料。不但没有'死物质'和'活的人生'的分家,也没有所谓'物质科学'和'精神科学'的分别。"②也就是说"没有法子把人生观同科学真正分家"。③ 在第七节,丁文江阐明科学的教育功用:"科学不但无所谓'向外',而且是教育同修养最好的工具。因为天天求真理,时

---

① 张君劢:《人生观》,原载1923年《清华周刊》第272期,收入《科学与人生观》,济南:山东人民出版社,1997年3月版,第38、39页。
② 胡适:《丁文江的传记》,收入《胡适文集》第7册,第455页。
③ 丁文江:《玄学与科学——评张君劢的〈人生观〉》,收入《科学与人生观》,第44页。

时想破除成见,不但使学科学的人有求真理的能力,而且有爱真理的诚心。"①在第八、九节,丁文江对中、西两种文明做了不同评论:"欧洲文化纵然是破产(目前并无此事),科学绝对不负这种责任。因为破产的大原因是国际战争。对于战争最应该负责任的人是政治家同教育家,这两种人多数仍然是不科学的。"②"言心言性的玄学,'内心生活之修养',所以能这样哄动一般人,都因为这种玄谈最懒惰的心理,一切都靠内心,可以否认事实,可以否认论理与分析。"最后,丁文江借用胡适在《五十年来之世界哲学》上的一句话作为自己的结论:"我们观察我们这个时代的要求,不能不承认人类今日最大的责任与需要,是把科学方法应用到人生问题上去。"(实际上,胡适后来对这一观点有所修正,提倡"自然主义的人生观"。)

第二个回合是双方就上文所提出的观点展开辩驳,进一步深化主题。张君劢作《再论人生观与科学并答丁在君》一文,此文分上、中、下三篇。上篇讨论"物质科学与精神科学之分类"、"物质科学与精神科学之异同"张君劢对丁的质问作了回答:"(问)在君曰,物质科学与精神科学的分别不能成立。(答)物质科学与精神科学内容不同,绝对可以分别;即以科学分类,久为学者所公认一端,可以证之。""(问)在君曰,如何可以说纯粹心理上的现象不受科学方法的支配?(答)凡为科学方法所支配者,必其为固定之状态。纯粹心理,顷刻万变,故非科学方法所能支配。""(问)人生观能否同科学分家?(答)人生观超于科学以上,不能对抗,故分家之语,不能成立。"中篇张氏批评丁文江袭取皮耳生(K. Pearson),以为皮耳生的"科学的知识论"说不能成立,否认玄学在欧洲"没有地方混饭吃"的说法。下篇表明"对于科学教育与玄学教育之态度"。

丁文江以《玄学与科学——答张君劢》一文再次申述自己的观点。丁文江认为张氏对于科学存在两大误解,"君劢对于科学最大的误解是以为'严正的科学'是'牢固不拔',公例是'一成'不变,'科学的'就是'有定论'的。所以他费了一万多字来证明生物学同

---

① 丁文江:《玄学与科学——评张君劢的〈人生观〉》。
② 丁文江:《玄学与科学——评张君劢的〈人生观〉》。

心理学没有价值。其实近代讲科学的人从牛顿起,从没有这种不科学的观念。""君劢对于科学第二种误解是把科学的分类当做科学的鸿沟。"说明"在知识里面科学方法万能;科学的万能,不是在他的材料,是在他的方法。""科学的万能,不是在他的结果,是在他的方法。"至于物质科学与精神科学的分别问题,除去了张君劢所承袭的"正统派的哲学以外","近代拿科学方法来研究这个问题的有三派:(一)马哈的唯觉主义,(二)行为派的心理学,(三)新唯实论;杜威可以代表第二派,罗素可以代表第三派"。这三派学说"同君劢所信仰的根本态度不能两立的"。丁文江所以极力提倡科学教育的原故,"是因为科学教育能使宗教性的冲动,从盲目的变成功自觉的,从黑暗的变成功为光明的,从笼统的变成功分析的"。

第三个回合是集中说明各自对科学的功能的理解。张君劢在中国大学发表《科学之评价》的演讲,对科学目的、科学与官觉的关系、科学的限度、科学的结果做了说明,此文之核心意思"是要诸君认清今后发展之途径,不可蹈前人覆辙。什么国家主义、军阀主义、工商主义,都成过去;乃至思想方面,若专恃有益于实用之科学知识,而忘却形上方面,忘却精神方面,忘却艺术方面,是决非国家前途之福"。

丁文江则以《玄学与科学的讨论的余兴》一文借回答林宰平对他的批评,实则是划清自己与"玄学"派在科学观上的界限,并把影响自己思想的著作介绍给读者。

罗家伦曾将丁文江与张君劢之间的分歧概括为:洛克的经验论对抗康德二元论、马赫—皮尔逊知识论对抗德里施生机论、赫胥黎存疑论对抗倭铿精神论。① 点出丁、张思想的西方来源的国别背景分别是英美与德国,这一点并不为错。但将丁文江的思想来源仅归结于洛克、马赫、皮尔逊、赫胥黎这几个人,则似有简略之嫌,至少从丁文江所列"平日自己爱读的书"可以看出他喜读的书目还有达尔文、罗素、杜威等人的著述。丁文江特别指出"要知道君劢所信的正统哲学在德国政治上发生的恶果,同对于欧战应负的责

---

① 参见罗家伦:《科学与玄学》,北京:商务印书馆,2000年6月版,第11页。

任,不可不读"杜威著《德国的哲学与政治》一书,①可见他对德国文化的反感与杜威的意见有密切关系。丁文江喜欢的另一位哲学家罗素在哲学上既排斥法国的浪漫主义哲学(如卢梭)和生命哲学(如柏格森)等,也不喜欢德国古典哲学(如黑格尔),他有着英国人那种特有的自信和自由主义情结,在哲学上将数学与哲学相结合,自成一派,他的思想风格、他不信仰基督教的态度都极大地影响了丁文江。

有关倭铿(Rudolf Eucken)与张君劢的密切关系已为众多论者论及,张君劢本人亦有明白交待;②而张氏与当时另一位德国汉学家卫礼贤(Richard Wilhelm)的关系,则鲜见人提及。实际上,卫氏对中国传统文化(特别是儒学)的热衷,对张君劢以及民国初年的孔教论者(如康有为、陈焕章)亦有着极大的激励作用,他是民国初年孔教派和文化保守主义的最坚定的支持者。卫氏1899年来华,很快醉心于学习中国语言和儒学。民国初年,他参加了孔教会的活动,与一批清朝遗老过从甚密,在北京知识界表现得相当活跃。"五四"以后,他在北京创办"东方学社",其章程明载:"中国有数千年的没有中断的文化传统。近几十年来,欧美人民因饱尝战争之苦,认识到在强权和枪杆之外,还有另一条通向真理之路。因而纷纷注重研究东方文化。本会以研究中华文物制度为己任,研究古代经籍和历史的关系,以图洞悉国家和社会动乱之根源。"③卫氏对中国文化情有独钟,他以神学家和传教士的身份来到中国,"离开中国时却成为孔子的信徒"。他对梁启超推崇备至,曾向瑞典考古学家斯文赫定推荐梁启超作为诺贝尔文学奖的候选人。对随新文化运动而进入中国的"重新估定一切价值"的怀疑思想和实验主义,他抱有极大的抵触情绪。1924年他应邀在北京大学作关于老

---

① 丁文江:《玄学与科学的讨论的余兴》,载1923年6月10日《努力周报》第56号。

② 参见张君劢:《人生观论战之回顾》,载1934年5月1日北平《再生》第2卷第8期。张君劢:《我之哲学思想》,收入程文熙编:《中西印哲学文集》,台北:学生书局,1981年版。

③ 参见 Salome Wihelm: Wilhelm-Der geistige Mittler zwischen China und Europa, Eugen Diederichs Verlag, Duesseldorf Koeln, 1956. pp. 290—291。转引自张国刚:《德国的汉学研究》,北京:中华书局,1994年7月版,第41—42页。

子、孔子和康德的伦理学的比较研究的学术报告,这是当时康德学会的一项活动,卫理贤当众宣布:"我想借此机会向听众介绍一点真正深刻的哲学,因为这些年从美国引进来的怀疑主义和实验主义哲学实在令人可怕。"①明显表现出对胡适引介的美国哲学的不满。张君劢因在德国留学的关系,加上与梁启超的师生关系,与这位德国的"中国通"保持了密切的关系,卫氏的做法对梁、张自然是莫大的鼓励。卫氏去世时。张君劢曾撰写悼文《世界公民卫礼贤》,表示极大的尊敬。②

张、丁之别除了思想理论渊源的区别外,还有一个现实的原因,即德国在第一次世界大战中沦为战败国,其国内弥漫着悲观主义的情绪,这种情绪反映在现实生活中,即是对西方现行的文明制度的怀疑,从斯宾格勒的《西方的没落》一书到战后一度出现社会主义运动的兴起即表现了这样一种情绪。张君劢对西方文明弊病的反省,实际上与德国思想界寻找自身出路的倾向有关。而英、美两国作为第一次世界大战的战胜国,在战后享受了胜利的果实,其自信心自然大增,故从英国归来的丁文江和从美国回来的胡适对西方资本主义文明有着与张君劢完全不一样的感受,对战后世界形势的观察也有其不同视角,他俩对西方近代文明的信心,是与英美在战后的强势表现有着密切的关系。

丁文江、张君劢的助战者在各自的阵地上拉开了阵势。丁的三篇文字相继发表在北京发刊的《努力周报》,站在他这一边的论者遂以《努力周报》为主要阵地:胡适《孙行者与张君劢》(第53号)、任叔永《人生观的科学或科学的人生观》(第53号)、章演存《张君劢主张的人生观对科学的五个异点》(第55号)、朱经农《读张君劢论人生观与科学两篇文章后所发生的疑问》(第55号)、唐钺《心理现象与因果律》(第56号)、唐钺《"玄学与科学"论争的所

---

① 有关卫礼贤在华的文化活动介绍,参见张国刚:《德国的汉学研究》,第41—42页。
② Carrsun Chang, *Richard Wilhelm, Der Weltbuerger*, in: Sinica Vol 5. No2. 1930. pp. 71—73. 中译文参见:张君劢著、蒋锐译、孙立新校:《卫礼贤——世界公民》,收入孙立新、蒋锐主编:《东西方之间——中外学者论卫礼贤》,济南:山东大学出版社,2004年4月版,第26—29页。

给的暗示》(第57号)、《一个痴人的说梦——情感真是科学的吗?》(第57号)、王星拱《科学与人生观》(第58号)、唐钺《科学的范围》(第59号)、唐钺《读了〈评所谓"科学与玄学之争"〉以后》(第72号)。讨论"科学与人生观"的文字成为《努力周报》后期一个耀眼的亮点。与丁文江、胡适关系极为密切,但又持有国民党人身份的吴稚晖则在《晨报副镌》、《太平洋》发表了《箴洋八股化之理学》和《一个新信仰的宇宙观及人生观》两篇文章,①他对张君劢的批评更为激烈。

赞助张君劢的论者则多在具有研究系背景的上海《时事新报·学灯》上发表文章:梁启超《关于玄学科学论战之"战时国际公法"》(1923年5月13日)、孙伏园《玄学科学论战杂话》(5月30日)、梁启超《人生观与科学》(6月3日)、林宰平《读丁在君先生的〈玄学与科学〉》(6月5、7日)、张君劢讲,童过、笔西记《科学之评价》(6月10日)、张东荪《劳而无功》(6月9日)、陆志韦《"死狗"的心理学》(6月13日)、穆《旁观者言》(7月9日)、颂皋《玄学上之问题》(7月17日)、王平陵《"科哲之战"的尾声》(7月19、20日)。同情张君劢的范寿康另在1923年8月1日《学艺杂志》(第5卷第4号)发表了《评所谓"科学与玄学之争"》。② 而在当时北京由研究系主导的最有影响的《晨报副镌》推波助澜,转载了两刊发表的绝大部分文章。

一般论者习惯于根据《科学与人生观》或《人生观之论战》这两部文集来研究这场论战,将这场论战看成是一场混战,很少回到历史的现场,翻阅《努力周报》、《时事新报·学灯》两大刊,对两派对阵的序列获得一真实的感受。当我们还原历史时,从两方的阵营来看,科学派一边的作者均用真名真姓,显得理直气壮,特别是丁文江、章鸿钊、任鸿隽等科学家的加盟,改变了此前科学家基本上不参与思想论争的格局。玄学派一方的作者虽有梁启超、林宰平、

---

① 吴敬恒(稚晖):《箴洋八股化之理学》,载1923年7月23日《晨报副镌》第189期。吴稚晖:《一个新信仰的宇宙观及人生观》,载1923年8月5日、10月5日、1924年3月5日《太平洋》第4卷第1、3、5号。
② 张君劢视梁启超、范寿康为"调停派",参见张君劢:《人生观论战之回顾》,载1934年5月1日《再生》第2卷第8期。梁、范二氏实则偏向张君劢一边。

张东荪的助战,但基本上是人文学者或哲学家,知识背景相对单一,有几篇文章还以笔名、化名发表,明显表现出底气不足。

丁文江与张君劢的论争,以及《努力周报》与《时事新报·学灯》的对阵,反映了梁启超为代表的研究系在文化思想上的分化。丁文江的另树一帜,表现了他力图摆脱梁启超文化的影响,以确立自己在北京知识界的一席之地。与胡适等北大派共同组织"努力社",创刊《努力周报》,实际代表丁、胡重组力量的尝试。此前,丁文江几乎完全在梁启超所控制的系统内活动,胡适对梁氏也执礼甚恭。在此次论战中,梁启超仍然以长者的姿态、以暂时中立人的身份宣布《关于玄学科学论战之"战时国际公法"》:"第一,我希望问题集中一点,而且针锋相对,剪除枝叶。倘若因一问题引起别问题,宁可别为专篇,更端讨论。""第二,我希望措词庄重恳挚,万不可有嘲笑或漫骂语。倘若一方面偶然不检,也希望他方面别要效尤。"①但从论战的发展来看,丁文江明显摆脱了梁氏的思想影响,形成了自己独立的文化取向。

人们喜以科学派的胜利来说明这场论争的结束,从当时科学派所占上风的声势上,从介入讨论的人数偏向科学的人生观阐释上,这样看并不无道理。但是这种说法不免有些笼统,科学派只是一个临时的统一战线,并没有形成真正的共识。且不要说在论战中,丁文江和赞助他的其他科学派人士观点并不一致,就是陈独秀、胡适为论战总结的序文也是各说各话、别有所为,这是一场没有结束的论争,当时陈独秀即抱这样的看法。张君劢并没有折服自己的论敌,他在《人生观之论战》一书序中(1925年)和以后发表的《人生观论战之回顾》(1934年)、《我之哲学思想》(1952年)②等文字中继续申述自己的思想。年青的马克思主义者瞿秋白、邓中夏与陈独秀相呼应,以马克思主义解释人生观的问题。③ 胡适以后多次以人生观发表演讲,形成了一种既有别于马克思主义革命人

---

① 梁启超:《关于玄学科学论战之"战时国际公法"——暂时局外中立人梁启超宣言》,载1923年5月13日《时事新报·学灯》。
② 收入张君劢:《中西印哲学文集》,台北:学生书局,1981年版。
③ 参见瞿秋白:《自由世界与必然世界》,载1923年12月20日《新青年》(季刊)第2期。邓中夏:《中国现在的思想界》,载1923年11月24日《中国青年》第6期。

生观、又不同于倾向文化保守主义的怀疑、求实、求真的人生观。也就是说,"科学与人生观"论战实际加剧了中国思想界三足鼎立格局的形成。

  论及科学派与玄学派的论争,一般论者即只注意到张、丁之异,往往忽略了他俩的相通之处;只纠缠于对参与者文本字里行间歧异的解释,忽略了他们在论争背后的"策略"运用,特别是梁启超为代表的研究系对话语权争夺的意图。其实丁文江与张君劢展开"科学与人生观"之争,其真正目的除了表达他们各自的观点外,是否还另有所图?这是一个值得进一步探究的问题。在政治上,丁、张同属梁启超的研究系,均认梁氏为师。① 在人际关系上,他们亦构成一个圈子。陈伯庄称他认识丁文江、张东荪、蒋百里、徐新六、林长民诸人,都是通过张君劢的关系,显然这是一个小圈子。② 胡适也说明,他认识"在君和新六好像是在他们从欧洲回来之后","认识任公先生大概也在那个时期",而认识"在君和新六是由于陶孟和的介绍。他们都是留学英国的"。③ 梁氏在五四运动以后,其影响力日益下降,在舆论界已不占主流。因而争夺话语权,成为他及其追随者迫不及待的目标,时人对此已有警觉。据曾在1920年为罗素来华讲学担任翻译的赵元任回忆:"8月19日我在南京的时候,我从胡敦复、胡明复及胡适处听讲,梁启超、张东荪等人领导的进步党要我为罗素(Bertrand Russell)作翻译,罗素即将来中国作学术讲演。三位胡先生警告我不要被该党利用提高其声望,以达成其政治目标,并告诉我不可让他们把我仅仅当做译员看待。"④即是一例。研究系从文化迂回到政治,以图再振,这是其新的策略,时人对此已明察秋毫:

---

  ① 有关"科学与人生观"论战与研究系的关系,已有论者注意到,参见彭鹏:《研究系与五四时期的新文化运动》第四章《研究系身份与个体观念歧异——从梁启超〈欧游心影录〉及科学玄学论战来考察》第二节《科学与玄学论战——考虑到研究系背景的一种观察》,广州:中山大学出版社,2003年,第123—136页。
  ② 陈伯庄:《纪念丁在君先生》,收入氏著《卅年存稿》,1957年8月版。转引自雷启立编:《丁文江印象》,上海:学林出版社,1997年12月版,第67页。
  ③ 胡适:《丁文江的传记》,收入《胡适文集》第7册,第439页。
  ④ 赵元任:《从家乡到美国——赵元任早年回忆》,上海:学林出版社,1997年1月版,第156页。

五四运动而后,研究系三字大为一般人士所注目,盖彼暂舍目前政权之直接争夺,而努力文化运动,谋植将来竞争之稳固地盘者也。虽其文化运动之主张,系出一种取巧之政略,而非诚心觉悟忏悔,作基本工夫,以图根本上之改造。然视同时国中各政党,固步自封,仍守因袭传统之党纲,不知顺应世界新潮为进止者,似稍差强人意耳。三年以来,多方进行,颇具成绩,青年学生彼罗致者亦不乏其人,其潜势力之继长增高,未有艾也。①

　　炒作"科学与人生观"的话题,显然另有一番用心,即是将舆论重心转移到他们这边来。从丁文江在《努力周报》第48、49号上发表回应文章《玄学与科学》后,《努力周报》继而在第50、51号破例安排张君劢的《再论人生观与科学并答丁在君》,再由胡适、梁启超分别领头撰文出面助战,《努力周报》、《时事新报·学灯》两报组织辩论,最后由深具研究系背景的《晨报副镌》转载发表在《努力周报》和《时事新报·学灯》两刊的文字,这里似乎蕴涵着某种"策略的安排"。当张、丁拉开论战的序幕时,梁启超第一个站出来极力鼓动大家参与这场论战:

> 我的挚友丁在君、张君劢因对于人生观的观察点不同,惹起科学玄学问题的论战,现在已开始交锋。听说还有好几位学者都要陆续加入战团。这些人都是我最敬爱的朋友。我自己现在是暂时取"局外中立"的态度,但不久也许"参战",最少亦想自告奋勇充当"公断人"。这个问题是宇宙间最大的问题,这种论战是我国未曾有过的论战。学术界忽生此壮阔波澜,是极可庆幸的现象。两军主将都是我们耳鬓厮磨的老友,我们尤感觉莫大光荣。我很盼望这回论战能为彻底的讨论,把两造意见发挥尽致。而且希望参战人愈多愈好。②

梁启超如此高调,并"拟出两条'战时国际公法'先行露布",为论战

---

① 谢彬:《民国政党史》,收入荣孟源、章伯锋主编:《近代稗海》第6册,成都:四川人民出版社,1987年9月版,第151页。
② 梁启超:《关于玄学科学论战之"战时国际公法"》,载1923年5月13日上海《时事新报·学灯》。

制订基本的规则。论战进入高潮,张、丁已尽显各自基本意见,梁启超又发表《人生观与科学》一文,明确论战的主题,对张、丁的意见加以评点、修订,划分壁垒,居中调和,貌似公允,明显表现出推导、操控论战的企图。有意思的是,当科学派的声势渐渐压倒玄学派时,7月19、20日《时事新报·学灯》最后刊出王平陵的《"科哲之战"的尾声》一文,发出鸣金收兵的信号。只是因为范寿康在《学艺》发表《评所谓"科学与玄学"之争》一文,波澜再起,引发了《努力周报》(第72号)刊出唐钺的最后一篇回应文章《读了〈评所谓"科学与玄学之争"〉以后》,这场论战似乎是有计划、有组织的收场。

《努力周报》与《时事新报·学灯》分别在北京、上海发刊,它们的对阵,自然对南北学界产生很大的影响。有的论者喜以在论战中丁仍请张吃饭,或张在文字中仍称丁为"吾友"来说明张、丁二人互相容忍的雅量,其实我们倒不如看看丁文江私下给章鸿钊的信:"弟对张君劢《人生观》提倡玄学,与科学为敌,深恐有误青年学生,不得已而为此文。弟与君劢交情甚深,此次出而宣战,纯粹为真理起见,初无丝毫意见,亦深望同人加入讨论。"①将自己与张"交情甚深"的内情向章鸿钊交底。当然,把丁文江出来挑战张君劢,解释为双方一种预谋的类似新文化运动初期刘半农、钱玄同导演的"双簧戏",这也过于牵强。但丁、张双方不因辩论而交恶,反而相互"唱和","亦深望同加入讨论",或如梁启超所示:"我两位老友(指张君劢、丁文江——作者注)以及其他参战人观战把我的批评给我一个心折的反驳,我是最欢迎的。"②则表示了他们对一场"恶战"的期待。此前,丁文江曾就"裁兵计划",与蒋百里互相抬杠、辩论,但并没有引起舆论界足够的注意。在"科学与人生观"论战中,他们获得了相当的成功。共产党人(如陈独秀)、国民党人(如吴稚晖)、无党派人士(如胡适)都身不由己地卷入其中,加入这场论争,虽然各自表达自己的观点,然大体不离为丁、张二人助战的姿态。

---

① 此信收入章演存(鸿钊):《张君劢主张的人生观对科学的五个异点》,载1923年6月3日《努力周报》第55号。
② 梁启超:《人生观与科学》,载1923年6月3日《时事新报·学灯》。

丁、张二人之主将地位赫然彰显,一时占住了舆论中心的地位,他们成功地达到了自己的目的。但时代的重心毕竟发生了转移,文化问题正退居其次,政治问题已推到台前。1924年1月国民党召开"一大",国、共携手合作,一场大革命的风暴即将来临,不管是曾进入北洋政府核心决策圈的梁启超也罢,还是未能在北洋政府获得高位的丁文江、张君劢也好,他们在文化思想上的这次努力终究无助于挽回他们在政治上边缘化的颓势。

"科学与人生观"论战持续了约一年多时间,它使丁文江本人的名声,远远超出了地质学界,成为海内外知识界人人知晓的公共性人物。傅斯年说:"开始大佩服在君是我读科学玄学论战时,那时我在英国。以为如此才人,何为任于钱缪之朝,又与吕惠卿辈来往,所以才有'杀'之一说,其中实不免有点如朱子所说,其词若有憾,其实不尽然也。"[①] 罗家伦亦说:"民国十一二年间国内发生科学与玄学的论战,我在美国才看到好几篇他的文章,虽然他的论点大体是根据德国的马赫(Ernest Mach)和英国的皮尔生(Karl Person)的学说,可是他思想的清晰,笔锋的犀利,字句的谨严,颇有所向无敌之概。"[②] 科学与人生观论战正酣之时,傅斯年尚在英国、罗家伦身在美国,他俩的回忆证明,丁文江当时的论战文字,已经不为国界所限,远播海外,引起了远在大西洋两岸的欧美留学生的注意。从这里我们可以看出,丁文江实为这场论战的最大收获者。

五、介入国内政治生活

与单纯的科学家不同,丁文江对政治有着强烈的兴趣。他不仅有自己的政治主张,具有强烈的政治责任感;而且喜欢从事政治活动,有着相当强的行政才干。他的政治思想是零碎的,因而他与同时代的任何政党都不发生意识形态上的密切关联。他的个人品格无可厚非,但他的政治立场却常常被周围的人看作是不当的选

---

① 傅斯年:《我所认识的丁文江先生》,载1936年2月16日《独立评论》第188号。
② 罗家伦:《现代学人丁在君先生的一角》,载1956年12月台北《"中央研究院"院刊》第三辑。

择,他的每一次政治抉择都由此产生极大的争议。从"五四"时期他进入梁启超的研究系小圈子,到接受孙传芳的淞沪商埠督署总办的聘任,再到1930年代对国内外政治发表的一系列评论,都可作如是观。

丁文江一生议政可分三个阶段,第一阶段是在留学时期。他在留日时期,爱读梁启超的《新民丛报》,读完一期则将之寄给其兄丁文涛,丁文渊亦提及其兄在日本东京过着那种留学界"谈革命,写文章"的生活,未正式进学校学习专业。① 在日本,丁文江得以接触各种各样的留学生刊物和维新派人士梁启超所办的《新民丛报》,这些进步报刊让他看到一片新的思想天地。

这时期留日学生办了几家刊物,江苏留学生创办了《江苏》杂志,总编辑由人轮流担任,据汤中回忆,该刊"第一次的总编辑是钮惕生先生,第二次是汪衮甫先生(衮甫在江苏留学生中最负文名,笔名为公衣),后来就轮到在君担任。在君的文章也很流畅,也很有革命的情调"。② 《江苏》一刊因为具有民族革命的倾向,其撰稿人大都采用笔名、化名,以隐瞒自己的真实身份,故这些文章的真实作者很多难以查证。丁文江在这一刊物上究竟发表了哪些文章,迄今我们没有确凿的材料可知。

留学时期的丁文江政治态度并不确定。一方面为了解决自己的生活、学习费用,他不得不与清政府保持联系,其在日、在英的部分学费靠泰兴县公费提供,为取得资助,他甚至投书两江总督端方,要求津贴学费。③ 回国后,1911年9月他赴北京参加游学毕业生考试,并取得"格致科进士"。从这些事例来看,丁文江当时并未切断自己与清朝官方的联系,他还有传统功名的要求。④ 另一方面

---

① 参见丁文渊:《梁任公先生年谱长编初稿》前言,收入丁文江主编:《梁任公先生年谱长编初稿》上册,台北:世界书局,1972年10月再版,第5页。
② 汤中:《对于丁在君先生的回忆》,载1936年7月26日《独立评论》第211号。笔者查阅《江苏》一刊,该刊1903年4月27日创刊,1904年5月终刊,由江苏同乡会编辑和发行,共办12期。因该刊发表文字多用笔名、化名,故不易确定哪些文章系丁文江所写。
③ 参见1907年《丁文江致端方函》,收入《学费全案》,台北:中研院近史所收藏。
④ 参见丁文涛:《亡弟在君童年轶事追忆录》,载1936年2月16日《独立评论》第188号。

他与立宪党人康有为、革命党人吴稚晖有着密切的联系。在留日学生中，传说丁文江与蔡锷、蒋百里、史久光倡言中国应采取共和之说，并在报纸杂志上发表论文，因此日本侨界称他们为"留学生四大怪"。① 留英时期，丁文江随吴稚晖拜访前来伦敦进行革命活动的孙中山，表现了一个青年学子对进步、革命的追求。②

辛亥革命爆发后，丁文江因病在家休养，否则他会参加革命。民国建立后，南京临时政府成立，丁文江"不情愿到南京去增加谋求一官半职者的人数"，希望找到一个适于自己"所学的适当工作"。③ 这样，他才来到上海南洋公学教书。④ 自1913年起丁文江北上在北京政府工商部（后改为农商部）矿政司下属的地质科、地质研究所、地质调查所供职，这是一些纯粹技术性的职务。袁世凯复辟帝制时，丁文江患病住院，不满袁氏称帝之逆举，"闻枪炮声，即惴惴然唯恐或波及于调查所之官舍，使数年之心血成灰烬也。疾起，乃与同人锐意分任编纂付梓事。"⑤复辟帝制的时间极为短暂，它在丁文江的生活中不过是一阵涟漪而已。

第二阶段自丁文江赴欧考察归来以后，他进入梁启超的研究系，与胡适等人组织努力社，创刊《努力周报》，至其辞去淞沪商埠督署总办一职，这是丁文江政治上极为活跃的一段时期。

关于《努力周报》创刊的情形，胡适有一段回忆：

> 周报的筹备远在半年之前。在君是最早提倡的人。他向来主张，我们有职业而不靠政治吃饭的朋友应该组织一个小

---

① 参见刘仲平：《先师史久光先生年谱》，收入《史久光全集》下册，台北：人文世界杂志社，1972年10月版。
② 《民国前七年日记》，《吴稚晖先生全集》第12卷，第880页。
③ 参见《丁文江来函》(1912年5月2日)，收入〔澳〕骆惠敏编，刘桂梁等译：《清末民初政情内幕——〈泰晤士报〉驻北京记者袁世凯顾问乔·厄·莫理循书信集》上册，上海：知识出版社，1986年11月版，第939页。
④ 参见《丁文江来函》(1912年5月2日)，收入〔澳〕骆惠敏编，刘桂梁等译：《清末民初政情内幕——〈泰晤士报〉驻北京记者袁世凯顾问乔·厄·莫理循书信集》上册，上海：知识出版社，1986年11月版，第939页。
⑤ 丁文江：《地质汇报》序，载1919年《地质汇报》创刊号。另据翁文灏回忆："袁氏称帝时，君欲毁地质矿产报告，免为使用。"参见翁文灏：《追忆丁在君》，载1946年《地质论评》第11卷第1、2期。该诗还有"太息曾闻反帝制"一语，足证丁文江当时反对袁世凯复辟帝制态度之坚决。

团体,研究政治,讨论政治,作为公开的批评政治或提倡政治革新的准备。最早参加这个小团体的人不过四五个人,最多的时候从没有超过十二人。人数少,故可以在一桌上同吃饭谈论。后来在君提议要办一个批评政治的小周报,我们才感觉要有一个名字,"努力"的名字好像是我提议的。在君提议:社员每人每月捐出固定收入的百分之五,必须捐满三个月之后,才可以出版。出报之后,这个百分之五的捐款仍须继续,到周报收支可以相抵时为止。当时大学教授的最高薪俸是每月二百八十元,捐百分之五只有十四元。但周报只印一大张,纸费印刷都不多,稿费当然是没有的,所以我们的三个月捐款已够用了,已够使这个刊物独立了。①

丁文江是努力社和《努力周报》的核心人物。《努力周报》共办71号,丁文江是与其相始终的作者。他在该刊发表文章的数量,仅次于胡适。

这一时期,丁文江对社会政治表现出异乎寻常的强烈兴趣,这可能出于三个方面的推动:

一是以梁启超为首的研究系的影响。1918年10月梁启超虽表示"中止政治生涯","决不更为政治活动","以全力尽瘁于著述",②但其对于政治的热情并没有真正退却。以他为精神领袖的研究系在北京有《晨报》日刊、《时事月镌》,在上海有《时事新报》、《改造》杂志,以这些报刊为阵地,制造舆论,呼风唤雨,其主旨"目前在宣传文化,将来在取得政权。"③其主要成员有:汪大燮、熊希龄、林长民、范源廉、蒋方震、张一麟、徐佛苏、蓝公武、陈汉第、籍忠寅、张君劢、张东荪诸人。其政治动机是不言而喻的。丁文江在《答关于〈我们的政治主张〉的讨论》表示:"我们目前虽不组织政党,却不可不为将来组织政党的预备。不然,我们的政策是永远组织不出来的。我们预备的方法,我以为有以下所列的数种。""第

---

① 胡适:《丁文江的传记》,收入《胡适文集》第7册,第443页。
② 《梁任公平和谈》,载1918年10月26日《申报》第六版。
③ 谢彬:《民国政党史》,收入荣孟源、章伯锋主编《近代稗海》第6册,成都:四川人民出版社,1987年9月版,第153页。

一,是要保存我们'好人'的资格。""第二,是要做有职业的人,并且增加我们职业上的能力。""第三,是设法使得我们的生活程度,不要增高。""第四,就我们认识的朋友,结合四五人,八九人的小团体,试做政治生活的具体预备。"①实际表达的也就是这种政治策略和政治意愿。

二是著名英国哲学家罗素的影响。罗素来华讲学约十月(1920年10月至1921年7月),丁文江随待左右,俨然"做了总招待"。② 与罗素的近距离接触,罗氏的思想和人格魅力,给丁文江自然留下了深刻印象。罗素在他的临别讲演——《中国到自由之路》一文中,以为中国问题"根本的永久的解决方法,自然惟教育是赖";强调"中国最紧急地需要的,是自动的爱国心之发展,发展于受过教育而且足为人民表率者中,尤为紧要"。将中国前途的希望寄托在少数精英,这是罗素一个引人注目的观点。罗素称:"我看只要有一万有决心的人,为一种理想激动,而志愿冒着自己性命危险,也就能够攫得政府的权柄,改革中国的制度,促进实业的发展而使之免却与资本主义相伴的恶弊。"③罗素的思想对丁文江产生了极大的震撼,正因为如此,1921年8月5日,丁文江致信英文报纸《北京导报》编辑部,要求该报撤回前一天发表的一篇社论,该篇社论称罗素的思想不为中国青年欢迎,罗素对中国未能产生深远的影响。丁文江在信中指出,罗素在哲学和社会科学方面必将在中国造成影响——既深且远的影响,正是罗素使中国人第一次认识到哲学应该是对所有科学进行综合的结果,社会改造必须以丰富的知识和深思熟虑为前提。"罗素学说研究会"的成立,罗素演讲录的广泛刊布和流传、罗素患病所引起的普遍忧虑,罗素发表告别演说时听众的拥挤程度,都表明罗素深深地打动了中国人的心

---

① 丁文江:《答关于〈我们的政治主张〉的讨论》(续),1922年6月18日《努力周报》第7号。
② 傅斯年:《丁文江一个人物的几片光影》,载1936年2月23日《独立评论》第189号。
③ 罗素:《中国到自由之路》(姚道洪笔记),收入沈益洪编:《罗素谈中国》,第323、326页,杭州:浙江文艺出版社,2001年1月版。

灵。① 罗素离开中国后,丁文江在《努力周报》上发表的《答关于〈我们的政治主张〉的讨论》、《少数人的责任》两文,主张精英政治,明显可见罗素思想的影子。

三是丁文江本身对政治的浓厚兴趣和所具有的行政才干使然。与丁文江情谊甚深的胡适曾谓:"他对政治是素来有极深的兴趣的。他是一个有才干的人,绝不像我们书生放下了笔杆就无事可办,所以他很自信有替国家做事的能力。"②董显光也提到:"他对政治的兴趣也很浓厚。"③丁文江在朋友面前毫不掩饰自己对政治的兴趣,他的行政才干也已成公论。

丁文江在《一个外国朋友对于一个留学生的忠告》这篇虚拟的对话中,借 A(一个生长中国的外国人)与"我"(留学生)之间的谈话,表现了内心深处两个自我的交流,检讨了自己开始之所以"改行出来做买卖"(实际上是指丁文江去北票煤矿任总经理一职),是误以为实业、教育可以培植政治的根本;当看到现实政治被一批政客军阀"越弄越糟",才觉得自己不能袖手旁观,决定重振精神。文末明确以 A 的话作为结论:"在目前的世界上,凡没有信仰而消极麻木的民族,都是不能生存的!""一个国民的知识与责任,义务与权利,都成一种正比例。我总觉得留学生是中国知识最完全的人,也是享社会上最大权利的人;所以我一面庆祝你的买卖成功,一方面希望你不要忘了政治!"④也就是说,丁文江是在反省了个人的遭际、现实政治环境和政治改造可能的途径后,决定自己要投身政治。

在《努力周报》上,丁文江公开发表了一批表达自己政治见解的文章,综观这些文章,我们明显可见他的三种意向:第一,丁文江的一系列军事评论,反映了他对研究军事问题的强烈兴趣。他在《努力周报》上用"宗淹"的笔名发表的军事评论有:《中国北方军

---

① 1921 年 8 月 5 日丁文江致《北京导报》编辑部,原件存罗素档案馆。转引自朱学勤:《让人为难的罗素》,载 1996 年 10 月《读书》第 10 期。
② 胡适:《丁在君这个人》,载 1936 年 2 月 16 日《独立评论》第 188 号。
③ 董显光:《我和在君》,载 1956 年 12 月台北"中央研究院"院刊第三辑。
④ 丁文江:《一个外国朋友对于一个留学生的忠告》,载 1923 年 3 月 23 日《努力周报》第 42 号。

队的概略》(第1、3号)、《奉直两军的形势》(附地图,第1号)、《奉直战争真相》(第3号)、《广东军队概略》(第4号)、《裁兵计划的讨论》(第14号)、《湖南军队概略》(第19号)。胡适认为:"这些研究是他后来写成一部专书《民国军事近纪》(民国十五年商务印书馆出版)的起点"。① 不过,丁文江写作《民国军事近纪》绝对不仅仅是为了撰写一部当代军事史,而是有其更深层的政治意图,这就是为他进入一个更大的政治舞台做必要的军事背景知识的准备。

第二,在社会政治方面,丁文江的基本立场是改良,而不是革命。用丁文江自己的话说:"我们是救火的,不是趁火打劫的!"表现他这一主张最有代表性的文章是:《我们的政治主张》(第2号)、《答关于〈我们的政治主张〉的讨论》(第6、7号)、《忠告旧国会议员》(第9号)。《我们的政治主张》是当时在北京的一批自由派精英发表的政治宣言,这一宣言的基本意向是改良现行的北京政府,以把其锻造成一个他们所期待的"好人政府"。这与南方的国、共两党的政治立场自然是大相径庭。围绕这一宣言,《努力周报》的读者们展开了一场讨论,为了更清晰、更明确地表达自己的政治见解,丁文江又在《答关于〈我们的政治主张〉的讨论》一文中,对诸多读者的疑惑,作了解答。这篇答言明确排除了三种可能:(一)"主张'改良政治必先从改良社会下手'的。"(二)"主张'平民革命'的"。(三)主张组织政党的。前两条实际上是针对比较激进的革命者而言,他明确指出:"现在的恶政府就是辜负托孤重任的清客,好人就是有忠心的奴仆,国民社会就是没有长成的小主人。不过救火是一件事,趁火打劫又是一件事,我们要做好人的,是认真去救火,不是去趁火打劫。最可怪的是从前趁火打劫的人现在也居然拿改良社会这种题目来抵制政治改革了!他们说这几年来的政治生活,给了他们一种觉悟,觉得根本问题,在社会不在政治。我请这一班人夜里头扪一扪心,问问自己。这几年来政治的不良,还是社会的过失,还是他们的过失?老实说来中国弄到了这样地步,是因为他们在政治上活动的人,没有良心,或是没有能力。"至于主

---

① 胡适:《丁文江的传记》,收入《胡适文集》第7册,第448页。

张"平民革命"的人,或说是要用"手枪炸弹",或是主张"到民间去"。丁文江明确表示:"用手枪炸弹,当然是暗杀。暗杀主义,由公理上讲起来,是不道德的,我是绝对不能赞成的。""到民间去"在他看来,也是一种高调,"因为是缓不济急,因为是没有真正下手处。"① 至于第三条,丁文江却是附和他的朋友张君劢的主张,丁、张二人虽在"科学与人生观"论战中互为对立,但在政派上因同属研究系,两人的政治主张却不分轩轾。张氏在《改造》第3卷第6号上发表《政治活动果足以救中国耶》、在第4卷第2号发表《国民政治品格之提高》两文,主张"廓清旧日一切党派关系",提出"政党经费,应由本身筹划,不应向政府讨一文钱"。丁文江以为在当时的条件下,他们没有筹划足够的经费,所以组党实际上不可能。"但是我们目前虽不组织政党,却不可不为将来组织政党的预备"。丁文江相信:"只要我们肯干,肯努力,'好政府党'的基础,就在这里面了。"他与胡适等合组"努力社"也是为了贯彻这一主张。②

第三,丁文江强调"少数人的责任",明确主张精英政治。他这一看法集中表现在《一个外国朋友对于一个留学生的忠告》(第42号)、《少数人的责任》(第67号)两篇文章中。他说:"我们中国政治的混乱,不是因为国民程度的幼稚,不是因为政客官僚腐败,不是因为武人军阀专横;是因为'少数人'没有责任心,而且没有责任的能力。"他认为着手改进现状之途,"第一是甚么人都不依赖","第二是我们甚么人也不怕","第三是要能够团结,肯受训练","第四是要认定了政治是我们唯一的目的,改良政治是我们唯一的义务"。他特别反驳了胡适的主张,"不要再上人家当,说改良政治,要从实业教育着手。试问这几年来,政治没有办法,实业教育,哪一件不是天天要破产的?"他寄希望于少数受过教育的人们:"中国的人民,号称有四万万;进过小学堂以上的学校的人,最多不过四百万;中学堂以上的,不过四十万;进过大学堂,晓得一点科学,看过几本外国书的,不过八万。我们不是少数的优秀分子,谁是少

---

① 丁文江:《答关于〈我们的政治主张〉的讨论》,载1922年6月11日《努力周报》第6号。
② 丁文江:《答关于〈我们的政治主张〉的讨论》(续),载1922年6月18日《努力周报》第7号。

数的优秀分子？我们没有责任心,谁有责任心？我们没有责任的能力,谁有责任的能力？"①

《努力周报》是丁文江为展现自己政治思想所建造的一个平台,也是他联结一批志同道合的朋友的有力纽带。此前,丁文江虽然也可能参与了《江苏》等刊的编辑和撰稿,此后,他也可能为朋友董显光主编的《庸报》撰写政论,②但都没有为他本人带来多大的影响。只有通过《努力周报》,丁文江才定下了自己的政治基调,赢得了极大的社会声誉,获得了新的政治的、文化的资源。也正是在这样一种背景下,丁文江才有实际介入政治的可能,这是他出入孙传芳幕府的重要基础。

丁文江与政治发生直接关系,是他接受孙传芳的邀请,1926年5月出任松沪商埠督办公署的全权总办。③ 胡适指陈他出任该职,是受了英国卫灵敦子爵的鼓励。④ 傅斯年则说:"他认为改良中国的政治(他的政治大体上是行政)决不能等到所谓时机成熟,有机会不可失机会。他之参加孙传芳团体,是个三人团,陈陶遗、陈仪和他。他们三人想借机试验一回。"⑤朱家骅也以类似傅斯年的口吻解释了丁文江出任淞沪商埠督署总办的原因:"淞沪总办这一段事迹,是他最受批评的地方,也可以说是他生平的耻辱,但其动机是完全出于热诚爱国,想替国家做一番事业,他也很自信有替国家做事的能力,记得他对当时中国政治混乱的看法,曾经说过:'最可怕的是一种有知识有道德的人,不肯向政治上去努力。'……他为人极富感情,孙传芳对他尤优有加,所以促成了担任此事。"⑥不过,梁启超当年的辩白似乎理由更为充分,1927年1月18、25日梁氏在《给孩子们书》中解释丁、蒋入幕孙府的原因时,有这样一段说

---

① 丁文江:《少数人的责任》,载1923年8月26日《努力周报》第67号。
② 参见董显光:《我和在君》,载1956年12月台北"中央研究院"院刊第三辑。
③ 一说丁文江出任该职,是出自蒋百里的推荐。参见陶菊隐:《蒋百里传》,北京:中华书局,1985年2月版,第64页。
④ 胡适:《丁文江的传记》,收入《胡适文集》第7册,第474页。
⑤ 傅斯年:《丁文江一个人物的几片光影》,载1936年2月23日《独立评论》第189号。
⑥ 朱家骅:《丁文江与中央研究院》,载1956年12月台北"中央研究院"院刊第三辑。

明:"思永问我的朋友何故多站在孙传芳那边?这话很难说。内中关系最重要者,是丁在君、蒋百里二人,他们与孙的关系都在一年以前,当时并没有孙、蒋对抗的局面。孙在北洋军阀中总算比较的好,江浙地方政象总算比较的清明,他们与孙合作并不算无理由"。① 在一批烂苹果中选择一个较好的苹果,这是蒋百里、陈陶遗、丁文江与孙传芳合作的重要缘由。

如不拘以国民党为"正统"的立场,对丁文江主持上海政务的工作做一判断,他确有一定的政绩,胡适、傅斯年、朱家骅等人也是从这个角度替丁文江曲为辩护。丁文江主持上海市政的成绩表现在两个方面:

第一,规划大上海市政。丁文江关于建设大上海的设想,胡适虽在《丁文江的传记》中设置专节《"大上海"的计划与实施》加以讨论,但对这一问题本身的评述却语焉不详,朱沛莲的《丁文江、黄郛与大上海》以类似回忆录的口吻娓娓道来,提供了一些细节,但作者的身份不明,因此其说的权威性有待确证。我们现今可依据的直接材料主要是孙传芳在1926年5月5日在上海总商会上的讲话和这期间《申报》发表的丁文江一系列讲话,以及他于1926年10月16日在《字林西报》(North China Herald)上发表的《大上海都市》(The Greater Shanghai Municipality)一文。尤其是后一篇英文文章,丁文江对自己的构想作了详尽的说明,该文从"庞大的任务"(A Formidable Task)、"技术人员的缺乏"(Lack of Trained Men)、"会审公廨协定"(The Mixed Court Agreement)、"特别租界路"(The Extra-Concession Roads)、"支付率"(Payment of Rates)、"港口发展"(Harbour Development)六个方面探讨了他主持上海市政所面临的主要问题。此时协助丁文江规划上海市政的郑肇经曾有简略的回忆:

当时我们计划先办几件事:1. 沿租界边缘修筑连接南市、闸北的公路,切断越界私筑的路,抑制租界扩大范围,并收回警权;2. 鉴于上海人口激增,而闸北、吴淞一带的地区空旷,拟

---

① 丁文江、赵丰田编:《梁启超年谱长编》,上海人民出版社,1983年8月版,第1111页。

在江湾、吴淞间开辟新的市中心,将僻处枫林桥的淞沪商埠公署迁入新区,并在市中心发展商业区的住宅区,与"租界"相抗衡;3. 上海的轮船码头多在租界外滩一带,水深不足,万吨海轮须停在吴淞口外。拟在江湾虬江路口至吴淞镇附近开辟深水码头,发展海运;4. 上海铁路总站在闸北,停泊黄浦江外滩的商船货物不能水陆联运。拟将闸北铁路支线延伸到吴淞、张家滨、虬江路口一带的深水码头,改革水陆货运设施,减少搬运压力;5. 利用浦东地区和闵行一带逐渐发展工业;改善黄浦江两岸之间的交通,筹建桥梁;6. 改进市政管理制度。统一南北、闸北、吴淞、浦东、沪西的行政,整顿旧区的建设。①

这是一个雄心勃勃而又规模宏大的计划。惜因当时条件的限制和丁文江很快去职,这一计划实际上并没有付诸实现。但能"提出这样的方案",诚如郑氏所说:"我们那时规划的以上蓝图,在北洋军阀统治年代是很难实现的,但作为一个市的主体工程布局来说,提出这样的方案,不能不是一个进步。"②

第二,"从外国人手里为国家争回许多重大的权利",其中"收回公共租界的会审公堂当然是他最大的成功。"③有关丁文江等与英、美、日等国就收回会审公廨举行的谈判,现今我们可从档案中获得完整的谈判纪录。④ 对于这场谈判及其结果,各方反应不一,上海各法团大多表示支持,共产党人则坚决反对,他们的态度当时即见诸报端,有激烈的争论。⑤

从丁文江的上述两大"政绩"可以看出,作为一个技术性的官僚,他确已获得一些成就,但这些成绩基本上属于行政的性质。即使如此,他的"试验"毕竟时间短暂,他的实际活动舞台也极为局促,因而他的雄心勃勃的"大上海计划"随着他的辞职,也只能暂时

---

① 郑肇经:《贵在奉献》,收入王鸿祯主编:《中国地质事业早期史》,第13页。
② 同①。
③ 胡适:《丁文江的传记》,收入《胡适文集》第7册,第479页。
④ 参见上海市档案馆整理:《关于收回会审公廨的谈判纪录》,载1997年9月《近代史资料》第92辑,第193—260页。
⑤ 有关这方面的讨论,参见谷小水:《"少数人"的责任——丁文江的思想与实践》,第160—175页,天津古籍出版社,2005年2月版。

搁浅。1927年5月国民政府设立上海特别市,以黄郛为市长。一般认为,黄对上海市政的规划实际是继承了丁文江的衣钵。① 对于丁文江这段工作,郑肇经认为:"文江先生作为北洋时代的上海总办,他没有收回租界的权力,但他反对列强,为我中华挽回了治外法权,采纳工程人员的建议,意图达到限制帝国主义扩张野心,建设自己的大上海,这在当时是难能可贵的。后来,这个总体规划为上海特别市政府所采。"此见可备一说。②

在上海担任淞沪商埠督署总办期间,丁文江周旋于各种势力之间,成为各种矛盾的缓冲器。其中为人注目者有"熊希龄案"的处理,创造社案的处理和各种罢工风潮,以及公署职员的薪水等问题的妥善处理。应当说,丁文江利用其自己特有的身份,使这些矛盾得到了相对缓和的处理。尽管如此,他不可能根本解决孙传芳与广东国民党人的矛盾,在南北冲突的夹缝中,丁文江的活动空间自然非常有限。正是看到这一点,当北伐军的步伐步步逼进、孙传芳与张作霖重新合作时,丁文江才寻机摆脱他所面临的革命风暴。

第三阶段是在1930年代,丁文江在《独立评论》等刊发表了一系列时评政论,表达了对现实政治的热情和关切。关于丁文江与《独立评论》的关系,胡适有一段评述:

> 在君最后病倒的时候(民国二十四年十二月八日),《独立评论》已出了一百八十期,已办了三年零七个月了。在那三年零七个月之中,《独立评论》发表了在君的文字共有六十四篇:论文,二十四篇;漫游散记,二十一篇;苏俄旅行记,十九篇。他常说他是《独立评论》最出力的投稿人,但我们在他死后回想,如果没有《独立评论》,他的《漫游散记》和《苏俄旅行记》也许至今还没有整理出来。他为了要"给适之补篇幅",才把他的旅行日记整理一遍,"把其中比较有兴趣的事情摘录出来",才成为《漫游散记》。他的《苏俄旅行记》也是我们硬逼他写出来的。这两部书都没有写完,但这四十篇很有趣味、很有学术资料,又很有传记资料的记游文字的写成,总可以算是

---

① 朱沛莲:《丁文江、黄郛与大上海》,载1978年台北《中外杂志》第23卷第4期。
② 郑肇经:《贵在奉献》,收入王鸿祯主编:《中国地质事业早期史》,第13页。

《独立评论》逼榨出来的一点有历史意义的成绩了。①

丁文江除了在《独立评论》发表政论外,还在《大公报》"星期评论"专刊、《国闻周报》等刊发表过政论。综述他这时期时评政论的重点,主要是围绕国人最为关注的对外、对内两大问题而展开。

对外主要是关注日本的动向。早在1927年,丁文江写信给胡适,说"他自己近来很研究日本",并劝胡适留在日本,研究日本,以为"中国存亡安危的关键在于日本"。② 蒋廷黻亦提到丁文江对抗日问题的特别见解:"《独立评论》是'九·一八'事变的产物。登载的文章也以讨论东北问题及其相联的和与战问题的为最多。在君对东北的政治、经济、军事、外交曾有极深刻的认识。他在东北旅行过无数次,他认识东北的主要人物,他深知日本和俄国对东北的野心和阴谋。"③

在《独立评论》上,丁文江有关日本问题的文章有《犬养被刺与日本政局前途》(1号)、《日本的新内阁》(2号)、《日本的财政》(2号)、《自杀》(23号)、《日本的财政》(30号)、《抗日的效能与青年的责任》(37号)等。丁文江通晓日语,可直接借助阅读日本报刊了解日本的动态,④故其对日本的观察具有相当的准确性,如他提到日本军人的"法西斯蒂"运动一定要成功,政党与议会无力阻拦这个趋势;⑤日本的经济虽然不好,但"距崩溃的程度还远。短期以内不会有绝大的变动。我们不是可以单希望日本自败,而就放弃我们的自卫运动的"。⑥

对日问题的战与和,是国人关注的焦点,也是《独立评论》同人讨论的重点。蒋廷黻谈及当时他们讨论这一问题的情形:"大体说来,当时评论社的朋友们没有一个是极端主张战的。大家都主和,不过在程度上及条件上有不同而已。主和最彻底的莫过于在君,

---

① 胡适:《丁文江人传记》,收入《胡适文集》第7册,第504页。
② 胡适:《丁文江的传记》,收入《胡适文集》第7册,第500页。
③ 蒋廷黻:《我所记得的丁在君》,载1956年12月台北"中央研究院"院刊》第三辑。
④ 参见丁文江:《日本的财政》,载1932年5月29日《独立评论》第2号。文后列有日文参考书报,显见丁有阅读日本报刊的习惯。
⑤ 丁文江:《日本的新内阁》,载1932年5月29日《独立评论》第2号。
⑥ 丁文江:《日本的财政》,载1932年5月29日《独立评论》第2号。

其次要算适之和我,孟和好像稍微激昂一点。在君最露骨的一篇文章是以'我们需要一个普拉斯特立托维克条约'为主旨。"①蒋廷黻提到的这篇文章即《苏俄革命外交史的一页及其教训》,丁文借十月革命后,列宁为确保新生的苏维埃政权,力排众议,坚持签订《布赖司特条约》,与德国方面单独讲和这一事例,提醒中国领导人注意把握对日策略。文末称:"华北是我们的乌克兰,湖南、江西、四川是我们的乌拉尔——古士奈茨克,云贵是我们的堪察加。我愿我们的头等首领列宁,看定了目前最重要的是哪一件事,此外都可以退让。我们的第二等首领学托洛茨基:事先负责任,献意见,事后不埋怨、不表功,依然合作。我愿我们大家准备到堪察加去!"②丁文江提醒大家作好向西南战略转移的思想准备。

丁文江对中、日之间的军事实力对比,是他对抗战持"低调"的主要依据:

> 中国号称养兵二百万——日本的常备兵不过二十万——中国的人口比日本要多四五倍;以人数论,当然我们是占优势的。但是我们的一师人往往步枪都不齐全,步枪的口径也不一律。全国所有的机关枪大概不过几千杆!——欧战的时候作战的军队每一师有一千五百杆。七五公厘的野炮大概一万人分不到两尊——实际上需要二十四尊。重炮、坦克、毒气和飞机可算等于没有。所以以武器而论,我们的二百万兵,抵不上日本的十万。欧战和上海的经验告诉我们,近代的战争是最残酷的,是不限于战斗员的。海上和空间完全在日本武力支配之下。沿江沿海的炮台都是四十年以前的建筑,丝毫没有防止日本海军的能力——吴淞的炮台不到五分钟就毁于日本炮火之下。……凡日本的海军和空军力量所达到的地方当然完全是日本的俎上之肉。所以我们对日宣战,完全是等于自杀。③

---

① 蒋廷黻:《我所记得的丁在君》,载1956年12月台北《"中央研究院"院刊》第三辑。在《独立评论》同人中,傅斯年是主张对日本采取强硬态度的,而胡适与丁文江均持低调,胡有《论对日外交方针》一文,载1932年6月19日《独立评论》第5号。

② 丁文江:《苏俄革命外交史的一页及其教训》,载1935年8月11日《独立评论》第163号。

③ 丁文江:《抗日的效能与青年的责任》,载1933年2月12日《独立评论》第37号。

丁文江并不隐讳自己的"低调",在《假如我是蒋介石》一文中,他公开承认:"我个人向来极端唱'低调'的:我向来主张中国遇有机会,应该在不丧失领土主权范围之内与日本妥协;并且应该利用一切国际的关系来和缓我们的危急,来牵制日本使牠与我们有妥协的可能。"①胡适作为"低调俱乐部"的另一名成员,也表现了类似的妥协倾向。这种论调的依据不仅是就中、日实力的对比而发,而且是针对国内不统一的政治状态而言,以一个没有完成政治整合的国家去抵抗外敌,这当然是缺乏力量的。中国长期的内乱和纷争不能不让丁、胡这些身处国民党之外,而又有国际视野的人唱起国人都不爱听的"低调"。

丁文江的态度后来也有了转变。蒋廷黻说:"他没有坚持他的意见,大概不外两个缘故:一是国内主战的空气日趋浓厚,一是日本军阀的横行和日本文治派的失败。在他死前的一二年,也有许多计划是以全面抗日为前提的。对于应战的预备,他很感兴趣。"②这说明丁文江在抗战这一问题上,他的所谓"战"与"和"之选择,是一种策略的选择,并不是对国家抗战前途丧失信心的表现,他的主张"妥协"也是以"不丧失领土范围"为底线。一旦日本突破中方的底线,一旦国家有需要,他仍是以国家、民族利益为依背,他愿意为中华民族的生存而竭尽全力。

对内主要是关注中国政治的建设及其出路。对于中国政治的现状,丁文江坚决主张反对内战。所谓内战"就是凡有以武力反抗政府,或是不得政府命令,自相火并,都是内战。同时中央政府以武力讨伐叛乱不在废止之列。然则废止内战运动,事实上不能不拥护现在的政府;至少反对任何以武力来推翻现在的政府。"③他解释自己为什么要"拥护现在的政府"——"我赞成的原因不是因为我对于现在的政府比较的满意,是因为在外患危急的时候,我们万万不可以没有政府。用武力来推翻现在的政府,不但如吴鼎昌先生所说,最后结果未必良好,而且目前政局先要混

---

① 丁文江:《假如我是蒋介石》,载1933年1月15日《独立评论》第35号。
② 蒋廷黻:《我所记得的丁在君》,载1956年12月台北《"中央研究院"院刊》第三辑。
③ 丁文江:《废止内战运动》,载1932年11月6日《独立评论》第25号。

乱,国家立刻要丧失一切自卫的能力,或者竟丧失国际发言的权利。"①

共产党力量在中国的存在,是国人关注的一大问题。在这个问题上,丁文江与一般自由主义者的立场小有区别,表现了一定的两面性。"只要共产党肯放弃它攻城略地的政策,我们不妨让它占据一部分的土地,做它共产主义的试验。但是它若是仍然要贯彻武力革命,趁外患危急的时候,扩张它的地盘,我们应该赞助政府以全力来扑灭它,因为要不然国家必不能抵抗外侮。等到中国亡了,中国的共产党又岂能单独生存?"②显然,他是主张保留共产党人在中国做共产主义实验的权利。丁文江专门写作了一篇《评论共产主义并忠告中国共产党》的长文,一方面表现他与马克思主义不同的思想见解,以为马克思主义的价值论在理论上"是很难成立的",他论述马克思主义的唯物史观、辩证论的论理、阶级斗争的学说,表示自己"根本不相信历史有什么论理";他谈到了19世纪中叶以后欧洲资本主义的发展,尤其是股份公司的组建、对失业工人的补助、把政权由欧洲封建贵族的手里转移到中产阶级手中,这些都是马克思梦想不到的事实。一方面也表示"我虽不赞成共产主义,我都极热忱的希望苏俄成功。没有问题,苏俄的共产是一个空前大试验。如果失败,则十五年来被枪毙的,饿死的,放逐的人都是冤枉死了,岂不是悲剧中的悲剧?而且我是相信经济平等的。如果失败,平等的实现更没有希望了。"③这样一种看似矛盾的态度,实际上是他内心深处接受西方社会民主主义的反映。正因为如此,他凭借自己对西欧资本主义的了解和经验,以自由作为评判的价值标准,批评了苏联的"无产阶级专政"。

中国最大的问题是政治上不统一,这是丁文江观察当时中国政治的核心观点。因为政治不统一,对外抵抗日本侵略缺乏团结

---

① 丁文江:《废止内战运动》,载1932年11月6日《独立评论》第25号。
② 丁文江:《废止内战运动》,载1932年11月6日《独立评论》第25号。
③ 丁文江:《评论共产主义并忠告中国共产党》,载1933年5月21日《独立评论》第51号。

的力量;因为政治不统一,对内建设事业很难规划。要完成政治上的整合,解决国家统一的问题,必须建立基本的"公共信仰",为此,丁文江写下了《公共信仰与统一》一文,他首先提到了"我们国家的不能统一原因很多。第一,在今日要建设统一的政府,领袖一定要有近代的知识,交通一定要有近代的设备,行政一定要有近代的组织,因为我们的国家要绝对的近代化是辛亥革命以后不可遏止的趋势,是中国独立生存不可缺少的条件。不幸所有近代化的必需品我们一概都没有。……在这状况之下要建设一个统一的国家已经是极端困难的了。"①不过,在丁文江看来,"以上种种都是我们不能统一的原因,然而都还不是最重要的原因。我以为我们不能统一最重要的原因是二十年来对于政治活动有兴趣有能力的人始终没有找着,一种最低限度的公共信仰。""这种信仰是政治安定第一个条件。在任何国家都是如此。""照现在国家危急的情形,统一是不可再缓的了。在短期内再不统一——至少是消极的统一——将来是否再有统一的机会,实在是一个疑问。我希望国民党、共产党、第三党的人把个人恩怨、各党的利害除开,平心想想是否我们可以承认一个最低限度的信仰,使得大家在这种信仰之下,有和平活动的可能。"在文章的结尾,丁文江毫不客气地批评国民党的"一党专政","国民党这几年的成绩是否能使人满意,姑且不论。许多人以为成绩不满意是党的制度不好,换了一种更时髦一点的制度,披上一种最新的制服,拥戴一个最有权力的军人,暗杀几个无权无勇的新闻记者,就可以变死党为活党(或者是变活党为死党),这都是错误的。"②丁文江的好友——《申报》主编史量才正是被国民党特务所狙杀,"暗杀几个无权无勇的新闻记者"一语是对国民党的特务政治及其践踏民主的抗议!

在1930年代,像丁文江这样游离于左右政治力量之外,企求以独立的声音诉求自己的政治意愿的知识精英并不在个别,《独立评论》同人大都有这样的倾向。相对于其他朋友着重表现自己的政治理念,丁文江更在意于对现实政治的干预和参与,因而其他人

---

① 丁文江:《公共信仰与统一》,载1934年1月14日《大公报》。
② 丁文江:《公共信仰与统一》,载1934年1月14日《大公报》。

的议政只是纸上谈兵而已,而丁文江则是为了介入政治,施加对现实政治的影响力。这样一种"干政治"的姿态,使得丁文江的政治性格显得更富有个性、更为强悍。然而现代政治的运作毕竟是以政党与意识形态为依托,失去了这两重背景,在政治上就很难有所作为。在意识形态方面,丁文江既不信仰共产主义,又未归附于三民主义,与胡适所持行的自由主义也有一定思想距离,他徘徊无靠,并没有真正找到自己的归宿。自由主义有两项基本的要求:一是要求循序渐进的进步观,反对暴力革命,这一点丁文江与之合拍,并无歧异;二是维护个人主义的生活方式和民主政治的价值体系,丁文江是一位现实主义者,他断定"在今日的中国,独裁政治与民主政治都是不可能的,但是民主政治不可能的程度比独裁政治更大"①。故他在民主政治的现实可行性这一问题上与胡适的立场迥然不同。在政治思想上,他只能说是一个精英主义者。从1923年丁文江在《努力周报》上发表《少数人的责任》,将"中国政治的混乱",归究于"'少数人'没有责任心,没有负责任的能力";到1934年他在《独立评论》上发表《民主政治与独裁政治》,明确主张"试行新式的独裁"! 丁文江一以贯之的政治思想是政治精英主义。有些论者将《努力周报》、《独立评论》定位为自由主义的核心刊物或言论阵地,检视作为其核心人物之一的丁文江所表达的思想诉求,我们似很难得出这样的结论。在政党政治方面,丁文江未加入任何政党,缺乏现实政治力量的支撑,这就制约了丁文江在政治上的活动空间,他至多只能成为一个关心政治的公共知识分子,或者参与政治的精明的技术官僚而已。1920年代、1930年代像丁文江这样游离于国民党、共产党之外的知识分子,常常形成不稳定的松散的同人群体,他们的政治思想、政治态度相对混杂,如将他们都置放在"自由主义"这样一个思想框架里,显有简单化之嫌。

将政治与行政分开,这是傅斯年评价丁文江从政言行的发明。傅斯年说:"在君是注重行政的,不是玩勾心斗角的政治把戏的,所以在君自己以'治世之能臣'自喻,大家朋友也都知道,虽然他有处置政务的天才,他并不是'拨乱反正'之才。在必须拨乱不可的时

---

① 丁文江:《民主政治与独裁政治》,载1934年12月30日《独立评论》第133号。

候,固需要拨乱的人才,然而真能反正并且要所反的正安定下去,是非有安分守己的'德臣'不可,非有才大志疏的贤士不可。用两个英国名词形容,在君是一个 Bureaucrat,并且是一个顶好的。而绝不是一个 Politician,他若做 Politician 的生涯必焦头烂额而后已。"①不错,丁文江是一个顶好的 Bureaucrat,他有良好的私德,他有行政的才干,但当他发现即使自己成为一个顶好的 Bureaucrat,在政治的旋涡里,他非但因此站不住脚,反而失身于流氓政客和横蛮军阀。因此才有一番新的反省,他在生命的最后几年,对国家政治生活中一些具有根本性的问题表现出探究的兴趣,对具体的行政事务反而表现出谨慎回避的态度,不愿出任铁道部长即是明显的迹象。②

　　丁文江私下曾说过两句政治名言,给他们的朋友印象深刻。一句是在 1926 年、1927 年他对胡适说的,据胡适回忆:"在那个革命大潮流里,改良主义者的丁在君当然成了罪人了。在那个时代,在君曾对我说:'许子将说曹孟德可以做'治世之能臣,乱世之奸雄';我们这班人恐怕只可以做'治世之能臣,乱世之饭桶'罢!'这句自嘲的话,也正是在君自赞的话。他毕竟自信是'治世之能臣'。"③一句是在 1930 年代他对蒋廷黻说的,蒋氏曾回忆:"他了解一切问题的复杂和连环。谈政治的时候,他最喜欢说的一句笑话是:中国的问题要想解决非得书生与流氓配合起来不可。他是想提高国家水准的一个有力分子,其成败及理由还得留等将来的历史家来研究。"④胡、蒋对丁文江这两句政治名言的记录,多少表现了丁文江对自己所处政治环境的无奈与悲叹,在一个充满动荡、混乱和无序的社会里,在一个政治没有走上轨道的时代,受过最好的

---

　　① 傅斯年:《丁文江一个人物的几片光影》,载 1936 年 2 月 23 日《独立评论》第 189 号。
　　② 关于蒋介石邀请丁文江出任铁道部长一事,参见陈伯庄:《纪念丁在君先生》,收入氏著《卅年存稿》,1959 年 8 月出版。董显光:《丁文江传记》初稿,收入《胡适全集》第 34 册,第 417 页。郑肇经:《贵在奉献》,收入王鸿祯主编:《中国地质事业早期史》,第 12 页。
　　③ 胡适:《丁在君这个人》,载 1936 年 2 月 16 日《独立评论》第 188 号。
　　④ 蒋廷黻:《我所记得的丁在君》,载 1956 年 12 月台北《"中央研究院"院刊》第三辑。

中西教育的高级知识分子,其命运往往显得十分的脆弱,要么折腰事从权贵、依附军阀,要么因保持自己的清高,而被政治主流边缘化。丁文江既不想走前者的路,又不想在汹涌澎湃的政治浪潮中默默无闻,做一个纯技术型的地质学家。他身上有着更大的能量需要释放,他有着比一般中国人,甚至一般的知识分子更为高远的社会政治理想,因此他的选择诚如他自己在一首诗中的道白:"红黄树草争秋色,碧绿琉璃照晚晴。为语麻姑桥下水,出山要比在山清。"①他自认"出山要比在山清",他是本着孔夫子"知其不可而为之"的入世精神来对待现实政治生活的。在《我所知道的翁咏霓———一个朋友病榻前的感想》一文中,他试图以自己的朋友翁文灏为例证来说服青年们:"青年的读者!有人告诉你,'社会是万恶的','世上没有好人'。你不要相信他,因为翁先生就是一个极好的反证。""有人要告诉你,环境是不可抵抗的,人是环境的产物,你不要相信他。""有人告诉你,非会得吹牛拍马不能在社会立足,你不要相信他。翁先生是最不会吹牛拍马的人。""有人要告诉你,社会没有公道,朋友没有真心,你不要相信他。""由此看来,中国现在的'世道人心'并没有比任何时代,任何国家坏。青年的读者,希望你们把翁先生做模范,努力来建设簇新的国家!"②这就是丁文江怀抱的希望,也是他为自己"出山要比在山清"这一选择写下的注脚。

《独立评论》是1930年代最具影响力的刊物。胡适总结说:"《独立评论》共出了二百四十四期,发表了一千零九篇文章,——其中百分之五十以上是社外的稿子,——始终没有出一文钱的稿费,所以我叫这个时代做'小册子的新闻事业的黄金时代'。"③美国著名学者费正清对《独立评论》也有类似的评价:"《独立评论》是阅读英语的人办的。胡适和其他一些人都是哥伦比亚大学毕业的,闻一多曾经在芝加哥大学学习。所有写文章的人都感受到了

---

① 丁文江:《七绝·麻姑桥晚眺》,最早见于朱经农:《最后一个月的丁在君先生》,载1936年2月16日《独立评论》第188号。
② 丁文江:《我所知道的翁咏霓———一个朋友病榻前的感想》,载1934年4月22日《独立评论》第97号。
③ 胡适:《丁文江的传记》,收入《胡适文集》第7册,第502页。

当时的气氛,同时也真正代表了那个时代的精神。"①的确,从表达知识分子的意愿和舆论来看,《独立评论》发挥了极大的作用,一时间成为知识分子议政谈政的核心言论阵地。但《独立评论》毕竟始终只是一个知识分子的同人刊物,是少数知识精英表达自己思想和对现实看法的一个阵地而已,它并没有像《新青年》那样,引领时代的思想潮流,成为领导中国青年前进的一面旗帜。

六、"苏俄经验"与思想调整

俄国十月革命及其新生政权,作为一新生的进步事物,曾引起世界的巨大震撼。世界各地许多进步人士、知名学者都前往俄国,亲自考察它的社会主义实验。在西方,对苏俄的观察,有两种类型:一种以英国哲学家罗素为代表,他们受过英美自由主义的熏陶,有着根深蒂固的自由主义情结,对苏俄的观察带有一定的批判性,对其政权的无产阶级专政性质更是感到疑惧,罗素注意到:"布党极不赞成德谟克拉西,而欧西各国适得其反,此为俄与欧西各国不能融洽的一大原因。"他主张:"我虽信共产主义是一种好学说,我虽信彼是文化的进步;但我想须用循次渐进的方法来实行这主义,必用别的方法开导人民,不必用强硬手段压迫他们。"②一种以法国作家罗曼·罗兰为代表,他们曾是左翼作家,是进步力量的代表,在未去苏联以前亦颇为倾向社会主义,但在亲自接触苏联的现实情况后,对其某些做法有所保留,碍于情面他们又不便作公开批评,罗曼·罗兰生前不愿公布自己的《莫斯科日记》即是典型一例。不过,这两种类型的知识分子与西方主流媒介对苏联充满敌意的态度有着根本的不同,他们的主张富有学理的内涵。

"苏俄经验"是现代中国人的国际观重要组成部分,也是极具争议和挑战的一部分。它不仅反映了国人对新生的苏俄政权性质和国家制度的看法,而且事关中国自身的政治前途及其发展模式

---

① 参见梁衡:《费正清教授的思想与生活》,载美国《知识分子》1984 年 10 月秋季号,第 10 页。
② 罗素:《布尔什维克与世界政治》(李济民、杨文冕笔记),载 1920 年 11 月 3 日《民国日报》。

科学与政治——丁文江研究

的选择。中国知识分子对苏俄社会主义实验的认识,大致亦有两种不同类型:一派是以瞿秋白、茅盾、胡愈之为代表的左翼知识分子,他们接受了马克思主义,是带着朝圣的心情去苏联游览,他们撰写的苏俄游记,如瞿秋白的《饿乡纪程》和《赤都心史》、胡愈之的《苏联印象记》,反映了共产党人或左翼人士的观点。一派是以胡适、蒋廷黻、丁文江为代表的自由主义者,他们曾在英美接受过高等教育,对英美民主政治有相当深入的体验,面对苏俄社会主义实验这一新生事物,他们抱着极大的兴趣亲自前往考察,他们虽未动摇自己对英美式民主政治的信念,但对苏俄的实验亦未作否定,甚至有相当的同情,其中丁文江的苏联之行相对胡、蒋来说,在思想上的跳跃、变化似更大,他不仅发表了《苏俄旅行记》,而且在政治见解上作了一定的调整。

苏俄作为一个问题摆在丁文江的面前是在1925年。这年10月6日《晨报社会周刊》第一号发表了陈启修的《帝国主义有白色和赤色之别吗?》一文,引起了各方面的辩论。"陈文系根据学理来证明共产主义的国家没有发生帝国主义的可能,因而'醒狮派'与其他信仰狭义的国家主义者以及研究系等共同煞费苦心所杜撰出来的'赤色帝国主义'一名词,就有根本摇动之势,为此,张奚若先生就首先起来,把陈先生原来的问题一变而为'联俄'与'仇俄'的问题"①。讨论主要在由研究系主导的《晨报社会周刊》、《晨报副刊》上展开,从1925年10月初开始,到11月中旬基本结束。卷入这场讨论的人员政治成分复杂,有国家主义者(如李璜、常燕生等)、研究系分子(如梁启超、丁文江等)、国民党员(如吴稚晖等)、马克思主义者(如陈翰笙)、自由主义者(如陶孟和、张奚若、徐志摩等),意见自然很不一致。表面上看来这是一个对外关系的问题——"联俄"还是"仇俄"? 实质上是一个中国政治前途的选择问题。应《晨报社会周刊》编者刘勉己"屡次来信"催问,丁文江不得不做一表态:"第一点我们中国人现在无产可共,讲不到什么主义";"第二点是就外交上讲,无论那一国,我们都不配联,苏俄我们

---

① 章进编:《编者的几句话》,收入氏编《联俄与仇俄问题讨论集》,北京:北新书局,1927年版,第3页。

更不能够。就内政上讲,联外国人来改革本国的内政,没有不失败的。"①显然,当时丁文江所持的立场是既不赞成在中国实行共产主义,也反对"联俄",这一选择与其归附的研究系的政治态度完全一致,也体现了《晨报》发起这场讨论的基本意向。讨论之初张奚若即看出这一点:"晨报近来反对共产和苏俄,是人所共知的。在今日人人对于这个重要问题不敢有所表示的时代,你们敢明目张胆的出来反对,不管你们特别原因如何(或者是因为要反对你们老对头国民党),只那不为卢布所诱,不为俗见所屈的地方,已经令人非常可佩。"②显然,《晨报》有意开展这场讨论,是为了阻抗正在轰轰烈烈地进行的大革命。丁文江这次所提交的答卷,带有一定的随机性。从此以后,他带着这一问题,开始有意识地构建自己的国际观。

1933年6月23日,丁文江从上海乘船出发,踏上去美国的旅程。丁文江在芝加哥参观博物馆,到华盛顿出席第16届国际地质学会大会后,8月2日遂离开纽约前往欧洲,他在法国、英国、德国、瑞典等国做短暂停留后,8月30日进入苏联境内,进行为期两个月的苏联之行。丁文江去苏联时,抱有很大的期望,拟订了一个很大的计划,后经苏联方面的劝告,他对自己的考察项目有所调整。③即使如此,在当时前往苏联的中国人中,丁文江可能是涉足领土最广,对其建设情况最为熟知的专业人员。他的苏联之行,不是一般意义上的旅行观光,而是具有专业考察的性质。从他后来的言论来看,他在从事地质考察和经济考察的同时,颇为留意苏联政治。他的苏联经验,可以说是他人生和思想的重要收获。

1920年代、1930年代中国自由主义知识分子有两次环球之行。一次是胡适自1926年7月至1927年5月历时十月的欧美之行,它是中国自由主义者对全球政治所做的第一次实地考察。胡适从北京出发、通过东北入境苏联,作短暂停留,然后去英、法访

---

① 丁文江:《论对俄问题》,原载1925年11月3日《晨报社会周刊》第5号。收入章进编:《联俄与仇俄问题讨论集》,第186—190页。
② 张奚若:《苏俄究竟是不是我们的朋友?》,原载1925年10月8日《晨报副刊》第1286号。收入章进编:《联俄与仇俄问题讨论集》,第8页。
③ 参见胡适:《丁文江的传记》,收入《胡适文集》第7册,第512—513页。

问,再横跨大西洋,远走美国,最后从美国途经日本,绕地球一周后回到上海。胡适在苏联的停留时间虽极为短暂,但他的苏联之行给他的政治思想带来了一定的影响,在自由主义者中也引起了热烈的讨论,①甚至促使某些人如徐新六、丁文江等开始研读马克思著作。② 尽管如此,胡适的政治信念并没有根本性的变化,这在他的《漫游的感想》等文中有明白的表示。③ 相对来说,1933年丁文江的欧美之行,与胡适有微妙的差别。丁文江在苏联停留的时间较长于胡适,所考察的范围,所经过的地方也远多于胡适,因此他对苏联的了解自然也比胡适更广泛、深入。加上他去苏联的时间,比胡适晚了近七年,这个时间差,也就是胡适特别提到的"在君到苏俄是在第一个五年计划满期之后八个月"。④ 苏联圆满完成了第一个五年计划,社会主义建设取得了巨大成就,苏联跃升为欧洲第一工业强国。目睹苏联的巨大变化,丁文江心灵所产生的震撼,自然也要大于胡适。丁文江对苏联的好感,溢于言表,当时任中国驻苏大使的颜惠庆对此印象深刻,1933年9月8日他在与丁文江晤面后写道:"出席吴招待丁的宴会。丁对苏联的印象非常好。他赞成在目前情况下的现有制度。"⑤他弟弟丁文治翻译美国新闻记者张伯伦(H. Chamberlain)发表在美国《外交季刊》(*Foreign Affairs*)的文章——《苏俄五年计划的结算》,实际上也是表现了他对苏联经济建设成就的认可。⑥ 在丁文江之前,地质学家李四光亦曾赴苏俄一行,并留下《一个月在苏俄的所见所闻》的文字,表现出对苏俄

---

① 参见《胡适的日记》(1926年7月17日—8月20日),收入《胡适研究丛刊》第二辑,第335—351页,北京:中国青年出版社,1996年12月版。胡适:《欧游道中寄书》,收入欧阳哲生编:《胡适文存三集》卷一,《胡适文集》第4册,第41—50页。
② 参见《徐新六致胡适》,收入《胡适来往书信选》上册,第422页。徐在信中谈及丁文江辞去淞沪商埠总办一职的情形时说:"此后行止,渠拟一方面将未完之云南地质视察等报告完成,一方面'读书'。弟劝以于一年之中埋头读经济学书,是广义的,自斯密亚丹以至马克思、苦罗巴金之理论,以及财政、币制、赋税、人口各种应用问题,均须加以研究。渠颇首肯。"
③ 有关这方面情形的论述,参见欧阳哲生:《胡适与中美文化交流》,收入《新文化的传统——五四人物与思想研究》,广州:广东人民出版社,2005年4月版,第350—351页。
④ 胡适:《丁文江的传记》,收入《胡适文集》第7册,第523页。
⑤ 上海市档案馆译:《颜惠庆日记》第二册,第767页。
⑥ 丁文治译:《苏俄五年计划的结算》,载1936年5月14日《独立评论》第50号。

的好感,但他的观察毕竟是"走马看花的印象",①远不如丁文江的《苏俄旅行记》细腻。

丁文江未去苏联之前,曾有心研究马克思主义学说和苏联问题。当他辞去淞沪商埠督办公署总办一职,1927年1月12日徐新六致信胡适,谈及丁文江的打算时说:"在君乘汽车受伤,在病院多日,已向孙氏辞职,虽尚未批准,事实上日已等于辞职,极端反动之潮流中总算已免了。此后行止,渠拟一方面将未完之云南地质视察等报告完成,一方面'读书'。弟劝以于一年之中埋头读经济学书,是广义的,自斯密亚丹以至马克思、苦罗巴金之理论,以及财政、币制、赋税、人口各种应用问题,均须加以研究。渠颇首肯。"②可见,当时他已接受徐新六的劝告,准备研究包括马克思在内的西方经济学说。1930年8月25日丁文江致信胡适,透露了自己的学习进展:"我新近看了许多讲俄国经济的书。Dobb's *Russian Economic Development Since the Revolution*,尤其好,希望你看看。"③9月9日他再次致信胡适说:"我近来看了许多讲俄国的书,对于俄国的情状有一点了解了。下列的几部都值得看:Dillon:*Russia Today & Yesterday*(最浅薄,但文字颇好)。Dobb:*Russian Economic Development Since the Revolution* (favorable to Bol.)。Yugoll:Economic:*Trends in Soviet Russia*(Unfavorable,but rather fair)。我本想做几篇提要,因为太忙,只好作罢。你如高兴,似乎值得做。"④显然,丁文江对苏联问题的研究抱持一种积极的态度,他甚至鼓励胡适也这么做。经过一番认真的研究,丁文江对苏联的革命试验初步形成了自己的一套看法,这反映在他发表的长文《评论共产主义并忠告中国共产党》一文中。如果说他对马克思主义的讨论基本上属于学理的性质,对苏联的观点则深深地打下了自由主义的烙印。在这篇文章中,他有多处严厉地批评苏联:"共产党的革命在苏俄是极残酷的,但是我们没有理由说在其他各国一定要如苏俄一样

---

① 参见李四光:《一个月在苏俄的所见所闻》,载1925年10月17日《现代评论》第2卷第45期。
② 《徐新六致胡适》,收入《胡适来往书信选》上册,第422页。
③ 收入耿云志主编:《胡适遗稿及秘藏书信》第23册,第156—157页。
④ 《丁文江致胡适》,收入《胡适来往书信选》中册,第19—20页。

的。""照苏俄的现状,我们看不出一点平等自由的光明。不错,资本阶级是没有了。……统治的阶级,很廉洁,很努力,许多非共产党都可以承认的。然而平等则完全不是。……足见得苏俄统治者的生活与平民是两样的。""苏俄的首领最相信科学的,但是自由是养活科学最重要的空气。今天说,这是资产阶级的余毒;明天说,这是与马克斯(思)、列宁学说违背。科学如中了煤毒的人一样,纵然不死,一定要晕倒的。"①但从苏联回来后,类似的语言基本上没有再出现在丁文江的文章中。

丁文江自苏联归国后,他的思想、身体、生活均有极大的变化,与他有密切接触的人们对此印象深刻。傅斯年提到他盛赞苏联的婚姻制度,②想埋头著书立说,精神上有点反常。③ 丁张紫珊看到他下决心戒掉了吕宋烟。④ 胡适发现他身体颇为疲惫,有些不适。⑤ 丁文江回国后,在《独立评论》发表的政论文字有:《我的信仰》(第100号)、《实行统制经济的条件》(第108号)、《民主政治与独裁政治》(第133号)、《再论民治与独裁》(第137号)、《科学化的建设》(第151号)、《苏俄革命外交史的一页及其教训》(第163号)。另在《大公报·星期论文》上发表《公共信仰与统一》(1934年1月14日)、《实行耕者有其地的方法》(1935年10月13日),这些文章明显反映了"苏俄经验"对他思想的刺激和影响。胡适在《丁文江的传记》引言中称,傅斯年曾宣布要写三个题目:《丁文江与中央研究院》、《丁文江与苏联之试验》、《我在长沙所见》。其他两个题目较好理解,唯其要写《丁文江与苏联之试验》这篇文字,如别无所见,似不会拟出这样一个极具政治敏感性的题目。傅斯年在他的两篇悼文中,零星地提及丁文江从苏联回来以后的思想变化。在《丁文江一个人物的几片光影》一文里,明确表示要"再写一文说明"丁文江回国后的思想变化,但终究没见下文。胡适在《丁文江的传记》

---

① 丁文江:《评论共产主义并忠告中国共产党》,载1933年5月21日《独立评论》第51号。
② 傅斯年:《我所认识的丁文江先生》,载1936年2月16日《独立评论》第188号。
③ 傅斯年:《丁文江一个人物的几片光影》,载1936年2月23日《独立评论》第189号。
④ 丁张紫珊:《悼在君二哥》,载1936年1月20日《国闻周报》第13卷第4期。
⑤ 胡适:《丁文江的传记》,《胡适文集》第7册,第497页。

中的第十六节《苏俄的旅行(1933)——最后三年的政论》,虽以一节的篇幅讨论丁文江苏联之行以及后来的政论,但限于当时的冷战气氛,胡适较多地渲染了丁文江对苏联社会主义试验保留的一面,并未细究丁文江在苏联之行前后思想的微妙变化。实际上,丁文江的思想变化在其归国后的政论文字中明显有迹可寻。

在政治上,丁文江明确主张中国现行的政治只能实行"新式的独裁"。民主与独裁的讨论是1930年代中国知识分子内部的一场混战。讨论首先是在蒋廷黻、胡适之间展开,丁文江以一篇《民主政治与独裁政治》介入,其立场明显倒向蒋廷黻这边,而与胡适的"民主政治"论相左,丁文江认定:"在今日的中国,独裁政治与民主政治都是不可能的,但是民主政治不可能的程度比独裁政治更大。凡胡适之先生所举的独裁政治的困难和需要,都是实行民主政治所不可免的困难和需要,而且程度加大。"丁文江提出"试行新式的独裁!""因为新式的独裁与旧式的专制是根本不能相容的。"①丁文江的观点如石击水,在朋友中一时激起极大的反响。胡适、陶孟和、吴景超、陈之迈等人纷纷撰写批评文字,针对丁文江的观点予以反驳。丁文江又续作了《再论民治与独裁》一文,在这篇文章中,他不仅指出:"苏俄的共产党理论上也是承认民主政治的。从马克斯起到司他林止,都把劳动阶级专政认为过渡的,是达到真正民主政治的一种手段。"而且认为:"政治上地位稍为稳固一点的人,连一句不愿意听的话,都传不到耳里。这正是中国国民党与苏俄共产党不同的地方。"明显表现出对苏联共产党的好感。在文章的结尾,他对自己的政治选择做了明确回答:"我少年时曾在民主政治最发达的国家读过书的。一年以前,我曾跑到德意志、苏俄参观过的。我离开苏俄的时候,在火车里,我曾问我自己:'假如我能够自由选择,我还是愿意做英美的工人,或是苏俄的知识阶级?'我毫不迟疑的答道:'英美的工人!'我又问道:'我还是愿意做巴黎的白俄,或是苏俄的地质技师?'我也毫不迟疑的答道:'苏俄的地质技师!'……"②这似乎又传递出在国难之际,他的自由主义是服从民

---

① 丁文江:《民主政治与独裁政治》,载1934年12月30日《独立评论》第133号。
② 丁文江:《再论民治与独裁》,载1935年1月27日《独立评论》第137号。

族主义这一信息。

在经济上,丁文江吸收了"苏俄"的社会主义建设经验,接受了某些社会主义的因素,主张"统制经济"、"实行耕者有其地"和"科学化的建设"。

"统制经济"也可称"计划经济",它是针对"放任经济",也就是"自由经济"而言。1930年代欧美各国在经济上"大家都承认放任经济的末日到了;统制经济是人类走向极乐世界的大路"。丁文江指出,在中国实行"统制经济"需要的条件:"第一个必需条件是要有真正统一的政府"。"第二个必需条件是收回租界,取消不平等条约。""第三个必需条件是行政制度先要彻底的现代化。"其中"现代化的行政制度第一要有廉洁的官吏。""第二行政组织要健全。""第三握政权的人要能够信任科学技术,识别专门人才。"①丁文江理想的"统制经济"是与一个高效、廉洁、专业型的政府联系在一起。

"实行耕者有其田",这是中国历代农民的根本愿望,也是孙中山先生在经济上的一个理想,也是中国共产党对农民的根本政策。"自国共分裂以来,国民党右倾,早已把这个口号忘记。"《独立评论》同人重提这个问题,显然是当时农村阶级矛盾加剧的反映,也是1930年代社会主义运动影响的一个结果。最先注意这个问题的是蒋廷黻、吴景超两人,蒋廷黻称"现在的民族主义不加上高度的社会主义或民生主义,不能成为大有力的发动机。……我们所须行的就是耕者有其地。"②吴景超提出政府以土地债券向地主购地,给与佃户。债券的本息由佃户于若干年内摊还。"其数目之多少,以不加重佃户负担为原则。"③在国民党方面,阎锡山发表了《土地公有案》,他的办法是由村公所发行村公债收买全村土地为公有。在这种背景下,丁文江亦认为"'耕者有其地'的政策在目前的中国是有实行的必要,并且有实行的可能的。我并不是说'耕者有其地'以后农村一切问题都已解决——土地不敷分配,生产力量薄

---

① 丁文江:《实行统制经济的条件》,载1934年7月8日《独立评论》第108号。
② 蒋廷黻:《民族主义不够》,载1935年9月15日《大公报》。
③ 吴景超:《耕者何时有其田》,载1935年8月25日《独立评论》第165号。

弱当然如故。然而最受痛苦的农民因此减轻地租的担负,于政治上、经济上,都有极好的影响。"丁文江同意吴景超的办法,"要使得'耕者有其地'而同时农民负担减轻,一定要政府筹大宗的款项来供收买土地之用。这种款项的来源最好是清理田赋"。①

"科学化的建设"是丁文江科学观在经济领域的表现。他指出:"建设如果要科学化,第一,建设的费用除非有外资的输入不能超过国民经济的能力,建设用款全数是固定的投资。这种投资虽然可以希望生利,但是本钱的收回为期很远,所以,在一种经济现状之下,这种投资可能的总数是与国民全体的收入有相当的比例。""第二,是要有轻重缓急的标准,宁可少做几件事业,但是一定要有始有终。""第三,建设当然要有统一的职权。因为不然则上面所列的两种条件都是做不到的。但是我所谓统一职权不是随便照着纸片上的系统可以做得到的。国家应该把要建设的事项做一个整个的计划,把各事项所需要的研究,设计,执行,与普通行政分析清楚,再考察现有各机关的成绩与人才,然后决定他们的去留增减。""第四,凡百建设,未经实行以前必须有充分的研究与设计。"除此以外,人才也极为重要,"假如国家不能养成专门的技师,一切专门的事业当然无法着手。比专门技师尤其重要的是任用专门技师的首领。假如他们不能了解科学的意义,判断政策的轻重,鉴识专门的人才,则一切建设根本不会成功的。"②值得注意的是,在谈到机关的去留增减时,丁文江引用苏联的地质调查的经费一例来说明苏方对地质调查的重视,反驳"有人提议把地质调查所归并到地质研究所里面,并且把他的原有经费减去一半"的想法。

在思想上,丁文江明确表明了自己的信仰。在他看来,谈信仰所需解决的第一个问题"是善恶的问题"。丁文江认为:"善的行为是以有利于社会的情感为原动力,以科学知识为向导的。"这里丁文江似乎强化了他在"科学与人生观"论战时所表达过的观点,即他认为人生观是受科学支配的,他表现了自己非宗教、反宗教的立场:"我不相信有主宰世界的上帝,有离身体而独立的灵魂。不错,

---

① 丁文江:《实行耕者有其地的方法》,载1935年10月13日《大公报》。
② 丁文江:《科学化的建设》,载1935年5月19日《独立评论》第151号。

我不能完全证明上帝和灵魂是没有的。但是第一:证明的责任是不在我而在相信神秘的人,因为上帝和灵魂都是看不见,听不到,摸不着的东西。你相信它们是有的,应该先请你拿证据来。第二:没有上帝和灵魂的可能性,比有的要大得多。"①丁文江虽然明确反对"神秘的宗教",但他认为"宗教心是人人都有的,但是正如人的智慧,强弱相去很远。凡是社会上的真正首领都是宗教心特别丰富的人,都是少数"。②

对待宗教的态度是如此,对待政治的态度,他也将自己向往的政体重新做了说明。可能因为他的两篇有关"独裁与民主"的文章,丁文江背上了主张"独裁"的恶名,为此他不得不加以澄清:"同时我也不是迷信独裁制的。在现代社会中实行独裁的首领责任太重大了。任何富于天才的人都很难称职。何况这种制度的流弊太显明了。要能永久独裁,不但必须要消灭政敌,而且要使政敌不能发生,所以一定要禁止一切的批评和讨论。在这种制度之下做首领的腐化或是'盲化'只是时间问题。"不过,他主张"假如做首领的能够把一国内少数的聪明才德之士团结起来,做统治设计的工作,政体是不成问题的。"对于共产主义的态度,他说得很明白:"第一我不相信革命是唯一的途径——尤其不相信有什么'历史的论理'能包管使革命会得成功,或是在任何环境之下革命一定要取同样的方式。第二我不相信人类的进步除去了长期继续努力以外,有任何的捷径。所以我尽管同情于共产主义的一部分(或是一大部分),而不赞成共产党式的革命。"③这样一种政治选择,实际上表现了自由主义的两面性,在中国社会环境中显然缺乏现实的政治力量支撑。

丁文江当时的思想变化并未完全定形,还处在演变的过程之中,因而我们对他可能的思想发展方向,做过于强势的论证,或者做凝固化的判断,都似有将自己的意愿强加于他之嫌。一些自由主义者后来大大改变了自己当初对"苏联经验"的看法,完全并入

---

① 丁文江:《我的信仰》,载1935年5月6日《大公报》。
② 丁文江:《我的信仰》,载1935年5月6日《大公报》。
③ 丁文江:《我的信仰》,载1935年5月6日《大公报》。

到反共、反苏的行列,这方面最典型的例子是 1930 年代被丁文江引为同调的蒋廷黻。也有一些自由主义者逐渐走向社会民主主义,最终倒向社会主义,接受苏联模式的正当性和典范性,周鲠生、李四光即是如此。预测未来是一件危险的事,如果丁文江的生命延续二十年,他会做出怎样的抉择:向左还是向右? 这真是一个难以回答的疑问?!

丁文江去世时,翁文灏曾作长篇悼诗《追忆丁在君》,其中诗云:"研读西儒资本论,更证苏联气象新。炉火纯青振冶炼,宝藏兴启竭艰辛。从此坚信振弱国,须赖精励尽天真。(君游苏联归后,深信必有坚贞不拔之诚,方收起死回生之效。)"①在所作另一首《洄溯吟》诗中,翁文灏又写道:"奋起苏联兴大计,回旋国士抱衷心。(丁在君读马克思《资本论》后,于 1933 年往苏联考察,深信须有主义具决心,方真能建设,而造成新国,显非蒋政权所能胜任。勉受蔡子民坚约,暂任中央研究院总干事,稍有布置后志当辞退,从事政治工作,不幸于 1935 年秒受煤气毒,以致殁于湖南。)"等语。② 从翁氏的这两段诗语可以看出,丁文江从苏联回国后,他的最大愿望可能是从政,他发表的一系列政论即是一个征兆。而他有意回避蒋介石邀约他担任铁道部长这一职位,以免成为囊中之物,则反映了他在政治上可能有更大的抱负。

七、未尽的军事才能

近代以来,文人学者与军事的关系,一般来说相对疏离。但有些文人学者基于个人的兴趣和政治的原因,或潜研军事,撰写兵书;或披挂上阵,领兵打仗。他们所表现出来的军事才能和军事素养,一点也不逊色于那些在武备学堂或军事院校训练出来的科班将领,丁文江即属这样一位涉足军事甚深的学者。对军事教育的

---

① 翁文灏:《追忆丁在君》,载 1946 年《地质论评》第 11 卷第 1—2 期。
② 《洄溯吟》是翁文灏撰写的自传性诗稿,于 1953 年 1 月 8 日完稿。全稿共七律 58 首,手稿由翁文灏的儿子翁心鹤珍藏。翁心鹤曾将诗稿复印件赠给南京师范大学地理系教授李旭旦。1985 年南京师范大学古文献整理研究所所编的《文教资料简报》第 2 期刊登了该诗。

雄心,对军事形势的关注,可以说贯穿于他1920年代、1930年代的思想与活动中,这是一种业余的特殊爱好,以丁文江本人的意愿而言,他有心把它发展成为一种职业上的选择。只是苦于没有机会,没能找到这种转变的可能,故研究丁文江的人常常不易注意他在这方面的动向,对他留下的一部当代军事史著述《民国军事近纪》,甚至没有人作过认真的研究,这在丁文江研究中,不能不说是一个阙失。

丁文江的军事素养在知识界可谓遐迩闻名。陈之迈评及1930年代文人与军事的关系时说:"当时强邻压境,我最想知道的是军事方面的问题。当代文人中懂得军事的有三位最为出色,一为张季鸾先生,一为丁在君先生,一为傅孟真先生。从他们的著作及言论中我学到了许多军事常识。"① 蒋廷黻在纪念丁文江的文章中也提及这样一件事:"我早主张国防部应该请文人作部长。有一天,我和在君谈这件事,并且告诉他应该作国防部长。他没有说不愿意或不可以,因为在君最不喜欢说客气话。他倒说他最喜欢作军官学校的校长,这颇出于我的意料之外。他说中国的新教育,在文的方面和在武的方面,是同时开始的。在满清末年,政府对于军事教育的注意远在普通教育之上。在初期,文学堂和武学堂都是请外国人,多半是日本人,作教员的。那时上课的时候,教员带翻译上班,一个钟头只能授半个钟头的课。文学堂早就超过这阶段,军官学校至今没有超过。据在君看起来,单独这一点,我们就可以看出来武教育之缺乏进步。在君切盼中国军人的军事教育能火速赶上世界水准。这是他想作军官学校校长的理由。"② 显然,丁文江毫不避讳在朋友面前展现自己的军事抱负。胡适在《丁文江的传记》中提到丁文江"改革中国高等军事教育的雄心"时,借用丁文江与孙传芳的一段对话说明丁氏为何特别关注"军事教育":

孙馨远说:丁先生,请你想想,你在哪一个方面可以帮我

---

① 陈之迈:《关于傅孟真先生的几件事》,载1976年3月台北《传记文学》第28卷第3期。

② 蒋廷黻:《我所记得的丁在君》,载1956年12月台北《"中央研究院"院刊》第三辑。

顶多的忙?

　　我说:我早已想过了。

　　孙问:哪一个方面?

　　我说:我曾想过,这时候中国军队顶需要的是一个最新式的,最完备的高级军官学校。现在的军官学校,甚至于所谓"陆军大学",程度都很幼稚。里面的教育都太落伍了,不是保定军官学校出身,就是日本士官出身。这些军官学校的专门训练当然比不上外国同等的学校,而且军事以外的普通学科更是非常缺乏。所以我常说:中国的军事教育比任何其他的教育都落后。例如用翻译教课,在中国各大学已经废弃了二十年,而现在陆军大学的外国教官上课,还用翻译;学生没有一个能直接听讲的。足见高等军事教育比其他高等教育至少落后二十年。现在各地军官学校教出来的军官都缺乏现代知识,都缺乏现代训练,甚至于连军事地图都不会读!所以我常常有一种梦想,想替国家办一个很好的、完全近代化的高等军官学校。我自信可以做一个很好的军官学校校长。

　　孙馨远听了大笑。他说:丁先生,你是个大学问家,我很佩服。但是军事教育,我还懂得一点,——我还懂得一点。现在还不敢请教你。

　　他说了又大笑,他当我说的是笑话!①

胡适讲这个笑话,可以说意味深长。对孙传芳这样的老军阀和后来蒋介石这样的新军阀来说,搞军事教育、办军官学校,其目的都是为其培植亲信和私人武装。因而他们的军事教育自然不免带有浓厚的私人武装或所谓"党军"色彩。而在丁文江眼里,改革军事教育,是国家实现军事现代化最重要的一步。

　　丁文江早年即有"军事救国"的思想,据丁文江的弟媳(养女)史济瀛回忆,丁文江赴日留学时,即"想学海军救国,因鼻子有病,嗅觉不灵,作罢。"②他在英国留学时,学习地质,练习马术,旅行考

---

①　胡适:《丁文江的传记》,收入《胡适文集》第7册,第475页。
②　史济瀛:《回忆丁文江先生》,收入《泰兴文史资料——纪念丁文江先生诞辰一百周年》,第60页。

察,也间接地折射出他对军事的兴趣。丁文江的军事素养来自于三个方面:一是注意吸收外国先进的军事经验。胡适提到:"他留学英国多年,又常到德国、法国旅行,在德国住过较长的时间,他颇注意这三个国家的军事教育。"他与美国著名军事专家、原美国兵工署署长克罗希尔将军(General William C. Crozier)有过很长、很深的接触,克将军"不但有军事工程的专门学识,还富于历史地理的知识和政治理解。"每次与克将军吃饭谈天以后,丁文江常常慨叹:"这种富于现代知识而终身好学不倦的军人,真是可以敬佩的!"因此,对中国军人"因为缺乏现代的知识和训练,往往不够担任国家危难时期的艰巨责任"而深感惋惜。① 二是他与一批国内军界朋友的密切交往。早在留日期间,他即与我国明代军事家史可法的后裔史久光有过很多的接触,后者不但留有《中国国防史》这样的重要军事著述,而且担任过军事学校的负责人。他主编的《江苏》一刊,上面刊载了一些介绍史可法事迹的文章。丁文江的太太史久元、弟媳史济瀛亦出自于史家名门。他在日本留学时期的另外两位最要好的朋友翁之麟、翁之谷兄弟亦是学习军事的留学生。他与蒋百里是极为要好的朋友,蒋氏是留学日本士官学校的高材生,也是民国时期最著名的军事教育家,他留下的《国防论》一书被人们视为近代卓越的军事理论经典。丁与蒋两人同属研究系,1922年他俩就"裁军计划"有过"抬杠式"的讨论,1926年又一起进入孙传芳幕府。三是丁文江本人在地理学、地质学方面具有的专业知识和扎实训练,这在军事上使他直接受用。丁文江有一个深刻的看法:"地理是军事学的一个骨干。顾亭林、顾景范,他们身经亡国之痛,终身研究地理,其实是终身研究军事,研究战略。他们都是有远见、有深意的。"②

丁文江以为中国的军事现代化首先应从军事教育抓起,这是他介入军事的一个基本理念,他屡与人谈及自己愿意做一个"军官学校"的校长的理想,正是基于这样一种看法。他理想中的军事学校,至少要做到三个标准:"第一,教员的选择,必须采取严格的学

---

① 胡适:《丁文江的传记》,收入《胡适文集》第7册,第476页。
② 胡适:《丁文江的传记》,收入《胡适文集》第7册,第476页。

术标准;第二,学生的选择,必须废除保送制,必须用严格的入学考试来挑选最优秀的人才;第三,学校必须有第一流历史、地理、政治、经济等学系,要使学军事的人能够得到军事以外的现代学识。"① 胡适说:"他这种议论,不但对孙传芳说过,也曾对国民党的军事领袖们说过。只因为他从没有带过兵,没有打过仗,所以他自信最能够办好的一件事业,——为中国办一个完全现代化的高等军官学校,——谁也不曾请他去办!"② 在一个军队私人化、家族化、甚或党团化的社会里,军队始终掌握在某些军阀、政客或政党手中,成为他们争权夺利、争夺地盘的工具,像丁文江这样孑然一身的文人学者要插手军队教育或军队事务,简直是痴心妄想!所以,丁文江要做"军官学校"校长的理想,只能是海市蜃楼式的梦幻,胡适看得很清楚,"谁也不会请他去办!"这虽然是丁文江个人的悲哀!何尝不是一个没有走上现代化轨道的国家的悲哀!

丁文江的军事才具,最早表现在《努力周报》上发表的一系列军事评论。胡适注意到:"这些研究是他后来写成一部专书《民国军事近纪》(民国十五年商务印书馆出版)的起点。因为他常到热河奉天去旅行,所以他最明白那时北方两大系军阀预备作战的形势。"③ 这实际上是丁文江力图介入军事领域的开始。他与蒋百里有关北洋军队"裁兵计划"的讨论,没有引起时人的注意,但足够说明他俩对当时的"兵祸"有高度的重视。他向孙传芳表示自己可以帮助创办一所军官学校,表明他自信在这方面已有足够的现代军事知识背景的准备。

1924年1月4日,丁文江致胡适一信,告:"近来着手做了一篇《中国军队的现状》,已经有了一半多。"④ 如此上推一年半,正是1922年5月7日丁文江在《努力周报》创刊号发表《中国北方军队的概略》、《奉直两军的形势》两文。再往后退到1925年2月22日,丁文江又致胡适一信,告《民国军事近纪》一书"大致已经脱

---

① 胡适:《丁文江的传记》,收入《胡适文集》第7册,第476—477页。
② 胡适:《丁文江的传记》,收入《胡适文集》第7册,第477页。
③ 胡适:《丁文江的传记》,收入《胡适文集》第7册,第448页。
④ 《胡适来往书信选》上册,第228—229页。

稿"。① 丁文江写作《民国军事近纪》，大约花了三年多时间，原应有写作下编的计划，事实上，他已有《广东军事纪》的手稿，但可能是材料不足，或因政治上的原因，他后来显然放弃了出版下编的计划，所以我们现在看到的只是《民国军事近纪》上编，加上一章未刊的《广东军事纪》。②

1926年商务印书馆出版的丁文江著《民国军事近纪》（上编）一书，内分七章，记述了北洋军阀统治时期北洋各系的形成，北洋军各师旅建制及其沿革，第一次奉直之战（1922年）、第二次奉直之战（1924年）、江浙战争经过，直隶、山东、河南、东北三省、陕西、山西、甘肃、新疆、江苏、浙江、湖北、安徽、江西、福建等省地方小军阀的派系及其相互间的混战，各系各省军队编制与沿革论述尤详，是最早系统评介、研究民国初期军事历史的著作。

民国以来，战乱不断，军阀迭起，然无人从历史的角度系统清理这些军事纷争。《民国军事近纪》的出版，是丁文江为民国军事史研究提供的一部奠基之作。在民国军事史研究方面，后来又有文公直的《最近三十年中国军事史》，篇幅量较大，其时间刚好覆盖了丁文江著作讨论的时段，故后来的研究者多注意文公直的著作，而对丁著提及较少，实际上丁著不仅著述时间较早，具有开拓性的意义；而且在介绍民初军事编制及其沿革方面展其所长。

在《独立评论》的同人中，丁文江是最具有军事眼力的一位作者，也是这方面的主要发言人。他在《抗日的效能与青年的责任》一文中，对中、日军事实力的比较，虽然可能传达某些令人悲观的信息，但它毕竟客观地论证了中、日军事力量当时所存的实际差距。他针对张学良的两次建言，可以看出他对当时的军事形势了如指掌，对军事战术运用的熟稔。在《假如我是张学良》一文中，尤其表现了他特有的军事地理眼光：

> 我们先要觉悟一旦热河有了军事行动，北平天津是万万守不了的。单就陆军方面看起来，我们的第一道防御线在山海关，第二道在滦河。但是秦王（皇）岛在山海关的后方，天津

---

① 耿云志主编：《胡适遗稿及秘藏书信》第23册，第197—198页。
② 《广东军事纪》可能是因政治上的原因而未出版和公开发表。

> 在滦河的后方,日本人随时可以在两处上陆,上陆要比在浏河容易十倍。在这种状况之下,无论军队如何精多,武器如何优良,因为地理的关系,没有法子可以长期的防守。何况从山海关到天津北平都是平原旷野,日本的飞机、坦克、重炮,都可以使用,还不比得闸北江湾处处有小河,小沟和水田,使得日本人无法利用他们的坦克。……
>
> 假如我是张学良,要预备积极抵抗,第一步先把司令部移到张家口,同时把重要的军实,北宁路的车辆,逐次的运到居庸关以北。只留一部分的军队在山海关秦王(皇)岛滦州天津等处。在这几处经过相当的抵抗以后,也预备从冷口,喜峰口,古北口,分别退到口外。现在驻在热河边界的军队应该从速的进到朝阳,并且积极筹备朝阳凌源,平泉承德各地间的运输。热河东南两部完全是山地,不但日本人的坦克重炮都不能使用,就是飞机也有许多危险。喜峰,古北,和南口,三处都是天险。每处有一两万人防守,日本人非有一倍以上的兵力,不能进攻。只要能守得住热河,放弃了平津是不足惜的。只要当局有必死的决心,充分的计划,热河是一定守得住的。①

这段话的口吻完全不像是一个学者对张学良的献计献策,而是一个老谋深虑、胸有城府的"军师"对"少帅"的教训。

当张学良在热河战事失利以后,日军迅速推进到承德,面对这样一个不该发生的军事惨剧,丁文江又写下《给张学良将军一封公开的信》,对张学良的责言,达到了无以复加的地步:

> 这一次作战计划最大的错误是把朝阳建平,和开鲁赤峰这两路交给汤军。董福亭没有打伤一个日本兵就放弃了朝阳,崔兴武没有抵抗到一天就退出了开鲁。从纯粹军事上看起来,开鲁是不容易守的,朝阳是不容易接济的。但是一点没有牺牲就把这两个地方丧失了,对于我们的人心士气都发生了很大的影响。何况建平赤峰又丝毫没有准备。……
>
> 就是您自己亲信的军队在凌南凌源作战的,也没有给国

---

① 丁文江:《假如我是张学良》,载1932年8月14日《独立评论》第13号。

家争得丝毫的人格。我们知道因为朝阳开鲁失守,建平赤峰空虚,凌源的左翼受到敌人的威胁原是事实。但是日军的占领凌南和凌源都是从正面攻击的。我们没有等到左翼发生危险,先就崩溃了。凌南凌源,两处的军队一共在六旅以上,何以日军用三旅人不到几天就轻易的攻下?……凌南凌源的地势比吴淞江湾如何?闸北仓卒作战比这次有三个月的预备如何?何以十九路军能支持一个月,您的军队抵抗不到半天呢?①

这样的痛责,简直使有"纨袴子弟"、"花花公子"气的张学良无地自容。难怪乎张学良不久即取丁文江给他的"中策","引咎辞职,束身待罪",以示对军事失败的负责。②

军事危机并不单纯是军事问题,往往是与政治危机联系在一起,与国家实力的强弱联系在一起。鉴于此,丁文江对军事问题的思考也是与政治问题和国家现代化问题并联在一起。他撰写的《假如我是蒋介石》这篇文章的语气,一点也不比上两篇弱,只是对严峻的军事形势的分析,因蒋介石的身份不同,而上升到了政治的高度。丁文江给蒋介石提出三条解脱困境的建议:"第一我要立刻完成国民党内部的团结"。"第二我要立刻谋军事首领的合作。""第三我要立刻与共产党商量休战。"③丁文江对张学良、阎锡山、冯玉祥三派的特点,以及北方的军事形势做了透彻的分析,并表明了自己渴望"停止内战"的立场。在《关于国防的根本问题》一文中,丁文江批评了"武器决定论","许多负责的军人在内——都以为我们的军事失败完全是由于器械的不精良;只要有新式的武器,我们就可以不怕侵略了。这是一种很幼稚的误会。""因为近代的战争,久已从少数军队的对抗,一变而为全国民的生产质量,知识程度,组织能力与牺牲决心的比赛。认清了这个前提,我们就知道国防问题是全国近代化的问题,是整个的,是没有捷径的。"因此,丁文

---

① 丁文江:《给张学良将军一封公开的信》,载1933年3月12日《独立评论》第41号。
② 参见胡适:《丁文江的传记》,收入《胡适文集》第7册,第509页。
③ 丁文江:《假如我是蒋介石》,载1933年1月15日《独立评论》第35号。

江提出解决国防的根本问题"要靠国民生产质量的增加",诸如正太铁路的改轨,钢铁工厂的兴建,川汉铁路的修建等;"军事教育的改良","改良的办法,第一是要提高大学生外国语的成绩,废除翻译,直接听外国教官授课。第二是要把所有基本科学的课程,改用非军人的教员教授。如此方能希望有科学化的军官,有科学化的国防。要是不然,则纵能有极精良极多量的武器,运用的人程度不够,依旧是要一败涂地的。""国民生产现代化,军事教育现代化,然后可以讲国防。否则国防是经济发展的障碍,是军人专政的口实。"①这些对抗战军事战略的基本意见,显示了他前瞻的远大眼光。

在中、日紧张对垒的时刻,暂时处在体制外的知识精英试图以自己的言论影响当政者,把当时最引人注目也最敏感的政治、经济、军事、教育、对外关系诸种问题公开加以讨论,以求克服眼前紧迫的民族危机,这是《独立评论》同人创刊时所抱定的宗旨,这一点在创刊号的《引言》中说得十分清楚。但问题也可能出在这里,大敌当前,有些问题当然需要讨论,如国家统一的问题,政党分歧的问题;有些问题是否应在公开的刊物中进行讨论,就值得斟酌,特别是一些可能涉及国家战略、策略的决策和军事战术的谋略,并不宜于做这种公开的曝光。因为从这些文章里,敌方往往可以获得他们意想不到的资讯,它无异于暴露我方的战略、谋略。在当时知识精英没有纳入体制内,参与实际政治决策,《独立评论》成为知识精英迫切要求介入政治、影响当局的一种可能方式。令人无奈的是,这种方式除了满足知识分子"清谏"的意欲,给当政者施以一定的压力外,并无益于实际政治操作。日方因为《独立评论》所拥有的巨大信息量,对之十分关注,成为他们当时把握北平知识界动向甚至中国动态的主要信息资源。第二次世界大战以后,日本东京东丰书店影印出版《独立评论》,再次表明他们对这份杂志的特别关注。

---

① 丁文江:《关于国防的根本问题》,载1934年9月3日《国闻周报》第11卷第35期。

八、中央研究院的"阁魁"

中央研究院成立之初,丁文江与之并无直接的关系。不过,中研院有一批他熟识的朋友,如蔡元培、李四光、傅斯年、李济、梁思永、竺可桢等,他与这些人均有良好的私人关系。据李济回忆说:"那时他与中央研究院没有什么正式关系,但他对于这一研究机关,却寄予极大的同情并予以极大的注意;虽说是他最感关切的工作属于在南京成立的地质研究所,但历史语言研究所近在北平,而主持史语所工作的傅孟真先生与他在北平一见如故(他与傅孟真缔交,是中国近代学术上一段佳话),所以他能对史语所的工作计划帮助的机会还多些。据我所经验的以及所知道的,他的影响,并不以工作的设计方面为限;连人事方面,孟真都常向他请教,并听他的劝告。"[①]中研院是最高学术机关,对人员的聘用在学术上要求极严,政治上虽无明文规定,但在建立之初,实际上也回避使用曾与北洋政府有密切关系的人士,这对丁文江自然也可能构成一道障碍。据朱家骅回忆,在此之前,当朱家骅主长中山大学时,很想请丁文江担任该校理学院院长,"但是当时各方空气对他非常恶劣,甚至以后成为他知交的人,也极力反对,所以没有实现"。[②]

丁文江应蔡元培之约请,出任中央研究院总干事一职,这是他与中研院发生正式关系的开始,也是他生命的最后一站。蔡元培任中央研究院院长期间(1928年4月—1940年3月),先后聘用过四位总干事:杨铨(1928年1月—1933年6月)、丁文江(1934年5月—1936年1月)、朱家骅(1937年5月—1938年12月)、任鸿隽(1938年12月—1940年10月)。另还任命物理研究所所长丁巽甫两度兼代总干事(1933年6月—1934年4月、1936年1月—

[①] 李济:《对于丁文江所提倡的科学研究几段回忆》,载1956年12月台北《"中央研究院"院刊》第三辑。

[②] 朱家骅:《丁文江与中央研究院》,载1956年12月台北《"中央研究院"院刊》第三辑。这里所谓"以后成为他知交的人,也极力反对"可能是指傅斯年。

1937年5月)。① 据国民政府1928年4月10日公布《修正国立中央研究院组织条例》第四条有关"组织"一项的规定:"国立中央研究院设院长一人,由国民政府特任之,主持全院行政事宜。设秘书长及会计主任各一人,由中央研究院院长聘任,承院长之命执行本院行政事宜。"② 同年11月9日公布的《中央研究院组织法》对此条有所修正:第三条"国立中央研究院设院长一人特任,院长综理全院行政事宜。"第四条"国立中央研究院设总干事一人,受院长之指导,执行全院行政事宜。设干事三人至五人,分掌全院文书、会计、庶务事宜,均由院长聘任。"③ 确定改换"秘书长"一职名称为"总干事"。而院长与总干事之间的职权行使,实际上很大程度有赖于院长与总干事两者之间的互动关系。当院长事必躬亲,综理行政事务时,总干事则不过是院长的"秘书"而已;当院长疏离行政,总干事则实权在握,蝉联"阁魁"。蔡元培在任期间,"因年事已高,不胜繁剧,在抗战前长住上海,抗战开始后即迁居香港,实际统赞院务者为总干事,亦即院内实际行政之总枢"。④ 1943年傅斯年为说服李书华担任中研院总干事一职,双方书信来往,交换意见时就道出了这两种情形的存在。李书华在信中说:"蔡先生乃党国元老,且年事已高。蔡先生任中央研究院院长,需要一位总干事如杨杏佛、丁在君(文江)、任叔永(即鸿隽)一类的人为院奔走及照料一切。骝先正年富力强,且任党政要职,各方面均极接头,与蔡先生情形完全不同。骝先任代理院长,不需要一个总干事,只需要一位秘

---

① 参见《中央研究院史初稿》第267页,台北:"中央"研究院总办事处编印,1988年6月9日。该处将朱家骅上任时间定为1937年6月,朱家骅在1937年5月即已上任总干事一职,至少代行该职。据朱家骅本人交待:"丁先生病逝后,蔡先生即要我继任总干事,我因为兼任其他职务甚多,觉得责任重大,再三恳辞而不得,延至是年五月才接事。"《三十年来的中央研究院》,收入王聿钧、孙斌合编:《朱家骅言论集》,台北:中研院近史所,1977年5月版,第108页。竺可桢在1937年5月2日日记中载当日中研院院务会议,由朱家骅主席。参见《竺可桢日记》第1册,北京:人民出版社,1984年1月版,第109页。

② 《修正国立中央研究院组织条例》,收入《国立中央研究院总报告》(十七年度),第5页。

③ 《国立中央研究院组织法》,收入《国立中央研究院总报告》(十七年度),第1页。

④ 参见《中央研究院史初稿》,台北:"中央研究院"总办事处编印,1988年6月9日,第40页。

书,助其办理例行事件即可。"傅斯年的回答则有所不同:"中研院设总干事一职,本是'内阁制',且中研院现时确有若干困难,非你来帮忙解决不可。……"①傅斯年以所谓"内阁制"来形容蔡元培时代中研院总干事扮演的角色,这实代表了当时学界流行的看法。蔡元培去世时,翁文灏谓:"蔡先生主持中央研究院的主要办法,是挑选纯正有力的学者做各研究所的所长,用有科学的知识并有领导能力的人做总干事,延聘科学人才,推进研究工作。他自身则因德望素孚,人心悦服,天然成为全院的中心。不过他只总持大体,不务琐屑干涉,所以总干事、各所长以及干部人员,均各能行其应有职权,发挥所长。"②

  蔡元培择选中研院总干事的条件,就是候选人须在学术与行政两方面均需有杰出的表现。从他聘用的四位总干事,人们能获致这一认识。评及丁文江本人,蔡元培说:"在君先生是一位有办事才(能)的科学家,普通科学家未必长于办事,普通能办事的又未必精于科学,精于科学而又长于办事,如在君先生,实为我国现代稀有的人物。"③他对丁文江这样的评价,实际上也大体适用于其他三位总干事。只是丁文江、任鸿隽的学术才华与学术行政,可能更强一点;而杨铨、朱家骅则在学术之外,有着更多的社会的、党政的资源。除此以外,蔡元培聘任总干事,还有一"喜"一"不喜"。他喜欢在个性上更为"强势"之人,以弥补其个性上的"弱势"。论及杨杏佛时,他喜欢提及他们之间的性格互补:"我在大学院的时候,请杨君杏佛相助。我素来宽容而迂缓,杨君精悍而机警,正可以他之长补我之短。"④实际上,杨杏佛这一"精悍而机警"的个性,同样也适用于其他三位总干事。蔡之不用胡适,则可能出于这一原因。蔡元培虽具包容性,但却不喜欢使用过于亲近其对立面蒋介石的人,以免为蒋所利用,这种倾向在他拒绝任用翁文灏担任总干事时

---

  ① 李书华:《一年北平研究院》,收入李书华:《碣庐集》,台北:传记文学社,1967年1月1日版,第140—141页。
  ② 翁文灏:《追念蔡子民先生》,原载1940年3月24日重庆《中央日报》。
  ③ 蔡元培:《丁在君先生对于中央研究院之贡献》,载1936年2月16日《独立评论》第188号。
  ④ 蔡元培:《我在教育界的经验》,收入高平叔编:《蔡元培全集》第7卷,第200—201页。

表露无遗。1936年1月12日中研院开会讨论继任丁文江总干事一职的人选,"计有翁咏霓、任叔永、胡适之、朱骝先、李润章等。"据《竺可桢日记》载,当日讨论的情形是:"余主张咏霓,但孟真、涤三、宽甫诸人均反对,谓其脾气太坏,不易合作。蔡先生亦谓其为蒋先生所亲信之人,随时可以抽调,不能尽心于院中。孟真主张骝先与适之,子竞则以为人选应严重考虑。不然以巽甫暂代为是。"①蔡元培对翁文灏的寥寥数语,道破了他心中的腹稿,他不喜使用翁君这样为"蒋先生亲信之人"。丁文江虽有前嫌,但他与国民党没有什么渊源关系,起用他可保持中研院的"学术独立"特性。蔡元培的这种观念对中研院有很大的影响,几成为一种传统延续下去。蔡先生去世后,蒋介石有意安排其亲信顾孟馀入主中研院,在评议会的投票选举中,顾氏几乎因同样的原因落选。② 按照这样苛刻的条件,杨杏佛、丁文江均符合条件。当自己心目中的理想人选不能立即接班,蔡元培宁愿以丁巽甫暂代为过渡。总干事的聘任,蔡元培从不降格以求,反映了他择人之严、用人之慎。丁文江、朱家骅的接任都上演了类似的情节。

接任杨杏佛遗缺,丁文江是理想的人选,这是学术界当时比较普遍的看法,蔡元培亦有此意。傅斯年一马当先,亲自为蔡先生出面游说丁文江,其词之恳切,在他给丁文江的信中,可见一斑。

> 蔡先生决定请兄任总干事,我们也想趁这机会,说说我们的意思。我们这封信是见到你的两个电报,而未见到你的信时写的。自杏佛先生故后,我们百感丛生,悲愤无状。有人以为,事业为重,研究院不可由我们而拆台;有人以为,管不了许多,不如一哄而散,各自奋斗去。但三星期的回想与讨论,我们已在最重要一点上同意,即不论后来各人如何证果,我们目前总当把研究院撑持起来。蔡先生想到我、兄,也正为此。我

---

① 《竺可桢日记》第1册,北京:人民出版社,1984年1月版,第8页。
② 参见耿云志:《胡适与补选中央研究院院长的风波》,收入氏著:《胡适新论》,长沙:湖南出版社,1996年5月版,第230—232页。

们之在旁奉赞,也是为此。①

傅斯年出面,不仅是表达蔡先生个人的"决定",而且是"说说我们的意思",即中研院同人的呼声。对于这一突如其来的邀约,丁文江似乎没有足够的心理准备,他当时因须立即赴美国华盛顿参加第十六届国际地质学会大会,不得不延后决定。不过,蔡元培与中研院方面的邀请是诚恳而坚定的,他们暂以丁巽甫代理,虚位以待,决意等待丁文江的就位。当丁文江即将由欧洲回国时,拟赴上海,蔡元培不顾傅斯年刚出院需要休息这一情形,写信催促傅斯年出马:"北平调养较适宜,然闻在君于下月七日可到沪,巽甫等颇欲请兄留待一谈(弟尤望兄留此同劝在君),此行展缓二十日,想亦不妨,请改期为幸。"②傅斯年似乎成了蔡元培与丁文江之间的中介人物。李济谈到当时的舆论,是这样说的,"杨杏佛暴死时,教育文化界一班的反应都认为继杨杏佛中央研究院的职守的人以在君为最适宜。嫉妒他的人,讥笑他是'超科学家';但是这些流言,对于他却没有丝毫的损害。支持他的,并不完全靠钦佩他的几位朋友;最实质的理由,是他留在社会的及教育文化界的若干成绩:地质调查所的工作,以及北京人的发现(他是新生代实验室的名誉监督),与张君劢玄学与科学的论战——都可使人相信,他不但是一位有成绩的科学家,并且是一位有理想的科学家;以他作中央研究院的领导设计人,岂不是一种最适宜的安排吗?"③"有成绩"、"有理想",这是学术界对丁文江的普遍印象,也是人们心中期盼的中研院的"领导设计人"的形象。

丁文江并不是一个循规蹈矩、萧规曹随式的人物。他有自己的主见,有自己推动中国科学事业发展的使命感、责任感。从现已公布的材料可以看出,1934年3、4月间当蔡元培与丁文江商谈,邀

---

① 原件存台北中研院史语所《傅斯年档》,档号:Ⅲ:210。转引自潘光哲:《丁文江与史语所》,收入《新学术之路——"中央研究院"历史语言研究所七十周年纪念论文集》上册,第381页。
② 蔡元培:《复傅斯年函》(1933年10月19日),收入高平叔编:《蔡元培全集》第6卷,北京:中华书局,1988年8月版,第328—329页。
③ 李济:《对于丁文江所提倡的科学研究几段回忆》,载1956年台北《"中央研究院"院刊》第三辑。

其担任中研院总干事一职时,丁文江先后开列过三个具体的条件:第一条是要任中研院副院长,而不是总干事,此事涉及中研院组织法的更改。1934年4月上旬,蔡元培在给许寿裳一信中说:"再,在君虽允来院,然不愿居总干事之名,而愿为副院长,请备一上国民政府呈文,修改组织法之第四条为:国立中央研究院设副院长一人,简任,襄助院长执行全院行政事宜。设干事二人至五人云云。将来弟当致函林主席及孙、汪两院长,请其主持通过,并同时发表副院长人选。"①显然丁文江是想获取更大的权力,以展其才。但此事因涉及修改中研院章程,而修改须惊动国府主席和行政院、立法院,其手续自然非常复杂,不能短期实现,故很快打消。此事之结果,蔡元培后来致许寿裳一信中有新的交待:"总干事改称副院长事,前呈业已抽回,各方谅解,亦复甚佳。"②第二条是自己须随带一名办事人员,协助处理日常事务,此事则涉及中研院人事上的调整。1934年6月6日,蔡元培在日记中写道:"得岂明、幼渔电,属电告徐轶游,以季黻任女学院院长。"蔡元培不得不同意许寿裳(季黻)辞去中研院文书处主任一职,而改就北平大学女子文理学院院长。③ 另聘苏宗固为秘书兼代文书处主任。④ 上述两条,也许会给人丁文江图谋"擅权"的印象。实则不然,丁文江并不想单干,他致信中研院同人,开出了自己的第三个条件,希望"皆不可去,否则弟先辞职"。⑤ 换句话说,丁文江一方面希望能有所承担,大干一场;一方面希望研究院同人能协同配合,共同奋斗。

丁文江因为有为孙传芳服务,担任淞沪商埠督署总办这一段历史,加上他与研究系的密切关系,在政治上属于有"前科"之嫌的

---

① 中国蔡元培研究会编:《蔡元培全集》第13卷,第325页。
② 中国蔡元培研究会编:《蔡元培全集》第13卷,第344页。
③ 参见中国蔡元培研究会编:《蔡元培全集》第16卷,第336、374页。
④ 参见《国立中央研究院二十三年度总报告》,第170页。1934年7月聘任苏宗固为秘书兼代文书处主任一职,1935年2月辞职。接着聘任王显廷为文书处主任。
⑤ 参见《傅斯年档》,档号:IV:515。转引自潘光哲:《丁文江与史语所》,收入《新学术之路——"中央研究院"历史语言研究所七十周年纪念论文集》上册,第384页。

科学与政治——丁文江研究

北洋"遗民",①可以说是被"边缘化"的人物。自从1927年避居大连以后,他实际上被闲置不用。此次得以重新起用,对他来说自然是一次施展才华的机会。丁文江在任期间,发表了《中央研究院的使命》一文,阐述其对中研院工作的设想和担任总干事的抱负。首先,他明确中研院的两大工作:"常规"工作和解决工业上的问题,"中央研究院的职务最容易了解的是许多有常轨的任务(routine service)。天文研究所的观测温度、气压、风向、雨量以及报告天气显然是属于这一类的。不但如此,就是化学的普通分析,工程的标准试验(testing),物理的地磁测量,地质的测绘地图,动植物的采集标本,都是一种有常轨的任务。严格讲起来,这不能算是'研究'(research)工作,但是这是许多研究工作的基本,而且往往要经过长期的时间方始得到结果。""中央研究院最重要,最有实用的职务是利用科学方法,研究我们的原则和生产,来解决各种实业问题。"其次,关于发展所谓"纯粹"科学问题。他赞成翁文灏的一句话:"科学是整个的,本无所谓'纯粹'与应用。与其说应用的科学,不如说科学的应用。"他反对只是在各大学发展"纯粹"科学,"大学既然不必以'纯粹'科学为唯一目的,'纯粹'科学就当然不是大学的专利品了。""话虽如此,在中国今日,研究院的工作当然应该相当的偏重'应用',因为工作既然是一样的科学,乐得从应用着手。""不过若是有天才超越愿意研究'纯粹'问题而不能或是不愿教书的人,研究院应该给他以工作的机会,因为天才是发明之母,国家之宝——一个诸葛亮抵过千万个臭皮匠。"最后,他谈到历史、语言、考古和社会科学,他给人文社会科学提出一个问题就是探讨国家统一的基础。他认为,"中国的不容易统一最大的原因是我们没有公共的信仰"。"这种信仰的基础,是要建筑在我们对于自己的认识上。""用科学的方法研究我们的历史,才可造成新信仰的基础"。丁文江对中研院的工作统筹安排,作了全方位的布局。但他也深知自己并不是行使权威"统制","中央研究院是不是国家'最

---

① 参见陈伯庄:《纪念丁在君先生》,收入《卅年存稿》,台北:1959年8月版。陈伯庄提及,他向孙科"建议请在君担任西南川黔滇和东南浙赣闽沿计划线作地质调查。哲生厉色向我说:'为什么推荐一个反革命的角色!'"孙科一语,反映了国民党当局对丁文江的成见。

高'的研究机关,应该设法来统制一切科学研究？不是！不是！国家什么东西都可以统制,惟有科学研究不可以统制,因为科学不知道有'权威',不能受'权威'的支配。所以任何国家都没有一个统制科学研究的机关——连苏俄都是如此。"①蔡元培先生非常重视这篇文章,1935年11月4日他在国民党四届六中全会纪念周所作《中央研究院与中国科学研究概况》的报告中,两度长篇引用丁文江这篇文章,且称赞"丁先生说得好"。②论者也以为此文足与蔡元培的《国立中央研究院院务月刊》发刊词(1929年7月)、《国立中央研究院进行工作大纲》(1936年4月16日)两文并列,均视为中研院初期"研究取向"的代表作。③

丁文江最后发表的一篇讲演——《我国的科学研究事业》,可以说是蔡元培的《中央研究院与中国科学研究概况》一文的姊妹篇。诚如丁文江在文章开首交待的那样:"最近蔡孑民先生在六中全会纪念周讲演,有一篇有系统的报告,登在11月5日至8日的《中央日报》,诸位可以拿来参考。我今天与下次28日讲演,只能就我所知道最详细的几个机关,向诸位报告。"他所选择详细介绍的科研机关是:实业部地质调查所、科学社生物研究所、中央研究院。这三个单位的确是他非常熟悉的机构,尤其是地质调查所,倾注了他的心血,是他奋斗的结晶。比较蔡、丁两文,主题虽同,重点不一,蔡文是全面介绍,丁文是选择重点;蔡文是面向高层,丁文是面向大众。蔡文多少有些乐观的成分,在文末,蔡先生强调:"大家觉得中国现在内忧外患的过程中,可以悲观的事实实在太多,可是我们仔细观察一下,便知进步的地方亦未尝没有。开始提倡到现在,还不过区区数十年的科学事业,便是比较可以'引以自慰'的一端。虽说中国的科学事业,还在萌芽时代,而在国际学术界亦已开

---

① 丁文江:《中央研究院的使命》,载1935年1月16日《东方杂志》第32卷第2号。
② 蔡元培:《中央研究院与中国科学研究概况》,收入高平叔编:《蔡元培全集》第6卷,第607页,北京:中华书局,1988年8月版。
③ 参见"中央研究院"总办事处秘书组编印:《"中央研究院"史初稿》,1988年6月版,第20—21页。

始受他人相当的认识了。"①而丁文江在结语中却特别强调中国与美英的科研经费差距:"现在中国公私方面,每年用于科学研究的款项,大约在四百万元左右。要知道这个数目的意义,我们可以拿其他各国来作比较。""美国全国每年用于科学研究的款项,至少有三万万美元。照现在的汇兑,约有国币九万万元。所以我们用于科学研究的经费,还抵不上美国二百分之一。据赫胥黎(Fulean Huxley)估计,英国人用于科学研究的费用,约为美国四分之一。就是比我们要多五十倍。我们的人口,比美国要多四倍,比英国要多八倍。我们一切工业学术都比英美人落后一百几十年。由此可以知道我们现在所用于科学研究的经费,与我们的需要相比,真正不过是几牛的一毛!"②在列举这组数字的背后,我们可以感受到丁文江内心所隐发的那种深深的悲哀!

丁文江有着强烈的国际意识,这一观念体现在他担任中研院总干事这一职务上,就是注意对外宣传中央研究院。1935年8月10日他在英国《自然》(Nature)第136期上发表的《科学研究在中国:中央研究院》(Scientific Research in China: The Academia Sinica)和1936年2月在美国《亚细亚》(Asia)第36卷第2期上发表的《现代科学在中国》(Modern Science in China)两篇英文文章,即是两例。③前一文介绍中研院的地位与性质、中研院各所(地质、天文、社会科学、物理、化学、工学、历史语言、心理、动植物)的组成及其成果、中研院的经费等情况。后一文介绍了民国以来中国科学的发展情形,主要以地质调查所、南京高等师范学堂秉志的动物学研究和胡先骕的植物学研究、中央研究院三处为例,该文实为《我国的科学研究事业》的英译。这两篇文章实有助于国外了解中国科学事业的最新进展。

丁文江担任中央研究院总干事一职,不过一年半时间,在这短

---

① 蔡元培:《中央研究院与中国科学研究概况》,收入高平叔编:《蔡元培全集》第6卷,第612页。
② 丁文江:《我国的科学研究事业》,载1935年12月9日《申报》。
③ 据潘云唐编《丁文江学术著作系年目录》,丁文江还有一篇 The Academia Sinica, Rotary, Vol.1, No.4, Dec.22,1934。参见黄汲清、潘云唐、谢广连编:《丁文江选集》,第239页。但此刊编者遍查未见。

暂的时间内,他为中研院的内部调整和制度建设,为推动中研院的科学发展,做出了引人注目的贡献,这一点令中研院同人印象深刻。蔡元培在《丁在君对于中央研究院之贡献》、朱家骅在《丁文江与中央研究院》两文中,分别对丁文江的主要贡献作了评述,与他交情甚笃的傅斯年亦曾拟撰写《丁文江与中央研究院》,惜未成文。以蔡、朱两文为线索,我们可以勾勒出丁文江在中研院工作的实绩。

第一,设立评议会。评议会之设,主要是履行中研院"指导联络奖励学术之研究"的责任,这一任务早在1928年11月9日公布的《国立中央研究院组织法》第五条即有明文规定:

> 国立中央研究院设评议会为全国最高学术评议机关,以院长聘任之国内专门学者三十人组织之,院长为评议会议长。
> 本院直辖之学术机关主任为当然评议员。
> 评议会条例另定之。

然"以关系复杂,七八年来,尚未组织"。① 丁文江接任中研院总干事后,"认为不可再缓,乃与各关系方面商讨,补充条文,规划手续,呈请国民政府核准后,于廿四年九月成立"。② 了解此事内情的朱家骅,在谈及经办过程时说:"他对评议会组织条例的起草,和第一届评议员的产生方法,与有关方面经过不断的商讨,几次再审,补充修正,才始完成,真可谓费尽心血。"③ 此事之过程,第一步是1935年5月27日国民政府修正《国立中央研究院组织法》,针对第五条同时公布《国立中央研究院评议会条例》,共十五条。第二步是"由各国立大学有关院校教授选出候选人,再由全国各重要研究机关的首长与各国立大学校长,举行评议员选举会,就候选人中票选之。并以中央研究院院长、总干事、各十个研究所所长为当然评议员"。第一届评议员选举会于1935年6月20日在南京举行,当

---

① 蔡元培:《丁在君先生对于中央研究院之贡献》,载1936年2月16日《独立评论》第188号。
② 蔡元培:《丁在君先生对于中央研究院之贡献》,载1936年2月16日《独立评论》第188号。
③ 朱家骅:《丁文江与中央研究院》,收入1956年12月台北《"中央研究院"院刊》第三辑。

选评议员三十人,其中地质学领域的有丁文江、翁文灏、朱家骅三人。第三步是同年9月7日至8日召开第一届评议会,宣告正式成立。丁文江被一致举为评议会秘书,这也可以说是新成立的评议会对他的工作成就的高度认可。在这次会议上,共收到提案七件,丁文江所提《促进学术之研究与互助案》,获得会议通过,惟将原则第一项"绝对"二字删去。[①]"又议决由各分组委员会设法调查全国学者关于各该组织的专门著作,制为撮要,汇编成册,以供参考。这亦是我国向所未有的尝试,不靠各方分工合作,很难有结果。"[②]

评议会的成立,"可以认为一个代表全国学术研究的机关"。最初它主要是担负联络全国各重要研究机关和国立大学的责任,蔡元培在谈到它的意义时也是从这个角度强调,特别指出:"本院和各研究机关因之而得到更进一步的联络,这是本院历史中可以'特笔大书'的一件事,兄弟敢说评议会运用得好,他们就找到了中国学术合作的枢纽。"[③]随着时间的延伸,其意义也在扩展。1940年3月22、23日首届评议会第五次年会又选出了第二届评议会。在此基础上,1947年10月15日第二届评议会第四次年会,审查通过150名院士候选人。1948年3月24日至26日第二届评议会第五次年会以无记名方式,选出院士81人,并于同年9月23日在南京北极阁举行第一次院士会议。除故去的几人外,第一、二届评议员多数当选为第一届中研院院士,评议会制度实成为院士制的雏形。因此,1956年朱家骅总结评议会的意义时,就有了进一步的延伸,"评议会的成立,是在君先生替中央研究院立下的百年大计,有了评议会,才有后来的院士会议,有了院士会议,研究院的体制才正式完成,这是我们同人所深深感谢的"。[④]

第二,设立基金保管委员会。1928年11月9日国民政府公布的《国立中央研究院组织法》第九条规定:"国立中央研究院最小限

---

① 《国立中央研究院首届评议会第一次报告》(民国二十六年四月),第101页。
② 蔡元培:《中央研究院与中国科学研究概况》,收入高平叔编:《蔡元培全集》第6卷,第608—609页。
③ 蔡元培:《中央研究院与中国科学研究概况》,收入高平叔编:《蔡元培全集》第6卷,第618页。
④ 朱家骅:《丁文江与中央研究院》,收入1956年12月台北《"中央研究院"院刊》第三辑。

度之基金定为五百万元。基金条例另定之。"中研院自1928年由大学院拨到公债四十八万元,现金二万元,共五十万元,嗣后政府未再续拨。① 据蔡元培解释:"历年因所积基金,为数尚微,未曾正式组织保管委员会。但近几年来,本院各所的收入,可以归入基金的渐增;而本院各所的设备,有赖于基金利息之补助亦多;故在君先生认为有组织基金保管委员会的必要,于是草拟本院基金暂行条例呈请国民政府核准。"② 这里各所收入可归入基金者,包括工程所之钢铁、玻璃、陶瓷之试验场;物理所之仪器制造场,以及中研院与全国经济委员会棉业统制委员会合办之棉纺织染实验馆等。据《制定本院基金暂行条例案》:

> 本院组织法第九条内开:"国立中央研究院最小限度之基金定为五百万元。基金条例另定之。"查本基金仅于民国十七年由前大学院拨到公债四十八万元,现金二万元,嗣后并未蒙政府续拨。历年以来,此项公债及存款利息均有增加,二十四年三月间,本院鉴于基金利息,已有相当之积蓄,本年举行特种事业,又已呈准国府动用该项利息,为慎重起见,特依照历年经验情形,拟就《国立中央研究院基金暂行条例》呈准国民政府核准施行(原条例见前法规类)。并依照该条例第四条组织本院基金保管委员会。本院方面之委员,为蔡院长,丁总干事,会计主任王敬礼及由院长指定之工程研究所所长周仁、气象研究所所长竺可桢等五人。院外委员为教育部代表雷司长震,主计处代表傅秘书光培等二人。③

1935年6月14日国民政府核准施行的《国立中央研究院暂行条例》,共八条。其中第六条规定:"国立中央研究院将每年基金利息之部分用于本院下列各事业:一、有特殊重要性质之讲座及研究生名额。二、有促成学术进步功用之奖学金。三、院内有利事业之

---

① 参见"中央研究院"总办事处编印:《"中央研究院"史初稿》,1988年6月版,第46页。
② 蔡元培:《丁在君先生对于中央研究院之贡献》,载1936年2月16日《独立评论》第188号。
③ 收入《国立中央研究院二十三年度总报告》,第168—169页。

投资。四、其他之特别建筑设备或事业。""有此正式规定,于是本院基金部分的增益与应用,均有规则可循了。"①

第三,院总办事处人事的调整与各所经费预算的更定。丁文江接任后,首先对中研院总办事处加以整顿,总办事处原设文书、会计、出版品国际交换、庶务、西文编辑五处,共有工作人员26人。②现仅设文书、会计两处,裁撤其他三处,缩小员额到20人,③减少行政经费以增加事业费。各研究所的经费则根据工作成绩作合理的调整,以提高行政效率。"从前因各所建筑设备在在需款,而政府除经常费外未能拨款,不得不从经常费中各有所撙节以备建筑及设备的用途;这本是不得已的办法,所以各所经费的分配,略取平均分配的方式。但此种方式,虽有各所自由计划的便利,而每所各自撙节的款,为数有限,对于较繁重的设备,不免有旷日持久的窒碍,于全院的效率上,难免吃亏。"丁文江到院后,即与各所所长商量,打破平均分配的旧制,"视其最紧缩的需要,以定预算"。"由总办事处综合撙节的款以应付本院所需提前赶办的或与其他机关合作的事业,于是各事业的轻重缓急,有伸缩余地,不致有胶柱鼓瑟的流弊"。④

第四,中研院的所务建设。中研院成立之初,《中央研究院组织法》第六条规定设立:物理、化学、工程、地质、天文、气象、历史语言、国文学、考古学、心理学、教育、社会科学、动物、植物十四个研究所。在1928—1930年间,实际成立地质、天文、气象、社会科学、物理、化学、工程、历史语言、心理九个研究所,另有自然历史博物馆。丁文江在任期间,在所务建设方面主要做了两件事:一是1934年7月将自然历史博物馆发展成为动植物研究所,由王家楫担任

---

① 蔡元培:《丁在君先生对于中央研究院之贡献》,载1936年2月16日《独立评论》第188号。
② 参见《国立中央研究院总办事处二十二年度职员表》,收入《国立中央研究院二十二年度总报告》,第175页。
③ 参见《国立中央研究院总办事处二十三年度职员表》,收入《国立中央研究院二十三年度总报告》,第170页。《国立中央研究院总办事处二十四年度职员表》,收入《国立中央研究院二十四年度总报告》,第169页。一说减为18人,参见朱家骅:《丁文江与中央研究院》,收入1956年12月台北《"中央研究院"院刊》第三辑。
④ 蔡元培:《丁在君先生对于中央研究院之贡献》,载1936年2月16日《独立评论》第188号。

所长。二是同时将中华教育文化基金会董事会资助之北平社会调查所并入社会科学所,下分法制、经济与社会三组,将原有的民族组划归史语所。社会科学所的前任所长先后有杨端六、蔡元培(兼)、杨铨(兼)、傅斯年(兼),1934年4月聘任陶孟和为所长,1935年冬将分散在北平、南京两地的社会科学所集中于南京一处。在将北平的社会调查所合并到社会科学研究所的过程中,丁文江、陶孟和与担任中基会总干事的任鸿隽就经费补助问题发生过争执,"后经适之先生从中调停,才获转圜"。①

第五,重视学术交流与合作。这是丁文江在地质调查所积累的经验,也是他在中研院工作的一个特点。在他任职总干事期间,中研院的学术合作项目主要有四:一是中央研究院与全国经济委员会棉业统制委员会所合办之棉纺织染实验馆的开办。该馆之主要任务有:

(一)则以研究棉纺织业之原料,机械制品,与工厂管理等项。(二)则以调查及征询国内外棉业制造情形,并谋国际间技术之合作。(三)则以试验及检定国内外之各种棉织品及原料。(四)则以受政府或教育机关及棉业厂商之委托检验或研究改进各项技术与学理上之问题。(五)则以奖励或补助有裨棉织品之研究及发明。(六)则以介绍国内外棉工业之新颖学术及其研究与应用之方法。②

该馆筹备处1934年7月1日在中研院工程所开始办公。

二是中研院与教育部合办中央博物院。朱家骅对此回忆道:"中央博物院是我在民国二十二年春所竭力主张已经发起请傅斯年先生筹备的,他对博物院事业也向来极其注意,所以到中研院以后,一面力助教育部促成并推进其事,一面更与博物院筹备处订立合作研究办法,这些合作办法后来继续扩大进行,得到许多重要的

---

① 朱家骅:《丁文江与中央研究院》,收入1956年12月台北《"中央研究院"院刊》第三辑。关于丁、陶、任、胡之间就此事的商议通信,参见《陶孟和致胡适》(1934年7月20日、7月21日)、《丁文江致胡适》(7月22日、7月24日),收入《胡适来往书信选》中册,第249—253页。

② 《筹设棉纺织染实验馆案》,收入《国立中央研究院二十三年度总报告》,第168页。

成就。"① 据《筹设中央博物院及征收基金案》：

> 国民政府教育部为提倡科学研究，传布现代知识，保管国有古物，以适当之陈列展览辅助公众教育起见，特会同本院筹设中央博物院，内分人文馆、自然馆及工艺馆等三部分。聘定傅斯年先生为筹备主任，旋因傅先生事繁，未便兼任，改聘李济先生担任。人文馆筹备主任由李先生兼任，自然馆及工程馆之主任，则由翁文灏先生、周仁先生分任之。二十三年八月由本院函请南京市政府将中山门内马路北，中央党部基地以东，遗族学校校址以西，自中山马路以北至城根一带基地一百亩拨归本院建筑中央博物院院址。经再三磋商，征收完备，绘图设计，预备最短期间建筑第一期工程。②

三是海洋学研究的合作。1935年4月10日，丁文江出席在中研院召开的太平洋科学协会海洋学组中国分会成立大会，并任该分会主席。

> 分会的内部，分为（一）渔业技术、（二）渔业、（三）珊瑚礁、（四）海洋物理学及化学、（五）海产生物等五组，各组会员所代表的机关，以及在各种方式下援助事业进行的机关，除中央研究院外，有北平研究院，中国科学社，静生生物调查所，经济委员会，资源委员会，实业部，海军部海道测量局，第三舰队，中国动物学会，中华海产生物学会，青岛市政府，青岛观象台，胶济路委员会，威海卫管理公署，福建省政府，山东、厦门两大学，天津、吴淞、厦门集美三处水产学校，江、浙两省水产试验等多处，这是中国科学界向来少有的大规模的集团组织。③

四是加入"科学团体国际评议会"。1935年8月，"科学团体国际评议会"秘书长致函中研院，邀请中研院代表中国正式加入，

---

① 朱家骅：《丁文江与中央研究院》，收入1956年12月台北《"中央研究院"院刊》第三辑。
② 收入《国立中央研究院二十三年度总报告》，第168页。
③ 参见蔡元培：《中央研究院与中国科学研究概况》，收入高平叔编：《蔡元培全集》第6卷，第609页。

中研院复函接受。据《本院加入"科学团体国际评议会"案》:

"科学团体国际评议会"(International Council of Scientific Union)设立于比京不鲁舍尔,其所负之使命三:(一)联络各国入会团体及各国际科学团体;(二)对于既有国际科学团体不预备从事研究之问题设法领导国际间之合作研究;(三)借各国入会团体之居间,与各该国政府发生联系,以期促进某国内科学研究中事业之进步。二十四年八年间,该会秘书长来函邀请本院代表中国正式加入,本院已经函复赞同矣。①

加入"科学团体国际评议会",是中研院与国际学术界交流取得进展的一个重大步骤。

丁文江除了对全院的制度建设和发展方向做出规划外,对院内甚至一些所内的争端或具体个案亦亲自过问。最有趣的例子是1935年董作宾携带女眷去田野考察现场,违背史语所相关规定,因而引起傅斯年、董作宾、李济诸人之间的不快和冲突,丁文江为化解矛盾,从中斡旋,费尽心机。②

丁文江最终倒在中研院总干事这一岗位上,他的病逝被认定为"以身殉职",这与一般的自然死亡有着本质的不同。正因为如此,他的死与杨杏佛的被杀一样,都给人"非命"之感,对中研院乃至当时的知识界产生极大的刺激和冲击。不过,细加追究,对两人的评价似有所差异。杨杏佛死于暗杀,主要是引起参与中国民权保障同盟的宋庆龄、蔡元培、鲁迅诸人的愤怒,而与其政见相左的翁文灏等人则明显持另一态度,与其有嫌隙的胡适、李济等人也保持沉默。对他之死于"非命",大家虽均表同情,但对杨氏的工作评价,则臧否不一。竺可桢如是评价杨、丁两者之别:"在君此次受铁道部命往勘矿,此外教育部嘱其为清华物色校址,但此二事均不必在君往也。故渠之死与杏佛同,均死于非命。杏佛临死二年来几于不管研究院之事,而在君则努力进行,故单就院中立论,则在君

---

① 收入《国立中央研究院二十四年度总报告》,第167—168页。
② 关于此次风波的讨论,参见潘光哲:《丁文江与史语所》,收入《新学术之路——"中央研究院"历史语言所七十周年纪念文集》上册,第392—397页。

之死较杏佛之死关系重大也。"① 竺氏对杨、丁的比较,可备一家之言。蔡元培在杨杏佛被杀后,迫于当时的政治压力,"感触至深,悲痛异常",不愿表示意见,② 只留下《祭杨铨时致词》一篇短文,内称"最近供职于中央研究院,努力从公,中央研究院之得有今日,先生之力居多。今先生以勇于任事,努力服务之人,而死于非命,同人等之哀悼为何如!"③ 知识界许多同情杨铨的人亦持类似蔡元培这样的态度。中研院在论定杨杏佛的一生事迹时,评及他担任总干事一职的工作,"六年之中,君为院事竭智尽忠,备尝艰苦,研究院之得有今日者,蔡先生之功,亦君之力也。"④ 丁文江去世后,蔡亦为《丁文江追悼会致词》(1936年1月18日,另有为《东方杂志》所作《题丁文江遗像》(1936年1月21日)、《丁文江对于中央研究院的贡献》(1936年2月7日)。《独立评论》、《地质论评》、《国闻周报》、《字林西报》等国内外报刊纷纷报道,并开设纪念专栏,发表悼念文章。平心而论,就两位逝者对当时知识界的影响力来说,丁文江的确获得了更大的反响和回应。

对于丁文江在中研院的工作成绩,几乎众口一致地给予高评。蔡元培评价道:"丁先生到本院任总干事,虽为时不及二年,而对于本院的贡献,均有重大关系:例如评议会的组织,基金保管委员会的成立,各所预算案的示范,均为本院立坚定不拔的基础。院内各所的改造与扩充,也有不可磨灭的劳绩。又若中央博物院的计划,棉纺织染实验馆的建设,为本院与其他文化机关合作的事业,虽完成有待,而规模粗具,也不外乎丁先生努力的结果。"⑤ 陶孟和说:"仅就对于地质学的发展一端来说,在君足以可以称为学术界的政治家,他的大量(凡认识他的人都知道他向来不仇视任何人),他的远见,他的广博的知识,他的魄力,他的爱护青年,都是他成为学术界政治家的要素,他这些美德在中央研究院总干事任内曾尽量发挥。只可惜为时不到二年,他便不能再有机会发挥了!这是中国

---

① 《竺可桢日记》第1册,北京:人民出版社,1984年1月版,第5页。
② 参见《杨杏佛被暗杀》,载1933年6月19日《申报》。
③ 蔡元培:《祭杨铨时致词》,收入高平叔编:《蔡元培全集》第6卷,第293页。
④ 《杨杏佛先生略传》,收入《国立中央研究院总报告》(二十一年度)。
⑤ 蔡元培:《丁文江追悼会致词》,收入高平叔编:《蔡元培全集》第6卷,第6页。

学术界,也是国家的大损失。"①翁文灏表示:"近年来在君先生做中央研究院总干事。他的工作第一在促进各研究所切实研究,把不能工作的人撤换了,把能工作的人请进来,而且与他们商定应解决的问题,应进行的步骤。第二在详实规定各研究所的开支,各所的预算很真实的按照他们一年度应做工作必需数目来规定,省下来的钱用以举办以前未做的工作,其结果是工作加多而开支减少。他并成立评议会,实际完成了全国科学院应有的组织,做这种事不但要热心毅力,而且要有充分的专门科学的知识与经验。"②

1935年7月26日胡适在给罗隆基的信中有一段讨论蔡、杨、丁三人关系的话,其中对丁文江在中研院的作为和蔡元培的工作作风有明显的褒扬:

> 蔡先生能充分信用他手下的人,每委人一事,他即付以全权,不再过问;遇有困难时,他却挺身而负其全责;若有成功,他每喷喷归功于主任的人,然而外人每归功于他老人家。因此,人每乐为之用,又乐为尽力。迹近于无为,而实则尽人之才,此是做领袖的绝大本领。试看他近年用杨杏佛,杏佛是一个最难用的人,然而蔡先生始终得其用。中央研究院之粗具规模,皆杏佛之功也。杏佛死后,蔡先生又完全信托丁在君,在君提出的改革案有不少的阻力,但蔡先生一力维持之,使在君得行其志。现在在君独当一面,蔡先生又可无为了。③

胡适这一段话,为蔡元培与杨杏佛、丁文江的工作关系下另一注脚,也可使我们看到丁文江改革背后有一只有力的手在支撑,这只手即是蔡元培,这是我们讨论丁文江在中研院的工作成就时所不能忽略的一点。对于已故的两位总干事,中研院不分彼此,做了平衡的处理。1939年3月中研院第一届评议会第四次年会通过《杨铨、丁文江奖金施行细则》,分别奖励在文史、社会科学二类和数理

---

① 陶孟和:《追忆在君》,载1936年2月16日《独立评论》第188号。
② 翁文灏:《追悼丁在君先生》,载1936年2月《方志》第9卷第1期。
③ 《胡适致罗隆基》(1935年7月26日),收入《胡适全集》第32册,第509—510页。

化科学、地学、生物科学三类的科学研究工作者。① 1947年6月中研院院务会议决定,将上海理工实验馆更名为杏佛实验馆,将上海原接受日本庚款所办的自然科学研究所改称在君实验馆。

九、人际交往与友情天地

1936年1月18日,中央研究院在南京假中央大学大礼堂为丁文江举行追悼会。据时任中研院气象研究所所长竺可桢记载现场的过程:

> 蔡先生报告在君在院两年来之工作。次咏霓述在君生平,关于地质方面其最大供献在于西南,尤其是云南、贵州两省,其提倡实地考察与古生物之功尤不可没。次适之报告在君对于朋友、学生及家属之感情交谊及其在上海商埠督办任内不苟取一钱之事实。次罗志希说数语,最后在君之兄弟致答词即散会。②

蔡元培论其行政工作,翁文灏评其专业成就,胡适述其个人交谊,这样的安排十分恰当、也颇为得体。为何在这样的场合,安排胡适褒扬丁文江的交谊之道,这是值得讨论的一个问题。它反映了丁文江一生在其工作、学术成就之外,还有其成功的另一面——交友有方。胡适当年在为《独立评论》"纪念丁文江先生专号"撰写的《丁在君这个人》一文,主要称誉的也是丁文江的为人处世之道。

每一个人生活在社会上,都有自己的人际圈子,这些圈子与他特定的文化背景、教育经历、宗教信仰、政党派别、宗族血缘等因素密切相联。丁文江不信宗教,故没有教友;未入政党,谈不上明确的政党从属关系。他的人际关系主要是与他的专业工作和文化背景联系在一起。丁文江是一个善交的人,也是一个能交的人。他一生得益于朋友之处不少,造福于亲朋好友之处更多。傅斯年说:"他对于好朋友之态度,恰如他对于他的家人、妻与兄弟,即是凡朋

---

① 参见《国立中央研究院二十六年度至二十八年度总报告》,第102页。
② 《竺可桢日记》第1册,第9页。

友的事,他都操心着并且操心到极紧张极细微的地步,有时比他那一位朋友自己操心还要多。""他之看重朋友,似乎大多由于他认为有用,学术上或事业之用。一旦既成朋友之后,他每每不自觉的颇以监护人自居,对于同辈(听说对于他年长的也有时如此)俨然像个老大哥。因此,朋友们一齐称之曰'丁大哥'!"①丁文江去世后,故旧亲友撰写的悼念、追忆文字,都表现出他对与之结交的朋友的亲和力、影响力以及人格魅力。

丁文江人际交往的第一个圈子是地质学界的师友、学生。他们交谊的纽带是共同的专业工作和科学志趣。丁文江与同行朋友的关系相处融洽,这从章鸿钊、翁文灏对他的回忆文字,从李四光对他的尊敬态度,从黄汲清、阮维周等众多学生对他的敬仰之情可以得到印证。他在地质学界从事研究、调查、教学达二十余年,被地质学界同行看作是一位值得信赖和尊敬的领袖式人物。

章鸿钊(1877—1951年)与丁文江结识于1911年。同年9月,丁文江赴北京参加游学毕业生考试,与章鸿钊等取"格致科进士"。② 据章鸿钊回忆他们初识的情景:

> 我和丁先生初次在北京见面,是前清末年,即民国的前一年。那一年,丁先生初从欧洲载誉归来,只不过二十四岁的一位少年,一副英英露爽的眉宇,和一种真诚坦率的态度,一见便知道他是一位才德兼优的人,已使我拨动了一种相见恨晚的情绪;何况那时候在中国要觅一位地质学界的朋友,远不像现在那样容易,也许还没有第二人,所以这一次会面,在我个人一生中,是最有意义的,也最不能忘记的。③

> 学部考试毕,予列最优等,赐格致科进士出身。时同榜中尚有一学地质者,即丁文江氏也。丁氏亦于是年从英国毕业归国者,曾与之遇,相谈甚洽,此即予他日之同志矣。④

---

① 傅斯年:《我所认识的丁文江先生》,载1936年2月16日《独立评论》第188号。
② 宣统三年九月初七(1911年10月28日)《内阁官报》,第66号。
③ 章鸿钊:《我对于丁在君先生的回忆》,载1936年《地质论评》第1卷第3期。
④ 参见章鸿钊:《六六自述》,武汉:武汉地质学院出版社,1987年3月版,第29页。

科学与政治——丁文江研究

1911年秋章鸿钊担任京师大学堂农科大学的地质学课程,他是在中国大学第一位开设地质学课程的教师。中华民国成立后,章鸿钊在南京临时政府实业部矿务司地质科任科长,这是第一个管理地质事业的行政机构。在任期间,章氏在《地学杂志》连续三期刊载《中国地质调查私议》一文,建议开展全国性的地质调查,筹备设立地质讲习班。

丁文江与章鸿钊再次相会是在1913年,丁文江开办地质研究所后,聘请章鸿钊来所任教。"丁先生偏偏不肯居功,硬要根据旧案,坚决邀我去承办;他又知道我一点古怪脾气;不肯无故去吃人家的现成饭的,便悄悄的携着随身行李,跑到云南调查地质去了。这是何等雅量。"[①]在地质研究所,章鸿钊与丁文江、翁文灏密切合作,结下了深厚的情谊。1921年5月章鸿钊撰著的《石雅》一书由地质调查所出版,丁文江为之作英文序言,大力推荐此书,称"按照科学的矿物学对中国古代的和现代的宝石详加鉴定,这对那些收藏宝石并且希望对自己所收藏的宝石有更多了解的人来说,是极为有用的。但本书,尤其对研究历史和考古学的学生来说,将是一座提供大量富有启发性资料的宝库。"[②]对该书在国内外的广泛传播起了一定作用。章鸿钊在地质学界有"章夫子"之称,这一方面表示他作为学长得到大家的尊重,一方面则显示了章氏的旧(国)学素养获得同人的公认。章鸿钊对地质学史、矿业史研究有着强烈的兴趣,留有《农商部地质研究所师弟修业记》(京华印书局,1916年)、《中国地质学小史》(商务印书馆,1927年)、《中国地质学发展小史》(商务印书馆,1937年)、《古矿录》(地质出版社,1954年)、《中国温泉辑要》(地质出版社,1956年)诸书。丁文江亦在当代地质学史、矿业史方面做过许多基础性的工作,撰有《中国矿业纪要》(与翁文灏合著,1921年)、《五十年来中国之矿业》(收入申报馆《五十年来中国之矿业》,1923年)、《中国官办矿业史略》(农矿部地质调查所,1928年)、《外资矿业史资料》(农矿部地质调查所,1929年),章、丁两人想必在这方面有着交互的影响。丁文江去

---

① 章鸿钊:《我对于丁在君先生的回忆》,载1936年《地质论评》第1卷第3期。
② V.K.Ting:Preface,收入章鸿钊:《石雅》,北京:地质研究所,1921年月5版。

世时,章鸿钊满怀深情地撰文追忆他们的交情,文末"含辛带酸"地写下挽联:

> 认责任内无处可放松,治学然,治事亦然,识君以来,始信自强在不息;
> 数交游中惟真最难得,能让易,能争非易,从今而后,几疑直道与偕亡。①

翁文灏(1889—1971年)与丁文江初识是在1914年,时翁文灏留学归国,进入地质研究所做主任教授。在教学工作中,丁文江与翁文灏多次共同带领学生外出实习、考察。② 1916年地质调查所成立,丁文江任所长,翁文灏任矿产股长,两人曾共同商议创办《地质汇报》、《地质专报》等事宜,合作撰写《矿政管见》(内附《修改矿业条例意见书》,1920年农商部地质调查所出版)、《中国矿业纪要》(列为《地质专报》第1种第1号,1921年出版)、《地质调查所的十年工作》(1925年农商部地质调查所印行)等文。丁文江外出不在所时,地质调查所所务工作均请翁文灏代理,如1917年丁文江奉命调查长江下游地质,1918年底随梁启超赴欧洲考察,均请翁氏代理所长一职。③ 1921年丁文江受任北票煤矿公司总经理,为专心力于公司事务,坚辞地质调查所所长之职,呈请任命翁文灏为所长,双方互相推让,最后只好仍聘丁文江为名誉所长,翁文灏为代理所长,直到1926年5月丁上任淞沪商埠督署总办辞去该职,翁文灏才正式接任所长一职。④ 1928年丁文江回到地质调查所,第二年又与翁文灏"合拟一西南各省之地质调查及制图计划"。1930年,为纪念《申报》创办60周年,丁文江又与翁文灏、曾世英共同承担编绘《中华民国新地图》的任务。1931年《独立评论》创刊后,翁文灏虽政务繁忙,仍抽出时间为该刊撰写时评政论,成为该刊的同人。1934年2月16日翁文灏因车祸受伤住院,丁文江不顾自身因

---

① 章鸿钊:《我对于丁在君先生的回忆》,载1936年《地质论评》第1卷第3期。
② 参见章鸿钊:《农商部地质研究所一览》,第16—18页,1916年版。
③ 参见《农商部第171号命令》,载1917年10月15日《农商公报》第4卷第3册,总第39期,"政事门"第33页。农商部第163号命令,1919年1月15日《农商公报》第5卷第6册,总第54期,"政事门"第2页。
④ 参见翁文灏:《丁文江先生传》,载1941年《地质论评》第6卷。

病住院,病体未愈的身体状况,亲往杭州探视老友,照顾翁氏的家属,并写下《我所知道的翁咏霓———一个朋友病榻前的感想》一文,大力表彰翁氏克己奉公、勤奋工作的事迹,称赞翁氏为时代的"圣人"。① 1935年12月9日丁文江病重住院,12月11日翁文灏乘飞机赶到长沙,下飞机后即由刘基磐陪往衡阳探视。当时丁已略省人事,尚未脱险,几个人会商,认为长沙湘雅医院医疗条件较好,决定转院。丁文江去世后,翁文灏帮助料理后事,亲往长沙参加丁文江的葬礼。在地质学界同人中,翁文灏撰写的追悼丁文江的文字最多,计有:《追悼丁在君先生》(载1935年《地理学报》第2卷第4期)、《对于丁在君先生的追忆》(1936年2月16日载《独立评论》第188号)、《追念丁在君先生》(诗,载1936年6月《地质论评》第1卷第3期)、V. K. Ting: Biographical Note (Bulletin of the Geological Society of China, Vol XYL 1936—1937.)、V. K. Ting: V. K. Ting, Scientist and Patriot (Bulletin of the Geological Society of China, Vol XV, No 1, March 1936.)、《丁文江先生传》(载1941年《地质论评》第6卷第1—2期)、《追忆丁在君》(诗,载1946年《地质论评》第11卷第1—2期)、《关于丁文江》(载1982年《文史资料选辑》第80辑)等,这些文字是他们交谊的又一证明。在地质学界同行中,丁文江与翁文灏的关系可谓既深且长。

李四光(1889—1971年)与丁文江1911年同取进士。在应试期间,两人是否相识,没有留下可考的材料。1919年秋丁文江委托其弟丁文渊,与丁燮林一起到英国东部的锡矿山康为尔(Cornwell)找李四光,见到李四光后,谈了请李四光回国来北大任教之事。② 说明丁文江对李四光的成就已有所耳闻甚或接触。不久,李四光接受了北京大学校长蔡元培发给的聘书。1920年5月,李四光回国任教,为使李四光安心从教,丁文江对其生活备加关照,得悉李四光的薪金不敷家用,遂为他在京师图书馆谋一副馆长的职位,以

---

① 参见丁文江:《我所知道的翁咏霓———一个朋友病榻前的感想》,载1934年4月22日《独立评论》第97号。
② 参见马胜云、马兰:《李四光年谱》,北京:地质出版社,1999年9月版,第37页。

弥补其经济之不足。① 另一方面,李四光对丁文江亦知恩图报。1929年丁文江前往北京时,暂时无房居住,曾寄住在李四光宅中。②1931年8月5日北京大学与中华教育文化基金董事合作研究特款顾问委员会召开第一次正式会议,决定在北大特设研究教授职位,聘请15人为为研究教授,其中地质学系就有丁文江和李四光。③丁文江去世时,李四光在英国留学,刚刚完成《中国地质学》一书,闻讯后李四光在该书的《自序》中补充道:"正当我的原稿整理工作将告结束时,传来了我的朋友和最尊重的同事丁文江博士不幸逝世的消息,如果我借此机会对这位如此忠心致力于发展中国地质科学的人表示敬佩之意,或许不会是不合适的。"④1937年12月李四光在长沙出席中国地质学会理事会期间,亲往岳麓山左家垄看望丁文江墓地,再次表达对亡友的怀念之情。⑤

丁文江对年青一辈学子的培养与提携不遗余力。他任教的时间并不长,先后任教的学校有南洋公学(1912年)、地质研究所(1913—1916年)、北京大学(1931—1934年)。在地质研究所的教学过程中,丁文江"注重实地考察","对学生要求严格"。⑥ 丁文江对后辈学人的成长颇为关注,故大家有著作问世时,都乐于请他作序。叶良辅的《北京西山地质志》、谢家荣的《地质学》即是两例。曾在北大担任丁文江助教的高振西回忆说:"他教书的时间,并不很久,似乎是无关轻重。但是他确是一个极端优秀的'教师'人才,配作教师先生们的模范的!直接受过他的课的学生,同与他在一块儿教书的同事,没有人不承认这个事实的。""我们曾得到直接受教的机会,而且相处有四年之久。我们真正的觉得,丁先生不只有作教师的资格,而且能全部的尽了他做教师的责任。"⑦这样的评语,当是对一个教师的最高奖赏。

---

① 参见1942年翁文灏在中国地质学会授予李四光先生"丁文江纪念奖"仪式上的颁奖致词,载1942年《地质评论》7卷第4—5期,第221—224页。
② 参见陶孟和:《追忆在君》,1936年2月16日《独立评论》第188号。
③ 《胡适全集》第32册,第135页。
④ 参见马胜云、马兰:《李四光年谱》,第121页。
⑤ 参见马胜云、马兰:《李四光年谱》,第126页。
⑥ 朱庭祜:《我所知道的丁文江》,载1982年2月《文史资料选辑》第80辑。
⑦ 高振西:《做教师的丁文江先生》,载1936年2月16日《独立评论》第188号。

由于长期在地质学界担任主要领导人,丁文江成了这一学人群体的精神纽带,他对这一群体具有极大的凝聚力。翁文灏对此评价说:"在君先生在中国地质学界中无疑的足称先辈,不但他的工作开始较早,而尤在他对于其他人才援引甚力,指导特殷。我们试追想他曾如何费力荐李四光先生做北大教授,如何用心做西南地质调查计划使赵亚曾先生等分途进行,如何极有见识的坚持黄汲清先生在瑞士必须做构造地质的实施工作,但不要在辽远地方写一知半解的中国地质论文。他有用人之明,他更能用人之长。"①

　　丁文江进入的第二个圈子是梁启超派。梁启超是丁文江一生最尊重的长辈。胡适说"他和任公从没有政治的关系,完全是友谊的关系。"②这一看法并不太准确。实际上,在政治上丁文江附属于梁启超为首的研究系,与任公的私人关系尤深。丁文江的三次重大变动,即1918年底梁启超邀约他赴欧美之行,1921年6月刘厚生聘请他任北票煤矿公司总经理,1926年蒋百里向孙传芳推荐他出任淞沪商埠督办公署总办,都系梁派促成。然因缺乏专文讨论他俩的关系,故世人所知不详。

　　丁文江与梁启超的关系,始于1918年12月底他与梁启超一起去欧洲考察。据其弟丁文渊述其来由:"民国七年,任公以私人资格,去欧洲游历,想借此对欧洲做一个详细的考察。因此除了蒋百里、张君劢、刘子楷三位老朋友以外,还请了徐新六作为他的财政经济顾问。到时任公仍以为不足,很想再得一科学专家同行,才能对于现代的欧洲,有彻底的认识。于是徐新六就推荐了二哥,二哥才认识了任公先生。"③梁启超自谓:"我们出游目的,第一件是想自己求一点学问,而且看看这空前绝后的历史剧怎样收场,拓一拓眼界。第二件也因为正在做正义人道的外交梦,以为这次和会真是

---

　　① 翁文灏:《追悼丁在君先生》,载1935年12月《地理学报》第2卷第4期,此期应推迟日期出刊。
　　② 胡适:《丁文江的传记》,收入《胡适文集》第7册,第490页。
　　③ 丁文渊:《梁任公先生年谱长编初稿》前言,收入丁文江主编:《梁任公先生年谱长编初稿》上册,第6页。有一种说法,丁文江在日本留学时,曾和史久光受教于梁启超,得到梁启超的赏识,其后一起协助梁创办《新民报》,担任助编和校对。参见刘仲平:《先师史久光先生年谱》,收入《史久光先生集》下册,台北:台北人文世界杂志社,1972年10月版。此说可能有误。如梁早已认识丁的话,就不必由徐新六居中介绍了。

要把全世界不合理的国际关系根本改造,立个永久和平的基础,想拿私人资格将我们的冤苦向世界舆论申诉申诉,也算尽一二分国民责任。"①此外,梁启超还心蓄重组人马,以图东山再起之意。所以代表团人员的组成都是梁氏精心选择的结果。临行前,他在上海与张东荪、黄溯初"谈了个通宵","着实将从前迷梦的政治活动忏悔一番,相约以后决然舍弃,要从思想界尽些微力,这一席话要算我们朋辈中换了一个新生命了。"②这说明,梁启超此前虽公开表示退出政坛,但其心未泯。代表团一行七人,分两组出发,梁启超自带蒋百里、刘子楷、张君劢、杨鼎甫四君取道印度洋、地中海,丁文江、徐新六经太平洋、大西洋,1919 年 2 月到达伦敦后会合。丁文江随梁启超赴欧洲考察的情形,丁文渊有一段交待:

> 据新六告诉过我,任公在法、英两国的演讲,多是二哥替他翻译,任公对他极为倾倒。二哥素性憨直,对人极具至性,有问必答,无所隐讳。与任公坐谈之际,尝谓任公个性仁厚,太重感情,很难做一个好的政治家。因为在政治上,必须时时具有一个冷静的头脑,才能不致误事。又谓任公的分析能力极强,如果用科学方法,研究历史,必定能有不朽的著作。因此劝任公放弃政治活动,而从事学术研究,任公亦深以为然,此则任公的大过人处。像他那样,早岁就参加变政大计,而又誉满中外的一位大人物,当时还正在他鼎盛的时候,居然能够听一个青年后辈的劝言,翻然改图,从事学问,终身奉守不渝,只有任公具有那种"譬如昨日死"的精神,才能确实做到。新六又言,二哥当时还曾设法协助任公如何学习英文,并且介绍了好几部研究史学的英文书籍,任公根据此类新读的材料,写成《中国历史研究法》一书。以后许多历史学术的著作,也就陆续出版,成为民国史学上的一位大师。任公以后掌教于清华研究院,据胡适之先生说,也是二哥在中华教育基金董事会

---

① 梁启超:《欧行途中》,收入《饮冰室合集·专集》(7)之二十三第三十八页。
② 梁启超:《欧行途中》,收入《饮冰室合集·专集》(7)之二十三第三十八页。

所主张的。①

丁文江为代表团做翻译,教任公学习英文,这些征诸于梁启超的私人信函可得到佐证。1919年6月9日梁启超在《与仲弟书》中曾道及"习英文"一事:"故每日所有空隙,尽举以习英文,虽甚燥苦,然本师(丁在君)奖其进步甚速,故兴益不衰"。② 至于丁文江对梁任公的忠告在不同场合也有提及,如7月29日丁文江会晤颜惠庆,谈及对任公的印象时表示:"他认为梁启超是优秀的作家,但不是政治家。"③这样的看法是否为任公所喜闻,或任公其他朋友所认同,是一件值得怀疑的事。至少在梁启超周游欧洲期间,张君劢、蒋百里等人是鼓励他东山再起,"仍当从事于政党的组织"。④ 丁文江与张君劢等人的分歧在这里实已初露端倪。

丁文江与同行诸公的分歧,可能对他的情绪和活动有所影响。欧洲一行,丁文江并非全程追随梁启超旅行,他安排了一些个人的考察活动。如3月7日至17日,梁启超一行从巴黎出发游览法国南部战地和停战前德国的领土,据梁启超记载:"丁在君因为要去洛林调查矿业,所以都未同行。"⑤又如7月12日,梁启超一行从英国返回巴黎,拟参加7月14日法国国庆节的庆祝活动。大约在这期间,丁文江曾单独前往瑞典一游。他的瑞典之行,最北端到达国有矿城基如纳。在斯德哥尔摩,他与中国留学生周赞衡和为安特生的古生物研究计划募捐的拉各雷留斯会面,拉氏于当年9月15日成立了"中国委员会"。⑥ 7月底,丁文江又独自赴美国访问、考察两月,他大概是最先离团回国的人。在梁启超一行中,丁文江似

---

① 丁文渊:《梁任公年谱长编初稿》前言,收入丁文江主编:《梁任公年谱长编初稿》上册,第6—7页。
② 参见丁文江、赵丰田:《梁启超年谱长编》,第881—883页。
③ 上海市档案馆译:《颜惠庆日记》第一册,第891页。
④ 参见张朋园:《梁启超与民国政治》,台北:汉生出版社,1992年11月三版,第155页。
⑤ 梁启超:《欧游心影录节录》,收入《饮冰室合集·专集》(7)之二十三第一〇四页。
⑥ 有的论者认为此行是梁启超与丁文江同赴瑞典,参见马思中、陈星灿编著:《中国之前的中国:安特生、丁文江和中国史前史的发现》,第20页。但此行是丁文江独自旅行,还是借梁启超等同行,仍有待考证。梁氏在自己的回忆、书信中,均未提及去瑞典访问一事。

表现出一定的独立性和自主性。尽管如此,梁启超对丁文江亦颇为关切,6月14、28日他为丁文江订购搭乘美国"腓特烈八世"号船票两度去电给颜惠庆,嘱其帮办。①

梁启超欧游归国后,1920年4月成立了共学社,社址设在北京石达子庙,宗旨在"培养人才,宣传新文化,开拓新政治"。主要工作为编译新书,奖励名著,出版杂志,送留学生。主要人物有梁启超、蒋百里、张君劢、张东荪。蔡元培、王敬芳、蒋梦麟、蓝公武、赵元任、张謇、胡汝麟、张元济、刘垣和丁文江等都在发起人之列,凡加入共学社者在财力方面均有所赞助。共学社以松坡图书馆为活动场所,附设俱乐部,由梁启超、丁文江任干事。② 当时北京政界,以梁启超为代表的研究系与交通系时常明争暗斗,丁文江反对新交通系,颇为注意观察对方的动向。③

在1920年代的许多政治活动中,梁启超常常征诸周围人士的意见,其中与张君劢、蒋百里、丁文江的互动尤为密切。1920年10月罗素来华讲学,系应梁氏之邀。在接待罗素的各种活动中,梁启超常偕丁文江一起参加。1921年11月19日梁启超就中国公学风潮事,致书蒋百里、张东荪、舒新城,询问"受庆事进行未有消息,但在君谓恐不堪(稚齿望浅必起风潮云),百里谓何如?"④1923年2月24日梁启超致书思顺,告其在南开讲演后,"晚上又与张君劢、林宰平、丁在君等谈个通宵。"⑤在"科学与人生观"论战中,"丁文江与张君劢虽然均为任公的至好朋友,但在感情上、信仰上,任公较倾向于张氏,他们都是儒家思想的维护者。"⑥"科学与人生观"论战以后,丁文江的声誉大为提高,而张君劢反而下降,这自然也加重了丁文江在梁启超心目中的份量。论战的结果对梁启超的思

---

① 参见上海市档案馆译:《颜惠庆日记》第一册,第873、879页。
② 参见张朋园:《梁启超与民国政治》,第156—157页。
③ 参见1921年5月18日胡适日记:"在君说:'北京的《晨报》近受新交通系(曹汝霖、陆宗舆的系)的津贴,他有证据可以证明。此事大概不诬。"收入《胡适全集》第29册,第256页。
④ 参见丁文江、赵丰田编:《梁启超年谱长编》,上海人民出版社,1983年8月版,第938页。
⑤ 参见丁文江、赵丰田编:《梁启超年谱长编》,上海人民出版社,1983年8月版,第989页。
⑥ 参见张朋园:《梁启超与民国政治》,第268页。

想有一定触动,从 1923 年 12 月 12 日梁启超给章鸿钊的《自鉴》一书所作的序,多少可以看出他思想微妙的变化。① 此前,丁文江在梁启超心目中不过是一位谙熟地质学的自然科学工作者;②此后,梁启超每遇大事或政治风波,均愿洗耳恭听丁文江的意见,或有意拉近他与丁文江的距离。梁启超晚年思想力大不如从前,张君劢、蒋百里、丁文江等虽奉他为精神领袖,但在思想上任公反受他们的影响更多,其中一个重要的原因是年青一辈(如张、蒋、丁等)曾经留学西方,接受了系统的科学训练,有着天然的外语优势,便于对西方新思想和新知识的吸收,梁启超往往从他们那里获取西方的信息和思想资源。1925 年梁启超在《国际之保护及奖励》的讲演中,讲到中国工业的两大病源,其中第二条"没有资本"的依据,采用丁文江提供的统计数据即是一例。③

1925 年 5 月 9 日,梁启超在给其子女梁思顺、梁思成、梁思永的信中谈及他拒绝段祺瑞邀其出任善后会议宪法起草会会长一事缘由,其中提到"京中的季常、宰平、崧生、印昆、博生,天津的丁在君一齐反对,责备我主意游移,跟着上海的百里、君劢、东荪来电来函,也是一样看法,大家还大怪宗孟,说他不应该因为自己没有办法,出这些鬼主意,来拖我下水。现在我已经有极委婉而极坚决的信向段谢绝了。"④显然,梁启超对段祺瑞采不合作态度,与丁文江等意见有关。五卅惨案发生后,梁启超联名朱启钤、李士伟、顾维钧、范源廉、张国淦、董显光、丁文江诸氏发表宣言,⑤大有表现北京

---

① 梁启超在《自鉴》序中说:"我初读此爱存这部书,正值张、丁科玄论战战得最酣畅的时候。爱存是一位造诣极深的自然科学家;我虽不懂自然科学,但向来也好用科学方法做学问;所以非科学的论调,我们当然不敢赞同。虽然,强把科玄分为二,认为绝不相容,且要把玄学排斥到人类智识以外,那么我们也不能不提出抗议了。人类的智识欲,曾无满足之时,进一步又想进一步,进步的程序怎么样呢? 我们的智识,起初不过断片的,东一鳞西一爪,我们不能满足于这种状态,于是把许多鳞爪分类综合起来,从这件事物和那件事物相关系之间求出共通的法则,是之谓科学。"表现出与"玄学"派拉开距离的姿态。梁氏此序,几不为人征引。梁启超:《自鉴》序,收入章鸿钊:《自鉴》,法轮印刷局,1923 年版,第 1 页。
② 参见《致梁思顺》(1920 年 7 月 20 日),收入张品兴编:《梁启超家书》,北京:中国文联出版公司,2000 年 1 月版,第 290 页。
③ 《饮冰室合集》(5)文集之四十三,第 91 页。
④ 丁文江、赵丰田编:《梁启超年谱长编》,第 1033 页。
⑤ 参见《梁启超等对于沪案之意见》,载 1925 年 6 月 11 日《申报》。

政府中的"清流派"意见之势,以与国、共两党和军阀势力相区别。梁启超病情加重时,也是"因丁在君、力舒东坚决主张要入协和",①他才入住协和医院治疗。揆察这些事例,足见梁启超晚年对丁文江的倚重。

在丁文江、蒋百里、刘厚生进入孙传芳幕府这件事上,梁启超的态度表现得较为暧昧,开始时他是抱持希望,以图借此重新打开局面。② 眼看孙传芳的败局已定,梁启超又对丁、蒋、刘等人站在孙传芳这一边的态度表示自己并不负责任,称:"我们没有团体的严整组织,朋友们总是自由活动,各行其是,亦没有法子去部勒他们(也从未作此想),别人看见我们的朋友关系,便认为党派关系,把个人行动认为党派行动,既无从辩白,抑亦不欲辩白。我之代人受过,总是免不了的(亦自甘心),但因此颇感觉没有团体组织之苦痛,朋友中有能力的人确不少,道德学问和宗旨都是对的,但没有团体的一致行动,不惟不能发挥其势力,而且往往因不一致之故,取消势力,真是可痛。"③1927 年 5 月,当南方革命势力直逼北方,梁启超身边的人围绕是否推举他出来重新组"成一大同盟"时,产生了两种截然对立的意见,梁启超对此感到十分苦恼。④ 张君劢、陈博生、胡石这些门生附和"国家主义"者和国民党右派等势力,呼吁梁启超出山,统率一个新的"大同盟",以阻挡南方革命势力迅猛向北发展的势头。丁文江、林宰平默察形势,"极端反对"。南方的北伐军继续北上,梁启超又欲发表政论,征求周围人的意见,结果"蹇季常、丁在君、林宰平大大反对,说只有'知其不可而为之',没有'知其不可而言之'。"梁启超感觉"他们的话也甚有理","决意作纯粹的休息"。⑤ 在 1927 年这个关键性年代,环绕在梁启超周围的人明显出现了两种选择:一派是以张君劢为代表,企图继续在政治上有所作为,以与国民党政权对抗,后来张君劢组织国社党是这

---

① 参见丁文江、赵丰田编:《梁启超年谱长编》,第 1075 页。
② 参见 1926 年 9 月 29 日梁启超《给孩子们书》,收入丁文江、赵丰田编:《梁启超年谱长编》,第 1093 页。
③ 丁文江、赵丰田编:《梁启超年谱长编》,第 1111 页。
④ 丁文江、赵丰田编:《梁启超年谱长编》,第 1129—1130 页。
⑤ 丁文江、赵丰田编:《梁启超年谱长编》,第 1146 页。

科学与政治——丁文江研究
Kexue Yu Zhengzhi——Dingwenjiang Yanjiu

种意向的新努力;一派是以丁文江、林宰平为代表,希望回避锋头,坚守文化学术立场,丁文江的暂时退隐表明了这种抉择。每次重大历史转折关头,无论是福是祸,梁启超几都挺身而出,表现出问政参政的高度热情,唯独此次例外,选择了退隐。梁启超做出这一抉择,应当说是与丁文江、林宰平的影响有着极大的关系。

"生我者父母,知我者鲍子;在地为河岳,在天为日星。"这是丁文江在梁启超追悼会上所敬献的挽联,从这幅挽联可以看出他们之间的关系非同寻常。梁启超身后留有两件大事:一是编辑文集,一是编辑年谱长编。这是具有象征传承衣钵意义的大事。将整理文集一事交给林宰平,将编辑年谱长编一事交给丁文江,这样的安排究竟是出自梁启超的遗托,还是亲友们商量的结果,或是林、丁两人的自告奋勇,我们没有直接材料可证,但它明显反映了当时林、丁两人与梁启超不同寻常的亲密关系。它象征着林、丁二人作为梁任公的传承人,继续延续梁氏的事业。① 在当时并不便利的环境中,林、丁二人对这一使命的切实执行,也表现出他们对梁任公的忠诚。在近代中国,许多政治、文化名人的身后事,除非有强势的政治集团作为背景依托,否则极为冷落、进展维艰。《饮冰室合集》和《梁任公先生年谱长编初稿》幸赖林、丁二人的鼎力撑持,得以出版或告竣,可以说是一例外。

丁文江进入的第三个人际圈是胡适为代表的《努力周报》、《独立评论》同人。如果说,梁启超与他的联系,梁处在主动,丁处在被动的话;那么,丁、胡之关系,则是反向行之,丁主动接触,胡被动受之。②

丁文江一生最看重的朋友,应该推胡适。丁文江与胡适相识

---

① 丁文江去世时,周作人曾作挽联:"治学足千秋,遗恨未成任父传;赞闲供一笑,同调空存罗素书。"上联表现丁文江与梁任公的继承关系,下联表示丁、周对罗素《赞美闲暇》(*In praise of Ideness*)一书的共同好爱。参见周作人致胡适书(1936年1月7日),收入《胡适全集》第32卷,第552页。可见,丁文江作为梁任公的传人在朋友圈中已有所流传。

② 论及胡适与丁文江的关系,现有雷颐:《试论胡适与丁文江的思想异同》,收入《胡适与他的朋友》第二集,纽约天外出版社,1991年12月版,第215—234页。蔡登山:《如此风流一代无——胡适与丁文江》,载2007年4月台北《传记文学》第90卷第4期。两文均有详细讨论。

大约在 1920 年,胡适对他们的初识过程略有交待:

> 我认识在君和徐新六是由于陶孟和的介绍。他们都是留学英国的。……我认识在君和新六好像是在他们从欧洲回来之后,我认识任公先生大概也在那个时期。任公先生是前辈,比我大十八岁,他虽然是十分和易近人,我们总把他当作一位老辈看待。在君和孟和都是丁亥(1887)生的,比我只大四岁;新六比我只大一岁。所以我们不久都成了好朋友。①

证之于胡适日记,1920 年 3 月 18 日出现了"丁文江请吃饭"的记录。② 3 月 21 日记有"初见梁任公,谈。"③可见,胡适结交丁、梁的时差甚短。胡适认识任公,是否出自丁文江的推介,不得而知,但丁文江在梁、胡之间似乎起有中介作用。胡适提及,"他认得我不久之后,有一次他看见了我喝醉了酒,他十分不放心,不但劝我戒酒,还从《尝试集》里挑出了我的几句戒酒诗,请梁任公先生写在扇子上送给我。"④在丁、胡的最初交往中,丁处在较为主动的地位,在胡适日记中,我们从多处可以看到"丁在君邀饭"、"与在君谈,共餐"、"在君约看 Geo Museum"(地质博物馆)、"丁夫人来谈无锡一件"⑤的记录。从胡适与梁启超、丁文江的订交时间看,它是在丁文江、梁启超从欧洲回来以后,当时以胡适为代表的北大派在北京(特别是在教育界)已俨然成为一股新兴势力,各方面对之不得不刮目相看,极尽拉拢之力,梁启超派在政坛欲有所作为,自然也不会放过,丁文江的主动交往,其真正的意图实在于此。

丁文江与胡适携手合作,是从共同组织"努力社",创办《努力周报》开始。1921 年 5 月 21 日丁文江与胡适、王徵、蒋梦麟等商议成立一秘密组织——"努力会",这是丁文江与北大派结合的一个重要步骤。此举虽然也反映了胡适等人由专事文化事业到走向"谈政治"的一个新动向,但背后推动此事,且最热心此事的又是丁

---

① 胡适:《丁文江的传记》"十一、北票煤矿公司(1921—1925)——《努力周报》(1922—1923)",《胡适文集》第 7 册,第 439 页。
② 《胡适全集》第 29 册,第 118 页。
③ 《胡适全集》第 29 册,第 121 页。
④ 胡适:《丁在君这个人》,载 1936 年 2 月 16 日《独立评论》第 188 号。
⑤ 参见《胡适全集》第 29 册,第 150、152、155、199 页。

文江。"努力社"成立之初,有一个小插曲,任鸿隽赞成蔡元培加入"努力社",丁文江开始对此有些犹疑:原因有二:一是蔡元培为老前辈,丁、胡等人为同辈,蔡"加入以后,恐怕反有一种拘束"。二是丁文江对北大有不满意之处,"很想以友谊的态度来忠告忠告",若蔡加入,自然有所"顾忌"。① 经任鸿隽再次来信说服,丁文江的思想才转变过来。这里面隐伏的一个问题是,如果蔡元培加入,"努力社"则不免唯蔡马首是瞻;如果维持原状,在同辈中,"丁大哥"的作用就会突显。由此也不难看出,丁文江对经营这个"秘密"的小团体,还是有他自己的想法。

1922年5月7日《努力周报》创刊,创刊号上刊登的《我们的政治主张》为胡适所起草,签名人亦以北大派教授为主,丁文江名列其中,他对这些"政治主张"的热衷,可以说不让胡适,他是签名人中继胡适之后,第二个站出来《答关于〈我们的政治主张〉的讨论》的作者。丁文江此时究竟是胡适为代表的北大派的同盟者,还是梁启超研究系的人,或者自愿在二者之间充当中介和桥梁,这是一个值得探讨的问题。胡适虽对任公持敬重的态度,但在政治上明显受陈独秀、李大钊等《新青年》派老朋友的牵制,有意与梁氏保持距离。而其政治主张却又与梁启超比较接近,与陈、李相去甚远。这种亦远亦近、亦近亦远的选择,实是丁文江的影子在中间作祟。胡适因与丁文江关系过于密切,岌岌乎染上研究系的色彩,并被陈独秀及其他朋友误认为也是研究系圈子里的人物。②

从《胡适遗稿及秘藏书信》收存的99封丁文江致胡适书信来看,丁文江大概是同时期与胡适通信最多的一位朋友。通过这些书信,我们可以看出,丁文江对胡适这位小老弟的信任与爱护确实不同寻常。丁文江对胡适的影响,由浅入深,由生活到事业,主要表现在三个方面:第一,在生活上,督责胡适注意身体,把握生活节奏。如当他看到胡适喝得酩酊大醉,写信规劝胡适不要过多喝

---

① 参见《丁文江致胡适》,收入《胡适来往书信选》上册,第154页。
② 有关梁启超与北大派的关系,参见张朋园:《梁启超与民国政治》,台北:汉生出版社,1992年11月三版,第230—236页。

酒;①酷暑时节,邀约胡适一起去北戴河消夏;②提醒胡适注意生活规律,帮助胡适租房子。③ 这些事例,都表明丁文江对胡适的关切之深。胡适以"大哥"呼之,丁文江则以"小弟"待之,亦从一侧面反映了两人关系之亲密。第二,在政治上,鼓励胡适参与公共生活,发挥政治影响力。丁文江和胡适是《努力周报》、《独立评论》两刊的主要创办人,也是出力最大、撰文最多的人。第三,在事业上,帮助胡适规划学术进程,拓展学术天地。丁文江是胡适作品的鉴赏者,胡适每有新作问世,都赠送丁文江,请其指正;有时未送,丁还主动向胡适要。当丁文江听说胡适"近来作《白话文学史》,而对于哲学史并未进行,颇失望"。④ 他似乎更倾向于胡适把《中国哲学史》写完。当胡适将撰写的《哲学史》稿子送给丁文江审阅时,他连夜赶读《哲学史》,并致信胡适,鼓励胡"向下写,不要分心"。⑤ 胡适的英文著作 Chinese Renaissance 在美国出版后,丁文江读后,称赞"书做得很好"。⑥ 同时,丁文江也视胡适为知己,将其个人的政治活动和私人事宜,毫无保留地与胡适坦诚交流。⑦

胡适写给丁文江的书信及其内容,因丁文江的私人档案尚未公开,我们迄今所知甚少。⑧ 从他俩共同交往的一些朋友书信中,我们也可找到胡适对丁文江施加影响的痕迹,如 1927 年 1 月 3 日

---

① 参见《丁文江致胡适》,收入耿云志主编:《胡适遗稿及秘藏书信》第 23 册,第 186 页。
② 参见《丁文江致胡适》,收入耿云志主编:《胡适遗稿及秘藏书信》第 23 册,第 188—190 页。
③ 《丁文江致胡适》1930 年 8 月 17 日,收入耿云志主编:《胡适遗稿及秘藏书信》第 23 册,第 153—155 页。
④ 参见《丁文江致胡适》,收入耿云志主编:《胡适遗稿及秘藏书信》第 23 册,第 201 页。
⑤ 参见《丁文江致胡适》1930 年 6 月 27 日,收入《胡适来往书信选》中册,第 17 页。
⑥ 《丁文江致胡适》1934 年 7 月 29 日,收入耿云志主编:《胡适遗稿及秘藏书信》第 23 册,第 208 页。
⑦ 参见蔡登山:《如此风流一代无——胡适与丁文江》,载 2007 年 4 月台北《传记文学》第 90 卷第 4 期。该文亦有详细讨论。
⑧ 耿云志主编:《胡适遗稿及秘藏书信》第 18 册,合肥:黄山书社,1994 年版。内收胡适致丁文江信仅 3 封(1922 年、1932 年 4 月 17 日、1935 年 6 月 11 日),这 3 封信似乎是胡适特别有意保存而留下来的。在南京第二历史档案馆、台湾"中央研究院"史语所收有丁文江档案,内有丁文江致胡适书信,但均未开放。

任鸿隽致胡适信中所示:"你给在君的电报,我极赞成。我尤希望在君此时就暂为脱离政治漩涡。"①1月7日徐志摩致胡适信中提到"在君仍在医院里,他太太病颇不轻,acute headache,他辞职看来已有决心,你骂他的信或许有点影响"。②胡适的致电和书信,对丁文江辞去淞沪商埠督署总办一职,施加了很大的压力。又如1935年6月11日胡适致丁文江的长信,对丁文江批评中基会干事长住宅一事予以辩护,③对缓和丁文江与任鸿隽之间的矛盾亦有调解作用。丁文江去世的当天,胡适在日记中沉痛地写下了自己的愧疚:

> 在君是最爱我的一个朋友,他待我真热心!我前年的芒(盲)肠炎,他救护最力,他在病中还谈到我的身体不强,财政太穷!他此次之病,我毫不能为他出力,真有愧死友。
>
> 在君之死,是学术界一大损失,无法弥补的一大损失。④

作为两人友谊的见证,也是履行后死者的责任,1936年2月,胡适为《独立评论》第188号亲自编辑、校对了"纪念丁文江先生专号"。⑤1956年胡适兑现了"二十年前所许下的私愿",写下了《丁文江的传记》这篇纪念性的传记作品,丁文江的事迹因这篇文字而得以广泛流传。

因为胡适的关系,也因为相互之间的仰慕,傅斯年与丁文江结交亦深,关于他们成为知交的过程颇具戏剧性,在学术界亦传为佳话,傅斯年是这样描绘他们结交的过程:

> 记得"九·一八"之前半年间,有一天,我请几个朋友在我家吃饭。座上有在君,有适之先生等。我议论一个人,适之先生以为不公允,说:"你这偏见反正是会改变的。你不记得在巴黎时,你向我说过三遍,回国后第一件事是杀丁文江。现在丁文江在你身边,你干吗不杀他!"后来我怨适之先生恶作剧,

---

① 《任鸿隽致胡适》,收入《胡适来往书信选》上册,第417页。
② 《徐志摩致胡适》,收入《胡适来往书信选》上册,第420页。
③ 参见耿云志主编:《胡适遗稿及秘藏书信》第18册,第4—9页。
④ 《胡适全集》第32册,第544页。
⑤ 参见胡适:《编辑后记》,载1936年2月16日《独立评论》第188号。

> 他说:"在君必高兴,他能将你这杀人犯变作朋友,岂不可以自豪?"①

这一述说颇带戏剧性,但发生在两位极具个性、极为崇拜西方科学的学人身上,的确带有传奇的色彩。两人结识后,傅斯年对丁文江执礼甚恭,敬重有加,人前人后,都称呼"丁大哥"。傅斯年极力促成丁文江出任中研院总干事一职,在中研院工作时,两人互动极为频繁,成为一对配合无间的工作伙伴。②

丁文江与胡适、傅斯年等人之所以能缔结深厚的友情,主要是因为他们都系统接受了西方的学术训练,在沟通中西文化方面有着许多共同的语言,或相近的主张。傅斯年谈及他俩的阅读兴趣相近时说:"有一晚,我们闲谈到我们所读通论科学方法的书,我便把我所好的举了些,并我的意见。在君很高兴,说:'这里边至少有三分之二是我们共同读过的。'"③对"科学与人生观"问题的看法,对中、西医评价的扬西贬中态度,对现实政治的改良主张,丁文江与胡适、傅斯年都有许多默契。他们同中有异,求同存异,以发展中国科学、促进中西文化交流为职志。值得注意的是,胡适、傅斯年、李济不约而同地都从中西文化的背景评价丁文江,这也反映出他们的共同志趣和理想追求。胡适称:"在君是一个欧化最深的中国人,是一个科学化最深的中国人。"他"绝对不信中医的","他的立身行己,也都是科学化的,代表欧化的最高层。他最恨人说谎,最恨人懒惰,最恨人滥举债,最恨贪污。"④傅斯年说:"在君在立身行事上是兼备中西伦理条件的积极的良善公民,永远为团体为个人服务着"。"我以为在君确是新时代最良善最有用的中国之代表;他是欧化中国过程中产生的最高的菁华;他是用科学知识作燃料的大马力机器;他是抹杀主观,为学术为社会为国家服务者,为公众之进步及幸福而服务者。这样的一个人格,应当在国人心中

---

① 傅斯年:《我所认识的丁文江先生》,载1936年2月16日《独立评论》第188号。
② 参见潘光哲:《丁文江与史语所》,收入《新学术之路——"中央研究院"历史语言研究所七十周年纪念文集》,第379—400页。
③ 傅斯年:《丁文江一个人物的几片光影》,载1936年2月23日《独立评论》第189号。
④ 胡适:《丁在君这个人》,载1936年2月16日《独立评论》第188号。

留个深刻的印象。"[1]李济表示:"东西文化接触中,最难融合的一段,大约是伦理观念。大多数人把两方面的坏处都学会了,有些找不出选择的标准,结果只作了习惯的奴隶。看在君的为人行事,不但能保守旧社会的美德,并尽量的采取了西方人的长处。由他的努力,我们可以悟到他所提倡的人生观,非特可以行得通,并且是甚合乎现代需要的。"[2]这样一种从中西文化的角度来评价丁文江,表彰丁氏为中西文化结合的最高典范,对丁文江精神是一种最别致、也是最有力的诠释。在民国时期的北京大学、中央研究院同人中,这样一种文化认同和精神默契,正是他们"物以类聚"的思想基础。

十、丁文江文献整理

丁文江一生著述颇丰,涉及领域亦广。他生前单独发行的著作、编著即有:《动物学》(商务印书馆,1914年)、《矿政管见,附修改矿业条例书》(与翁文灏合著,地质调查所,1920年)、《民国军事近纪》(商务印书馆,1926年)、《中国官办矿业史略》(地质调查所,1928年)、《徐霞客游记》(商务印书馆,1928年)、《外资矿业史资料》(地质调查所,1929年)、《中国分省新图》(与翁文灏、曾世英合编,商务印书馆,1933年)、《中华民国新地图》(与翁文灏、曾世英合编,商务印书馆,1934年)、《爨文丛刻》(商务印书馆,1936年)等。在《地质汇报》、《农商公报》、《北京大学地质研究会会刊》、《科学》、《地质专报》、《中国地质学会年报》、英文刊物《远东评论》(Far Eastern Review)、《亚细亚》(Asia)、《自然》(Nature)等刊发表了大量中、英文学术论文。在《努力周报》、《独立评论》、《国闻周报》等刊发表大量时评政论。他去世以后,经人整理的著作有:《丁文江先生地质调查报告》(黄汲清、尹赞勋等整理,经济部中央地质调查所,1947年)、《漫游散记》和《苏俄旅行记》(收入《"中央研究院"院刊》第3辑,台北"中央"研究院,1956年)、《梁任公先生年谱

---

[1] 傅斯年:《我所认识的丁文江先生》,载1936年2月16日《独立评论》第188号。
[2] 李济:《怀丁在君》,载1936年2月16日《独立评论》第188号。

长编初稿》(台北:世界书局,1958年)、《梁启超年谱长编》(与赵丰田合著,上海人民出版社,1983年)、《丁文江选集》(北京大学出版社,1993年)、《游记两种》(辽宁教育出版社,1998年)、《丁文江文化学术随笔》(中国青年出版社,2000年)。然因种种原因,一直没有一套集成的《丁文江文集》或《丁文江全集》出版。

迄今有关丁文江著作目录主要有三种:第一种是张其昀辑录的《丁文江先生著作系年目录》(载1936年2月16日《独立评论》第188号),内收著作87种。第二种是湛义睿编辑的"List of Writings of Dr. V. K. Ting on Geology and Allied Science"(《丁文江地质和相关科学著作目录》,收入黄汲清、尹赞勋等编《丁文江先生地质调查报告》,经济部中央地质调查所1947年版),仅收著作58种。第三种是潘云唐编《丁文江学术著作系年目录》(收入黄汲清等编《丁文江选集》,北京大学出版社1993年出版),内收著作88种(有些著作目录系重复出现,未计入)。这三份目录选目各有侧重,篇目自然不尽相同。我们根据这三份目录,按图索骥,一篇一篇查找,一篇一篇核对。结果在收集资料过程中,经查个别文章显有疑误。① 至于丁文江发表或未刊的作品、遗稿、书信,尚未编入上述目录者,为数不少。

此次整理、编辑《丁文江文集》,既是一次对丁文江中、外文著作、文章的全面收集,也是对其作品的一次重新整理、编辑。本套文集共七卷,各卷内容依次为:第一卷为科学评论、序跋、时评政论和英文作品,凡63篇,其中科学评论11篇,序跋5篇,时评政论39篇,英文作品8篇,另有附录11篇。第二卷收入《丁文江先生地质调查报告》。第三卷为新编的丁文江地质调查报告,其中矿业史4种,中文地质调查报告、序跋、演讲18篇(另收附录11篇),英文地质调查报告、序跋、演讲27篇(另附译文及摘要3篇)。第四卷收入《动物学》、《民国军事近纪》、《徐霞客先生年谱》和相关中、英文论文。第五卷收入《爨文丛刻》,另收附录相关书评3篇。第六卷

---

① 例如:丁文 Things Produced by the Works of Nature,潘先生所编目录说明刊登在1935年7月《Mariner's Mirror, The Quarterly Journal of the Society for National Research》第11卷第3期,经查这期刊物未见此文。

收入《梁任公先生年谱长编初稿》,系以北京图书馆出版社1999年4月影印出版《北京图书馆藏年谱珍本丛刊》(第193—196册)所收《梁任公先生年谱长编初稿》"油印本"为底本,参照1972年10月台北世界书局再版的《梁任公先生年谱长编初稿》("初稿本")和1983年8月上海人民出版社出版《梁启超年谱长编》("长编本")整理而成。第七卷为游记、书信、诗歌和附编《丁文江先生年谱》、《纪念、研究丁文江论著目录索引》。

搜集丁文江的作品,实非易事。有些作品或书信,虽有前人提示线索,亦不易查获。如胡适、董显光提到的丁文江在《庸报》上发表的政论,①傅斯年提到的"驳濮兰德的小册子"、"北平教育界致国联调查团书",②罗家伦提到的"五卅"惨案时英文长电 China's Case (《中国的理由》),③贾兰坡提到的1920年12月9日丁文江致美国纽约自然历史博物馆馆长奥斯朋(H. F. Osborn)的信,④朱学勤提到的1921年8月5日丁文江致《北京导报》编辑部的信⑤等,因条件所限,我们暂时未能找到。须加说明的是,此次编辑《丁文江文集》,主要是将丁文江已经发表的文字加以汇编、整理、合集。目前已知的有关丁文江档案文献收藏主要有三处:第一处是南京第二历史档案馆,这里存有丁文江档案165卷(全宗号3044)。第二处是上海档案馆,这里存有丁文江任职淞沪商埠督办公署(1926—1927年)的档案69卷(全宗号Q208)。第三处是台北"中研院"史语所,该所存有数百卷丁文江档案。这三处所收藏的丁文江档案,除上海档案馆对外开放可利用外,其他两处尚处封存状态,编者无法利用,只能俟将来条件许可时,再前往搜集,整理有关档案文献,将其编入《丁文江文集》续编。

整理丁文江文献,编辑《丁文江文集》,是一项艰巨而繁重的工

---

① 参见胡适:《编辑后记》,载1936年2月16日《独立评论》第188号。董显光:《我和在君》,载1956年12月台北《"中央研究院"院刊》第三辑。
② 傅斯年:《我所认识的丁文江先生》,载1936年2月16日《独立评论》第188号。
③ 罗家伦:《现代学人丁在君先生的一角》,载1956年12月台北《"中央研究院"院刊》第三辑。
④ 贾兰坡:《中国地质调查所新生代研究室的建立》,收入王鸿祯主编:《中国地质事业早期史》,第61页。
⑤ 朱学勤:《让人为难的罗素》,载1996年1月《读书》第1期。

作。其中之难度,除了其论著在专业上涉及跨学科这一问题外,还有在文字上涉及多语种和他本身行文的不规范诸难点。我们虽倾尽全力,其问题恐在所难免,希望学界同人对面世的这套《丁文江文集》批评指正。

　　研究一个历史人物,最基本的资料主要是三项:一是搜集研究对象的著作,按照作者的历史地位,根据需要,将其作品汇编成选集、文集或全集;二是将研究对象的生平事迹系年辑录,一一记述,编成年谱或编年事辑;三是将有关记述、评介、研究该对象的资料和文献编目汇集,或按类分目,或系年排列,辑成目录索引。完成这三项基础性的工作,是研究历史人物必需具备的基本条件。我们依循这一常规,设计、编辑了这套七卷本《丁文江文集》。希望这套文集的问世,能引发海内外学界同人进一步研究丁文江及其相关学术问题的兴趣。

2007 年 11 月 25 日第一稿完毕
2008 年 1 月 17 日修改
2008 年 11 月 12 日再次修改

丁文江先生年谱

1887年（光绪十三年丁亥）　一岁

4月13日（清光绪十三年丁亥三月二十日），先生诞生于江苏省泰兴县黄桥镇一个绅士家庭。字在君。在《努力周报》发表文章时常用"宗淹"的笔名，其意"是表示他崇敬那位'先天下之忧而忧，后天下之乐而乐'的范仲淹"。①

先生父名臻，字吉庵。母单氏。据其兄丁文涛回忆："顾先严常婴心于地方公益，规裁董率，洪纤必亲。又自高曾以来，置有义庄，周恤戚党，诸事旁午，鲜有暇晷。涛兄弟以养以教，一以委之先慈。先慈于涛兄弟，爱护周至，而起居动止，肃然一准以法：衣服有制，饮食有节，作息有定程。一钱之费，必使无妄耗。事能亲为者，必使亲为之，毋役僮仆。即不能，偶役僮仆，亦不得有疾言厉色。平居谕涛兄弟，

---

①　胡适：《丁文江的传记》，收入欧阳哲生编：《胡适文集》第7册，北京大学出版社，1998年11月版，第402页。

必诏以志远大,毋囿流俗。"① 先生许多良习的养成,"盖早于幼稚时代之家庭教育植其基矣"。

先生有同母兄弟四人,他排行第二。长兄名文涛,三弟名文潮,四弟名文渊。还有异母弟弟三人:文澜、文浩、文治。

丁廷楣对先生一家及先生早岁的情形略有回忆:

> 文江弟兄七人,他行二,父亲吉庵公是我堂兄。吉庵公单传,我父亲蔼如公亦系独子,其二人年龄相若,私交深厚。我父亲由任上返乡,途中病故,家乡一切都系吉庵公撑持。我父亲在世,吸鸦片烟,晚饭后,吉庵大哥率文涛、文江、文潮、文渊到我家,榻中放烟盘、灯、枪(吸烟用)、膏盒、杆等一应俱全,二老对面躺下,榻前小木凳四个,兄弟四人分坐聆听二老闲话家常、掌故,有的亦加警语教导一番,过从如此密切,情感可知。②

附:黄桥丁氏家族世系表③:

始祖迁黄桥镇	敬怀公	明国学生
二世祖	富春公	
三世祖	辉光公	明邑庠生
	君选公	
	时顺公	
四世祖	盛臣公	清例赠儒林郎
	朗润公	清例赠登仕郎
	程云公	
五世祖	承武公	清例赠徵仕郎、国学生
	广臣公	
	武臣公	
	于职公	

---

① 丁文涛:《亡弟在君童年轶事追忆录》,载1936年2月16日《独立评论》第188号。

② 刘凤翰访问,刘若海记录:《丁廷楣先生访问记录》("中研院"近代史所口述历史丛书32),第27页,台北:"中研院"近史所,1991年10月出版。

③ 参见刘凤翰访问,刘若海记录:《丁廷楣先生访问记录》("中研院"近代史所口述历史丛书32),第17—21页。

	发臣公	
六世祖	世万公	
	光熙公	诰赠儒林郎
七世祖	乔年公	国子生

乔年公,字南有,亦字南乔,兹将其后裔列表如下:

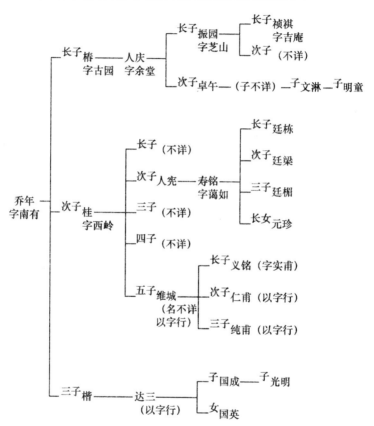

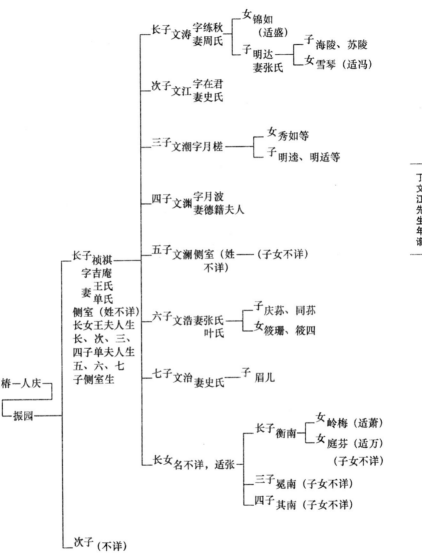

桂二房（小二房）

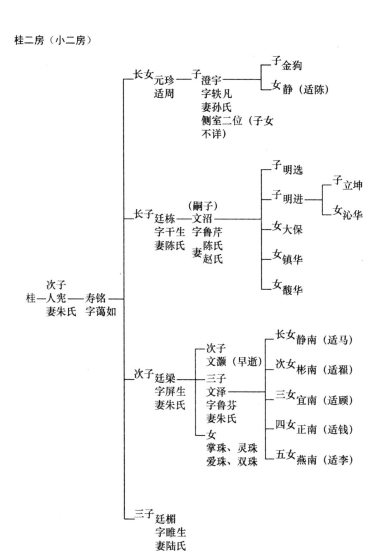

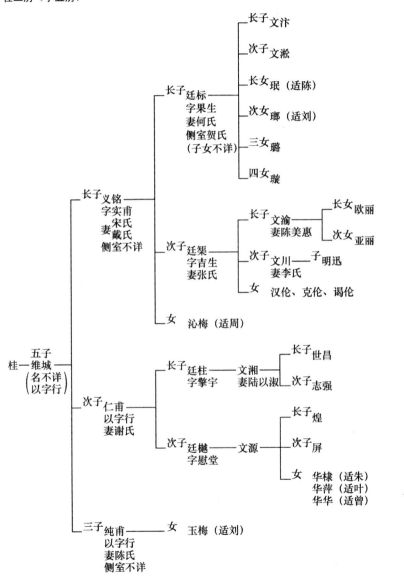

附:丁氏义庄及椿大房旧宅之轮廓①:

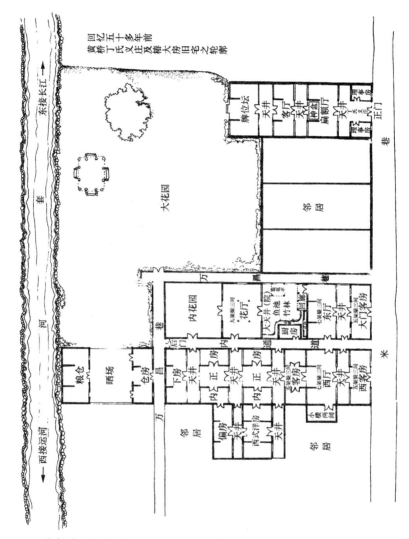

林任申、林林在《丁文江家世考》(未刊稿)一文中,根据其近年搜求到的《绿野堂丁氏族谱》和《楷三房支谱》,对丁廷楣上述说法

---

① 参见刘凤翰访问,刘若海记录:《丁廷楣先生访问纪录》("中研院"近代史所口述历史丛书32),台北:"中研院"近史所,1991年10月出版,第2—3页。

提出不同意见：

1. 敬怀公世居丁庄，未迁入黄桥，不应把他作为黄桥丁氏后裔的始迁祖。

2. 敬怀公三子富春公亦世居丁庄，迁入黄桥的是思春公、慕春公，丁廷楣、丁文江都是慕春公之后，而第一表中廷楣先生奉春富公为二世祖，把自己的老祖宗搞错了。

3. 一般地说，某姓的世系应从迁入该县的第一代算起，就丁氏而言，则应从迁入丁庄的第一代怀冠公算起，怀冠公为一世，迁入黄桥的接着丁庄的往下排，慕春公则应为丁氏之十一世，丁文江的高高祖乔年公与十六世增年为同辈人，也应为十六世，丁文江的高祖丁椿则应为十七世。

4. 廷楣先生排出的乔南公后裔中，长子椿、次子桂这两支基本无误，但三子楷这一支除楷本身外全搞错了，所列人名均系绿野堂后裔。①

1892年（光绪十八年壬辰） 五岁

先生入蒙馆就读。

据丁文涛回忆："亡弟于襁褓中，即由先慈教之识字，五岁就傅，寓目成诵，阅四年，毕《五经》、《四子书》矣。尤喜读古今诗，琅琅上口。"②

1896年（光绪二十二年丙申） 九岁

先生读毕《四书》、《五经》，嗜爱诗词。在私塾中，"于塾中课业外，常浏览古今小说，尤好读《三国演义》，独不喜关云长之为人，……六七岁后，即阅《纲鉴易知录》、续读《四史》、《资治通鉴》诸书，旁及宋明诸儒语录学案，每毕一篇，辄系以短评。于古人，最推崇陆宣公、史督师。又得顾亭林《日知录》、黄梨洲《明夷

---

① 收入《中国区域地质调查历史的回顾暨纪念丁文江诞辰120周年学术研讨会论文汇编》，北京：中国地质学会地质学史研究会等，2007年12月8日，第122—127页。
② 丁文涛：《亡弟在君童年轶事追忆录》，载1936年2月16日《独立评论》第188号。

待访录》、王船山《读通鉴论》,爱好之,早夜讽诵不辍,重其有种族观念也。"①时行八股取士,塾师以此为教,先生"亦学为之",但"不甚措意"。

1898年(光绪二十四年戊戌) 十一岁

先生作《汉高祖明太祖优劣论》,"首尾数千言,汪洋纵恣,师为敛手,莫能易一字也"。②

关于这一年发生的戊戌变法对先生的影响,其弟丁文渊有所回忆:

> 戊戌变政的那一年,在君二哥刚好才到了十一岁的年龄,那时他还在黄桥家乡我们家里的私塾读书,然而已经受了这个变政运动的很大影响。他在私塾里,早是一个出色的学生,在戊戌变政失败以后,他就和他的几位同学互相约定:从此发奋努力,以图救国;不再学八股制艺,要从事实学;不再临帖习字,以免虚耗光阴。那时他们的所谓"实学",就是要研究古人的言行,实事求是,不尚虚伪,于是乃从攻读正史着手。当时的同学,除了练秋大哥以外,还有顾甸青表叔和一位本家叔祖绣春。其中真能力行不衰的,只有二哥和甸青。大哥仅能勉力追随,而绣春叔祖却是望尘莫及矣。③

1899年(光绪二十五年己亥) 十三岁

先生就学院试,未取中秀才。④

1900年(光绪二十六年庚子) 十四岁

先生母亲单氏去世。

---

① 丁文涛:《亡弟在君童年轶事追忆录》,载1936年2月16日《独立评论》第188号。
② 丁文涛:《亡弟在君童年轶事追忆录》,载1936年2月16日《独立评论》第188号。
③ 丁文渊:《梁任公先生年谱长编初稿》前言,收入《梁任公先生年谱长编初稿》上册,台北:世界书局,1972年10月版,第5页。
④ 参见胡适:《丁文江的传记》,《胡适文集》第7册,第405页丁文渊按语。

1901年（光绪二十七年辛丑）　十五岁

先生欲去上海投考南洋公学,此事须经地方官保送,为此拜见时任泰兴县知县龙璋,龙以"汉武帝通西南夷论"为题考之,先生多有阐发,"龙大叹异,许为国器,即日纳为弟子,并力劝游学异国以成其志。"①因留学在泰兴为破天荒之事,"戚友多疑阻",先生父亲颇感为难,最后,龙璋不仅以"父母官"和"恩师"的身份来劝导,而且还亲自托同乡胡元琰(子靖)偕先生同行。先生父兄勉为答应,结果"举债以成其行"。对龙璋的"知己之恩",先生临终前一个月在长沙曾语好友朱经农,"他若不遇见龙先生,他一生的历史或者完全不同,至少也不能那样早出洋留学。"②

龙璋(1854—1918年),字研仙,湖南攸县人。其父龙汝霖为攸县名士,1879(光绪五年)在长沙翻刻《宋元学案》。龙璋于1876年(光绪二年)中举人,随后以举人分发至江苏候补,历任沭阳、上元、泰兴等地知县。在任各县知县时,奖掖后进,培植人才。辛亥革命后曾任湖南省民政厅厅长。1918年张敬尧祸湘,愤逝。著有《小学蒐集》、《尔雅邠疏》等。其事迹载于章太炎《龙研仙先生墓表》③、高拜石(芝翁)《龙研仙同情革命》。④

1902年（光绪二十八年壬寅）　十六岁

春,先生随胡子靖去日本留学。⑤初到时补习日语。关于先生赴日本留学选修专业一事,他的内侄女、弟媳史济瀛曾有所提及：

> 先生最初留学日本,想学海军救国,因鼻子有病,嗅觉不

---

① 丁文涛:《亡弟在君童年轶事追忆录》将丁文江见龙璋一事置于十三岁,现依胡适《丁文江的传记》改。
② 朱经农:《最后一个月的丁文江》,载1936年2月16日《独立评论》第188号。
③ 章太炎:《龙研仙先生墓表》,收入《章太炎全集》第5册,上海:上海人民出版社,1985年2月版,第234—236页。
④ 载1959年3月27日台湾《新生报》。
⑤ 关于丁文江赴日时间,参见《捐职同知丁臻祺禀》,收入《学费全案》,台北:"中研院"近史所收藏。

灵,作罢。①

在日本留学期间,先生结识了许多中国留学生,包括士官学校留学生常熟翁之麟、翁之谷兄弟、溧阳史久光,爱读梁启超的《新民丛报》,读完一期则将之寄给丁文涛,过着那种东京留学界"谈革命,写文章"的生活,未正式进学校学习专业。②

史久光(1885—1962年),江苏溧阳人,字寿白,早年曾留学日本,回国后参加辛亥革命,担任北洋政府参谋本部第五局局长,著有《中国国防史》等。

关于先生留日时期的生活,《北华捷报》(The North-China Herald)发表的《一个真正的爱国者》一文亦有提及:

因为那学校课程并不严格的缘故,他转换了方向,研究法律,正像他自白中所谓,他曾费去大部分的时间来写很多的革命论文,以及吸了很多的卷烟。③

本年,梁启超在日本创办《新民丛报》,先生曾和史久光受教于梁启超,并一起协助梁氏,担任报馆的助编和校对。④

1903年(光绪二十九年癸卯) 十七岁

1月11日,吴稚晖在日记中记有:"接丁文江、陈洪涛书。下

---

① 史济瀛:《回忆丁文江先生》,收入《泰兴文史资料——纪念丁文江先生诞辰一百周年》第4辑,第60页。关于先生想学海军的愿望,丁文渊在《梁任公先生年谱长编初稿》前言中另有一说:"十六岁,二哥就约了常州的李君和庄君,同往英国去留学。他当时的志愿,因为许多朋友都在日本士官学陆军,所以想同李,庄二君到英国去学海军,以为将来新中国建设国防的准备。路过新加坡的时候,曾看见了康南海先生,康先生还送了他们二十英镑的川资。可是他们到英国,才晓得非政府保送,不能学海军。同时二哥的思想,已经起了变化。他认为要使新中国成为一个现代的国家,不是革命就能成功的。一个现代国家的建立,全赖于一般人能有现代知识,而现代知识,当然就是科学,所以他辗转的就学了地质学和动物学。"台北:世界书局,1972年10月再版,第5—6页。
② 参见丁文渊:《梁任公先生年谱长编初稿》前言,收入《梁任公先生年谱长编初稿》上册,台北:世界书局,1972年10月再版,第5页。
③ A True Patriot, The North-China Herald(《北华捷报》), January 7, 1936. p.4。
④ 参见刘仲平:《先师史久光先生年谱》,收入《史久光全集》下册,台北:人文世界杂志社,1972年10月版。丁文江在此时是否与梁启超会面,仍待考证。丁文渊将先生与梁启超认识的时间系于1918年,参见丁文渊:《梁任公先生年谱长编初稿》前言,收入《梁任公先生年谱长编初稿》上册,台北:世界书局,1972年10月再版,第6页。

雪,甚厚。"①

1月26日,吴稚晖在日记中记有:"寄炜士、丁文江、茂堂,附家略"。②

本年,先生继续在日本留学。这时期留日学生办了几家刊物,江苏留学生创办了《江苏》杂志,总编辑轮流担任,据汤中回忆,该刊"第一次的总编辑是钮惕生先生,第二次是汪衮甫先生(衮甫在江苏留学生中最负文名,笔名为公衣),后来就轮到在君担任。在君的文章也很流畅,也很有革命的情调"。③《中国周记》(The Chinese Weekly Chronicle)提到:"他十六岁时去日本,在那他对革命工作产生了兴趣,代替准备学业,他编辑激进的革命杂志。"④

先生后来忆及当时留日学生的思想动向:"有个时期,人数不足一千的中国留学生出版了六种月刊,每期有二百页。这些刊物很快就把已经开始的'中国复兴'的激进思想传回到中国大陆。除了要求政治改良外,留学生中的革新派还提出要禁绝鸦片,反对缠足,他们讥评孔儒传统教育,提倡妇女解放。"⑤

当时,中国留日学生中很多人主张中国君主立宪,而蔡锷、蒋百里、史久光和先生倡言中国应采取共和之说,并在书报杂志上发表论文,因此日本侨界称他们为"留学生四大怪"。⑥

在日本时,先生曾到体育会学骑马,但没有学会。⑦

关于在日本的学习生活,先生曾经略有提及:

> 我第一次看见中国地图是在日本……三十年前的青年只

---

① 《民国前九年赴英前后日记》,《吴稚晖先生全集》第12卷,台北:中国国民党中央委员会党史史料编纂委员会,1969年3月版,第750页。
② 《民国前九年赴英前后日记》,《吴稚晖先生全集》第12卷,第751页。
③ 汤中:《对于丁在君先生的回忆》,载1936年7月26日《独立评论》第211号。笔者查阅《江苏》一刊,该刊1903年4月27日创刊,1904年5月终刊,由江苏同乡会编辑和发行,共办12期。因该刊发表文字多用笔名、化名,故不易确定哪些文章系丁文江所写。
④ Dr. V. K. Ting, The Chinese Weekly Chronicle Vol. 7, No. 2, January, 6—12, 1936.
⑤ 参见丁文江:《中国学生》(Chinese Students),载1908年1月《威斯特敏士特评论》(Westminster Review)第169卷第1期。
⑥ 参见刘仲平:《先师史久光先生年谱》,收入《史久光全集》下册,台北:人文世界杂志社,1972年10月版。
⑦ 丁文江:《漫游散记》,载1932年8月21日《独立评论》第14号。

知道读死书,不知道观察实物。中了这种教育的毒,对于科学就根本学不会的。我第一次在日本学几何的时候,只觉得教员讲的一个点,一根线,是一种毫无意识的举动。①

据丁文涛回忆:"弟某年自东返,书赠族叔祖绣春一诗云:'男儿壮志出乡关,学业不成誓不还。埋骨何须桑梓地,人间到处有青山。'诗系日本西乡隆盛句。盖亡弟遗嘱所云:'死何地葬何地'者,其志早定于三十年之前。"②

1904年(光绪三十年甲辰)　十八岁

年初,先生仍在日本留学。

2月12日,吴稚晖在日记中记有:"下午,炜士、丁文江"。③ 疑为接到或回复炜士、丁文江信之意。

2月,日俄战争爆发。据时与先生在一起的李毅士回忆:

> 我初次会见在君是在光绪二十九年。他先我一两年到了日本,在东京和家兄祖虞及我许多旧友往来相熟,所以我到日本不久便和他会面。他起初和我往来不密,因此我不能记载他在东京的生活,后来日俄战争发生,在东京的中国留学生颇受日本人的诽笑,有许多学生因受了刺激,便无心读书。在君那时也是其中之一。又在那个时候吴稚晖先生方居留在苏格兰的蔼丁堡城中。他常有信给东京留学生,称苏格兰生活的便宜,劝人去留学。据他的计算:中国学生到那里留学,一年只要有五六百元的学费,便够敷衍。在君受了这种引诱,便动了到英国去留学的意思。我那时是和一个同乡学生庄文亚君同住,庄君也在这个时候起意要到英国。他和在君一旦遇见,彼此一谈,志同道合,他们出洋的酝酿,即就此开始。……
>
> 我们三人既决定出洋以后,还继续住在神田区某下宿里,

---

① 丁文江:《现在中国的中年与青年》,载1935年3月31日《独立评论》第144号。
② 丁文涛:《亡弟在君童年轶事追忆录》,载1936年2月16日《独立评论》第188号。
③ 《民国前九年至八年爱国学社解散及赴英后之日记》,《吴稚晖先生全集》第12卷,第811页。

> 预备了大约有一两个月的英语。在君的英语是一点根基都没有,比庄文亚和我都差,然而到我们出发的时候,一切买船票等交涉,都是他出头了,足见他求学的聪明,真可令人佩服。①……
>
> 我们离开东京是在光绪三十年(1904年),时间大概是春夏之交。② 我们那时所谓经济的准备,说来也甚可笑。在君的家中答应给他一千元左右,交他带去,至于以后的接济,他家虽允筹划,却毫无把握。文亚得他家的资助不过四五百元,以后却再无法想了。至于我呢? 那时正值我家把我和我弟祖植半年在东京的学费(三百元)寄到,我们就向家兄祖虞商量,先把此款尽数归我带去。总算起来,我们所谓准备好的经费,统共不过一千七八百元。依我们当时的计算,日本邮船价廉,……我们到英国时至少可以有好几百元余款。不料那时适因日俄战争,日本船不能乘。于是改乘德国船,每人船价是三百元左右。……我们在上海是须得耽搁一阵,因为丁、庄二君的家款都约定在上海交付,……到我上船赴英的时候,我们三人手中,只剩了十多个金镑。③

春夏之交,先生离开东京,前往英国留学。途经新加坡时,先生及其同行拜访了林文庆先生,李毅士述及此事原委:

> 和我们同船的有一个福建人方某。他虽然乘的头等舱,却爱和我们做伴。船抵新加坡,是他约我们上岸探访林文庆先生。林先生那时在新埠行医,和方君相识。我们承他的招待得饱餐了一顿。他在席间说起康南海现住槟榔屿。槟榔屿是我们的船要经过的口岸,因此他给了我们南海的地址,嘱我

---

① 李毅士:《留学时代的丁在君》,载1936年7月5日《独立评论》第208号。另据汤中回忆:"我最佩服在君离日赴英的勇气。在君在东京不过读了一册英文读本,他的英文教师系侨居东京的苏格兰人,有一日本老婆,他和同居的李毅士、庄亚文天天去就读。"参见汤中:《对于丁在君先生的回忆》,载1936年7月26日《独立评论》第211号。

② 另据汤中回忆,他们三位"是年三月某日离开东京的新桥车站,转沪赴英了"。参见汤中:《对于丁在君先生的回忆》,载1936年7月26日《独立评论》第211号。

③ 李毅士:《留学时代的丁在君》,载1936年7月5日《独立评论》第208号。

们路过时往访。①

有关去英路途和到英国之初的情况,先生曾与汤中叙及:

> 船经槟榔屿,遇见康有为先生,送我们旅费十镑,才能够到爱丁堡。但到了爱丁堡,三人身上只共剩旅费五镑,后向康有为先生的女婿罗昌先生借得二十镑,即同毅士离去爱丁堡,而往 Spalding(Lincoln Shire 的一个小城)进了 Spalding Grammar School。当时寄宿的地方距学校不近,每天来往都是走路,往往遇到下雨,袜子总浸湿了,归寓以后,把袜子脱下晾干,至明早再穿上到校,因为只有一双袜子,所以无法替换。②

4月28日(三月十三日),吴稚晖在日记中记有:"得丁文江书。"③

5月15日(四月一日),吴稚晖在日记中记有:"得电报。夜,庄、李、丁至。"④

据与先生同船到达的李毅士回忆,先生乘船抵达英国南汉泼口岸,随后再乘船公司包定的火车到达伦敦。同船"方君的朋友顺便招待,当晚得上了北行的火车"。⑤

5月19日,吴稚晖在日记中记有:"下午,庄、丁、李电报。夜与李、雷二君,接庄、丁、李,至蔼。"⑥到达爱丁堡后,由吴稚晖先生安排住宿。通过康有为介绍的罗昌寄来二十镑汇款,暂时解除了他们的经济困难。据李毅士回忆:"后来康南海到英,在君重又会见了他。至于所赠三十镑,我听见在君说,于南海先生逝世以前,曾偿了他一千元以示不忘旧德之意。"⑦

5月20日,吴稚晖在日记中记有:"早,与庄、丁、李立谈梅宅。

---

① 李毅士:《留学时代的丁在君》,载1936年7月5日《独立评论》第208号。
② 汤中:《对于丁在君先生的回忆》,载1936年7月26日《独立评论》第211号。
③ 《民国前八年日记》(阴历),《吴稚晖先生全集》第12卷,第848页。
④ 《民国前八年日记》(阴历),《吴稚晖先生全集》第12卷,第851页。
⑤ 李毅士:《留学时代的丁在君》,载1936年7月5日《独立评论》第208号。
⑥ 《吴稚晖先生全集》第12卷,第818页。
⑦ 李毅士:《留学时代的丁在君》,载1936年7月5日《独立评论》第208号。

钰卿道出一晤。知三君资费甚窘。"①

5月21日,吴稚晖在日记中记有:"早,与庄、丁、李谈恰顿山。述窘状。忤丁君。午后,看跳跑会。"②另一处记有:"看跳跑会。登山讲穷景。忤丁。"③

5月24日(四月十日),吴稚晖在日记中记有:"早,看赛会。下午丁决裂。"④

5月30日(四月十六日),吴稚晖在日记中记有:"致幼西、丁、李,与文亚穿街走海边。"⑤

5月30日,吴稚晖在日记中记有:"上午,幼西、在君、宜士。"⑥

6月10日,吴稚晖在日记中记有:"上午,幼西、文亚、在君、宜士、伯略。"⑦

6月11日(四月二十八日),吴稚晖在日记中记有:"下午,在君、钰卿。"⑧

6月14日,吴稚晖在日记中记有:"上午,在君、幼西。"⑨

6月18日,吴稚晖在日记中记有:"上午,在君、筠圃。"⑩

6月19日,吴稚晖在日记中记有:"上午,在君、宜士。"⑪

6月20日,吴稚晖在日记中记有:"上午,在君。"⑫另一处记有:"附致在君。"⑬

---

① 《民国前九年至八年爱国学社解散及赴英后之日记》,《吴稚晖先生全集》第12卷,第818页。
② 《吴稚晖先生全集》第12卷,第818页。
③ 《民国前八年日记》(阴历),《吴稚晖先生全集》第12卷,第851页。
④ 《民国前八年日记》(阴历),《吴稚晖先生全集》第12卷,第852页。
⑤ 《民国前八年日记》(阴历),《吴稚晖先生全集》第12卷,第853页。
⑥ 《民国前九年至八年爱国学社解散及赴英后之日记》,《吴稚晖先生全集》第12卷,第819页。
⑦ 《民国前九年至八年爱国学社解散及赴英后之日记》,《吴稚晖先生全集》第12卷,第820页。
⑧ 《吴稚晖先生全集》第12卷,第820页。
⑨ 《吴稚晖先生全集》第12卷,第820页。
⑩ 《民国前九年至八年爱国学社解散及赴英后之日记》,《吴稚晖先生全集》第12卷,第820页。
⑪ 《吴稚晖先生全集》第12卷,第820页。
⑫ 《民国前九年至八年爱国学社解散及赴英后之日记》,《吴稚晖先生全集》第12卷,第821页。
⑬ 《民国前八年日记》(阴历),《吴稚晖先生全集》第12卷,第857页。

6月21日，吴稚晖在日记中记有："上午，与文亚走往伦敦，代丁君取银。火车归。"①

6月22日，吴稚晖在日记中记有："下午，在君。"②另一处记有："得在君。"③

6月26日（五月十三日），吴稚晖在日记中记有："下午，文亚、在君。"④

7月9日（五月二十六日），吴稚晖在日记中记有："去伦敦，寄在君。"⑤

7月11日，吴稚晖在日记中记有："下午，在君。"⑥另一处记有："得在君。"⑦

7月22日，吴稚晖在日记中记有："今日，知李君去'扼北淀'归。并言丁、李去林肯之故。"⑧

7月30日，吴稚晖在日记中记有："作书责丁君，来寄。"⑨

8月4日，吴稚晖在日记中记有："闻丁、李二君今日往林肯。不作华语始。"⑩

李毅士对他与先生从爱丁堡去林肯的原委有所交待：

> 至于到蔼城或利城的问题，经大家商议结果是稚晖先生和文亚两人同到利物浦去，在君和我仍留蔼城。文亚所以要离开我们，大概是因为他家无钱，不愿常为我们之累。在君和我所以不去，是恐怕那种生活不宜读书。若不读书则不免失去了我们到英国来的目的。……

> 稚晖先生和文亚去后，在君和我留在蔼城，从一个苏格兰女子孔马克（Cormack）夫人学习英语。如是未久，因一个曾在

---

① 《吴稚晖先生全集》第12卷，第821页。
② 《吴稚晖先生全集》第12卷，第821页。
③ 《民国前八年日记》（阴历），《吴稚晖先生全集》第12卷，第857页。
④ 《民国前八年日记》（阴历），《吴稚晖先生全集》第12卷，第857页。
⑤ 《民国前八年日记》（阴历），《吴稚晖先生全集》第12卷，第860页。
⑥ 《吴稚晖先生全集》第12卷，第822页。
⑦ 《民国前八年日记》（阴历），《吴稚晖先生全集》第12卷，第860页。
⑧ 《吴稚晖先生全集》第12卷，第823页。
⑨ 《吴稚晖先生全集》第12卷，第823页。"来寄"疑为"未寄"之误。
⑩ 《吴稚晖先生全集》第12卷，第824页。

中国传道的司密士(Smith)医士的介绍,到英伦林肯府(Linco Inshire)一个小城名司巴尔丁(Spalding),入了那里的中学。我们到那里去的理由,大半是省钱,也是因为司医士家在那里,我们顺便得许多照顾。①

先生在《苏俄旅行记》的《楔子》中,对自己到达英国后,在英国东部司堡尔丁(Spalding)的一所中学读书的这段生活有这样一段描述:

> 我是1904年到英国去的。……幸亏无意中遇见了一位约翰·斯密勒医生。他是在陕西传过教的,知道我是穷学生,劝我到乡下去进中学。于是我同我的朋友李祖鸿同到英国东部堡尔丁(Spalding)去。这是一个几百户的乡镇,生活程度很低。我一个星期的膳宿费不过十五个先令(合华币不过三十元一月),房东还给我补袜子。中学的学费一年不过一百余元,还连书籍在内。我在那里整整的过了两年:书从第一年级读起,一年跳三级,两年就考进了剑桥大学。斯密勒先生是本地的绅士,他不但给我介绍了学校,而且因为他的关系,所有他的亲戚朋友都待我如家人一样,每逢星期六和星期(天),不是这家喝茶,就是那家吃饭,使我有机会彻底的了解英国中级社会的生活。②

8月15日,吴稚晖在日记中记有:"代在君、毅士取二十八镑。"③可见,先生初到英国时,邮件经吴稚晖转。

9月1日,先生为筹借学费事致庄文亚一信。④

9月2日,先生为筹借学费事致庄文亚一信。⑤

9月5日,先生关于经济窘境致庄文亚一信。⑥

---

① 李毅士:《留学时代的丁在君》,载1936年7月5日《独立评论》第208号。
② 丁文江:《苏俄旅行记(四)·楔子(续)》,载1935年7月1日《独立评论》第107号。
③ 《吴稚晖先生全集》第12卷,第825页。
④ 此信原件现存国家博物馆。
⑤ 此信原件现存国家博物馆。
⑥ 此信原件现存国家博物馆。

9月21日,先生为反对退学事致庄文亚一信。①

9月25日(八月十六日),吴稚晖在日记中记有:"吕、文、徐、丁、芬、赵。"②

9月,先生为谢借款致庄文亚一信。③

9月26日,先生关于进校情况致庄文亚一信。④

9月29日,先生关于学习事致庄文亚一信。⑤

10月15日,吴稚晖在日记中记有:"上午,在君、文亚。"⑥

10月19日,吴稚晖在日记中记有:"下午,子鸿、在君、文亚。"⑦

10月20日,先生为还借款致庄文亚一信。⑧

10月29日,先生关于学习希腊文及欲考试验所事致庄文亚一信。⑨

10—11月,先生关于学习希腊文与拉丁文孰易致庄文亚一信。⑩

11月6日,先生劝其进校学习致庄文亚一信。⑪

11月7日,吴稚晖在日记中记有:"下午,在君。"⑫

这一时期,先生还曾随房东班奈儿夫人的第五个女儿学习钢琴,只学了两个星期,就能够弹"Home! Sweet Home!"⑬

12月27日,先生关于外出度假及湖南党狱事致庄文亚一信。⑭

本月底至次年初,先生关于撰写欧洲留学生情况报告致庄文

---

① 此信原件现存国家博物馆。
② 《民国前八年日记》(阴历),《吴稚晖先生全集》第12卷,第866页。
③ 此信原件现存国家博物馆。
④ 此信原件现存国家博物馆。
⑤ 此信原件现存国家博物馆。
⑥ 《民国前九年至八年爱国学社解散及赴英后之日记》,《吴稚晖先生全集》第12卷,第829页。
⑦ 《吴稚晖先生全集》第12卷,第830页。
⑧ 此信原件现存国家博物馆。
⑨ 此信原件现存国家博物馆。
⑩ 此信原件现存国家博物馆。
⑪ 此信原件现存国家博物馆。
⑫ 《民国前九年至八年爱国学社解散及赴英后之日记》,《吴稚晖先生全集》第12卷,第831页。
⑬ 丁文江:《苏俄旅行记·契子》,载1935年7月1日《独立评论》第107号。
⑭ 此信原件现存国家博物馆。

亚一信。①

本月底至次年初,先生为撰写欧洲中国留学生会馆草章致庄文亚一信。②

1905年(光绪三十一年乙巳)　十九岁

1月15日,先生关于允作文章之难处致庄文亚一信。③

1月19日,先生关于会见孙中山等事致庄文亚一信。④

1月22日,先生关于会见孙中山等事致庄文亚一信。⑤

1—2月,先生对成立会馆之看法已详言致庄文亚一信。⑥

2月6日(正月初三),吴稚晖在日记中记有:"下午,邓、丁、周来。"⑦

4月22日,吴稚晖在日记中记有:"与爱生父子游伦敦塔。接庄、丁。遇庄、丁于黄寓。至王、潘寓,遇徐。林君待归,已去送。庄、丁至寓。得林片。复之,得孙中山。"⑧

4月23日,吴稚晖在日记中记有:"早,与庄、丁同至孙中山处。饭于店,孙会账。又送至丁铅农车站。"⑨

4月25日,吴稚晖在日记中记有:"丁来谈小说。夜,黄、丁看

---

① 此信原件现存国家博物馆,具体日期不明,暂系于此。
② 此信原件现存国家博物馆,具体日期不明,暂系于此。
③ 此信原件现存国家博物馆。
④ 此信原件现存国家博物馆。
⑤ 此信原件现存国家博物馆。
⑥ 此信原件现存国家博物馆。
⑦ 《民国前七年日记》,《吴稚晖先生全集》第12卷,第867页。
⑧ 《民国前七年日记》,《吴稚晖先生全集》第12卷,第880页。
⑨ 参见陈锡祺主编:《孙中山年谱长编初稿》上册,北京:中华书局,1991年8月版,第335页。此条据《吴稚晖先生全集》第12卷,第880页,台北:中国国民党中央委员会党史史料编纂委员会,1969年版。关于先生与孙中山会见一事,另有一说,参见宋广波:《重新认识丁文江》,载2007年4月台北《传记文学》第90卷第4期。宋文以丁文江致庄文亚一信为线索,对先生与孙中山会见作了不同的描述:"1905年的一天,丁文江无意间在报上看到有关孙中山的报道,说孙先生正在伦敦'预备一切,将回中国起事'。看到这则消息后,丁文江立即致函报馆,希望得知中山先生的住址,以便拜访。但报馆复函说,他们无权告知孙的住址,不过却将丁文江的信转给了孙中山。不几日后,丁文江就收到了孙中山先生的回信,表示非常愿意见丁文江,并将住址告诉了他。这样,丁文江如约前往伦敦会面,中山先生留给丁文江的印象是:'面目甚黑','彼意专重两广'。"先生随吴稚晖会见孙中山前,是否与孙另有一次见面,仍待确证。

戏：丹王。"①

4月26日，吴稚晖在日记中记有："夜，庄、丁、黄、爱等立看戏：双胞。"②

4月28日，吴稚晖在日记中记有："下午，与丁、爱二君至水晶宫。工人校开会，举林为校长。"③

4月30日，吴稚晖在日记中记有："朝取教育制度册于孙所。丁言正与黄约。黄来谈。"④

5月2日，吴稚晖在日记中记有："上午，庄、丁来。同裕。送丁于五十字车站。"⑤

5月3日，吴稚晖在日记中记有："得丁到片。"⑥

上半年，先生为索照片及欧洲留学生相谱致庄文亚一信。⑦

上半年，先生为索欧洲留学生相谱等事致庄文亚一信。⑧

上半年，先生请寄欧洲留学生相谱以慰病中心焦致庄文亚信。⑨

上半年，先生关于成立留英学生会馆等事致庄文亚一信。⑩

上半年，先生关于留英学生会馆及章程事致庄文亚一信。⑪

上半年，先生为筹建留英学生会馆事致庄文亚一信。⑫

上半年，先生为约请相见致庄文亚一信。⑬

7月24日，先生为索补脑汁致庄文亚一信。⑭

8月16日，先生质问书邮片恶相事致庄文亚一信。⑮

---

① 《民国前七年日记》，《吴稚晖先生全集》第12卷，第880页。
② 《民国前七年日记》，《吴稚晖先生全集》第12卷，第880页。
③ 《民国前七年日记》，《吴稚晖先生全集》第12卷，第881页。
④ 《民国前七年日记》，《吴稚晖先生全集》第12卷，第881页。
⑤ 《民国前七年日记》，《吴稚晖先生全集》第12卷，第881页。
⑥ 《民国前七年日记》，《吴稚晖先生全集》第12卷，第882页。
⑦ 此信原件现存国家博物馆，具体日期不明，暂系于此。
⑧ 此信原件现存国家博物馆，具体日期不明，暂系于此。
⑨ 此信原件现存国家博物馆，具体日期不明，暂系于此。
⑩ 此信原件现存国家博物馆，具体日期不明，暂系于此。
⑪ 此信原件现存国家博物馆，具体日期不明，暂系于此。
⑫ 此信原件现存国家博物馆，具体日期不明，暂系于此。
⑬ 此信原件现存国家博物馆，具体日期不明，暂系于此。
⑭ 此信原件现存国家博物馆。
⑮ 此信原件现存国家博物馆。

8—9月,先生为释误会致庄文亚一信。①

9月9日,吴稚晖在日记中记有:"买丁君法文书。"②

9月24日,先生为探询友情破裂之原因致庄文亚一信。③

9月27日,先生为借款等事致庄文亚一信。④

9—10月,先生为检讨失和之责致庄文亚一信。⑤

10月2日,吴稚晖在日记中记有:"寄徐、王、王、林、孙、许(思斯李)、丁、李、雷、费、赵。"⑥

12月5日,先生为将往访致庄文亚一信。⑦

本年,先生继续在英国东部司堡尔丁(Spalding)的中学读书。

1906年(光绪三十二年丙午) 二十岁

7月29日,吴稚晖在日记中记有:"上午,丁、孙、庄回来。蚀三好片成。"⑧

8月1日,吴稚晖在日记中记有:"往海边照相。孙、丁、庄、吴。"⑨

8月19日,吴稚晖在日记中记有:"夜,在文亚寓。张、孙、丁、王等礼拜二行。"⑩

8月21日,吴稚晖在日记中记有:"丁、孙、张三人行。"⑪

9月22日,吴稚晖在日记中记有:"寄薛、丁、张、林、庄、徐、孙。"⑫

下半年,先生考入剑桥大学,"选习的大概是文科"。⑬ 先生在剑桥住了半年,就决定离开该校,原因是经济上支持不了,到年底

---

① 此信原件现存国家博物馆。
② 《民国前七年日记》,《吴稚晖先生全集》第12卷,第903页。
③ 此信原件现存国家博物馆。
④ 此信原件现存国家博物馆。
⑤ 此信原件现存国家博物馆,具体日期不明,暂系于此。
⑥ 《民国前七年日记》,《吴稚晖先生全集》第12卷,第907页。
⑦ 此信原件现存国家博物馆。
⑧ 《民国前六年日记》,《吴稚晖先生全集》第12卷,第979页。
⑨ 《民国前六年日记》,《吴稚晖先生全集》第12卷,第980页。
⑩ 《民国前六年日记》,《吴稚晖先生全集》第12卷,第984页。
⑪ 《民国前六年日记》,《吴稚晖先生全集》第12卷,第984页。
⑫ 《民国前六年日记》,《吴稚晖先生全集》第12卷,第993页。
⑬ 李毅士:《留学时代的丁在君》,载1936年7月5日《独立评论》第208号。

离开了这所学校。

年底,据李毅士回忆:"他于年假(光绪三十二年底)的时候到董克司多来和我小住,说他不再到剑桥去了,因为那里局面很大,我们的经济支持不住的。"①

1907年(光绪三十三年丁未) 二十一岁

上半年,先生往欧洲大陆游历,其中在瑞士罗山(Lausanne,今译洛桑)住的最久。关于先生这一学年的情况,李毅士有所评述:"在君在这一年间虽说是荒废了学业,却增长了不少以后有用的才能。他在剑桥大学时,受了名师的指导,于英文一项,竟告完成。他的文字居然于这个时期在一两个大杂志里发表。至于他在大陆上居住,不特使他对于欧洲政治的观察有了长进,又使他的法语可以谈话自如。"②

7月,先生致信李毅士约其来该城的美术学校读书,因为他探听得那里的美术学校很好。③

夏,先生到苏格兰的葛拉斯哥(Glasgow)与李毅士相会,先生入葛拉斯哥实业专门学堂(Technical College)学习理科。

夏,先生考入伦敦大学。但仍在葛拉斯哥实业专门学校学理科,"盖伦敦大学正科生可以在该大学认可之专门学校肄业"。④

秋,先生考入葛拉斯哥大学,关于在该校的经济和学业情况,据李毅士回忆:

> 至于我们以后六七年间的经济,我顺便在此说一下,免得再行提起。我的家款是可以稍有伸缩,大约是每年在八百元左右,在君后来也有家款寄来,听说多半是他本县的公费,但到我们到了葛兰(拉)斯哥(Glasgow)之后,在君承公使汪大燮帮忙,补了每月十镑的半官费。至于我们两人间,则自始至终,经济通用,没有分开。……

---

① 李毅士:《留学时代的丁在君》,载1936年7月5日《独立评论》第208号。
② 李毅士:《留学时代的丁在君》,载1936年7月5日《独立评论》第208号。
③ 李毅士:《留学时代的丁在君》,载1936年7月5日《独立评论》第208号。
④ 《丁文江致端方函》,收入《学费全案》,台北:"中研院"近史所收藏。

按葛兰(拉)斯哥大学的规程,凡选读科学的,须先读数、理、化等四五门科学一年后,即受初次试验(First Science Examination)。初试及格后,则应选读主要学科(Principal Subject)一种,副科(Subsidiary Subject)两种。这种学科的试验是于初试及格后任何时可应考,但正式毕业则至少需要两年。在君的初次试验是一试即取不成问题。①

　　年终,先生前往伦敦,参加伦敦大学考试,有一门课考试不及格。"伦敦大学的考试规则是分中间试验(Intermediate)和毕业考验(Final),每次考试是要各门功课同时录取,若有一项不及格,则全部作废。"这是先生求学上"唯一的失败事"。②

　　本年,先生为解决学费问题,致信端方,请求资助。③ 当时先生的经济来源来自国内,靠家中寄钱,其中一部分是泰兴县的公费。对此事丁文涛有所说明:"然弟在欧每以费用不赀,重先严负担为忧,故有上江督端方乞补官费书,书中并论及国事,端优词致答,始饬本邑拨助公费数百金。"④

1908年(光绪三十四年戊申)　二十二岁

　　1月11日,吴稚晖在日记中记有:"接丁文江、陈洪涛书。"⑤

　　1月21日,吴稚晖在日记中记有:"应复:洛如、卓云、丁文江、陈洪涛、仲英、和钦、涤生书。"⑥

　　1月26日,吴稚晖在日记中记有:"寄炜、丁文江、茂,附家略。"⑦

　　1月,先生在 *Westminster Review*(《威士特敏斯特评论》)第169卷第1期发表 *Chinese Students*《中国学生》一文。在这篇文章中,先生提到:"当两个国家的人们不能也不希望相互理解的话,处置的

---

① 李毅士:《留学时代的丁在君》,载1936年7月5日《独立评论》第208号。
② 李毅士:《留学时代的丁在君》,载1936年7月5日《独立评论》第208号。
③ 《丁文江致端方函》,收入《学费全案》,台北:"中研院"近史所收藏。
④ 丁文涛:《亡弟在君童年轶事追忆录》,载1936年2月16日《独立评论》第188号。
⑤ 见《日记零稿》,《吴稚晖先生全集》第12卷,第1026页。暂系于此。
⑥ 见《日记零稿》,《吴稚晖先生全集》第12卷,第1028页。暂系于此。
⑦ 见《日记零稿》,《吴稚晖先生全集》第12卷,第1029页。暂系于此。

办法最好是分开。我在瑞典看到类似的事情,那里有数量众多的俄国学生,瑞典人称他们是地球上最肮脏的歹徒,俄国人反过来捏造谎言来反击瑞典人,他们中很少有人知道任何有关瑞典人民的真实生活。"可见,先生此前已去过瑞典。

1909年(宣统元年己酉) 二十三岁

先生继续在葛拉斯哥大学学习,初试及格后,选读主科为动物学(Zoology),副科为地质学。据李毅士回忆:"他以后所选的主要学科是动物学,副科是地质学和还有其他一种。他于第二学年终了时(宣统二年),把两种副科考试考过,主要科也考取了一部分。到第三学期开始,他觉得很闲,因增修了地质学也作为主要科并地理学为副科。到宣统三年他是葛兰(拉)斯哥大学的动物学和地质学双科毕业。"①

当时葛拉斯哥大学的地质学教授格里哥里(J. W. Gregory)是一位著名的探险家型的地质学家,他对先生后来从事的地质事业,有深刻的影响。②

1910年(宣统二年庚戌) 二十四岁

第二学年考过所选两门副科和主科的部分课程,第三学期开始先生增修地质学为主科、天文学为副科。

1911年(宣统三年辛亥) 二十五岁

4月6日,吴稚晖在日记中记有:"上午,丁在君来,同出买照相具。"③

---

① 李毅士:《留学时代的丁在君》,载1936年7月5日《独立评论》第208号。从葛拉斯哥大学的《学位与奖学金》名单看,先生所修学科应为动物学(主科)、地质学和天文学(副科)。李毅士所忆,先生增修地理学为副科,疑有误。

② 参见黄汲清:《丁文江——二十世纪的徐霞客》,收入《泰兴文史资料——纪念丁文江先生诞辰一百周年》第4辑,中国人民政治协商会议江苏省泰兴县文史资料研究委员会编印,1987年4月。在葛拉斯哥大学任教的G. W. Tyrrell教授亦在他的回忆中,提到丁文江在校时受到格里哥里(J. W. Gregory)教授的影响并得后者的赏识,他们之间的联系一直保持到丁文江回国以后,格氏从丁文江那里获得有关中国地质学界的讯信。参见G. W. Tyrrell:Dr V. K. Ting,载1940年《中国地质学会志》第20卷。

③ 《民国前一年日记》,《吴稚晖先生全集》第13卷,第1270页。

4月7日，吴稚晖在日记中记有："下午，在会馆见民立报。见丁某与其同乡张口角。至在君寓，遇二英人，代买红灯。"①

先生在葛拉斯哥大学毕业，取得动物学和地质学双科毕业证书。在葛拉斯哥大学学习期间，先生得到中国驻英公使汪大燮的帮助，每月补助十镑的半官费。

据该校的《学位与奖学金名单》(Degree and Prize List)，先生在读期间，在其所修的动物学、地质学、天文学三门学科多次获得奖励，均名列前茅。

动物学(Zoology)：1909年夏季学期(Summer Session)，先生获奖章(Medal)和一等证书(First-Class Certificate，仅一名)，另一次按学业成绩(In order of merit)，获二等证书(Second-Class Certificates)，排在第14位(共21位，其中一等证书10名)。

地质学(Geology)：先生一次获奖章(Medal，仅一名)和一等证书(First-Class Certificate，先生排列第一，共12名)，另一次获一等证书和奖章、考华奖(Medal, Cowia Prize)的唯一获得者。

天文学(Astronomy)：先生获一等证书(First-Class Certificate)。

关于自己的留英学习生活，先生后来略有提及：

> 当前清光绪末年考留学生的时候，以人情得着官费的大概在一半以上。当时规定私费学生能够考进外国大学的可以递补官费。我考进了大学，而且几次考得第一。但是始终没有得着官费。同时有屡次入学试验不及格而补得两个官费的人！②

据李毅士回忆："在君这四年期间的生活，除每逢假期远出游历外(最远是到德国)，我所可记的是他的科学化的性格的养成。"③

葛拉斯哥大学教授蒂勒尔(G. W. Tyrrell)对先生在该校学习的情况有所回忆：

> 丁文江于1909—1910年和1910—1911年学期期间在葛

---

① 《民国前一年日记》，《吴稚晖先生全集》第13卷，第1270页。
② 丁文江：《现在中国的中年与青年》，载1935年3月31日《独立评论》第144号。此段回忆文字与前引李毅士的回忆略有出入，先生非公费生，但得到了半官费补助。
③ 李毅士：《留学时代的丁在君》，载1936年7月5日《独立评论》第208号。

拉斯哥大学学习地质,吸引他进入葛拉斯哥的是已故格里哥里教授(J. W. Gregory)的个性和能力。那时他是二十一二岁的年纪。在我的记忆中,丁在葛拉斯哥也学习矿物工程和矿物地质。

1909年10月丁博士参加了地质班第一部,作为这一年地质班最好的学生他获得1909—1910年班级奖章。在随后的学期他参加了地质班第二部的更为高级的工作,1911年4月他以一等奖金的荣誉获得理学学士学位。

我记得丁是一个矮个子、身材结实、宽肩膀的中国学生,他极为聪明、富有个性,表现出后来在他身上所出现的卓越的特征。已故的格里哥里教授对丁的能力给予了高度的评价,也许不能过分地说丁受到了这位杰出人物的影响。丁通过经常地通信保持着与葛拉斯哥大学地质系的联系,并使我们熟悉中国地质学的进展。虽然我不能拿出文件证明,我相信格里哥里教授在大战的头几个月,在澳大利亚参加英国学会,急匆匆地穿过横跨西伯利亚的旅行返回英格兰时,途经中国与丁再一次会面。我知道丁就中国的发展常常听取格里哥里的忠告和意见。①

据《中国年鉴 1926—1927 年》(*China Yearbook* 1926—1927)所附《名人传记》(*Who's Who*),先生先后在英格兰剑桥大学(Cambridge, England)、苏格兰葛拉斯哥大学(Glasgow, Scotland)、德国佛来堡大学(Freiburg, German)学习,1911年毕业,获理学学士(B. S. c)、理学博士(D. S. c)。②《北华捷报》载文亦有类似的说法:"他转学到英国去,在剑桥大学有了短时间攻读经验以后,接着,在格(葛)拉斯哥大学毕业,得理学学士的学位。以后,又在德国佛来堡大学,专攻地质学,从那时起,他努力研究,深感学术的兴趣。不久他就很成功地获得博士学位。"③

---

① G. W. Tyrrell: *Dr. V. K. Ting*,载1940年《中国地质学会志》第20卷,第369页。
② *The China Yearbook* 1926, Chicago: University of Chicago Press, p. 1200。在德国佛来堡大学留学,获理学博士的说法疑有误。
③ 参见 *A True Patriot*, The North-China Herald(《北华捷报》), January 7. 1936. p. 45。

先生为预备回国旅行,到马术学校去上课,"起初学的(得)很快,但是到了奔驰的时候总不免要摔几跤,一到跳木杠子,没有一回能够骑住。"①

4月,先生乘船离开英国归国。李毅士在回忆中提及,"他的计划是由美坐船到安南的西贡,由西贡到云南,再由云南在中国内地旅行东行回家。""我们多余的一百多金镑,解决了在君旅行经济问题,他于宣统三年春间,学校毕业以后(我记得仿佛没有等待举行毕业典礼),便依照了他的计划,沿中国内地回返故乡"。②

5月初,先生经过越南西贡海防,改乘刚通车的滇越铁路火车进入云南。

5月10日,先生到达劳开,这天距其"出国留学的时候,差不多整整的七年"。③

5月11日,先生到达中国境内的河口,在过关时因私带手枪被海关盘查。

5月中、下旬,先生在昆明住了两个多星期。

5月29日,先生"装了假辫子,留了胡子,穿上马褂袍子,戴着黑纱的瓜皮小帽,同九个夫子,两名护勇,九点钟从昆明出发"。④

6月29日,先生到达黔东镇远。此前先生取滇黔湘驿道,过马龙、霑益、平彝,进入贵州;然后经过亦资孔、毛儿河、郎岱、安顺到达贵阳;再从贵阳经过龙里、贵定、清平、黄平、施秉抵达镇远。沿途用指南针测草图,用气压表测高度,"走马看花"地了解当地的地质、地理情况。⑤

先生经过贵州时,目睹黔民生活困苦,颇有感触,创作题为《黔

---

① 丁文江:《漫游散记》,载1932年8月21日《独立评论》第14号。
② 李毅士:《留学时代的丁在君》,载1936年7月5日《独立评论》第208号。丁文江是否经过美国返回中国不得而知,但如他在海上航行只有一个多月时间的话,要穿过大西洋、太平洋两大洋,似不大可能。丁文江在他的文字中没有提到他此行经过美国的记录。
③ 丁文江:《漫游散记·我第一次的内地旅行》,载1932年6月19日《独立评论》第5号。
④ 丁文江:《漫游散记·我第一次的内地旅行》,载1932年6月19日《独立评论》第5号。
⑤ 丁文江:《漫游散记·我第一次的内地旅行》,载1932年6月26日、7月10日、7月17日《独立评论》第6、8、9号。

民谣》的诗歌一首。①

7月6日,先生从镇远改坐民船,顺沅水、沅江向东赴湖南常德。

7月13日,先生到达常德。然后改坐小火轮到长沙,拜访恩师龙璋。②

7月底,先生从长沙到汉口,经南京抵达家门。

此次先生在云南、贵州的旅行,"属于普通旅行的性质,关于地质学的纪录很少,非地质部分已大半在《漫游散记》里发表过了"。③

关于先生从英国回国途经云南的情形,丁廷楣有简要回忆:

> 适值吉庵公寿诞(可能六十大寿),文江刚从英国,经云南、贵州考察地质返乡。取道云南时,同乡孙公(名不详,曾在云南做知府),与族叔充诒寿公为亲家,特派一班长名陈香庭,随行保护。适黄桥地方不靖,文江倡导地方组织保卫团,雇用四十名团员,由陈香庭训练率领,有武器后堂枪(注入火药)。陈香庭常来抱我去放鞭炮。文江亦来我家书房,和我及文浩游戏,非常亲切,以后文江从未再回黄桥。④

9月,先生赴北京参加游学毕业生考试,与章鸿钊等得"格致科进士",⑤同届获"工科进士"的有李四光。按清朝《考验游学毕业生章程》规定:"因各国留学生,多有毕业后并不赴部考试,……兹特定强迫考试办法,电致各出使大臣,查明凡毕业后各留学生,均需勒令来京考试,否则永远停其差遣。"⑥

---

① 丁文江:《黔民谣》,载1936年4月12日《独立评论》第196号。
② 1935年12月丁文江游南岳时,曾撰一诗:"海外归来初入湘,长沙拜谒再登堂。回头廿五年前事,天柱峰前泪满腔。"此诗明显意指丁文江回国后路经长沙时拜访过恩师龙璋。
③ 黄汲清:《编辑后记》,收入《丁文江先生地质调查报告》,南京:经济部中央地质调查所,1947年6月版,第744页。
④ 《丁廷楣先生访问纪录》(中研院近代史所口述历史丛书32),台北:"中研院"近代史所,1991年10月出版,第27—28页。
⑤ 宣统三年九月初七(1911年10月28日)《内阁官报》,第66号。
⑥ 宣统元年五月二十五(1909年7月12日)《教育杂志》,第一年第6期,第37页。

先生与章鸿钊相识大概在此次考试期间,章鸿钊曾回忆他们初次见面时情景:

> 我和丁先生初次在北京见面,是前清末年,即民国的前一年。那一年,丁先生初从欧洲载誉归来,只不过二十四岁的一位青年,一副英英露爽的眉宇,和一种真诚坦率的态度,一见便知道他是一位才德兼优的人,已使我拨动了一种相见恨晚的情绪;何况那时候在中国要觅一位地质学界的朋友,远不像现在这样容易,也许还没有第二人,所以这一次会面,在我个人一生中,是最有意义的,也最不能忘记的。①

> 学部考试毕,予列最优等,赐格致科进士出身。时同榜中尚有一学地质者,即丁文江氏也。丁氏亦于是年从英国毕业归国者,曾与之遇,相谈甚洽,此即予他日之同志矣。②

章鸿钊(1877—1951年)浙江吴兴人,早年曾在日本京都第三高等学校本科第二部、东京帝国大学理科大学学习地质。1912年任南京临时政府实业部矿务司地质科科长,1914年任地质研究所所长,1916年在地质调查所工作,1917年任北京大学教授,1922年被选为中国地质学会首届会长,是中国近代地质事业的开拓者和中国第一代地质学家。

在北京期间,先生与英国《泰晤士报》驻北京记者乔·厄·莫理循会面,受到莫氏的"殷勤接待"。③

10月10日,武昌起义爆发。时社会动荡,秩序混乱。

11月5日,先生抵达上海,两天前革命军刚刚占领上海。在上海停留两天后,先生去苏州探望一些亲属,并"随即把一些女眷护送到扬子江北岸泰兴县"他的家中。④

据丁文渊回忆,"家兄考中进士以后,回家的时候,就顺道到了

---

① 章鸿钊:《我对于丁在君先生的回忆》,载1936年《地质论评》第1卷第3期。
② 参见章鸿钊:《六六自述》,武汉:武汉地质学院出版社,1987年3月版,第29页。
③ 《丁文江来函》(1912年5月2日),收入〔澳〕骆惠敏编,刘桂梁等译:《清末民初政情内幕》上卷,上海:知识出版社,1986年11月版,第938—941页。
④ 《丁文江来函》(1912年5月2日),收入〔澳〕骆惠敏编,刘桂梁等译:《清末民初政情内幕》上卷,上海:知识出版社,1986年11月版,第939页。

苏州。他为省钱起见,就在苏州和家嫂史久元女士结了婚。那时家嫂父母双亡寄居在其六婶左太夫人处。"①

史久元(1887年1月30日—1976年10月16日),原籍江苏溧阳,"是一位长得既迷人又有教养的小姐"。与先生结婚后,因先生家世寿命不长,故先生不欲生育孩子,然她俩婚姻生活幸福,相处和谐。先生去世后,史久元先后居住在南京、上海、苏州等地,1976年在北京养女丁安如家去世。

据丁文涛回忆,"弟抵里,倡编地方保卫团,经费不给,则典鬻以济之。又手定条教,早夜躬亲训练,以备不虞。卒之市民安堵,风鹤不惊。"②

据先生1912年5月2日致信英国《泰晤士报》驻北京记者乔·厄·莫理循透露:

> 值此革命期间,当一个人生活在不断的明火执仗的抢劫和秩序混乱的恐惧之中,写信就倍觉麻烦。加之,我的健康状况特别不佳,先是因喉病卧床,继之感染猩红热症。事实上,疾病使我无法参加革命,否则我会参加革命的。……
>
> 甫抵家中,我就发现这里的人也陷入极度惊恐之中,因为这个县在苏州失守后已宣布支持革命党方面,不法之徒乘机大肆活动。士绅们要求我组织一支地方保安队,他们认为既然我曾到过外国,我就有能力做世界上所有的一切事情。在我的忠仆,一个曾在赵尔丰军队当过上士的人帮助下,我组织了保安队。使我非常惊异的是,有了这样一支保安队可以不费力地维持秩序。尽管去年的谷物收成特别不好,城镇周围失业的人很多,我们在一个多月的时间里用的只不过是生了锈的旧式刀剑,却维持了良好的秩序。随后不久我便生病

---

① 胡适:《丁文江的传记》,收入《胡适文集》第7册,第415页丁文渊按语。在另一处,丁文渊提到:"武昌革命的时候,他正在苏州结婚。"参见丁文渊:《梁任公先生年谱长编初稿》前言,收入《梁任公先生年谱长编初稿》上册,台北:世界书局,1972年10月再版,第6页。

② 丁文涛:《亡弟在君童年轶事追忆录》,载1936年2月16日《独立评论》第188号。

卧床。①

当时,南京新军统领徐固卿接受女婿翁之谷的劝告起事,翁被徐任命为参谋长,不久病殁,随后由其同学史久光继任。翁、徐二人请先生去任徐的秘书长,先生"没有接受"。"因为他认为救国莫如建设,而建设事业,又非切切实实做去不可,决非革命动乱的时候,所能为力的。"②

1912年(民国元年壬子) 二十六岁

3月初,先生受上海南洋中学校长王培荪之聘,在该校担任化学及西洋史等课程,并加地质学入门一课。③ 当时人们尚不知地质学为何物,校中设备亦缺乏,先生"即以日常所见者教之,如言'夏天阵雨之后,马路上之泥土,为雨水冲洗,石块露出,此谓之侵蚀'其因地施教类如此。"④

先生后来提及为何去上海教书的原因:"3月初我完全康复,我前往上海的一所学校里教书,因为我本应在去年11月就前去的云南革命政府目前没有钱用来作地质调查,而我又不愿到南京去增加谋求一官半职者的人数。一俟革命政府建成并有比较稳固的基础,我自然希望找到一个适于我所学的适当工作。"⑤

1924年,先生在为谢家荣《地质学》一书作序时,开首即回顾了其在上海教书时遇到的情形:

> 十三年前,我在上海教书,使我最奇怪的事,是中学以上的科学,都是用外国言语教授。校长以此为条件,学生以此为

---

① 《丁文江来函》(1912年5月2日),收入〔澳〕骆惠敏编,刘桂梁等译:《清末民初政情内幕》上卷,第939页。
② 丁文渊:《梁任公先生年谱长编初稿》前言,收入《梁任公先生年谱长编初稿》上册,第6页,台北:世界书局,1972年10月再版。
③ 参见李学清:《追念丁师在君先生》,载《地质论评》第1卷第3期。另据翁文灏:《丁文江先生传》(载载1941年《地质论评》第6卷第1、2期),"先生在上海南洋中学教授生理学,并于课余之暇编著《动物学》教科书"。朱庭祜:《我所知道的丁文江》(载《文史资料选辑》第80辑,第17页),则说担任理化教员。
④ 李学清:《追念丁师在君先生》,载1936年6月《地质论评》第1卷第3期。
⑤ 《丁文江来函》(1912年5月2日),收入〔澳〕骆惠敏编,刘桂梁等译:《清末民初政情内幕》上卷,第939页。

要求,教员以此相夸耀,还有许多不通的留学生,说中国话不适用于教授科学!我起初还以为这种风气,只是上海通行,以后到了北京,才知道北京的学校也是如此,清华学校的算术,先用国文教一年,第二年把同样的算术,用英文再教一年。内地学校的科学,却多是国文教的,但这不是他们开通,却是因为请不到这许多会说外国话的教习。内地学校的程度,因为种种原因,自然不如上海、北京,所以上海、北京的教员,往往拿这种事实来证明教授科学非用外国话不可。结果科学教员不是教科学,是教英文,程度差一点的学生,固然是丝毫不能领会,就是好学生也不免把教员的言语,当做教授的本旨,又何怪卒业的学生只知道 a、b、c,不懂得 x、y、z 呢?①

先生将四弟丁文渊带到上海,因文渊"没有进过学校,没有学过英文,无法考入上海的中学,只好进了当年同济的附属德文中学。"②

5 月 2 日,先生在苏州致信英国《泰晤士报》驻北京记者乔·厄·莫理循,谈及他自上次与莫理循在北京会面以后的情形。③

11 月 20 日,应张元济之约,为商务印书馆编著《动物学》教科书。据当日张元济日记所载:"请丁文江(在君),编《动物学》。全书计润四百元。住西门外斜桥公兴里卅号。"④

从本年起,先生开始承担起瞻养父亲和教育兄弟的责任,其弟丁文治有详细回忆:

> 他从廿六岁自英归国后开始,在上海教书得到收入,立即担负瞻养父亲和教育兄弟的责任。从廿六岁至四十八岁的廿二年中,他先后担负:(一)对母舅每年五百元的瞻养,(二)对一位贫困兄弟每年三百元的津贴,(三)对四个小兄弟和一个侄儿的小学中学大学的教育费用和留学费用,(四)家庭中

---

① 收入谢家荣:《地质学》,上海:商务印书馆,1924 年 10 月版。
② 丁文渊:《文江二哥教训我的故事》,载 1954 年 1 月香港《热风》第 22 期。
③ 《丁文江来函》(1912 年 5 月 2 日),收入〔澳〕骆惠敏编,刘桂梁等译:《清末民初政情内幕》上卷,上海:知识出版社,1986 年 11 月版,第 938—941 页。
④ 《张元济日记》上册,北京:商务印书馆,1981 年 9 月,第 9 页。

任何人意外遭遇的支出。所以全家的重心在他身上,全家的经济的压力也在他身上。有一时期每年多至三千元,当时他没有丝毫资本的收入,全靠劳心劳力得到的报酬,因此他不得不离开地质调查所去创办热河的北票煤矿。①

章鸿钊在回忆民国元年中国地质学界的情形时,亦提及先生:

> 时陶俊人同学已任南京临时政府实业部农务司司长,折简来招,予乃赴南京。实业部部长即任予为矿务司地质科科长。中国行政界有地质两字之名始此。时中国之学地质者,除了丁文江在上海任某校教课外,予未知尚有何人。乃首请部长行文各省考查征调。②

1913年(民国二年癸丑) 二十七岁

1月,先生应在北洋政府工商部矿政司工作的张轶欧之邀,赴北京任工商部矿政司工作。张轶欧后来述及此事缘由:"丁君初归自英,主讲于海上南洋中学。余以中学无所用其地质也,急约入部,俾专调查之役。"③据本月24日,临时大总统袁世凯发布命令:"工商总长刘揆一呈请任命丁文江为佥事,应照准此令。"④可见,先生初到任时为佥事。⑤

2月3日,国务总理赵秉钧、工商总长刘揆一联署为先生等五人呈请"叙五等"公文:"为呈请事。本部续行荐任之佥事郑宝善、王季点、邢端、华封祝、丁文江五员,拟请按照初任官均叙五等。"⑥

据先生回忆上任时的情形:

---

① 参见丁文治:《我的二哥文江》,载1936年2月16日《独立评论》第188号。
② 章鸿钊:《六六自述》,武汉地质学院出版社,1987年3月版,第30页。
③ 张轶欧:《地质汇报》序,载1919年7月《地质汇报》创刊号。
④ 《临时大总统令》,载1913年1月25日《政府公报》第259号,第4页。
⑤ 丁文渊在《梁任公先生年谱长编初稿》前言中称:"民国二年二哥应北京工商部矿政司司长张轶欧的邀请,就任工商部佥事,兼地质科科长,因此创立地质调查所。"此段述说基本准确。收入《梁任公先生年谱长编初稿》上册,台北:世界书局,1972年10月版,第6页。许多论著均以为先生系1913年2月被任命为地质科科长,此说并没有正式的官方文件记录。不过,佥事一职相当于科长,因而先生上任后,随即兼任地质科科长,亦有可能。
⑥ 载1913年2月5日《政府公报》第279号。

科学与政治——丁文江研究

时农林工商,分部而治,矿司属于工商,部署在今之平政院,官舍狭隘,司得一室,合科而居,文江至,张君指其侧之一席曰:"此君治公处也,君其安之。"余默然就席坐,自晨至夕无所事,觅图书不可得,觅标本亦不可得,出所携李希霍芬氏书读之,书言京西地质,中有斋堂地名,询之同官者,皆谢不知,散值后余于张君有怨言,张君笑曰:"招君之来,正以是也,百物具备,焉用君为。且余固已有成议矣。"乃出示余吴兴章君鸿钊《中华调查地质私议》,议设研究所。①

先生还谈及自己初上任时的窘境:

> 我这一科里有一个佥事,两个科员,都不是学地质的,"科"是一个办公文的机关,我的一科根本没有公文可办。我屡次要求旅行,部里都说没有经费。只有两次应商人的请求,由商人供给旅费,曾做过短期的调查。②

6月,先生与张轶欧商洽,呈请工商部改现有的管理机构地质科为地质调查所(团),另附设一教学机构——地质研究所。地质调查所所长由先生担任,地质研究所所长亦由先生兼代。

先生提交《工商部试办地质调查说明书》,就创办地质研究所、地质调查团详加规划。

6月,先生借北京大学旧址开办地质研究所。据本年《工商部地质研究所招生广告》,"本部现试办地质调查所事宜,特设研究所,以造就地质人才,期以三年毕业,毕业后得为技士,充地质调查员。第一学期(九月)拟招生三十人,不取学费,膳宿自备。"考生资格"凡中学或与中学相当之学校毕业,年在十七以上,二十以下者,皆得报名投考"。考试科目为国文、英文、算术、物理、无机化学。考试地点在北京、上海和广东三处"指定投考地点"。研究所学制为三年,每个学年为三个学期。

7月1日,先生主持的地质研究所招生考试工作实际在京、沪

---

① 丁文江:《地质汇报》序,载1919年《地质汇报》创刊号。
② 胡适:《丁文江的传记》,收入《胡适文集》第7册,第418页。

两地进行。经综合评定,共录取:"正取学生二十七名,备取学生九名。"① 另据朱庭祜回忆,此次实际招收学生二十五人②,其中来自江浙的学生如叶良辅、徐韦曼、徐渊摩、李学清、周赞衡,皆为先生在南洋中学时的学生,他们报考地质研究所,显然是受先生的影响。

9月4日,先生被工商部任命为地质调查所所长兼地质研究所所长。工商部部令称:"特饬矿务司筹设地质调查、地质研究二所,于该司地质科原有人员外,酌请中外地质专家分任职务,各以半年外出调查,半年担任教务,以期教学相长,切实进行。""委任本部矿务司地质科科长、佥事丁文江为地质调查所所长……地质研究所所长一职暂由该佥事兼任,俟该佥事出发调查时,再派专员接任。"③

10月1日,地质研究所开学,校舍座落在景山东街马神庙9号。"为育才计,时北京大学校长何燏时、理科学长夏元瑮皆赞助之,许以大学之图书、仪器、宿舍相假,复荐德人梭尔格博士为讲师"④。据章鸿钊先生回忆:

> 原来地质研究所是为养成地质调查人才而设的,实地训练,又是最紧要的一件事。丁先生便首先倡议:每一星期必由教员率领分组实地工作一次。因此我们也得着分头参加的机会,环北京城外数百里间,斧痕屐印,至今还处处可寻。实地归来,每组必须提出报告,归教员负责审查,指示得失。所以地质研究所毕业诸君在当时已能人人独立工作,那一部《北京西山地质志》就是他们东方破晓的第一声。中国的地质调查事业,也算在那时踏上了机能发动的阶段。要不是丁先生那样努力,后来那个地质调查所,还不知道要迟到民国几何年才

---

① 载1913年8月17日《政府公报》第461号。
② 朱庭祜:《我所知道的丁文江》,载1982年2月《文史资料选辑》第80辑,第17页。一说为22人,参见王仰之:《丁文江年谱》,南京:江苏教育出版社,1989年8月版,第11页。
③ 载1913年9月8日《政府公报》第483号。
④ 丁文江:《地质汇报》序,载1919年《地质汇报》创刊号。

成立得起!①

10月5日,中国地学会假北京前门内细瓦厂国事维持会之会场举行学术报告会,由先生报告"滇黔地质"。讲演时,先生"出其所藏滇黔等处图片,用电灯放大,指示岩层、化石,如数家珍。一时观者听者,皆仿佛身履其地,欢快异常,允称特色"。②

10月,张謇、刘垣(厚生)两人分别就任农商部总长、次长。据翁文灏之子翁心钧回忆,他父亲曾于1959年在上海拜访过他的老上级刘厚生老先生,刘告他一桩往事:"在刘任次长的时候,由于赏识丁伯父的人品学问,曾变卖了自己旧藏的古玩,得款五万元,资作地质调查所的开办费用。"③从而解决了地质调查所的创办经费问题。

本年,先生被聘为中国地学会评议员。

11月,先生辞去地质研究所所长职务,由章鸿钊接任④。与德国青年地质学家梭尔格(Dr. F. Solgar)、王锡宾一起去太行山区作地质调查。

梭尔格(Dr. F. Solgar),原是柏林大学的助教,曾在京师大学堂讲授地质学课程。在京三年,"所有他的中国同事都说他脾气不好,而且根本看不起中国人"。先生"和他谈了几次,看见他在西山的工作,觉得他是一位很可敬爱的学者,力排众议,请了他来"。和他旅行了四十多天,"变成功极好的朋友"。以后先生曾对同事们说:"可见得外国的专门家不能与中国人合作,不一定是外国人的

---

① 章鸿钊:《我对于丁在君先生的回忆》,载1936年《地质论评》第1卷第3期"丁文江先生纪念专号"。
② 《本会纪事》,载1913年(第肆年)《地学杂志》第10号。
③ 翁心钧:《怀念丁文江伯父》,收入《泰兴文史资料——纪念丁文江先生诞辰一百周年》第4辑,第66页。董显光在他的《丁文江传记》(初稿)中也提到这笔经费:"我在北京农商部做了三个月的次长,可以说什么事都没有做。我所注意的就是依照张轶欧的计划,用种种方法筹到五万元一笔款子,作为地质调查所的开办经费。"但董未提及经费来源,参见《胡适全集》第34册,第386页。
④ 据章鸿钊回忆:"案北京工商部于民国二年(1913年)九月,规划地质调查研究所。民国三年正月,农林工商两部合并而为农商部,其地质调查研究所亦遂分为调查所与研究所,以钊长研究所。"参见《地质调查所一览表》(1916年)附录《地质研究所毕业记》。

过失。"①

据章鸿钊回忆:"记得民国元年,他(指丁文江)在上海南洋中学担任教课的时候,我正在南京设计一个地质研究所,但拟好章程,还未试办,南京临时政府便在那一年的初夏整个儿移到北京来了。民国二年,丁先生到了工商部,便借着北京大学的旧址,首先开办一个地质研究所,于是中国地质学界的雏声竟呱呱的出世了。丁先生偏偏不肯居功,硬要根据旧案,坚决邀我去承办,他又知道我一点古怪脾气;不肯无故去吃人家的现成饭,便悄悄地携着随身行李,跑到野外调查地质去了。"②

11月13日,先生到达井陉矿务的总机关所在地岗头村,与梭尔格会合。在岗头村做了三天调查,决定分工,梭尔格调查凤凰岭以北,先生调查凤凰岭以南,在正太路沿线进行调查。

11月26日,从井陉步行到娘子关,因下大雪,改乘火车回太原,在太原停留两天。

11月30日,先生到达阳泉,调查正太铁路附近地质。

12月9日,先生离开阳泉,经过义井、南天门到平定;再由平定到上冠山,经宋家庄、镇簧、谷头、立壁,东上浮山,从浮山南坡下来,到昔阳。又从昔阳顺南河到柴岭,东南到蒙山,东北到凤凰山,然后北上风火岭,到张庄;再经马房、立壁、西郊、东沟、白羊墅,于12月23日回到阳泉。③

关于此行地质调查的艰难情形,先生在《漫游散记·太行山里的旅行》一书有详细记载:

> 我初次在北方过冬,御寒的衣具本来不完备,而这两星期中,早上出门的时候,温度平均在零度以下八度,最低的时候到零度以下十八度。上浮山遇见大雪;上蒙山遇见大风——在蒙山顶上十二点的时候,温度还在零度以下十度。所以很苦。但这是我第一次在中国做测量地质图的工作,兴趣很好,

---

① 丁文江:《漫游散记》,载1932年8月14日《独立评论》第13号。
② 章鸿钊:《我对于丁在君先生的回忆》,载1936年《地质论评》第1卷第3期"丁文江先生纪念专号"。
③ 参见胡适:《丁文江的传记》"八、民国初年的旅行——太行山与山西铁矿——云南与四川",《胡适文集》第7册,第422页。

回想起来,还是苦少乐多。①

黄汲清高度评价此次先生地质调查的意义:"1913年,他会同梭尔格、王锡宾调查正太铁路沿线地质矿产,填绘分幅地质图。这是中国人进行系统的野外地质和地质填图的开端,值得大书特书。"②

12月底,先生回到北京。随即接到农商部之令,派往云南调查滇东矿产。

1914年(民国三年甲寅)　二十八岁

1月,先生与梭尔格、王锡宾联名在《农商公报》第1卷第1、2期连载《调查正太铁路附近地质矿务报告书》。

年初,因父亲病逝,先生奔丧回家乡。

2月2日,先生从上海出发,取道香港、越南,乘滇越铁路火车进入云南。

2月13日,先生抵达昆明。此次入滇:"携棚帐二、仆五、骡马九,独行滇东、滇北二百余日。"③

2月18日,先生离开昆明。

2月19日,先生抵达个旧。当时个旧的锡产量占全国的94%—95%。先生在该矿区调查五十余天,对个旧矿工的痛苦生活深有感触,他曾如是描写:

> 背矿的工人用一个麻布褡裢口袋,一头装上二十五斤矿砂,前后的搭在肩上,右手拿一根一尺多长的棍子做拐棍,身上穿一件白粗布的褂裤,头上裹上一块白布的包头。包头右边插一根一尺长的铁条,铁条的头上挂着一盏油灯。包头左边插一根四寸多长的竹片或是骨片。背矿出洞,一步一喘,十步一停。喘的声音几十步外都听得见。头上流下的汗把眼睛

---

① 丁文江:《漫游散记》(七),载1932年8月21日《独立评论》第14号。
② 黄汲清:《丁文江——二十世纪的徐霞客》,载1986年8月25日《中国科技报》。
③ 丁文江:《重印〈徐霞客游记〉及新著年谱序》,北京:商务印书馆,1996年1月版,第1页。

闭着了,用竹片抹去,再向前挨着爬走。洞子里的温度当然比洞外高。走到洞口,浑身上下都是汗,衣服挤得下水来。凉风一吹,轻的伤风,重的得肺炎、肺痨。尤其是未成年的童丁容易死亡。工人的住处叫做伙房,是一间土墙的草蓬,几十个人睡在一起。我曾在银洞的伙房里睡过一夜,终夜只听见工人咳嗽的声音,此停彼起,络绎不断。我听着这种凄惨的"音乐",想着在洞里听见的喘声,一直到天明,不能合眼。①

同日,《农商总长张謇农商部委任令第四十六号》任命"地质调查所技正丁文江、章鸿钊、王季点"。《农商总长张謇农商部委任令第四十七号》任命"派第三科科长……丁文江充矿政局地质调查所所长"。《农商总长张謇农商部委任令第四十八号》任命章鸿钊为地质研究所所长。② 此前先生前往山西等地从事地质调查时,其地质研究所所务工作,仅由章鸿钊代理。

3月17日,先生到达龙树脚(原名龙树邑)。

3月22日,先生从个旧向贾石龙走。

4月8日,先生从个旧到蒙自。

4月12日,先生离开个旧,赴鸟格考察煤矿。

4月13日,先生回到昆明,因为要向迤北、迤东作长期的旅行,在昆明购买牲口,雇用仆夫,耽搁了十天。

4月24日,先生离开昆明,"复北行考查,经富民、禄劝、元谋,过金沙江,至四川之会理。由会理折而东南行,再渡金沙江,入云南东川府属考查铜矿。复由东川东行入贵州威宁县,又折而南,经云南之宣威、曲靖、陆良,而返昆明。"③黄汲清先生认为:"丁先生之工作,一方面改正法国人 Deprat 的错误,一方面建立滇东地层之基础,为后来调查之基。"④"这是中国人第一次开展边远地区的大规

---

① 丁文江:《漫游散记》(八),载1932年10月30日《独立评论》第24号。
② 《农商部第四十八号委任令》,载1913年2月21日《政府公报》第643号。
③ 黄汲清:《丁在君先生在地质学上的工作》,载1926年2月16日《独立评论》第188期。
④ 黄汲清:《丁在君先生在地质学上的工作》,载1936年2月16日《独立评论》第188期。

模地质工作,是地道的探险工作。"①

4月30日,先生到达武定县,并与该县张县长会见。

5月7日,先生从武定起身,经过母西村、石腊他、糯谷、阿洒拉,在杨家村西的大岭,第一次看到金沙江。

5月12日,先生从阿洒拉到达环州,在这里,先生开始接触到猓猓文,据他后来自述:"我第一次看见猓猓文是在民国三年。那时我从云南到四川,经过武定县的环州。李土舍的夫人送了我一本《占吉凶书》,……我屡次请教猓猓的'师傅',他们都说是占吉凶用的,但是他们只会读,不会讲。"②从此,先生开始留意猓猓文的研究。

5月15日,先生起身去元谋。

5月20日,先生过金沙江,到达四川会理县境内的金江铎。

6月4日,先生去会理县城东北十八公里的龙爪山去测量,有机会看见土著人。

6月14日,先生回到会理县城。

6月16日,先生从会理出发,经三天行走,到达苦竹。

6月19日,先生离开苦竹,走向鲁南山,第二天下鲁南山。

6月27日,先生在盐井过金沙江。

7月10日,先生离开汤丹,"先后在产铜的地方调查了十二天",留有《东川铜矿》历史记录。

关于此次地质调查,先生在《漫游散记》有"云南个旧的锡矿"、"云南的土著人种"、"四川会理的土著人种"、"金沙江"、"东川铜矿"五节记载,内容详细。

另据尹赞勋在先生去世后回忆:"丁先生在个旧调查五十天,测得《个旧县地质图》、《个旧附近地质总图》、《老厂大沟地质分图》、《个旧锡矿区地质概要图》各一幅,编有《调查个旧附近地质矿务报告书》一本,末附《调查鸟格地质矿务报告书》,在东川调查四十天,其结果民国四年在《远东时报》发表。文曰《云南东川铜矿》。

---

① 黄汲清:《丁文江——二十世纪的徐霞客》,载1986年8月25日《中国科技报》。
② 丁文江:《爨文丛刻》自序,收入《爨文丛刻》(中研院史语所专刊之十一),上海:商务印书馆,1936年版。

所著《改良东川矿政意见书》并未公布。"还有关于云南全省矿产之两种英文稿二十余页,亦未出版。"①

此次地质调查,先生还对西南地区寒武纪、志留纪、泥盆纪、石炭纪和二叠纪的地层及其分布情况,作了深入的考察,建立起滇东地层层序。先生认为,云南曲靖的妙高山层,是我国当时能称得上志留纪的唯一地层。除地质调查外,先生还重点调查了个旧锡矿和东川铜矿的采矿工程和矿业发展,调查了金沙江水道,搜集了一些人类学材料,并绘制了1∶20万《云南东部路线地质图(1—5)》。

黄汲清在编辑《丁文江先生地质调查报告》时,对这次地质调查略有评述:"民国三年云南之行:这是丁先生初期工作的最重要者,所得标本化石以及野外纪录等十分丰富。丁先生原想根据这些材料做一篇有声有色的文章,终以事冗不果。我们在本书里发表的都是一些事实纪录。"②

7月21日,张轶欧被任命为农商部矿政司司长,③张氏与先生关系甚洽,在任期间,对先生的工作支持甚大。

8月15日,由农商部发行的《农商公报》第1卷第1册创刊,该册刊登了先生与梭尔格、王锡宾合撰的《调查正太铁路附近地质矿务报告书》。

9月15日,《农商公报》第1卷第2册续登了先生与梭尔格、王锡宾合撰的《调查正太铁路附近地质矿务报告书》。另在该册刊登了张謇就任农商部总长时政见宣言。

11月25日,先生所撰《动物学教科书》,由商务印书馆出版。该书为"民国新教科书"之一种,供中学校、师范学校用,署名"英国格拉斯哥大学理科学士丁文江编"。

12月24日,先生回到北京,与本年初进入地质研究所任教的翁文灏相识。

先生在地质研究所兼授"古生物学"及"地文学"课程。据章鸿

---

① 尹赞勋:《云南地质研究的进展》,载1936年《地质论评》第1卷第3期"丁文江先生纪念专号"。

② 黄汲清:《编辑后记》,收入《丁文江先生地质调查报告》,南京:经济部中央地质调查所,1947年6月版,第744页。

③ 参见1914年9月15日《农商公报》第1卷第2册《大总统策令》条。

钊回忆：

> 到了第二年的秋季，最感困难的，是请不到古生物学的先生，除非丁先生回来，才可以担任下去。丁先生的古生物学，虽然不像现在北京大学教授葛利普先生那样专门，但他是一位富于生物学知识的地质学家，对于这门学问，也颇感兴趣，所以在当时我国范围内也是求之不得的了。丁先生也预料到这一层，便早早从云南赶了回来，毫不踌躇的担承了这个讲座。①

据时在地质研究所学习的朱庭祜回忆：

> 丁由云南回到北京，在地质研究所兼授古生物学及地文学。同学们对他的印象是：1. 记忆力相当好，对很难记忆的古生物名词，记得很熟，讲解时没有发生错误；2. 科学知识很丰富。教地文学是要分析宇宙间一切自然现象来推论地球历史如何发展的，他讲起来左右逢源，还要讲一点天文和气象知识，以为野外工作如测量地形及方位等方面之用。当时国内各种科学均落后，多学一些与地质工作有关的科学，是有用处的。②

关于地质研究所重视野外实习一项，翁文灏也有类似的回忆：

> 彼所注意者，尤为如何增加学生实地工作之时间与机会，原定课程，重行排列，使野外旅行成为必修科目，并扩大其范围。在每次旅行中，均详细指示学生如何观察绘图及采集标本等事，且任何工作，先生无不以身作则，即余亦因追随调查，颇受其益。师生足迹所至，遍及数省，1916年夏，各生复经分别选赴指定区域工作，并须将调查结果著成报告。③

---

① 章鸿钊：《我对于丁在君先生的回忆》，载1936年《地质论评》第1卷第3期"丁文江先生纪念专号"。
② 朱庭祜：《我所知道的丁文江》，载《文史资料选辑》第80辑，北京：文史资料出版社，1982年版。
③ 翁文灏：《丁文江先生传》，载1941年《地质论评》第6卷第1、2期。

1915年(民国四年乙卯)　二十九岁

先生上书农商总长,详陈云南矿务情形及改良矿政。先生根据他在云南调查过程中所掌握的资料,就锡、银、铅、铁、锑等矿分别作了说明,指出:

> 吾国矿业之不振,虽由于资本之不充,知识之幼稚,而其最大之障碍,实由于行政之不良。故往往五金小矿,土法开采未始不宜。而所在不能发达者,诚以一著成效,人争趋之,争之胜负,视争者之势力为转移。故全国利源非劣绅所垄断,即为贪吏所把持,不然则重征叠税,务使其力尽自毙而始止。文江以为此等弊政一日不除,矿业一日无发达之希望。虽有千万之基金,十百之矿务大臣,亦无益也。①

先生向农商部呈交了一份《改良东川铜政意见书》,该书回顾了乾(隆)嘉(庆)以来铜厂经营的历史,分析了各个时期铜厂盛衰的原因,以及当时的东川矿业公司所存在的诸种问题,并提出具体的改良意见。②

春,先生与时在北京政府农商部矿政司担任顾问的安特生(Johann Gunnar Andersson)相识,他们的会见,对安氏在华的工作产生了决定性的影响。安特生如是描绘先生与他初识时给他的印象:

> 1915年春,我在中国的真正的经历才开始。当时,中国地质调查所所长丁文江在中国西南地区长期考察回到北京。丁氏从云南的高原和疟疾肆虐的河谷带回大量的科学资料,迫切希望坐下来整理他的地图、日记和化石,与此同时脑子里还在策划新的田野考察。从此开始了我们之间的合作,直到(1925年)他在天津那次令人愉快的晚宴之后,在沈阳的夜车上向即将返国的我说再见……(他)也许不能算是一个典型的中国人,因为他太沉迷于工作,对他的合作伙伴也太过于苛

---

① 丁文江:《上农商总长书》,收入黄汲清等编:《丁文江地质调查报告》,南京:经济部中央地质调查所,1947年6月,第235页。
② 丁文江:《改良东川铜政意见书》收入黄汲清等编:《丁文江地质调查报告》,南京:经济部中央地质调查所,1947年6月,第237—241页。

求,批评毫不留情,眼里不容沙子,但是作为当代中国知识分子的一员,他是一个闪光的代表人物。①

安特生(1874—1960年),瑞典地质专家。1901年在瑞典萨普拉大学获博士学位,1906年任教授。1914年来华后任农商部矿政司顾问,协助调查煤矿、铁矿资源,培训地质人员,筹建地质陈列馆。参与了"北京猿人"的发掘与研究工作,对华北、西北等地进行了广泛的地质调查,著有《龙和洋鬼》、《黄土地之子》等著作。

4月3日至12日,先生带领农商部地质研究所学生去北京宛平县斋堂一带作地质旅行。② 据朱庭祜回忆,由于"山高路险,同学们初次锻炼,多叫起苦来,丁用种种方法,鼓励大家,每天必要达到目的地为止。如将到目的地,而时间尚早,则多绕一点山路,多看一点地质,沿途还要问。"③

黄汲清对此次调查的结果略有交待:"民国四年直隶山西边境之行:此行经西山斋堂以达蔚县广灵一带,一部分的结果已在《地质汇报》第一号发表,其他纪录都很零星,颇难予以整理付印。"④

5月27日,因章鸿钊"奉派调查皖省铁矿",先生被任命为地质研究所代理所长。⑤

6月16日,先生呈报农商部:地质研究所将于本月21日至30日考试,7月1日起放暑假,9月10日开学。⑥

6月,地质研究所由北京景山东街马神庙北京大学预科旧址移至西城丰盛胡同3号师范学校旧舍。

7月19日,先生呈报农商部地质研究所第二学年年终考试成绩。考试科目为:地史学、古生物学、高等矿物学、岩石学、地质学、

---

① 马思中、陈星灿编著:《中国之前的中国:安特生、丁文江和中国史前史的发现》,斯德哥尔摩:瑞典斯德哥尔摩东方图书馆,2004年版,第17页。
② 一说是去直隶、山西边境,经西山斋堂到达蔚县一带作地质旅行。参见王仰之:《丁文江年谱》,第18页,南京:江苏教育出版社,1989年4月版。
③ 朱庭祜:《我所知道的丁文江》,载《文史资料选辑》第80辑,北京:文史资料出版社,1982年2月版。
④ 黄汲清:《编辑后记》,收入《丁文江先生地质调查报告》,南京:经济部中央地质调查所,1947年6月版,第744页。
⑤ 参见1915年6月15日《农商公报》第1卷第11册,"本部纪事",第43页。
⑥ 参见宋广波:《丁文江与中国地质事业初创》,载2005年《北京档案史料》第4期,第168页。

分析化学、德文、植物、测量图画。"除学生陈树屏、张蕙、李捷、祁锡祉、杨培纶、唐在勤等其平均分数皆在 60 分以下,其余学生尚热心向学,性行无疵"。该所"择成绩最优,平均分数在 80 分以上者,每人授以仪器一副,责其分赴直隶省各煤矿附近,单独调查,详细测量,以为毕业成绩"。其余成绩在 60 分以上者,三二人为一组,于暑假中在所居地图附近练习,来年春再从事毕业报告。60 分以下者,旅费自备。①

秋,先生两次带领学生前往北京西山旅行。

11 月 13 日至 23 日,先生带领学生"又往山东旅行,翁文灏教师亦同往。先到泰安,登泰山绝顶,沿途研究泰山变质岩系,就是地史学上所称最标准的太古界杂岩层。以后又出发到新泰、蒙阴,登徂徕山,转向大汶口。这一路多荒僻山陬。徂徕山的高度,和泰山相差不多,同学们因连日登一千四五百米的高山,甚感疲劳,膳食仅带几只馍馍。这类生活,向不习惯,加以精力不济,故爬山落在后面;独丁精力充足,迅步向前,还常歌唱或背诵诗句来鼓励同学们上前。"②

黄汲清谈到此次调查时说:"民国四年山东之行:此行在十一月中,即在第三次西山旅行之前,曾到泰山和徂徕山一带,调查峄县枣庄煤田可能即在此时。"③

冬,先生带领学生前往北京西山旅行。

11 月,在 *Far Easterm Review*(《远东时报》)第 12 卷第 6 期发表 *Tungchwanfu, Yunnan, Copper Mines*(《云南东川铜矿》)一文。

年底至次年初,"皖南浙西之行:此行对皖浙边境地质颇有贡献,结果记载在《扬子江下游之地质》一书中"。④

---

① 参见宋广波:《丁文江与中国地质事业初创》,载 2005 年《北京档案史料》第 4 期,第 168 页。
② 参见朱庭祜:《我所知道的丁文江》,载《文史资料选辑》第 80 辑,北京:文史资料出版社,1982 年 2 月版。朱庭祜将此次旅行时间错置在夏天,现据《农商部地质研究所一览》所载《学生前后实习地点表》改。
③ 黄汲清:《编辑后记》,收入《丁文江先生地质调查报告》,南京:经济部中央地质调查所,1947 年 6 月版,第 744 页。
④ 黄汲清:《编辑后记》,收入《丁文江先生地质调查报告》,南京:经济部中央地质调查所,1947 年 6 月版,第 744 页。《农商部地质研究所一览》所载《学生前后实习地点表》将此行时间系于"自民国四年十二月二十四日起至五年一月二十六日止"。

12月30日,农商部奏请设立地质调查局。① 此请次年1月4日批准。

12月,袁世凯在北京称帝,恢复帝制。据翁文灏回忆:"袁氏称帝时,君欲毁地质矿产报告,免为使用。"②

本年2月1日,山东峄县枣庄煤矿井下突然涌水,淹死矿工数百人,损失惨重。随后公司重新集资。开辟新大井,中兴得以复兴。先生曾接受枣庄中兴公司的邀请,详细调查峄县煤田地区,测制了五万分之一地质详图,编写了详细报告。在报告中,先生拟订了三口钻眼的位置和深度,并说三钻完成后,看结果如何,是否还可以继续打钻。③

1916年(民国五年丙辰)　三十岁

年初,先生在皖南浙西一带作地质考察。

1月12日,农商部任命矿政司司长张轶欧兼任地质调查局局长、顾问安特生(J. G. Andersson)、技正丁文江充任该局会办。④

1月,《农商部地质调查局规程》颁布,该规程规定,地质调查局设四股(地质股、矿产股、地形股、编译股)一馆(地质矿产博物馆),共有职员39人。

2月2日,地质调查局正式成立,⑤由矿政司长张轶欧兼任局长,先生和安特生担任会办,下设四股一馆。新成立的地质调查局独立预算,每年经费预算68000元;办公地点则由粉子胡同农商部搬迁到丰盛胡同三号及其兵马司附属房屋。

---

① 参见1916年2月15日《农商公报》第2卷第7册。
② 翁文灏:《追忆丁在君》,载1946年《地质论评》第11卷第1、2期。该诗还有"太息曾闻反帝制"一语,足证先生当时反对袁世凯复辟帝制态度之坚决。
③ 丁文江:《调查案在中兴公司矿区地质报告》,收入黄汲清《丁文江地质调查报告》,南京:经济部中央地质调查所,1947年6月,第263—274页。另参见翁文灏:《丁文江先生传》,载1941年《地质论评》第6卷第1、2期。翁文称:"彼对于鲁南峄县煤田,曾详加研究,并代中兴煤矿公司计划测勘工作,其后中兴公司已成为我国最发达煤矿之一矣。"
④ 1916年1月12日《农商部饬第22号》,载1916年1月24日《政府公报》第19号。
⑤ 1916年2月5日《农商部奏报地质调查局成立及筹备情形折》,载1916年2月11日《政府公报》第36号。

2月10日,农商总长周自齐任命地质调查局会办丁文江兼任地质矿产博物馆馆长,翁文灏充矿产股股长兼地形股股长,章鸿钊充地质股股长兼编译股股长。①

3月,周自齐任农商部总长后,鉴于1914年3月颁布的《矿业条例》存在诸种难行之处,遂于部内设修订矿法委员会,以英国人林锡(G.G.Lindsey)为起草员,张轶欧、安特生、先生和翁文灏等为委员,研究修订矿法,草案初成,共五部分,365条。

6月,在 Far Eastern Review(《远东时报》)第13卷第1期发表 The Coal Resources of China(《中国之煤矿》)一文。

7月14日,农商部地质研究所举行第一届学生毕业典礼。共有学生22人毕业,实际得毕业证书者仅18人,另有3人得修业证书,1人未得证书。获毕业证书者为:叶良辅、王竹泉、谢家荣、刘季辰、朱庭祜、徐渊摩、徐韦曼、赵志新、谭锡畴、李学清、李捷、庐祖荫、周赞衡、赵汝钧、仝步瀛、陈树屏、马秉铎、杨佩伦。②

在毕业典礼上,先生忠告诸君,第一"不可染留学生习气",从中国国情出发,不计较个人薪水和办事经费;第二"不可染官僚习气",当以勤俭自励,不可以肉体欲望为人生唯一之目的。"然则诸君生活之趣味安在?一可以看山水这乐","一可以恢复吾民族之名誉"。他勉励"诸君能尽出其所学,实心去做,使吾国对于此种学问、此种事业有一班真有能力之人,则国家之兴未始不可以此为嚆矢。要之,吾人处于现世,如能与所处之境遇相合,而又不为境遇所限,则诸君可以不负所学,而吾辈做教员者亦不虚此两三年之牺牲矣!"③

农商部地质研究所仅办一期,这期毕业生中有13人进入地质调查所工作。④ 以先生为所长的地质调查所自1913年成立以后,

---

① 1916年2月10日《农商部饬第119号》,载1916年3月27日《政府公报》第81号。
② 朱庭祜:《我所知道的丁文江》,载《文史资料选辑》第80辑,北京:文史资料出版社,1982年2月版。
③ 参见《地质研究生毕业记》,收入章鸿钊:《农商部地质研究所一览》,1916年出版,第45—46页。
④ 参见王仰之:《中国地质调查所史》,北京:石油工业出版社,1996年5月版,第46页。

有所长而缺乏调查员,难以开展地质工作。现在有了这一批人才,我国的地质调查工作才能有规模地开展工作。

8月,谷钟秀任农商总长后,对农商部机构进行裁并。

10月28日,农商总长谷钟秀呈大总统为修订地质调查局章程呈明备案:

> 窃本部于本年一月呈准将本部矿政司原有之地质调查所改为地质调查局,设有局长、会办等职名目;非惟组织与本部所辖其他之附属机关均不符合,即按诸现行官制,亦嫌割裂。现拟修订该局章程,改名为所,仅设所长一人,裁去局长、会办名目,并将该局之地形股一股裁撤,地质矿产陈列室即归矿产股兼理,不另设馆长。其原定技师、调查员额数亦酌量核减,以云撙节,而昭划一。①

11月1日,先生被任命为地质调查所所长兼地质股股长。②

关于地质调查所的工作方针,翁文灏后来有所交待:

> 当时方针与丁、章二君共为商定,所期以相循共进者,可分述如下:
>
> (一)地质调查所的工作以实地调查为宗,室内研究为附。
>
> (二)学校教课与调查任务性质固相辅而行,工作则不易同时兼任,故调查人员以不兼校课为宜。
>
> (三)念国家之艰危,人才之消乏,任事诸人务必坚贞自守,力求上进,期为前途之先驱。
>
> (四)报告出版应特为慎重,不可率而操觚,期合科学之标准,而免为空疏之浮文。
>
> (五)报告宜按照性质,兼重西文。③

本年,瑞典自然历史博物馆古植物学部教授赫勒(T. G. Halle)

---

① 载1916年10月31日《政府公报》第296号。
② 载1916年11月4日《政府公报》第300号。
③ 翁心鹤、翁心钧整理:《翁文灏自订年谱初稿》,载1996年5月《近代史资料》第88号,第52页。

应先生邀请来华从事古植物学的研究工作,先生专派周赞衡陪同工作,并拜师学习古植物。1917年赫勒离华回国,先生又选派周赞衡去瑞典留学(1918—1922年),师从赫勒学习古植物学。周氏后来成为中国从事古植物学研究的第一人。①

1917年(民国六年丁巳)　三十一岁

年初,先生在河南六河沟作地质调查,"为时甚短,所得材料很零星"。②

春,先生去湖南、江西,"此行主要目的在调查萍乡煤田和上株岭铁矿,关于后者丁先生有简报"发表在丁格兰著《中国铁矿志》一书中。③

7月,先生在 Far Eastern Review(《远东时报》)第13卷第14期发表 Mining Legislation and Development in China(《中国矿业立法及其发展》)一文。

8月8日,乔·厄·莫理循致信先生,告其将藏书卖给日本岩崎久弥男。④

9月22日,农商部发布命令:"丁文江现出差,派佥事翁文灏暂行兼代地质调查所所长。此令。"⑤

1918年(民国七年戊午)　三十二岁

先生在北京高等师范兼任遗传学讲座,据时在该校博物部读书的张作人回忆:

> 我们博物部有一次举行达尔文纪念会,他竟自动地来做报告。谈到达尔文的"生存竞争,适者生存"确乎是生物界在

---

① 参见程裕淇、陈梦熊主编:《前地质调查所(1916—1950)的历史回顾——历史评述与主要贡献》,北京:地质出版社,1996年12月版,第322页。
② 黄汲清:《编辑后记》,收入《丁文江先生地质调查报告》,南京:经济部中央地质调查所,1947年6月版,第744页。
③ 黄汲清:《编辑后记》,收入《丁文江先生地质调查报告》,第744页。
④ 收入〔澳〕骆惠敏编,刘桂梁等译:《清末民初政情内幕》下卷,上海知识出版社,1986年11月版,第670页。
⑤ 《农商部第171号命令》,1917年10月15日《农商公报》第4卷第3册,"政事门",第33页。

大自然界相互关系中的真理,我国一般人把它理解为"强弱斗争,优胜劣败"完全错了。生存竞争不仅是食物竞争,它是有机界无机界相互关系中的矛盾斗争。食物竞争仅是其中一部分,其他如生活环境、温度、湿度,生物对之都有与之竞争的必要。生物为着生命的生存,首先要求身体内部的一致,更要求与外部环境的一致,所谓"适者"是相互一致的意见,并无优劣之区别。同时他对达尔文全部的理论进行深邃地解释,精确地分析,正确的、不对的、欠缺的,都进行了叙述。同学听了都非常地高兴。接下去谈到当时的遗传学,他说生物首先要有创新的进化,然后才有功能继承的遗传。由于时间关系,他竟提出:"我可以来教你们遗传学。"同学们当然很欢迎。而且当时国内搞遗传学的确乎很少,立即向学校当局请求丁先生来担遗传学讲座,学校也立即聘请。丁先生来上第一课时,同学们都有点惊奇的神情,以为一个地质学家怎么来教遗传学。丁先生似乎也感觉出来了。第一句话:"我不是遗传学家,我很高兴来替你们讲这门课,但是我不是来教你们遗传学知识的,要学知识,你们自己读书就可以了,我是来教你们如何获得遗传学知识的方法的。"我当时恍然大悟求学的真正道理,于是静心恭听他的讲课。①

先生去山西大同调查,"野外工作时间只两三天"。②

先生去豫晋边境黄河西岸调查,发现了三门系及其动物群,结果见安特生著《中国北部之新生界》。③

12月10日,梁启超在给其女梁思顺的信中,谈及他即将出发的欧洲之行:

今当西游,已决乘横滨丸于本月二十九日自上海首途取道印度洋地中海,直趋法国,同行者张君劢、徐振飞、蒋百里、

---

① 张作人:《我所佩服的老师丁文江先生》,载《泰兴文史资料——纪念丁文江先生诞辰一百周年》第4辑,第22—23页。
② 黄汲清:《编辑后记》,收入《丁文江先生地质调查报告》,第744页。
③ 安特生:《中国北部之新生界》,《地质专报》甲种第3号,地质调查所印行,1923年。

刘子楷、丁文江,并携鼎甫作录事(不带仆人)兼服役(初拟带延纬,卒致鼎甫),此行全以私人资格(经费殊不充,公家所给仅六万,朋旧馈赆约四万耳),不负直接责任,然关系不小。①

丁文渊对先生随梁启超赴欧洲考察的缘由作了交待,说明先生认识梁启超系经徐新六介绍:

> 一直到民国七年,任公以私人资格,去欧洲游历,想借此对欧洲做一个详细的考察。因此除了蒋百里、张君劢、刘子楷三位老朋友以外,还请了徐新六作为他的财政经济顾问。到时任公仍以为不足,很想再得一科学专家同行,才能对于现代的欧洲,有彻底的认识。于是徐新六就推荐了二哥,二哥才认识了任公先生。②

12月14日,先生因决定随梁启超赴欧洲考察,遂将其所任地质调查所所长一职交翁文灏代理。③

12月底,先生与梁启超、蒋百里、刘子楷、张君劢、徐振飞、杨鼎甫一行七人以半官方身份由上海出发,去欧洲进行考察,并兼任中国出席巴黎和会代表的会外顾问。出发时,"因船位缺乏,分道首途"。先生与徐振飞(新六)经太平洋、大西洋,其他五人取道印度洋、地中海。④

1919年(民国八年己未)　三十三岁

2月11日,据梁启超致梁思顺信,梁启超乘船到达伦敦,徐新六与先生"迎于舟中"。⑤可见先生此时已经美洲到达伦敦。

2月13日,颜惠庆在日记中写道:"徐新六与丁文江来访,徐是

---

① 丁文江、赵丰田:《梁启超年谱长编》,上海人民出版社,1983年8月版,第873页。
② 丁文渊:《梁任公先生年谱长编初稿》前言,收入丁文江:《梁任公先生年谱长编初稿》上册,台北:世界书局,1972年10月版,第6页。
③ 《农商部第171号命令》,1919年1月15日《农商公报》第5卷第6册,"政事门",第2页。
④ 参见梁启超:《欧游心影录·欧行途中》,收入《饮冰室合集·专集》之二十三,第38页。
⑤ 参见丁文江、赵丰田:《梁启超年谱长编》,上海人民出版社,1983年8月版,第878页。

财政部的,丁是地质勘测局的,他们说梁启超不久就要来此。"①说明先生与徐新六已于本日到达巴黎。这是颜氏在其日记中最早出现有关先生的记录,从此以后,先生与颜氏联系甚密,成为好友。

颜惠庆(1877—1950年),上海人,字骏人。早年留学美国弗吉尼亚大学。1900年回国后在上海圣约翰大学任教。中华民国成立以后,出任北京政府外交部次长、驻德大使、外交总长、内务总长、国务总理。南京国民政府期间,先后任驻英、驻苏大使和出席国际联盟大会首席代表等职。

2月18日,梁启超一行到达巴黎,在巴黎居留两旬。梁氏一行到达巴黎之前,先生与徐新六"先往巴黎布置"。②

2月,在 Far Easterm Review(《远东时报》)第15卷第2期发表 China's Mineral Resources(《中国之矿产》)一文。该文主要讲煤、铁、金、铜、锡、锑、铅、锌、银以及石油,盐等矿产,其中煤讲得特多,尤其值得称道的是某些重要矿产,如煤、锡、铜、铁等,曾经先生本人勘察过。对各种矿产的地质背景,也都有扼要的叙述。

所著 Report on the Geology of the Yangtze Valley Bellow Wuhu(《扬子江下游的地质报告》)在 Shanghai Habour Investigation(《上海港调查》)第1期发表。文中对长江下游的地层,作了综合的分析。在阐述江南山岭的地质构造与秦岭、南岭地质构造之间的关系的同时,还探讨了他们各自间的特殊结构和地壳运动的时代。此外,该文还对本地区地壳的升降,气候的变迁和河流的生成以及扬子江的出口、三角洲的形成和发展等问题发表了自己的见解。张其昀在介绍这篇论文时,曾这样写道:"先生尝从二千年来江浙沿海新城设立先后之时期及海塘之历史,推究海岸之变迁,有史以来长江三角洲之发展,推阐甚详,其结论谓江苏海岸六十年来向外伸展一英里,与海定施丹(H. Von. Heidenstam)从水理学研究之

---

① 上海市档案馆译:《颜惠庆日记》第一册,北京:中国法案出版社,1996年12月版,第823页。
② 参见梁启超:《欧游心影录节录》,收入《饮冰室合集·专集》之二十三,北京:中华书局,1994年9月版,第49页。颜惠庆在2月19日日记写道:"梁启超带7名随员昨夜到此。"参见《颜惠庆日记》第一册,第826页。

结果相契合。"①

3月2日,颜惠庆在日记中写道:"宴请38人(包括刚从布鲁塞尔来的汪与魏)。梁启超问起德国的保皇运动与前途。席上有6位中国女士、陆、王、胡等。据梁说慕韩已老了许多。"②先生作为梁启超的随员,可能参加了此次宴会。

3月7日至17日,梁启超一行从巴黎出发游察法国南部战地和停战前德国的领土。这段期间,据梁启超记载:"丁在君因为要去洛林调查矿业,所以都未同行。"③

4月,梁启超一行续游北部战地。

5月中旬,梁启超一行复返巴黎。

5月14日,先生在巴黎致乔·厄·莫理循一信,对英国等西方国家在巴黎和会上支持日本的立场表示不满,并告明天将离开巴黎去诺曼底。④

先生随梁启超参加巴黎和会期间,结识了参加和会的美国威尔逊总统的随行人员、美国威斯康星大学地质系主任利斯(C. K. Leith),"在进一步联系后,利斯表示对培养中国青年地质人才,愿予帮助,丁乃介绍其学生谢家荣、朱庭祜、谭锡畴、王竹泉先后去该系进修"。⑤

6月6日,梁启超一行从巴黎启程前往伦敦。

6月9日,梁启超与梁仲策一书,报告其来欧洲访问之近况:"数月来主要之功课,可分为四:一曰见人,二曰听讲,三曰游览名所,四曰习英文。"关于"见人"一项,"最多见者则政治家及哲学文学家也"。关于"听讲"一项,"吾在此发愤当学生,现所受讲义:一、战时各国财政及金融,二、西欧战场史,三、法国政党现状,四、近世文学潮流,即此已费时日不少矣。"关于"游览名所"一项,"芬兰、波兰人极力运动我往游南国,然交通太不便,未必能成行。游历地

---

① 张其昀:《丁在君先生对中国地理学之贡献》,载1936年2月《方志》第9卷第1期。
② 上海市档案馆译:《颜惠庆日记》第一册,第832页。
③ 梁启超:《欧游心影录节录》,收入《饮冰室合集·专集》之二十三,第104页。
④ 收入〔澳〕骆惠敏编,刘桂梁等译:《清末民初政情内幕》下卷,第817—818页。
⑤ 参见朱庭祜:《我所知道的丁文江》,载《文史资料选辑》第80辑,北京:文史资料出版社,1982年2月版,第18页。

方颇少,初到时曾以十日之力游战地及莱茵河左岸联军占领地,其后复游北部战地,及一游克鲁苏大钱(铁)厂,除此三次外,未尝出巴黎一步,将在法国南部农工业最盛处,非游不可,惟在法游历有一难题,因其政府招待太殷勤,每出一次必派数员随伴,且旅费皆政府供给,吾受之滋愧,因此颇沮游兴也"。关于"习英文"一项,则与先生颇有关系,"故每日所有空隙,尽举以习英文,虽甚燥苦,然本师(丁在君)奖其进步甚速,故兴益不衰"。①

6月14日,颜惠庆在日记中写道:"梁启超来电:要我帮助丁君弄到搭乘'腓特烈八世'轮去美国的船票。"②说明此时先生已决定去美国访问。

6月16日,梁启超致书梁令娴,报告其在英行情安排:

> 顷到剑桥大学,夜间稍休暇,故将十日来所历相告。英政府招待殷勤,不亚于法,亦特派一人专司随伴,其人名甘颇罗,曾历任广州、天津、上海等处总领事,北京使馆参赞,极娴华语。法国派三人,而办事凌乱,英仅派一人,而条理井然,即此可见两国人性质之异。吾拟七月半离英,因其时已届暑假,伦敦阒无人矣。在英约一月,其已定之日程略如下:六月十二日晚赴麦加利银行宴会,即晚往爱丁堡。十三日阅海军。十四日阅海军,是晚赴苏格兰大理院长宴会。十五日游爱丁堡名胜,夜车返伦敦。十六日游剑桥大学。十七日返伦敦。十八日赴汇丰银行宴会。十九日赴中英协会欢迎会,有演说,演题为"中国国民特性"。二十日赴伦敦商会欢迎会,有演说,演题为"中国之文艺复兴"。二十四日游牛津大学。二十五日返伦敦。二十六日、二十七日未定。二十八日赴外交部公宴。二十九日赴英皇茶会,余日未定,或赴伦敦市长公宴。七月初三日赴自由党干部欢迎会,有演说,演题未定。初四日离伦敦,游门支斯达、波明罕诸市,视察工厂。十三日游爱尔兰。十六七间离英,或往挪威、瑞典,或径由荷兰至比利时,现未大定。

---

① 参见丁文江、赵丰田:《梁启超年谱长编》,第881—883页。
② 上海市档案馆译:《颜惠庆日记》第一册,第873页。

今将经过有趣之事,拉杂相告。①

6月28日,颜惠庆在日记中写道:"梁启超为丁的船票事来电。"②说明梁启超对先生去美一事颇为关切。

7月12日,梁启超一行从英国返回巴黎,拟参加7月14日法国国庆节的的庆祝活动。

大约在这期间,先生前往瑞典一游。他的瑞典之行,最北端到达国有矿城基如纳。在斯德哥尔摩,先生与中国留学生周赞衡和为安特生古生物研究计划募捐的拉各雷留斯会面。拉氏于当年9月15日成立了"中国委员会"。③

7月25日,颜惠庆在日记中写道:"接到下列内容的来信:丁文江的到来。"④

7月28日,颜惠庆在日记中写道:"丁来电告:签证有困难。我给丹麦公使馆发了电报,并通过丹麦外交部和丹麦公使馆通了电话。"⑤

7月29日,颜惠庆在日记中写道:"丁来访:他说起在斯德哥尔摩办理护照所遭遇的种种困难。他明天搭'腓特烈八世'轮起程。""丁文江和两个留学生林诒和李金钟以及一位李先生来吃晚饭。丁在国内见多识广,很了解我国下层阶级的特点。苦力没有受教育,只有自然的常识。他认为梁启超是优秀的作家,但不是政治家。丁是在英国受的教育,今去美国和加拿大研究地质状态。"⑥说明此前先生已去瑞典一行。

先生离开欧洲后,其弟丁文渊到达瑞士,丁文渊在回忆中提及此事:

---

① 参见丁文江、赵丰田:《梁启超年谱长编》,第884—885页。梁启超一行后来的行程小有调整,其离英返法日期提前至7月12日。丁文江离英后,是否直接去瑞典,仍待考证。
② 上海市档案馆译:《颜惠庆日记》第一册,第879页。
③ 参见马思中、陈星灿编著:《中国之前的中国:安特生、丁文江和中国史前史的发现》,第20页。但此行是先生独自旅行,还是偕梁启超等同行,仍有待考证。梁氏在自己的回忆、书信中,均未提及去瑞典访问一事。
④ 上海市档案馆译:《颜惠庆日记》第一册,第889页。
⑤ 上海市档案馆译:《颜惠庆日记》第一册,第891页。
⑥ 上海市档案馆译:《颜惠庆日记》第一册,第891页。

> 第二件事发生在民国八年。那年二哥刚随梁任公先生去了欧洲。在他行前,答应我去德国留学,学费全由他担任。当时战后交通还没有完全恢复,船期时常更改,等我赶到欧洲的时候,他已经离欧赴美去了。我先到了瑞士,进了楚里西大学,预备下年再去德国。①

约8—10月间,先生赴美国访问。美国之行对先生影响很大,它改变了先生过去对美国的成见:

> 在许多欧洲人眼光里,美国根本没有文学,没有美术,没有文化。这一半是欧洲人看了美国人钱多,不知不觉的发生了嫉妒心;一半是所谓文学、美术与文化的标准都是欧洲式的,都是主观的。我以前也很受这种影响,看不起美国人与美国的出品。直等到1919年我到美国漫游了两个多月,才知道这种成见的可笑,才了解新大陆的新和大。同时我又知道美国是"天府之国",不但地大,而且物博。其他的国家没有美国的天产富源,而要过美国人的生活是不可能的。②

先生在访问美国期间,受北大校长蔡元培之委托,聘请葛利普(A. W. Grabau)来北大地质系任教,并主持地质调查所古生物研究工作。

葛利普(1970—1946年),美国地质学家。1896年毕业于麻省理工学院,留校任教,1900年获哈佛大学博士学位,此后在哥伦比亚大学任教,主要从事于北美的地层古生物研究。1920年来华以后,担任农商部地质调查所顾问,主持古生物研究工作,兼任北京大学地质系教授。葛氏在华工作二十余年,对于中国古生物地层研究和教学,做出了重大贡献。在地质调查所的古生物室,以他为核心,聚集了一批直接、间接受教于他的中国古生物地层学者有赵亚曾、孙云铸、黄汲清、俞建章、计荣森、尹赞勋、秉志等,自1922—1939年共发表古生物志30册,使中国古生物研究居于世界前列。③

---

① 丁文渊:《文江二哥教训我的故事》,载1954年1月香港《热风》第22期。
② 丁文江:《苏俄旅行记》(四),载1934年7月1日《独立评论》第107号。
③ 参见《葛利普》,收入《前地质调查所(1916—1950)的历史回顾——历史评述与主要贡献》,北京:地质出版社,1996年11月版,第320—321页。

秋,丁文渊受先生委托,到英国伦敦后,与丁燮林一起到英国东部的锡矿山康为尔(Cornwell)找李四光,见李四光后,谈了请李四光回国来北大任教之事。① 不久,李四光接受了北京大学校长蔡元培发给的聘书。

关于聘请李四光来北大任教的缘由,胡适有一段有趣的回忆:

> 北大恢复地质学系之后,初期毕业生到地质调查所去找工作,在君亲自考试他们。考试的结果使他大不满意。那时候,他已同我很熟了,他就带了考试的成绩单来看我。他说:"适之,你们的地质系是我们地质调查所的青年人才的来源,所以我特别关心。前天北大地质系的几个毕业生来找工作,我亲自给他们一个很简单的考试,每人分到十种岩石,要他们辨认。结果是没有一个人及格的!你看这张成绩表!"
>
> 我看那表上果然是每人有许多零分。我问他想怎么办。他说,"我来是想同你商量:我们同去看蔡先生,请他老人家看看这张成绩单。我要他知道北大的地质系办的怎样糟。你想他不会怪我干预北大的事吗?"我说,"蔡先生一定很欢迎你的批评,决不会怪你。"
>
> 后来我们同去看蔡先生,蔡先生听了在君批评地质系的话,也看了那张许多零分的成绩单,他不但不生气,还很虚心的请在君指教他怎样整顿改良的方法。那一席谈话的结果,有两件事是我记得的。第一是请李四光先生来北大地质系任教授。第二是北大与地质调查所合聘美国古生物学大家葛利普先生(Amadeus William Grabau,1870—1946)到中国来领导古生物学。②

10月,先生为《地质汇报》创刊号撰写序言。

10月11日,梁启超一行从意大利返回巴黎附近之白鲁威。关于此行,梁氏有详细回忆:

> 民国八年双十节之次日,我们从意大利经过瑞士,回到巴

---

① 参见马胜云、马兰:《李四光年谱》,北京:地质出版社,1999年9月版,第37页。
② 胡适:《丁文江的传记》,收入《胡适文集》第7册,第419—420页。

黎附近白鲁威的寓庐,回想自六月六日离去法国以来,足足四个多月,坐了几千里的铁路,游了二十几个名城,除伦敦外,却没有一处住过一来复以上,真是走马看花,疲于奔命,如今觉有点动极思静了。白鲁威离巴黎二十分钟火车,是巴黎人避暑之地。我们的寓庐,小小几间朴素楼房,倒有个很大的院落,杂花丰树,楚楚可人,当夏令时想是风味绝佳,可惜我都不曾享受。①

11月5日,梁启超在给其家人信中告:"丁在君早已先归,刘子楷日内随陆子欣归,鼎甫留英,吾四人明年二月游德、奥、波兰,四月归。"②说明先生已在此前与梁启超分别并回国。

关于此次先生随梁启超赴欧洲考察的情形,丁文渊有一段交待:

> 据新六告诉过我,任公在法、英两国的演讲,多是二哥替他翻译,任公对他极为倾倒。二哥素性憨直,对人极具至性,有问必答,无所隐讳。与任公坐谈之际,尝谓任公个性仁厚,太重感情,很难做一个好的政治家。因为在政治上,必须时时具有一个冷静的头脑,才能不致误事。又谓任公的分析能力极强,如果用科学方法,研究历史,必定能有不朽的著作。因此劝任公放弃政治活动,而从事学术研究,任公亦深以为然,此实任公的大过人处。像他那样,早岁就参加变政大计,而又誉满中外的一位大人物,当时还正在他鼎盛的时候,居然能够听一个青年后辈的劝言,翻然改图,从事学问,终身奉守不逾,只有任公具有那种"譬如昨日死"的精神,才能确实做到。新六又言,二哥当时还曾设法协助任公如何学习英文,并且介绍了好几部研究史学的英文书籍,任公根据此类新读的材料,写成《中国历史研究法》一书。以后许多历史学术的著作,也就陆续出版,成为民国史学上的一位大师。任公以后掌教于清华研究院,据胡适之先生说,也是二哥在中华教育基金董事会

---

① 参见丁文江、赵丰田编:《梁启超年谱长编》,第894页。
② 参见丁文江、赵丰田编:《梁启超年谱长编》,第891页。

所主张的。①

12月22日,颜惠庆在日记中写道:"地质学家丁文江任交通部次长。"②此说应系误传。③

本年,由地质调查所编印的地质刊物《地质汇报》创刊,是为地质调查所专门著作正式出版之始。先生在创刊号上发表中文、英文序言各一篇。英文序言开首引用德国学者李希霍芬一语:"中国读书人专好安坐室内,不肯劳动身体,所以他种科学也许能在中国发展,但要中国人自做地质调查,则希望甚少。"对李氏的意见,先生提出不同意见,以为"现在可以证明此说并不尽然,因为我们已有一班人登山涉水,不怕吃苦。"如北京至蔚县之行,即在严冬冒风踏雪为之,中国人在地质学上定当有所贡献。

先生与张景澄合撰的《蔚县、广灵、阳原三县煤田报告》,刊于《地质汇报》创刊号,并附该文的英文摘要。

本年,先生四弟丁文渊出国到瑞士楚里西大学留学,时任留欧学生监督处秘书的曹梁厦先生对文渊说:"你令兄不是有钱的人,你不应当让他独立担任你的学费。照你的学历,你可以请补官费。现在教育部和江苏省官费都有空额,你不妨写信给在君,请他为你设法补官费。他和留学生监督沈步洲,教育部次长袁希涛,高等教育司司长秦汾都是老朋友,你又合资格,我想你申请一定可以核准的。"文渊遂把曹先生的意思写信告诉其兄,请他设法帮忙。先生回复其弟的大意是:"照你的学历以及我们家中的经济状况,你当然有资格去申请。……不过你应当晓得,国中比你更聪明,更用功,更贫寒的子弟实在不少。他们就是没有像你有这样一个哥哥能替他们担任学费。他们要想留学深造,唯一的一条路就是争取官费。多一个官费空额,就可以多造就一个有为的青年。他们有请求官费的需要,和你不同。你是否应当细细的考虑一番,但不是还想用你的人事关系来占据一个官费空额?我劝你不必为此事费

---

① 丁文渊:《梁任公先生年谱长编初稿》前言,收入丁文江:《梁任公先生年谱长编初稿》上册,第6—7页。
② 上海市档案馆译:《颜惠庆日记》第一册,第954页。
③ 查《民国职官年表》,1919年丁文江并未在交通部任次长的记录。

心。我既然答应担负你的学费,如何节省筹款,都是我的事,你只安心用功读书就行。"①次年,丁学渊到德国,准备学医学,遂先生留英时未成之志,故先生"最热心帮助,学费由他完全担任"。②

1920 年(民国九年庚申)　三十四岁

欧美之行对先生的思想有极大触动,先生回国以后对地质调查所的科研工作有重新规划,翁文灏对此有所说明:

> 丁文江自欧洲经美返国,彼鉴于各国学术猛进,我国急起而追,必须增多设备及补修专才。关于设备者,决向各大公司捐集专款,在兵马司新建图书馆,并以余款购置专门图书;关于专才者,已面商美哥伦比亚大学教授葛利普(Grabau)来华,在北京大学任教授,并兼地质调查所顾问技师,俾可造成古生物学研究之基础,凡此均使国内与国外进步联辔并进,良好科学工作必要之步骤。③

3月18日,先生请胡适吃午饭,这是胡适日记第一次出现他们见面的记录。④ 据胡适后来回忆他们结识的情形:

> 我认识在君和徐新六是由于陶孟和的介绍。他们都是留学英国的。……我认识在君和新六好像是在他们从欧洲回来之后,我认识任公先生大概也在那个时期。任公先生是前辈,比我大十八岁,他虽然是十分和易近人,我们总把他当作一位老辈看待。在君和孟和都是丁亥(1887)生的,比我只大四岁;新六比我只大一岁。所以我们不久都成了好朋友。⑤

胡适还忆及他们认识后不久发生的一件事:

---

① 参见丁学渊:《文江二哥教训我的故事》,载1954年1月香港《热风》第22期。
② 胡适:《丁文江的传记》,收入《胡适文集》第7册,第441页。
③ 翁心鹤、翁心钧整理:《翁文灏自订年谱初稿》,载1996年5月《近代史资料》第88号,第55页。
④ 参见胡适日记,《胡适全集》,第29册,第118页。1920年3月21日,胡适与梁启超第一次见面,当日胡适日记留有纪录:"初见梁任公,谈。"合肥:安徽教育出版社,2003年9月版。
⑤ 胡适:《丁文江的传记》"十一、北票煤矿公司(1921—1925)——《努力周报》(1922—1923)",《胡适文集》第7册,第439页。

>他认得我不久之后,有一次他看见了我喝醉了酒,他十分不放心,不但劝我戒酒,还从《尝试集》里挑出了我的几句戒酒诗,请梁任公先生写在扇子上送给我。①

4月,共学社成立,这是梁启超欧游归来后展开的一项活动。社址设在北京石达子庙,宗旨在"培养人才,宣传新文化,开拓新政治"。主要工作为编译新书,奖励名著,出版杂志,送留学生。主要人物有梁启超、蒋百里、张君劢、张东逊。蔡元培、王敬芳、蒋梦麟、蓝公武、赵元任、张謇、胡汝麟、张元济、刘垣和先生等都在发起人之列,凡加入共学社者在财力方面均有所赞助。②

4月27日,先生请胡适吃晚饭、会谈。③

4月29日,先生与胡适共进晚餐、会谈。④

5月2日,先生约请胡适参观地质博物馆,胡未去。⑤

7月20日,梁启超致信女儿梁思顺,评及先生、刘厚生等人:

>汝前信言彼欲回国办矿,若果有此意,吾能与以种种利便。前随我游欧之丁文江任地质调查所所长多年,中国何处有佳矿,应如何办法,情形极熟,但吾辈既无资本,只得秘之,以俟将来耳。⑥

7月23日,农商部任命先生充地质调查所所长,同时兼任矿政司第四科科长。⑦

9月3日,先生与翁文灏合著的《矿政管见》呈交农商部总、次长。文中就农商部总长下令征求矿政同人员对矿政意见事,从整理矿业法令、厉行矿业期限、变通矿区限制、组织辅助机关、提供钢铁事业、奖励特有矿产和养成专门人才等方面提出意见,后附《修改矿业条例意见书》。

---

① 胡适:《丁在君这个人》,载1936年2月16日《独立评论》第188号。
② 参见张朋园:《梁启超与民国政治》,台北:汉生出版社,1992年11月版。
③ 《胡适全集》第29册,第150页。
④ 《胡适全集》第29册,第152页。
⑤ 《胡适全集》第29册,第155页。
⑥ 《致梁思顺》(1920年7月20日),收入张品兴编:《梁启超家书》,北京:中国文联出版版社,2000年1月版,第290页。
⑦ 《农商部委任令第76号》,1920年8月15日《农商公报》第7卷第1册。

10月29日,先生为地质调查所图书馆建筑一事呈文农商部:

> 本部地质调查所建筑图书馆招商投标,雷虎工程师标价最低。若与订建筑合同,于外交方面有无妨碍,请查核见复。等因查禁止与敌通商条例,虽未公布取消,惟贵部既因建筑工程与该工程师订立合同,且当时业许该工程师投标,现在如果建筑有期,自可通融,准其承揽,相应函复贵部查照办理。①

11月初,美国哥伦比亚大学教授葛利普(A. W. Grabau)博士应先生之邀来北京,担任农商部地质调查所顾问技师兼北京大学地质系古生物学教授。②

11月17日,先生在北京大学地质研究会发表题为《扬子江下游最近之变迁——三江问题》的演讲,听者约五十人。③ 该文记录稿刊登在1921年10月出版的《北京大学地质研究会会刊》第1期,记录人为赵国宾。时在北大地质系读书的杨钟健在回忆中提及此次演讲:

> 我最初认识丁先生在民国十一年,那时我正在北大读书,我们曾组织一北大地质研究会,我们敦请丁先生讲演。丁先生的讲题为三江问题,那时我已深佩丁先生的治学精神与方法。④

12月9日,先生致信美国纽约自然历史博物馆馆长奥斯朋(H. F. Osborn),对安竹斯(Roy. Chapmon. Andrews)在本年11月《亚洲》(Asia)第20卷上发表的《一次新的对最古老的人的研究》(A New Search for the Oldest Man)一文表示抗议。因安氏曾参加中亚科学考察团,他在文章中称:中国没有国立的机构能用新方法来

---

① 呈送职所报告,1920年10月29日。南京:中国第二历史档案馆,全宗号375。转引自张尔平:《丁文江与地质调查所图书馆》,收入《中国区域地质调查历史的回顾暨纪念丁文江诞辰120周年学术研讨会论文汇编》,北京:中国地质学会地质学史研究会,2007年12月8日。
② 参见1920年11月3日《北京大学日刊》,其中载有葛利普来北大担任"古生物学及实验"科的授课。
③ 《本会第一年的大事记》,载1921年10月《北京大学地质研究会会刊》第1期。
④ 杨钟健:《悼丁在君》,载1936年2月16日《独立评论》第188号。此处所忆民国十一年有误,应为民国九年。

研究、展览自然历史材料,没有能促进、指导科学工作的人。先生读了此文后颇为生气,致信《亚洲》杂志对安氏的说法表示抗议,同时谴责安竹斯,要他了解并做出没有恶意的声明。①

12月15日、至次年1月15日、2月15日,先生在《改造》第1卷第4、5、6期连载《哲嗣学与谱牒》一文。②

本年,龙烟公司成立,先生被聘为董事之一,"对于该处铁矿及昌平锰矿之研究贡献甚多"。③ 该公司主要开发冀北宣化,龙关两地鲕状赤铁矿,并在北京附近之石景山筹设化铁炉。

本年,叶良辅所著《北京西山地质志》一书,列入农商部地质调查所《地质专报》甲种第一号出版,先生为之作序。

1921年(民国十年辛酉) 三十五岁

3月5日,先生为章鸿钊著《石雅》作英文序言。此书同年5月由地质调查所出版。

3月24日,蔡元培在德国访问,他在日记中写道:"访大学校长佛兰克(Frank)君。由罗克斯(Leuchs)教授导观地质研究所,又观动物学、人类学陈列所。据说接丁在君函,属写东俄地质状况,要求于六个月内完成,已复电允之,惟完成之期须十二个月,并属转告丁君云。"④

5月18日,先生与蒋梦麟、张慰慈、铁如等游公园,遇陶孟和、胡适。胡适在日记中写道:"与任光、孟和到公园,遇着梦麟、慰慈、铁如、在君等。在君说:'北京的《晨报》近受新交通系(曹汝霖、陆

---

① 参见贾兰坡:《中国地质调查所新生代研究室的建立》,收入王鸿祯主编:《中国地质事业早期史:纪念丁文江100周年章鸿钊110周年诞辰》,北京大学出版社,1990年7月版,第61页。

② 罗素在《中国问题》第四章《中国近况》中说:"从我的朋友丁文江私人出版的一篇文章中,我得知雷诺克斯(Lennox)先生,北平协和医学院,曾经仔细调查四千户中国家庭,发现每一家庭子女的平均数目为二点一八(包括活的和死亡的),婴儿死亡率则为一八四点一。其余的调查显示的出生率约在三十至五十之间。"此处所引数据出自丁文江的《哲嗣学与谱牒》一文,丁文江的这篇文章是否有自印的英文版单行本,仍待查找。参见 Bertrand Russell: *The Problem of China*, New York: The Century Co. 1922. p.72.

③ 参见翁文灏:《丁文江先生传》,载1941年《地质论评》第6卷第1、2期。

④ 《蔡元培全集》第16卷,杭州:浙江教育出版社,1998年11月版,第121—122页。

宗舆的系)的津贴,他有证据可以证明。此事大概不诬。"①

5月20日,先生晚上应威廉·克罗希尔将军(General Willian C. Crozier)的约请,赴北京饭店就宴,同去者有胡适。关于与这位美国将军的结交,胡适曾有所交待:

> 他(指先生)和我在北京认识一位在第一次世界大战时期的美国兵工署署长克罗希尔将军(General Willian C. Crozier)。这位将军退休后,每年同他的夫人总来北京住几个月,我们成了忘年的朋友,常常在一块谈天。这位克将军是美国西点陆军大学毕业的,他的记忆力最强,学问很渊博,不但有军事工程的专门学识,还富于历史地理的知识和政治理解。他在美国参战期中,从历史档案里寻出五十多年前南北内战时期国会已通过而未及实施的一个建立国家科学研究机构的法案,他提出来送请威尔逊总统依据此案即行成立一个全国科学研究委员会(National Research Council),作为全国的科学及工业研究的一个沟通整统的总机构,以避免工作上的重复,并增加研究合作的效能。这个全国委员会在第一次大战时曾发生很大的作用。在君和我每次同这位老将军吃饭谈天之后,常常慨叹:"这种属于现代知识而终身好学不倦的军人,真是可以敬佩的!"②

5月21日,下午先生与王徵、蒋梦麟到胡适家中"讨论组织一个小会的事"(指努力会),胡适拟了该会的组织大纲,"大家都表示同意"。③

"努力会"的章程规定如下:

一、在会的人共同信守下列四项信条:
(1)我们当尽我们的能力谋我们所做的职业的进步。
(2)我们当互相联络,互相帮助,并当极力使我们所做的各种职业也互相联络、互相帮助。

---

① 《胡适全集》第29册,第256页。
② 胡适:《丁文江的传记》,《胡适文集》第7册,第476页。
③ 《胡适全集》第29册,第266页。

（3）我们当尽我们的能力——或单独的或互助的——谋中国政治的改善与社会的进步。

（4）我们当随时随地援助有用的人才。

二、凡具有下列资格的,得会员三人的介绍,经本会会员审查会审查后,复经当地全体会员可决,皆得为会员。

（1）有正当的职业,或有职业的能力。

（2）有忠实可靠的人格。

三、本会由创始人公推理事秘书一人主持会务。以后,凡有本会会员三人以上之地方,得组织分会,公推理事秘书一人。

四、本会的总会与分会皆应有会员审查会,以入会最早的会员三人组织之。此外遇必要时,理事得组织长期的或临时的委员会,或委任长期或临时的职员。

五、有关经费(从略)。

六、本会的性质为秘密的。(后王云五建议改作"此会暂时为不公开的"。)

七、本会会员每月至少聚会一次,分会理事每月至少与总会通讯一次。不在一处的会员,每月至少与本会理事通信一次。

八、本会会议时,概用西洋通用的议会法规。

九、本会的第一年为试办期。

十、本会以中华民国十年六月一日为成立日期。

此会成立后,有王云五、蔡元培、任鸿隽、陈衡哲、朱经农等人会,似无很大发展,组织机构也迄未照章程规定那样建立起来。不过,通过这种建立组织的努力,胡适等人有意识地在上层知识分子中做联络的工作,从而扩大了他们的影响。①

5月23日,胡适致先生一信,为"努力社"起一名字。②

6月8日,胡适在日记中写道:"到叔永家,与在君、文伯谈

---

① 耿云志:《胡适年谱》,成都:四川人民出版社,1989年12月版,第95—96页。
② 《胡适书信集》上册,北京大学出版社,1996年11月版,第289页。

会事。"①

6月14日，先生在北京文友会发表英语演讲：On Hsu Hsia-K'O (1586—1641), Explorer and Geographer（《论徐霞客（1586—1614），探险家与地理学家》），介绍了徐霞客，指出徐霞客是中国发现金沙江为长江上游的第一人，该文登载在10月 New China Review（《新中国时报》）第3卷第5期上。

6月30日，晚上八时先生与胡适为杜威一家、罗素夫妇饯行，陪客有庄士敦、Miss Power、赵元任夫妇等。②

6月，先生所著《北京马路石料之研究》一文，载《农商公报》第7卷第11期。

6月，先生与翁文灏合著《第一次中国矿业纪要》，列为《地质专报》丙种第一号，由农商部地质调查所印行，书中详列民国以来矿业方面的有关纪录和统计，是为中国第一次系统发布有关国家矿业情况的报告。

6月，先生就任官商合办的热河北票煤矿公司总经理，公司办公处设在天津，先生就任后即把家搬到天津，工作经常来往于北京、天津、沈阳、北票之间。

北票煤矿位于热河之朝阳县，原为北宁路局（即前京奉路）开办，因路款竭蹶，设备欠周，遂添招商股三百万，合路局股本二百万元，资本总额为五百万元，但实用资本仅一百七十五万元。1921年8月公司成立，其组织有董事会：官四商七，设总副经理，下分庶务、工务、文牍、会计、营业、运输等课，矿厂有总副工程师，下设电机、测绘、井工、机械、地面工程、售煤等处。③ 董事长刘厚生是一位企业家，原是张謇的故旧，与官方的农商部和交通部都有联系。

先生就任北票煤矿公司总经理后，地质调查所所长一职，即由翁文灏代理。关于此事，翁文灏回忆道：

> 1921年，先生就任北票煤矿公司之总经理，从事开发热河

---

① 《胡适全集》第29册，第297页。
② 《胡适全集》第29册，第335页。
③ 参见《中国矿业纪要》（第四次，民国十八年至二十年），北平：国立北平研究院地质学研究所，1932年12月版，第272页。

大部之煤矿。为专心致力于公司事务起见,先生坚辞地质调查所所长之职,并呈请任命余为所长。经余婉商,乃聘先生为名誉所长,余以代理所长名义,处理所务。先生任北票矿事后,对于该矿之发展,悉心规划,经两年之筹备,每日产量竟达两千吨以上,揆诸当日之资本与规模,实不能不叹其办事成效之大也。①

丁文江颇思改办实业,因而筹备开采热河北票煤矿,以供京奉铁路,并拟辞卸所长专任矿事,暂由余代理所长职务。

北京政制,设官分职,员额不多,地质调查所中,丁文江、章鸿钊皆以部中技正兼任所务,所中不另支薪。②

先生任地质调查所所长五年,对于其任内工作,胡适曾如是评价:"在君的最大贡献是他对于地质学有个全部的认识,所以他计划地质调查所,能在很短的时期内树立一个纯粹科学研究的机构,作为中国地质学的建立和按步发展的领导中心。""在君的第二个最大贡献是他自己不辞劳苦,以身作则,为中国地质学者树立了实地调查采集的工作模范。""在君的第三件最大贡献在于他的真诚的爱护人才,热诚而大度的运用中、外、老、少的人才。……除了训练领导许多中国青年地质学家之外,还有充分认识和充分利用外国专家学者的一个同样重要的方面。"③

先生在地质调查所所长任内,还对北方数处煤矿地质,作了实地考查,特别是山东峄县枣庄煤矿,曾经详加研究,并代中兴煤矿公司计划勘测工作,使中兴煤矿公司发展成为我国最发达的煤矿之一。

除了地质学的专业研究,先生还推动了与地质学有密切关系的古生物学和考古学的研究。他与翁文灏、李四光,西方顾问如瑞典地质学家安特生、法国科学家德日进等一起工作,使中国成为新石器时代的一个研究中心。

---

① 翁文灏:《丁文江先生传》,载 1941 年《地质论评》第 6 卷第 1、2 期。
② 翁心鹤、翁心钧整理:《翁文灏自订年谱初稿》,载 1996 年 5 月《近代史资料》第 88 号,第 57 页。
③ 胡适:《丁文江的传记》,收入《胡适文集》第 7 册,第 434—439 页。

先生离开地质调查所的原因,主要是因其家里经济负担过重,每年须支出三千元,靠地质调查所的薪俸显然不敷应用。当时他的弟弟丁文渊正留学德国,其费用全由先生负担。

7月3日,英国驻华使馆参赞哈丁先生(H. M. Harding)邀请胡适、蒋梦麟、陶孟和、毕善功和先生到他住的倒影庙内吃饭,Miss Power 也在座。饭间,先生、胡适就中国这两千年来是否进步这一问题与哈丁、毕善功展开论辩。①

7月6日,罗素在教育部会场所发表临别讲演——《中国到自由之路》,此篇讲演对先生的政治思想有重要影响。

7月7日,梁启超与先生为罗素举行饯行宴会,宾主在宴席上致词。

7月8日,胡适在日记中写道:"抄'E. S'的简章。下午,'E. S'会集。我们都赞成有一个小周报。对于现在的许多重要问题,我们也讨论了一会。"②此处的"E. S"是英文"Endeavor Society"("努力会")的缩写。

7月12日,颜惠庆在日记中写道:"丁文江为博物馆事来访。"③

8月5日,先生致信英文报纸《北京导报》编辑部,要求该报撤回前一天发表的一篇社论,该篇社论称罗素的思想不为中国青年欢迎,罗素对中国未能产生深远的影响。先生在信中指出,罗素在哲学和社会科学方面必将在中国造成影响,既深且远的影响,正是罗素使中国人第一次认识到哲学应该是对所有科学进行综合的结果,社会改造必须以丰富的知识和深思熟虑为前提。"罗素学说研究会"的成立,罗素演讲录的广泛刊布和流传、罗素患病所引起的普遍忧虑,罗素发表告别演说时听众的拥挤程度,都表明罗素深深地打动了中国人的心灵。④

---

① 《胡适全集》第29册,第340—343页。
② 《胡适全集》第29册,第351页。
③ 上海市档案馆译:《颜惠庆日记》第二册,第52页。
④ 1921年8月5日丁文江致《北京导报》编辑部,原件存罗素档案馆。转引自朱学勤:《让人为难的罗素》,载1996年10月《读书》第10期。

8月18日,颜惠庆在日记中写道:"丁文江来访,说不能去华盛顿。"①

9月1日,先生出席在清华学校召开的中国科学社讨论会,代翁文灏宣读《甘肃地震考》一文。

9月10日,翁文灏被委任为"地质调查所会办",主持该所所务工作。②

9月,农商部地质调查所图书馆在兵马司胡同九号落成。此前先生随梁启超等赴欧洲考察,任巴黎和会中国代表会外顾问,筹集到大量图书。由于北京丰盛胡同三号地质调查所图书馆舍严重不足,先生与章鸿钊、翁文灏及农商部矿政司司长邢端、林大闾商议,发起募捐,筹建图书馆新馆。募捐得到开滦矿务总局、中兴煤矿公司等部门和黎元洪大总统、刘厚生、袁涤庵等个人捐款三万九千余元,大大超出图书馆工程所需费用。先生以招标的方式确定德国雷虎公司承建,先生与李学清监修。③ 新图书馆落成后,地质调查所之中心遂移至此处,先生的办公室设在图书馆一楼。此前,地质调查所办公室均集中于北京丰盛胡同三号。④

9月30日,为当选国际地质大会副会长及评议员事,先生与章鸿钊联名上报农商部:"职所股长佥事翁文灏前蒙大部派赴比京成国际地质协会参列会议,兹据函称,该协会业于8月9日开会,翁佥事被选为副会长及评议员等词。"⑤

关于先生在北票煤矿工作的情形,本年曾与先生同住的董显光回忆道:

> 民国十一年十二年间,我在华北水利委员会服务,并兼任《密勒氏评论》驻华北副主笔;在君则在北票煤矿公司当总工程师。因此我们都同在天津。当时我家居北京,在天津前意

---

① 上海市档案馆译:《颜惠庆日记》第二册,第63页。
② 《农商部委任令第55号》,1921年10月15日《农商公报》第8卷第3册,"政事门",第4页。
③ 参见《地质老照片》,北京:地质出版社,2004年8月版,第23页。
④ 参见翁文灏:《丁文江先生传》,载1941年《地质评论》第6卷第1、2期。
⑤ 此函原件存于第二历史档案馆,转引自李学通:《翁文灏年谱》,济南:山东教育出版社,2005年10月版,第35页。

租界三马路十三号租了一个通楼作为寓所。在君和我一样，他的家也在北京，我便邀他和我同住在一起。

这通楼楼面不大，由中间隔为两间。我住后间，他住前间。华北水利委员会有一个工友，名叫延升，由他替我们准备早点和晚餐。我们吃得非常简单，只是一菜一饭。在君吃黄豆烧肉，这个菜，在我们同住在一起的一年中，几乎成了我们每天所必有而仅有的菜肴。……

在君也和我一样，不爱看电影，也不爱交际，煤矿公司的事务办完，便回到寓所来，忙着翻阅各种中外典籍。他中文、英文和德文的造诣都极深，而治学的范围又极广，因此，天文地理，无不通晓。①

本年，先生有"热河北票之行，此行专为研究北票煤田地质"。②

1922年（民国十一年壬戌） 三十六岁

1月27日，先生在北京西城兵马司九号农商部地质调查所新建图书馆与章鸿钊、翁文灏、王烈、李四光、葛利普等26名创始会员（Charter menber）举行中国地质学会成立大会，会议逐条讨论学会章程，先生提议由章鸿钊、翁文灏、王烈、李四光、葛利普五人组成筹委会，章鸿钊任筹委会主席。③

2月3日，中国地质学会召开会员大会，宣布学会正式成立，通过了"中国地质学会章程"，选出了学会职员，决定出版学会的刊物《中国地质学会志》（Bulletin of the Geological Society of China），该刊将刊登会议纪录，论文或摘要，由会员投稿，为西文季刊。

先生被推为首届评议会（理事会）评议员兼编辑主任。

2月4日，胡适致先生一信。胡适在日记中写道："我要办的《努力周报》，被警察厅设法驳了（借口于房东不同意，其实是他们把她吓倒了）。今天另拟一呈子，再请立案，措辞颇严厉。作一书

---

① 董显光：《我和在君》，载1956年台湾《"中央"研究院院刊》第3辑。
② 参见黄汲清：《编辑后记》，收入《丁文江先生地质调查报告》，第744页。具体时间不详，暂系于此。
③ 王弭力主编：《中国地质学会80周年纪事》，北京：地质出版社，2002年8月版，第2页。

寄丁在君,也为此事。"①

2月5日,先生与胡适、王徵、董显光在北京来今雨轩吃饭、商谈时局。②

2月15日,晚上先生与胡适等赴文友会,会员燕京大学教授王克私(Philip de Vargas)读一文论《Some Aspects of the Chinese Renaissance》,先生参与讨论。③

3月2日,出席地质调查所图书馆召开的中国地质学会第一次常会,发表题为"The Aims of the Geological Society of China"(《中国地质学会之目的》)的英文演讲,大意谓:本会将为我们所从事的科学的原理和问题,提供一个充分和自由讨论的机会。而在我们的政府机关中,则必须集中精力于经常性的工作上,因而不可能做到这一点。本会还为我国各地的科学家定期召开大会,提供一个会聚一堂进行学术交流的机会,这样的交流和交换意见必然有益于所有的与会者,从而在我国的科学生活中形成一个推进的因素。此文英文提要刊载《中国地质学会志》创刊号。

3月26日,先生致胡适一信,谈为《努力》写稿事。④

3月27日,先生致胡适一信,询问《努力》"能否产出"一事。⑤

4月15日,中国地质学会举行第二次常会,欢迎日本古生物学家早坂一郎博士,会议由先生主持。早坂一郎用日语发表了题为《日本地质概述》的演讲,由李四光翻译。

4月16日,先生与胡适晤谈。⑥

4月26日,先生致胡适一信,约胡适夏季去北戴河休养。⑦

4月27日,胡适在日记中写道:"到公园,会见在君、文伯。"⑧

4月28日,先生与胡适去瑞典学者安特生家吃饭,胡适在当日日记中写道:

---

① 《胡适全集》第29册,第504页。
② 《胡适全集》第29册,第511页。
③ 《胡适全集》第29册,第518页。
④ 《胡适来往书信选》上册,第244页。
⑤ 《胡适来往书信选》上册,第145页。
⑥ 《胡适全集》第29册,第582页。
⑦ 《胡适来往书信选》上册,第147页。
⑧ 《胡适全集》第29册,第604页。

> 夜八时,到 J. G. Andersson 家吃饭。在君亦在。我们谈古史事,甚有趣。Andersson 立论甚谨慎,很可佩服。
>
> 在君前年尚信《禹贡》是真的。他说,"把《禹贡》推翻了,我们地质学者就要同你拼命了。"今夜他竟说,商是可靠的,商以前的历史是不能不丢弃的了,《禹贡》也是不能不丢弃的了。我听了非常高兴。①

5月7日,先生与胡适、高一涵等合办的《努力周报》在北京创刊。先生始用"宗淹"的笔名发表《中国北方军队的概略》、《奉直两军的形势》两文,胡适认为"这些研究是他后来写成一部专书《民国军事近纪》(民国十五年商务印书馆出版)的起点。"②

关于《努力周报》创刊的情形,胡适有一段回忆:

> 周报的筹备远在半年之前。在君是最早提倡的人。他向来主张,我们有职业而不靠政治吃饭的朋友应该组织一个小团体,研究政治,讨论政治,作为公开的批评政治或提倡政治革新的准备。最早参加这个小团体的人不过四五个人,最多的时候从没有超过十二人。人数少,故可以在一桌上同吃饭谈论。后来在君提议要办一个批评政治的小周报,我们才感觉要有一个名字,"努力"的名字好像是我提议的。在君提议:社员每人每月捐出固定收入的百分之五,必须捐满三个月之后,才可以出版。出版之后,这个百分之五的捐款仍须继续,到周报收支可以相抵时为止。当时大学教授的最高薪俸是每月二百八十元,捐百分之五只有十四元。但周报只印一大张,纸费印费都不多,稿费当然是没有的,所以我们的三个月捐款已够用了,已够使这个刊物独立了。③

据朱家骅回忆:先生对当时中国政治混乱的看法:"最可怕的是一种有知识、有道德的人,不肯向政治上去努力。"他认为"只要有几个人,有不折不回的决心,拔山蹈海的勇气,不但有知识而且

---

① 《胡适全集》第29册,第613页。
② 胡适:《丁文江的传记》,收入《胡适文集》第7册,第448页。
③ 胡适:《丁文江的传记》,收入《胡适文集》第7册,第443页。

有能力,不但有道德而且要做事业,风气一开,精神就会一变。"①

5月14日,先生与胡适、蔡元培、王宠惠、罗文干、高一涵、梁漱溟、李大钊等十六人联名在《努力周报》第2号发表《我们的政治主张》。该文称"我们以为国内优秀分子,无论他们理想中的政治组织是什么,现在都应当平心降格的公认'好政府'一个目标,作为现在改革中国政治最低限度的要求。我们应该同心协力的拿这共同目标向中国的恶势力作战"。

5月25日,胡适在日记中写道:"七时,到公园,与在君、文伯、经农吃饭,谈的(得)甚久。"②

同日,先生在《努力周报》第3号用"宗淹"的笔名发表《奉直战争真相》。

6月4日,先生在《努力周报》第5号用"宗淹"的笔名发表《广东军队概略》。

6月11日、18日,先生在《努力周报》第6、7号用"宗淹"的笔名发表《答关于"我们的政治主张"的讨论》。

6月13日,任鸿隽致先生一信,对蔡元培加入"努力社"表示赞同。③

6月20日,先生赴顾维钧宅参加欧美同学聚会,关于此事胡适在日记中写道:"孑民、亮畴、少川、钧任发起一个茶话会,邀了二十多位欧美同学在顾宅谈话,讨论今日切近的问题。……今天到会的有丁在君、张君劢、秦景阳、陈聘丞、严踽、王长信、周季梅、蒋百里、林宗孟、陶孟和、李石曾、高鲁、叶叔衡等,讨论的总题是'统一'"。④

6月23日,先生致胡适一信,对蔡元培加入"努力社"表示不同意见。⑤

6月25日,先生与胡敦复赴胡适家中晤谈,后陪胡敦复去公园

---

① 朱家骅:《丁文江与中央研究院》,载台湾《"中央研究院"院刊》第3辑,1956年出版。
② 《胡适全集》第29册,第632页。
③ 《胡适来往书信选》上册,第155页。
④ 《胡适全集》第29册,第659页。
⑤ 《胡适来往书信选》上册,第154页。

游览,至深夜始散。胡适在日记中写道:"在君忽与胡敦复同来。敦复十年不到京了,今日谈的极好,他竟很赞成我们最近的举动,我们劝他在上海聚集一班好人,如杨补塘、徐振飞……形成一个中心。他也很赞成。敦复不曾到过公园,我们陪他去逛了半天,夜深始散。"①

7月1日,晚上胡适来天津,住在先生寓中,与先生晤谈至深夜。胡适在日记中写道:"夜九时到天津,住在君家,与在君、景阳夜话,晏睡。"②

7月2日,在《努力周报》第9号用"宗淹"的笔名发表《忠告旧国会议员》。

7月3日,先生在济南参加中华教育改进会第一次年会。夜间先生与胡适闲谈北大历史,至凌晨二时始睡。胡适在日记中写道:"与在君、景阳、孟和、敦复闲谈,直到凌晨二时半始睡。景阳、在君熟识北大的十年历史;在君知道何燏时做校长时及胡仁源做校长时代的历史。"③

7月4—9日,先生继续在济南参加中华教育改进会第一次年会。

7月4日,胡适在日记中写道:"到梦麟处吃饭,饭后往见美国新来的推士(Twiss)先生,同见者在君、敦复、景阳、经农、何鲁、吴承洛、竺可桢。我们组织了一个委员会,帮助推士。"④

7月9日,胡适在日记中写道:"车到天津,遇在君,我与孟和与在君同座,谈了许多过去的事,非常之畅快,不知不觉的就到了北京了。"⑤

7月14日,先生与胡适等到顾维钧家中参加茶话会。胡适在日记中记述了此事:"四点又到顾少川君(家)赴茶话会。茶话会讨论'省自治'的问题,委托亮畴起草,作为讨论的基础。会散后,在

---

① 《胡适全集》第29册,第663页。
② 《胡适全集》第29册,第668页。
③ 《胡适全集》第29册,第670页。
④ 《胡适全集》第29册,第672页。
⑤ 《胡适全集》第29册,第678页。

君、文伯、慰慈、孟和、叔衡、聘丞、景阳邀同往公园。"①

7月17日,先生在北京丰盛胡同三号出席农商部地质调查所图书馆陈列馆开幕典礼。黎元洪大总统、农商部总长张国淦、次长江天铎、地质调查所工作人员等参加了典礼。典礼首先由先生报告,次由黎元洪训词,再次由张国淦、江天铎讲演。典礼结束时,宾主一起摄影,并参观陈列馆。②

关于这场开幕典礼,胡适当时即有评论:

> 这一周中国的大事,并不是董康的被打,也不是内阁的总辞职,也不是四川的大战,乃是十七日北京地质调查所的博物馆与图书馆的开幕。中国学科学的人,只有地质学者在中国的科学史上可算得已经有了有价值的贡献。……
>
> 这一次开幕的博物馆里有三千二百五十种矿物标本,图书馆里有八千八百多种地质学书报,在数量的方面,已很可观了。最可注意的是博物馆里的科学的排列法。中国人自办的博物馆最缺乏的是没有科学的排列法。③

夏,先生赴南通参加中国科学社会议,就"历史人物与地理的关系"发表演讲。

8月5日,胡适在日记中写道:"在君邀我吃饭,请的客都是曾捐钱给地质调查所图书馆的人,有朱启钤、刘厚生、李士伟……等,共十三人。"④

8月6日,在《努力周报》第14期用"宗淹"的笔名发表《裁兵计划的讨论》。

8月10—19日,第十三届国际地质大会在比利时布鲁塞尔召开,中国方面有翁文灏出席,中方向会议提供四篇论文,其中有先生向大会提交的题为 The Tectonic Geology of Eastern Yunnan(《滇东的构造地质学》)的英文论文,列举九个构造单位,论述其成分及构

---

① 《胡适全集》第29册,第683页。
② 参见《地质老照片》,北京:地质出版社,2004年8月版,第24页。1922年7月20日《申报》。
③ 《这一周》,原载1922年7月23日《努力周报》第12号。收入《胡适文集》第3册,第418页。
④ 《胡适全集》第29册,第702页。

造特点。

8月13日,先生与胡适、王徵去公园吃饭。胡适在日记中写道:"与在君、文伯在公园吃饭。在君说他看见饶汉祥(黎元洪的旧秘书)给直系某人的信,似可证外间传说直系要赶出黎氏的话不为无因。"①

8月23日晚,先生访张元济,谈修改地图及为马相伯记述"中国典故"事。先生又谈河南渑池殷墟开掘研究问题曾商之朱启钤,愿捐若干元,不知沪上能否凑集若干。先生谓须与好古者言之,沪上恐无多人。张元济愿捐500元,并允备函介绍先生往见罗振玉。②

8月26日,先生与胡适晤谈。③

9月10日,在《努力周报》第19号用"宗淹"的笔名发表《湖南军队概略》。

9月29日,中国地质学会在地质调查所举行第四次常会,会长章鸿钊主持,宣布此次常会是特别为了欢迎在蒙古考察的美国地质学家而举行,先生致欢迎词。④

9月30日,为翁文灏当选国际地质大会副会长及评议员事,先生与章鸿钊联名上报农商部:"职所股长金事翁文灏前蒙大部派赴比京成国际地质协会参列会议,兹据函称,该协会业于8月9日开会,翁金事被选为副会长及评议员等词。"⑤

10月,所著《京兆昌平县西湖村锰矿》一文,刊《地质汇报》第4号。

11月12日,在《努力周报》第28号用"宗淹"的笔名发表《山海关外旅行见闻录》。

11月20日,先生致胡适一信,劝胡适"非出洋一次不能真正休

---

① 《胡适全集》第29册,第711页。
② 张树年主编:《张元济年谱》,北京:商务印书馆,1991年12月版,第228页。
③ 《胡适全集》第29册,第726页。
④ 王弭力主编:《中国地质学会80周年纪事》,北京:地质出版社,2002年8月版,第3页。
⑤ 此函原件存于第二历史档案馆,转引自李学通:《翁文灏年谱》,济南:山东教育出版社,2005年10月版,第35页。

息"。①

11月,先生以"历史人物与地理的关系"为题在北京协和医学校发表英文讲演。

12月16日,先生致胡适一信,告已写好《重印〈天工开物〉始末论》一文。②

由先生任总编辑,地质调查所印行的《中国古生物志》本年创刊。该刊记述我国地层中所发现的各种化石的详细记录,并讨论其演化的关系。所用文字以西文为主。谈及《中国古生物志》,葛利普曾这样写道:

> 丁先生之意欲使此刊物较之其他国家之同类出版物有过之而无逊色。全志共分甲、乙、丙、丁四种:甲种专载植物化石,乙种记无脊椎动物化石,丙种专述脊椎动物化石,丁种则专论中国原(猿)人。第一册之出版,距今不及十五年,而今日之各别专集,已近一百巨册之多。此种大成绩实非他国所能表现。③

章鸿钊曾高度评价先生对中国古生物学研究的贡献:

> 丁先生对于研究古生物学提供最力。在地质调查所归他主持出版的《中国古生物志》前后已印八十余册,其中根据他所得的材料的也有十二巨册。这也不能不算他一种极有价值的功绩。④

本年,先生有"热河之行:丁先生从北京到承德,来回走了一趟,沿途察看地质"。⑤

本年,在《中国地质学会志》创刊号发表 The Geological Society

---

① 《胡适来往书信选》上册,第174—175页。
② 收入耿云志主编:《胡适遗稿及秘藏书信》第23册,合肥:黄山书社,1994年版,第224—225页。
③ 〔美〕葛利普著,高振西译:《丁文江先生与中国科学之发展》,载1936年2月16日《独立评论》第188期。
④ 参见章鸿钊:《我对于在君先生的回忆》,载1936年6月《地质论评》第1卷第3期。
⑤ 参见黄汲清:《编辑后记》,收入《丁文江先生地质调查报告》,第744页。具体时间不详,暂系于此。

of China, History of Organization（《中国地质学会组织历史》）一文和 The Aims of the Geological Society of China（《中国地质学会的目标》）的英文提要。

1923年（民国十二年癸亥） 三十七岁

1月6—8日，先生出席在地质调查所召开的中国地质学会第二届年会，宣读论文（6日下午），当选为会长，任期一年。

1月7日，在《努力周报》增刊《读书杂志》第5期发表《重印〈天工开物〉始末记》一文，介绍17世纪宋应星的一部奇书——《天工开物》。据该文开首称：

> 民国三年余奉命赴滇，调查迤东地质矿产。读《云南通志·矿政篇》，见所引宋应星著《天工开物》，言冶金法颇详晰，因思读其全书。次年回京，遍索之厂肆，无所得；询之藏书者，皆谢不知；阅《四库书目》，亦无其名。惟余友章君鸿钊云，曾于日本东京帝国图书馆中一见之，乃辗转托人就抄，年余未得报，已稍稍忘之矣。今年迁居天津，偶于罗叔韫先生座中言及其事，先生曰，"是书余求之三十年不能得，后乃偶遇之于日本古钱肆主人青森君斋中，遂以古钱若干枚易之归。君既好此；当以相假。"于是始得慰十年向往之心，然初不知宋应星为何许人。
>
> 书计十八卷，九册。凡食物，被服，用器，以及冶金，制械，丹青，珠玉之原料工作，无不具备。说明之外，各附以图，三百年前言工业天产之书，如此其详且明者，世界之中，无与比伦，盖当时绝作也。

1月14日，先生与蔡元培、翁文灏等参加李四光、许淑彬夫妇结婚典礼。

2月17日，梁启超在南开讲演，晚上先生、张君劢、林宰平等与梁启超"谈个通宵"。①

3月3日，先生致胡适一信，谈翻译自己的文章和"下星期把骂

---

① 参见丁文江、赵丰田编：《梁启超年谱长编》，第989页。

君劢文章做起来"等事。①

3月4日,在《努力周报》第42号发表《一个外国朋友对于一个留学生的忠告》一文。

3月11日、18日,在《努力周报》第43、44号发表《中国历史人物与地理关系》一文(此文另刊《科学》第8卷第1期、《东方杂志》第29卷第5期),先生统计了六个朝代的著名历史人物,并且绘一幅分布图,说明历史人物和地理环境的关系。关于是篇之作,先生在文末略有交待:

> 是篇之作,动机在三年以前。去岁移居天津,得借用梁任公先生藏书,始着手统计。今夏科学社开会于南通,曾讲演一次,然其时仅有总表,文字未脱稿也。十一月复以英文讲演于北京协和医学校,乃发愤竭两日之力成之。讨论切磋,得益于任公及胡君适之者甚多。抄写核算,则雷君英广贯任其劳。余弟文浩间亦襄助,爰书数语道谢,且以志服官经商者读书作文之不易也。

3月21日,先生与翁文灏联名呈报农商部《全国地质图测制印刷办法》,刊载于《农商公报》总第107期。

3月26日,先生致胡适一信,详谈24日与张君劢讨论人生观与科学之间的关系。②

4月2日,先生致胡适一信,告《莱茵河畔的悲剧》一文已脱稿。③

4月8日,先生致胡适一信,谈成立文化研究所一事。④

4月8日,在《努力周报》第47号发表《莱茵河畔的悲剧》一文。

4月15日、22日,先生在《努力周报》第48、49号上发表题为《玄学与科学——评张君劢的"人生观"》一文,展开"科学与玄学"

---

① 《胡适遗稿及秘藏书信》第23册,第187页。
② 《胡适来往书信选》上册,第188—190页。
③ 《胡适遗稿及秘藏书信》第23册,第12—13页。此信收入《胡适来往书信选》上册,第191—192页时有误。
④ 《胡适来往书信选》上册,第194—195页。

（又称"科学与人生观"）的论战。此前2月，张君劢在《清华周刊》上发表题为《人生观》的演说稿，他认为西方科学发展的结果，是出现了物质上丰富而道德上堕落的文明；科学追求外部物质世界而不能解决人类自身的精神生活问题，因此人生哲学不是由科学定律所决定，而是由人的直觉，自由意志和内心修养所决定。先生不同意张君劢的观点，撰文予以反驳。他引用奥地利物理学家马赫、英国数学统计学家皮尔森的论点，为科学在精神生活中的作用进行辩护，否定所谓科学是西方道德衰退的原因，认为科学的观点对人生哲学是必需的，人生观与科学不可分离。

4月21日，胡适从北京到天津，住先生家中，第二天离开。①

4月23日，先生致胡适一信，更正刊登在《努力周报》上的《玄学与科学》一文的错误。②

5月9日，先生请张君劢吃晚饭。③

5月13日，梁启超在《时事新报·学灯》发表《关于玄学科学论战之战时国际公法》一文。其时梁启超正在翠微山中养病，因为怕自己的两位晚辈朋友过用意气反伤和气的原故，所以撰写了此文，借以导入为真理而论战的途径。

5月27日、6月3日，先生在《努力周报》第54、55号上发表《玄学与科学——答张君劢》一文。

先生在《玄学与科学》一文发表后，曾写信给章鸿钊，信中说：

> 弟对张君劢《人生观》提倡玄学，与科学为敌，深恐有误青年学生，不得已为此文。……弟与君劢交情甚深，此次出而宣战，纯粹为真理起见，初无丝毫意见，亦深望同人加入讨论。……④

5月，与张元济、罗振玉、张学良、朱启钤、章鸿钊、梁启超、翁文灏等发起成立古物研究社。该社以"发掘搜集并研究中国之古物

---

① 《胡适全集》第30册，第11页。
② 《胡适遗稿及秘藏书信》第23册，第18页。
③ 参见丁文江：《玄学与科学——答张君劢》，载1923年5月27日《努力周报》第54期。
④ 转引自胡适：《丁文江的传记》，收入《胡适文集》第7册，第452页。

为宗旨。""研究范围暂以三代以前为限。""所发掘或搜集之标本暂时寄存在地质调查所,俟有相当之博物馆时,再由社员酌定移赠,但不得分散或变卖"。①

6月3日,梁启超在《时事新报·学灯》发表《人生观与科学》一文,在结论中他如是说:"我把我极粗浅极凡庸的意见总结起来,是'人生关涉理智方面的事项,绝对要用科学方法来解决;关涉情感方面的事项,绝对的超科学。"明显表现出调和丁、张二人意见的倾向。②

6月10日,先生在《努力周报》第56号上发表《玄学与科学的讨论的馀兴》一文(此文另发表于1923年6月30日《晨报副刊》第170号)。在此文文末,先生开列了一参考书目,可见先生平时阅读的兴趣:

> 我们所讨论的问题范围这样广,参考的书籍自然是举不胜举;况且我又蛰居在天津,除去了南开的图书馆以外,苦于无书可借。所以我现在只能把我平日自己爱读的书,同这一次参考过的书列举出来,供读者选择。
>
> (甲)关于生物学同演化论的:
>
> 达尔文著《物种由来》
>
> 要知道达尔文的学说,最好是看他自己的书。我不知道在中国批评他学说的人,有几个从头至尾看过这部名著的。
>
> 威尔逊著《发生同遗传中的细胞》(E. B. Wilson: *The Cell in Development and Inheritance*)
>
> 冒根著《试验动物学》(T. H. Morgan: *Experimental Zoology*)
>
> 这两部都是近代的佳作,但是都是这为专门学者说法的。比较的容易懂的是下列的两部:
>
> 孔克林著《遗传与环境》(E. C. Conklin: *Heredity and Environment*)
>
> 托姆森著《遗传性》(J. A. Thomson: *Heredity*)

---

① 参见张树年主编:《张元济年谱》,第238页。
② 参见丁文江、赵丰田编:《梁启超年谱长编》,第997—998页。

（乙）关于理化学的：

安因斯坦著《相对论》(Einstein: *Relativity*)

苏点著《物质与能力》(F. Soddy: *Matter and Energy*)

施罗森著《创造的化学》(Slosson: *Creative Chemistry*)

（丙）关于人种学的：

琦士著《人类的古代》(A. Keith: *The Antiquity of Man*)

德克峨士著《体形学与人种学》(W. L. H. Duckworth: *Morphology and Anthropology*)

这两部都是很重要的书，但是没有学过比较动物学的人是不容易看得懂。下列的两部书比较的浅近：

德克峨士著《有史以前的人》(Duckworth: *The Prehistoric Man*)

戈登外叟著《人种学引论》(Goldenweiser: *Early Civilization*, *Introduction to Anthropology*)

（丁）关于科学的历史，方法同人生的关系：

赛推克著《科学小史》(W. T. Sedgwick and H. W. Tyler: *A Short History of Science*)

梅尔士著《十九世纪欧洲思想史》(J. T. Merz: *History of European Thought in the 19th Century*)

皮耳生著《科学的规范》(Karl Pearson: *The Grammar of Science*)

詹文斯著《科学通则》(S. Jevons: *The Principle of Science*)

赫胥黎著《方法与结果》(Huxley: *Method and Results*)

赫胥黎著《科学与教育》(*Science and Education*)

韦布伦著《近代文化中科学的地位》(Veblen: *The Place of Science in Modern Civilization*)

苏点著《科学与人生》(F. Soddy: *Science and Life*)

鲁滨孙著《在制造中的心》(Robinson: *The Mind in the Making*)

（戊）关于心理学的：

詹姆士著《心理学的通则》(W. James: *The Principles of Psychology*)

比上列的这一部书容易看一点的是詹姆士的《心理学教科书》(Text Book of Psychology)

诺司峨塞著《孩童心理学》(N. Norsworthy and M. T. Whitley: The Psychology of Childhood)

何尔姆士著《动物智慧的进化》(S. J. Holmes: The Evolution of Animal Intelligence)

（己）关于知识论同玄学的：

马哈著《感觉的分析》(E. Mach: The Analysis of Sensations)

罗素著《心之分析》(B. Russell: The Analysis of Mind)

罗素这一部书是介绍心理学同哲学最好的著作。他是为中国学生做的。所以说理是由浅入深，引证是折中众说，而他的文章简练活泼，步步引人入胜。

杜威著《哲学的改造》(J. Dewey: Reconstruction in Philosophy)

杜威著《实验论理文存》(Essays in Experimental Logic)

杜威著《德国的哲学与政治》(German Philosophy and Politics)

要知道君劢所信的正统哲学在德国政治上发生的恶果，同对于欧战应负的责任，不可不读此书。

柏格森著《创造的演化》(H. Bergson: Creative Evolution)

柏格森著《心理的能力》(Mind Energy)

开仑著《詹姆士与柏格森》(H. M. Kallen: William James and Henri Bergson)

哀利屋特著《近代科学与柏格森的幻想》(H. S. R. Elliot: Modern Science and the Illusions of Prof. Bergson)

此次"科学与人生观"论战，引起学术界不少人士的关注，梁启超、任叔永、胡适、孙伏园、林宰平、张东荪、朱经农、唐钺、吴稚晖、陈独秀等纷纷撰文参加论战。有关这一论战的文字，以后辑成专书，1923年12月由亚东图书馆出版，书名为《科学与人生观》。

6月27日,先生致金梁(燮侯)一信。①

8月8日,先生致高一涵一信,谈交《少数人的责任》文稿事。

8月26日,先生在《努力周刊》第67号上发表《少数人的责任》一文,文中说:"我们中国政治的混乱,不是因为国民程度幼稚,不是因为政客官僚腐败,不是因为武人军阀专横,是因为'少数人'没有责任心,而且没有负责任的能力。"先生认定:"只要有少数里面的少数、优秀里面的优秀,不肯束手待毙,天下事不怕没有办法的。""中国的前途全看我们'少数人'的志气。"此文反映了先生精英政治的理想。

9月13日,先生致张元济书,称:"去岁在申曾将搜集古物计划大略陈述,谬辱赞许。并允捐款五百元,无任盛铭。"附古物研究社简章。"该社以发掘搜集研究中国之古物为宗旨","研究范围暂以三代为限"。先从河南、山西入手,"所发掘或搜集之标本暂存地质调查所,俟有相当之博物馆时,再由社员们酌定移赠,但不得分散或买卖。"发起人为罗振玉、张学良、朱启钤、章鸿钊、梁启超、翁文灏、张元济和先生本人。②

9月17日,张元济复先生书,并汇去古物研究社捐款500元。③

9月21日,先生致张元济,告收到捐款500元、新发现周代古物一百余件,并谓《〈天工开物〉注解》年内当能撰成。④

9月27日,先生出席中国地质学会第七次常会,这次常会是为欢迎奥斯朋(Henry Fairfield Osborn)教授和纽约美国自然历史博物馆第三次亚洲考察团成员而举行,先生以会长身份主持会议,奥斯朋(Henry Fairfield Osborn)、安竹斯(R. C. Andrews)、格兰杰(W. Granger)和莫里斯(F. K. Morris)先后作学术讲演。⑤

10月18日,先生自四川考察地质回京,与胡适会面、吃饭,并同去商务印书馆,拜访任叔永、朱经农、王云五等。⑥

---

① 此信影印件参见江苏泰兴黄桥中学"纪念丁文江先生诞辰120周年展览"。
② 参见张树年主编:《张元济年谱》,第238页。
③ 参见张树年主编:《张元济年谱》,第238页。
④ 参见张树年主编:《张元济年谱》,第238—239页。
⑤ 王弭力主编:《中国地质学会80周年纪事》,北京:地质出版社,2002年8月版,第3页。
⑥ 《胡适全集》第30册,第74页。

10月19日,先生去胡适处,谈《努力周报》和北京大学事,帮胡适筹划前途。①

11月1日,先生致胡适一信,谈科学社、为胡适找房子、努力社等事。②

11月16日,先生致高梦旦一信,谈胡适病情。③

本年,徐志摩离婚,并与陆小曼结婚,此事曾遭其师梁启超的反对,在婚宴席上,任公毫不客气地责备了徐志摩的婚恋观。先生与徐志摩亦熟,"他对志摩的再度结婚是反对的,在君不是反对志摩再婚,他是反对志摩那样一结婚不能工作了。"④

本年,先生与凌鸿勋结交,关于他们一生相交的经历,凌氏后来有所回忆:

> 在君先生长余约五六岁,余等订交乃在民国十一年同旅居北平之时。其后先生出主沪政,余方长上海交通大学(其时称南洋大学),乃得时相过从。民国十七年,余于役于广西之苍梧,先生适在西南勘察事毕,道出苍梧,班荆道故,乐乃无极。⑤

本年,先生所著《五十年来中国之矿业》,收入申报馆出版的《最近之五十年》一书。

本年,葛利普所著英文版 Stratigraphy of China(《中国地质学史》)第一册,由农商部地质调查所出版,先生与翁文灏为之作序。

1924年(民国十三年甲子)　三十八岁

1月4日,先生致胡适一信,告"近来着手做了一篇《中国军队的现状》,已经有了一半多"。⑥

---

① 《胡适全集》第30册,第74页。
② 《胡适来往书信选》上册,第217—218页。
③ 《胡适遗稿及秘藏书信》第23册,第263—264页。
④ 参见傅斯年:《我所认识的丁文江先生》,载1936年2月16日《独立评论》第188号。
⑤ 凌鸿勋:《忆丁文江先生——并记其对于铁路的意见》,原载1957年2月16日《畅流》第15卷第1期。
⑥ 《胡适来往书信选》上册,第228—229页。

科学与政治——丁文江研究

1月5—7日,先生出席在地质调查所举行的中国地质学会第二届年会,以会长身份主持会议,发表题为《中国地质工作者之培养》的会长演讲,此文刊载在本年3月出版的《中国地质学会志》第4卷。先生认为"在国立北京大学地质系中所开设的课程,比起那些外国学院来要好,但有一个很大的缺点,就是完全没有严格的生物学课程。学生们除非加以补修,是难以期望了解地史学的基础原理。还有,中国学生必须学习一些测量课程,特别是地形测量,这是因为中国境内只有很少地区是测过图的,而这些地图往往不适用,这就要求地质工作者来测制自己所需要的地图。"

1月8日,先生拜访颜惠庆。[①]

1月13日,先生致胡适一信,提到:"我在一年半之中替《努力》做了一百二十三栏,恰合十万字。照此计算,每两个月可以替《新努力》做一篇文章。"[②]

2月6日,先生致胡适一信,告"上海的朋友如高梦旦、王云五及经农都希望你暂时离开中国——出洋去看看"。[③]

2月18日,先生拜访颜惠庆。[④]

3月9日,梁启超致沈松泉一信,信中提到:"吾友丁君文江,研究霞客最深,吾以此序抄示之,彼欢喜赞叹,谓为佳构。吾自揣作新序,亦无以逾次耕,故抄以应命,亦非尽偷懒也。丁君近为霞客作一详传,非久出版,愿得与尊校同受学界欢迎。"[⑤]可见,先生撰写《徐霞客先生年谱》之事已在朋友圈中传播开来。

春天,先生与朱家骅第一次见面。关于他们初识的过程,朱家骅有一段回忆:

> 民国十三年春末,我第二次从欧洲归国,回到北京大学教书,他和咏霓为我洗尘,这是第一次和他见面,交谈之余,就觉得他是一位很能干有为的学者。从此以后,我们在北京时常

---

① 上海市档案馆译:《颜惠庆日记》第二册,第107页。
② 《丁文江致胡适》,《胡适来往书信选》上册,第229页。
③ 《胡适遗稿及秘藏书信》第23册,第30—31页。
④ 上海市档案馆译:《颜惠庆日记》第二册,第119页。
⑤ 《梁任公先生代序》,收入《徐霞客游记》(新式标点),上海:群众图书公司,1928年版,第3页。

见面,有时在地质学会,有时在葛利普教授家里,他的议论丰采,曾留给我一个永难磨灭的印象。①

4月11日,先生致胡适两信,第一信谈有关治疗胡适肺病一事。② 第二信约胡适去北戴河休养。③

5月24日,先生致胡适一信,再次约胡适去北戴河休养。④

6月10日,先生致顾临(Greene)一信,陈述他个人对退还庚款用途之意见。他认为退款不能只用来改进科学教育,如果能同时补助科学研究的发展,不但能帮助研究方面的发展,也能增进教学的效率。基于经济的理由,退款不应用来创建一些新的机构,应该用来补助现有的机关渡过难关,而中国地质调查所兼顾理论与实际的研究工作有目共睹,正是应该接受补助的对象。⑤

6月13日,先生致胡适一信,告有关去北戴河的安排。⑥

夏,先生夫妇俩在北戴河避暑,胡适"曾去陪他们玩了几个星期"。据胡适回忆:"在君生平最恨奢侈,但他最注重生活的舒适和休息的重要。丁夫人身体不强健,每年夏天在君往往布置一个避暑的地方,使全家可以去歇夏;他自己也往往腾出时间休息一个月以上。有时候他邀一两个朋友去住些时。"⑦

9月12日,先生致胡适一信,谈自己在中华教育文化基金会董事会"被挤"一事。⑧

9月30日,颜惠庆在日记中写道,本日召开内阁会议,"丁文江被委派为中华教育文化基金会董事"。⑨

10月1日,中华教育文化基金董事会成立,先生被聘为董事。此事颇费周折,是年9月,为管理美国退还的中国庚子赔款而设立

---

① 朱家骅:《丁文江与中央研究院》,载1956年12月台北《"中央"研究院院刊》第3辑。
② 《胡适遗稿及秘藏书信》第23册,第188—190页。
③ 《胡适遗稿及秘藏书信》第23册,第191页。
④ 《胡适来往书信选》上册,第250页。
⑤ 参见杨翠华:《中基会对科学的赞助》,台北:"中研院"近史所,1991年10月版,第77页。原件 Ting to Greene, June 30, 1924, RSG 50/2097。
⑥ 《胡适遗稿及秘藏书信》第23册,第192—193页。
⑦ 参见胡适:《丁文江的传记》,收入《胡适文集》第7册,第498页。
⑧ 《胡适来往书信选》上册,第263页。
⑨ 上海市档案馆译:《颜惠庆日记》第二册,第177页。

的中华教育文化基金董事会成立,翁文灏曾极力劝先生为地质调查所而争取进入该会董事会,先生初曾进入 14 人的中国方面候选委员会名单,但在 17 日的大总统令中"被挤",后于 10 月 1 日由国务院通过被聘为第一届董事。① 以后,为地质调查所取得经济上之补助,先生"多所策划"。②

10 月 2 日,先生致胡适一事,告"已经作成功一篇《直奉兵力之比较》,《全国军队概要》一星期亦可脱稿"。③

10 月 15 日,颜惠庆在日记中写道:"丁文江为美国的赔款基金事来访。"④

10 月,谢家荣所著《地质学》一书由商务印书馆出版,先生为该书作序。

11 月 27 日,颜惠庆在日记中写道:"阿罗来访,没有什么新的消息。告诉他昨天见到了丁文江。"⑤

11 月 28 日,颜惠庆在日记中写道:"丁被推荐为委员会的副主席,他曾与周和张信谷交谈过。"⑥

11 月 29 日,颜惠庆在日记中写道:"关于委员会的工作和回忆录与丁文江进行长时间的交谈。"⑦

11 月 30 日,颜惠庆在日记中写道:"丁文江来访并留下共进晚餐。"⑧

12 月 8 日,颜惠庆在日记中写道:"丁文江来访并谈到委员会的事务。为什么他不出任交通部? 可能等下一次机会。"⑨

12 月 11 日,颜惠庆在日记中写道:"丁文江来访,说委员会可能要迁移,因为房屋要安置曹锟。"⑩

12 月 12,颜惠庆在日记中写道:"到委员会,遇见丁文江、傅、

---

① 参见李学通:《翁文灏年谱》,济南:山东教育出版社,2005 年 10 月版,第 42 页。
② 参见翁文灏:《丁文江先生传》,载 1941 年《地质论评》第 1、2 期。
③ 《胡适遗稿及秘藏书信》第 23 册,第 39—40 页。
④ 上海市档案馆译:《颜惠庆日记》第二册,第 182 页。
⑤ 上海市档案馆译:《颜惠庆日记》第二册,第 190 页。
⑥ 上海市档案馆译:《颜惠庆日记》第二册,第 191 页。
⑦ 上海市档案馆译:《颜惠庆日记》第二册,第 191 页。
⑧ 上海市档案馆译:《颜惠庆日记》第二册,第 191 页。
⑨ 上海市档案馆译:《颜惠庆日记》第二册,第 193 页。
⑩ 上海市档案馆译:《颜惠庆日记》第二册,第 194 页。

赵(为江苏问题)以及管技术方面的人员。"①

同日,先生致胡适一信,劝胡适"应该以养病为第一义务"。②

12月15日,颜惠庆在日记中写道:"到委员会并接见委员。丁文江希望清理一下'统一公债'。""丁文江前来晚餐并谈到孙的工作。"③

12月19日,颜惠庆在日记中写道:"丁文江来访,仍是谈论清理所有借款的问题。"④

12月23日,颜惠庆在日记中写道:"去医院,然后去委员会,见到张和丁文江正在忙着。"⑤

12月24日,颜惠庆在日记中写道:"丁文江来访,对送去的表格不满意。"⑥

12月27日,颜惠庆在日记中写道:"丁文江来访,为清理计划以及会议的备忘录。""宴请慕韩(他来得早)、丁文江、谭、邓、沈其富、沈瑞麟、陇海铁路的黄、钱泰及林其武(Lin Chi-wu)。"⑦

12月31日,瑞典王太子以及其他两位"支持安特生的中国委员会"成员拉各雷留斯和安特生同姓的安特生(地理学教授)致信丁文江、翁文灏。⑧

一位化名"稚言"的作者,记述了这年冬天与先生有关的一件事:

> 记得民国十三年冬,母校因为校刊上一篇小文字,闹了罢教风潮,那时我正当学生会代表,主张学校不得开除作文章的学生,要求教员上课。后来校长宣布辞职,丁先生代表董事会来校解决风潮,召集同学在大礼堂训话。他向来以善于辞令

---

① 上海市档案馆译:《颜惠庆日记》第二册,第194页。
② 《胡适遗稿及秘藏书信》第23册,第211—212页。
③ 上海市档案馆译:《颜惠庆日记》第二册,第195页。
④ 上海市档案馆译:《颜惠庆日记》第二册,第195页。
⑤ 上海市档案馆译:《颜惠庆日记》第二册,第196页。
⑥ 上海市档案馆译:《颜惠庆日记》第二册,第196页。
⑦ 上海市档案馆译:《颜惠庆日记》第二册,第197页。
⑧ 该信收入马思中、陈星灿编著:《中国之前的中国:安特生、丁文江和中国史前史的发现》(中、英文对照),斯德哥尔摩:瑞典斯德哥尔摩东方图书馆发行,2004年出版。

著名,他滔滔不绝的说了两小时之久。我那时正是血气方刚的青年,忍不住起立发言。后来风潮解决,丁先生因为我说话是西南口音,他好像对于西南人特别注意,于是约我去谈话。我心目中的丁先生,以为他是一个政论家,从事政治活动的人物。及见面后,才觉出他是一位学者,而且对于青年人很热心,真是可佩。①

1925年(民国十四年乙丑)　三十九岁

1月1日,颜惠庆在日记中写道:"去执政府大楼(陆军部),会见丁文江、叶、姚氏兄弟、安格联、法布雷克、端纳和贝克等。"②

1月3—5日,先生出席在地质调查召开的第三届年会,并宣读论文。

1月8日,颜惠庆在日记中写道:"丁文江来访,他将在关税会议上作一下情况介绍,并提出整理外债的计划。"③

1月17日,颜惠庆在日记中写道:"丁来访,我与他讨论了财政问题;他同意为我谋取顾问之职。"④

1月20日,先生致胡适一信,纠正《益世报》刊登先生谈话的内容。⑤

同日,颜惠庆在日记中写道:"去委员会,与丁、李、张、吴等人讨论财政形势。"⑥

1月21日,颜惠庆在日记中写道:"丁文江为总部迁址及为段起草备忘录事来访。"⑦

1月21日,颜惠庆在日记中写道:"下午,丁文江来访,他细致地研究了金法郎案。他在段来京执政之前曾向法国人提出过所谓的'保证',即由他、李、沈和我去解决这个问题。"⑧

---

① 稚言:《悼丁在君先生》,载1936年1月13日《国闻周报》第13卷第3期。
② 上海市档案馆译:《颜惠庆日记》第二册,第199页。
③ 上海市档案馆译:《颜惠庆日记》第二册,第201页。
④ 上海市档案馆译:《颜惠庆日记》第二册,第203页。
⑤ 《胡适来往书信选》上册,第307—308页。
⑥ 上海市档案馆译:《颜惠庆日记》第二册,第204页。
⑦ 上海市档案馆译:《颜惠庆日记》第二册,第204页。
⑧ 上海市档案馆译:《颜惠庆日记》第二册,第204页。

1月27日,颜惠庆在日记中写道:"丁从天津回来,我们讨论了财政问题。"①

1月29日,颜惠庆在日记中写道:"丁来访,他仔细看了吴的备忘录。"②

1月30日,颜惠庆在日记中写道:"去委员会,再次与丁审阅备忘录草稿。"③

1月31日,颜惠庆在日记中写道:"丁来访,为备忘录定稿事。"④

2月1日,颜惠庆在日记中写道:"丁来访,他说备忘录需重新誊抄。""欧美同学会举行招待会。"⑤

2月2日,颜惠庆在日记中写道:"丁来访,谓段对备忘录表示同意。"⑥

同日,先生致胡适一信,赞成《努力》复刊。⑦

同日,先生与翁文灏联名复信瑞典"支持安特生博士在中国从事科学研究的瑞典委员会"(亦称"支持安特生的中国委员会")。⑧

2月4日,颜惠庆在日记中写道:"丁给我看了关于慕韩要去上海的信件。委员会起草关于裁撤厘金及全面整理外债的备忘录。"⑨

2月9日,颜惠庆在日记中写道:"丁文江来访,我们讨论了上海特区的边界问题。"⑩

2月10日,先生致胡适一信,为保张轶欧托胡适写信给章士钊,托章向刘治洲说话,"叫他不要妄动"。⑪

---

① 上海市档案馆译:《颜惠庆日记》第二册,第205页。
② 上海市档案馆译:《颜惠庆日记》第二册,第206页。
③ 上海市档案馆译:《颜惠庆日记》第二册,第206页。
④ 上海市档案馆译:《颜惠庆日记》第二册,第206页。
⑤ 上海市档案馆译:《颜惠庆日记》第二册,第206页。
⑥ 上海市档案馆译:《颜惠庆日记》第二册,第206页。
⑦ 《胡适来往书信选》上册,第312—313页。
⑧ 该信收入马思中、陈星灿编著:《中国之前的中国:安特生、丁文江和中国史前史的发现》(中、英文对照),斯德哥尔摩:瑞典斯德哥尔摩东方图书馆发行,2004年出版。
⑨ 上海市档案馆译:《颜惠庆日记》第二册,第207页。
⑩ 上海市档案馆译:《颜惠庆日记》第二册,第209页。
⑪ 《胡适来往书信选》上册,第315页。

2月16日，颜惠庆在日记中写道："去委员会，审阅了备忘录英文本，以及罗鸿年关于反对整理所有外债的备忘录。"①

2月20日，颜惠庆在日记中写道："去委员会。审阅了整理外债备忘录。安特生来访，他求见丁文江。"②

2月22日，先生致胡适一信，告《民国军事近纪》一书"大致已经脱稿"。③

2月23日，颜惠庆在日记中写道："梁孟亭与丁来访。"④

2月24日，颜惠庆在日记中写道："走访丁府（参加追思礼拜事）。"⑤

2月27日，颜惠庆在日记中写道："去委员会。丁文江将去奉天，他灰心丧气。"⑥

3月3日，颜惠庆在日记中写道："去段处留下名片即去委员会。得悉丁文江将不去奉天。"⑦

3月4日，颜惠庆在日记中写道："去委员会。与丁文江同去正觉寺和清华大学。"⑧

3月7日，颜惠庆在日记中写道："丁文江来访，谈了委员会合并事。他说想打听些消息，又说梁启超和梁士诒在一起工作了。"⑨

3月9日，颜惠庆在日记中写道："去委员会，并见到了丁。关于延长委员会寿命的问题没有做出决定。梁在谋求差使？"⑩

3月12日，颜惠庆在日记中写道："夜间出席外交部同仁举行的宴会，共五桌。宴后，与丁、刘和严鹤龄留了下来。"⑪

3月15日，先生致胡适一信，告"陈博生今日有信来，请我把

---

① 上海市档案馆译：《颜惠庆日记》第二册，第210页。
② 上海市档案馆译：《颜惠庆日记》第二册，第211页。
③ 《胡适遗稿及秘藏书信》第23册，第197—198页。
④ 上海市档案馆译：《颜惠庆日记》第二册，第212页。
⑤ 上海市档案馆译：《颜惠庆日记》第二册，第212页。
⑥ 上海市档案馆译：《颜惠庆日记》第二册，第213页。
⑦ 上海市档案馆译：《颜惠庆日记》第二册，第214页。
⑧ 上海市档案馆译：《颜惠庆日记》第二册，第214页。
⑨ 上海市档案馆译：《颜惠庆日记》第二册，第215页。
⑩ 上海市档案馆译：《颜惠庆日记》第二册，第215页。
⑪ 上海市档案馆译：《颜惠庆日记》第二册，第216页。

《军事近纪》由《晨报》出版"。①

3月16日,颜惠庆在日记中写道:"丁文江否认有关重启战事或更迭内阁的谣传。新的公债业已发行,条件优惠。"②

3月20日,颜惠庆在日记中写道:"去委员会,审阅了季报,还为丁文江审核了财务报告。净节约5万元。"③

3月21日,颜惠庆在日记中写道:"宴请梁士诒、张鸿年、丁文江等人。据丁文江说,新旧交通系之间明天将发生争吵。"④

4月1日,颜惠庆在日记中写道:"丁来访,他将去天津见曹汝霖,并说争夺交通银行之战仍在继续。"⑤

4月3日,先生致胡适一信,表示"我们想你出洋,正是要想你工作;你若果然能工作,我们何必撵你走呢?你的朋友虽然也爱你的人,然而我个人尤其爱你的工作。"⑥

4月5日,颜惠庆在日记中写道:"丁与梁孟亭来访。我与梁同去天坛。"⑦

4月14日,颜惠庆在日记中写道:"美国庚款基金董事会开会,有8人出席。丁文江赞成搞研究工作,大多数认为基金应为大众谋福利。"⑧

4月17日,颜惠庆在日记中写道:"去委员会,并见到丁文江,我们谈了关税会议及其代表问题。"⑨

4月24日,颜惠庆在日记中写道:"去委员会。与丁交谈关于交通银行和关锐会议以及角逐中法实业银行董事长职位之事。"⑩

5月3日,先生在《晨报副刊》第98号"赫胥黎百年纪念专号"发表《赫胥黎的伟大》一文。傅斯年对先生受赫氏的影响有过这样的评价:"在君必是一个深刻的受赫胥黎影响者(严复并不是),他

---

① 《胡适遗稿及秘藏书信》第23册,第45—46页。
② 上海市档案馆译:《颜惠庆日记》第二册,第217页。
③ 上海市档案馆译:《颜惠庆日记》第二册,第218页。
④ 上海市档案馆译:《颜惠庆日记》第二册,第218页。
⑤ 上海市档案馆译:《颜惠庆日记》第二册,第221页。
⑥ 《胡适来往书信选》上册,第324页。
⑦ 上海市档案馆译:《颜惠庆日记》第二册,第222页。
⑧ 上海市档案馆译:《颜惠庆日记》第二册,第224页。
⑨ 上海市档案馆译:《颜惠庆日记》第二册,第225页。
⑩ 上海市档案馆译:《颜惠庆日记》第二册,第227页。

也在中国以他的科学玄学战做成了赫胥黎（只可惜对方太不行了）。"①

5月5日，颜惠庆在日记中写道："丁文江来访。据说梁欲取中法银行。他要丁文江去上海。"②

5月6日，颜惠庆在日记中写道："出席王正廷为莫（新任商务部次长）、慕韩、严鹤龄、丁文江和钱新之举行的宴会。慕韩和王讲了些有关扶乩卜卦等无稽之谈。"③

5月8日，先生致胡适一信，谈外交部推荐中英庚款委员会中国委员一事。④

5月9日，梁启超在给其子女梁思顺、梁思诚、梁思永的信中谈及他拒绝段祺瑞邀其出任善后会议宪法起草会会长一事，其中提到"京中的季常、宰平、崧生、印昆、博生，天津的丁在君一齐反对，责备我主意游移，跟着上海的百里、君劢、东荪来电来函，也是一样看法，大家还大怪宗孟，说他不应该因为自己没有办法，出这些鬼主意，来拖我下水。现在我已经有极委婉而极坚决的信向段谢绝了。"⑤可见，当时梁启超这一派人（包括先生在内）与段祺瑞的不合作态度。

5月12日，颜惠庆在日记中写道："去委员会。丁文江患足疾。"⑥

5月14日，颜惠庆在日记中写道："去委员会。丁文江足疾加剧。"⑦

5月15日，颜惠庆在日记中写道："美国庚款基金董事会开会。传阅了备忘录。丁文江喜欢争论。贝克和贝纳特十分随和。会议决定动用年额的二分之一。"⑧

---

① 傅斯年：《我所认识的丁文江先生》，载1936年2月16日《独立评论》第188号。
② 上海市档案馆译：《颜惠庆日记》第二册，第229页。
③ 上海市档案馆译：《颜惠庆日记》第二册，第230页。
④ 《胡适来往书信选》上册，第333页。
⑤ 丁文江、赵丰田：《梁启超年谱长编》，上海人民出版社，1983年8月版，第1033页。
⑥ 上海市档案馆译：《颜惠庆日记》第二册，第230页。
⑦ 上海市档案馆译：《颜惠庆日记》第二册，第231页。
⑧ 上海市档案馆译：《颜惠庆日记》第二册，第231页。

5月15日,颜惠庆在日记中写道:"留美同学会举行午餐舞会。联谊会里装点得非常华丽。有22桌,有许多中国女士伴舞。丁文江、许叔源(Hisr Su-yuan)和叶景莘都是来宾。"①

5月17日,颜惠庆在日记中写道:"走访丁文江,他的足疾仍未愈。他说曹毓麟在检账目。他推荐许督源出任公使。吴光新的军队前来北京,而不是奉天方面的军队。"②

5月27日,颜惠庆在日记中写道:"图书馆委员会开会,梁当选主席。我与胡适谈了去英国的事以及丁文江的职务安排。"③

5月29日,颜惠庆在日记中写道:"丁文江来访,他已病愈出院。关于去伦敦之事,他将为我去试探一下段的意见。"④

5月30日,先生致胡适一信,谈推荐张奚若一事。⑤

5月30日,五卅惨案发生。先生曾起草一份致英国方面的英文电报,说明事件的真相。关于此事,罗家伦有一段回忆:

> 后来我在英国的时候,正遇着上海发生五卅惨案。由于华工在日本内外纱厂被杀酿成风潮,而英国派大军在上海登陆,演变为更大规模的惨剧。当时我激于义愤,和英国国会里工党议员联络要他们纠正上海英国军警的暴行。他们在国会会场不断的提出严厉的质询。可是国内来的电文,都是充满了感情发泄的词句,而缺少对于事件真相平静的叙述和法理的判断,所以极少可用的材料。此时恰巧有一个三千多字的英文长电转到我手里。这电报是由胡适、罗文干、丁文江和颜任光四位先生署名的,以很爽明锋利的英文,叙说该案的内容,暴露英方军警的罪行,如老吏断狱,不但深刻,而且说得令人心服。每字每句不是深懂英国人心理的作者,是一定写不出来的。于是我集款把它先印行了五千份,加一题目为"中国的理由"(China's Case),分送英国职工联合总会(Trade Union Congress)秘书长席屈林(Citrine)和他详谈,并将此电原件给

---

① 上海市档案馆译:《颜惠庆日记》第二册,第231页。
② 上海市档案馆译:《颜惠庆日记》第二册,第232页。
③ 上海市档案馆译:《颜惠庆日记》第二册,第234页。
④ 上海市档案馆译:《颜惠庆日记》第二册,第235页。
⑤ 《胡适来往书信选》上册,第334页。

他看,结果争取到他的同情。他并且要我添印若干份,由他分发给他工联中的小单位。因此工党议员加入为中国说话的更多,在英国国会里发生了更大的影响。事后我才知道,这篇文章是在君起草的,他真是懂得英国人心理的人。①

6月2日,颜惠庆在日记中写道:"丁来访,他说叶反对我出国,他想首先了解我的意图。孔将任财政总长。交通系在捣鬼。""在皇宫饭店晚餐,随后开会。经过长时间讨论后,就董事会的意图以及基金会的组建问题草拟了给施的电报。会议于凌晨1时30分休会。"②

6月2—4日,先生出席中基会第一次年会,该会确定庚款用途、分款原则、会务细则等,选举职员并成立执行委员会。

6月8日,先生致胡适一信,把他有关对美款的意见书送胡适一份。③

6月11日,先生与梁启超、朱启钤、顾维钧、范源廉、张国淦、董显光诸氏就五卅惨案发表一共同宣言,刊登在《申报》上。④

6月19日,颜惠庆在日记中写道:"丁文江与梁启超对上海事件再次发表声明,并提出了合理的解决方案。""去委员会。丁文江为去库伦旅行事将于明日去天津见张。"⑤

6月24日,颜惠庆在日记中写道:"丁文江夜间来访,他刚从天津回来,那里没有什么动静。他说,杨以德和李景林曾为天津知事撤职事发生争吵。"⑥

7月5日,颜惠庆在日记中写道:"丁文江来访,我向他阐明了局势和采取措施的必要性。"⑦

7月6日,颜惠庆在日记中写道:"去委员会。丁文江迟到。他

---

① 罗家伦:《现代学人丁在君先生的一角》,载1956年台北《"中央研究院"院刊》第三辑。
② 上海市档案馆译:《颜惠庆日记》第二册,第236页。
③ 《胡适来往书信选》上册,第335页。
④ 《梁启超等之意见》,载1926年6月11日《申报》。另参见丁文江、赵丰田编:《梁启超年谱长编》,第1038页。
⑤ 上海市档案馆译:《颜惠庆日记》第二册,第241页。
⑥ 上海市档案馆译:《颜惠庆日记》第二册,第243页。
⑦ 上海市档案馆译:《颜惠庆日记》第二册,第246页。

是否对王正廷猜疑重重。"①

7月11日,颜惠庆在日记中写道:"丁文江来访,他说梁内阁是个回光返照的内阁。他奇怪沈没有策略,要我出长外交(我已谢绝)。他并反对司法总长关于会审公堂的计划。"②

7月16日,颜惠庆在日记中写道:"丁文江审阅了外债一览表。"③

7月20日,颜惠庆在日记中写道:"丁文江拟聘用程锡庚。"④

7月21日,先生致胡适一信,约胡适去北戴河住几天。⑤

7月23日,颜惠庆在日记中写道:"丁文江来访,他说政治局势无变化,也无战斗。"⑥

7月27日,颜惠庆在日记中写道:"丁文江来访,他谈了日本对华政策,并说8月后内阁人事将有变动。"⑦

7月28日,颜惠庆在日记中写道:"去委员会。丁文江已去天津。"⑧

7月,先生得到罗文干从岳州打来的密电,要他到岳州去见直系军阀吴佩孚。先生遂向北票公司告假南下,先到上海会见刘厚生等,谋划江苏绅商想借客军驱逐奉军的计划;然后从上海去岳州和吴佩孚晤谈,就国内局势回答吴的提问;回到上海后,孙派人来邀他到杭州去商谈。⑨

8月4日,颜惠庆在日记中写道:"在委员会听丁文江谈起,日本有印度铁矿供应,并从安南输入食盐,因此不理睬中国。"⑩

8月8日,颜惠庆在日记中写道:"丁文江来访,他建议组织代表团并明确分工,他和我专管整理外债。"⑪

---

① 上海市档案馆译:《颜惠庆日记》第二册,第246页。
② 上海市档案馆译:《颜惠庆日记》第二册,第248页。
③ 上海市档案馆译:《颜惠庆日记》第二册,第249页。
④ 上海市档案馆译:《颜惠庆日记》第二册,第251页。
⑤ 《胡适来往书信选》上册,第342页。
⑥ 上海市档案馆译:《颜惠庆日记》第二册,第251页。
⑦ 上海市档案馆译:《颜惠庆日记》第二册,第253页。
⑧ 上海市档案馆译:《颜惠庆日记》第二册,第253页。
⑨ 此条记述参见胡适:《丁文江的传记》,收入《胡适文集》第7册,第450页。
⑩ 上海市档案馆译:《颜惠庆日记》第二册,第255页。
⑪ 上海市档案馆译:《颜惠庆日记》第二册,第256页。

8月12日，先生致胡适一信，告雇了三个人整理书籍文夹。①

8月17日，颜惠庆在日记中写道："新任杨总长来访，他说丁文江曾去过他那里。丁文江晨间避不见沈，沈大为恼火。"②

8月19日，颜惠庆在日记中写道："去委员会并见到丁文江。胡与杨将编写外债史。"③

8月24日，颜惠庆在日记中写道："在欧美同学会招待科学协会成员，遇严洪春（Yen Hung-chun）、胡等人。丁文江认为战争临近。"④

8月，先生去杭州与孙传芳商谈一周。然后回上海报告他和孙传芳、陈仪谈话的经过。此时，孙传芳在杭州答应出兵援救江苏，孙询问先生"肯不肯来帮帮他的忙"，他们之间有一段对话，被先生作为笑话，常与胡适谈及：

  孙馨远说：丁先生，请你想想，你在哪一个方面可以帮我顶多的忙？
  我说：我早已想过了。
  孙问：哪一个方面？
  我说：我曾想过，这时候中国军队顶需要的是一个最新式的，最完备的高级军官学校。现在的军官学校，甚至于所谓"陆军大学"，程度都很幼稚。里面的教育都太落伍了，不是保定军官学校出身，就是日本士官出身。这些军官学校的专门训练当然比不上外国同等的学校，而且军事以外的普通学科更是非常缺乏。所以我常说：中国的军事教育比任何其他的教育都落后。例如用翻译教课，在中国各大学已经废弃了二十年，而现在陆军大学的外国教官上课，还用翻译；学生没有一个能直接听讲的。足见高等军事教育比其他高等教育至少落后二十年。现在各地军官学校教出来的军官都缺乏现代知识，都缺乏现代训练，甚至于连军事地图都不会读！所以我常

---

① 《胡适遗稿及秘藏书信》第23册，第67页。
② 上海市档案馆译：《颜惠庆日记》第二册，第258页。
③ 上海市档案馆译：《颜惠庆日记》第二册，第259页。
④ 上海市档案馆译：《颜惠庆日记》第二册，第260页。

常有一种梦想,想替国家办一个很好的、完全近代化的高等军官学校。我自信可以做一个很好的军官学校校长。

孙馨远听了大笑。他说:丁先生,你是个大学问家,我很佩服。但是军事教育,我还懂得一点—我还懂得一点。现在还不敢请教你。

他说了又大笑,他当我说的是笑话!①

先生欲为中国办一所现代高级军官学校的理想,常与人提及或在自己的文字中表露。

9月4日,颜惠庆在日记中写道:"去委员会,接见赵。丁文江现为中法工商银行董事长。"②

9月初,先生仍取海道由上海回天津去。

10月13日,颜惠庆在日记中写道:"去委员会。丁文江与小于格南发生矛盾,后者拒绝承认中国资金可从庚款基金内支出。"③

10月16日,颜惠庆在日记中写道:"丁文江确信不会发生战事。"④

10月20日,颜惠庆在日记中写道:"去委员会。丁文江承认他在内战问题上估计错误。"⑤

10月30日,先生撰写《论对俄问题》一文,该文系应刘勉己所约而写。文中表示:"第一点是我们中国人现在无产可共,讲不到甚么主义。""第二点是就外交上讲,无论那一国,我们都不配联,苏俄我们更不能联。就内政上讲,联外国人来改本国的内政,没有不失败的。"该文发表在1925年11月3日出版的《晨报社会周报》第5号。

11月15日,颜惠庆在日记中写道:"丁文江来我家,他就局势和债务问题谈了一个上午。"⑥

11月22日,颜惠庆在日记中写道:"丁文江晚间来访,他谈了

---

① 胡适:《丁文江的传记》,收入《胡适文集》第7册,第475页。
② 上海市档案馆译:《颜惠庆日记》第二册,第263页。
③ 上海市档案馆译:《颜惠庆日记》第二册,第273—274页。
④ 上海市档案馆译:《颜惠庆日记》第二册,第274页。
⑤ 上海市档案馆译:《颜惠庆日记》第二册,第275页。
⑥ 上海市档案馆译:《颜惠庆日记》第二册,第282页。

建设规划,反对交通部的计划。"①

11月24日,颜惠庆在日记中写道:"去委员会,与丁文江谈了中法工商银行的事。该行贷款必须列入整理内外债规划。"②

12月1日,颜惠庆在日记中写道:"丁文江晚间来访,他对形势作了阐释,认为当前局势对段来说并不太坏,段给冯出了难题。"③

12月5日,颜惠庆在日记中写道:"丁文江建议陈锦涛来接我的班。"④

12月18日,颜惠庆在日记中写道:"丁文江对北京的治安深为忧虑,他打算加以整治。"⑤

12月25日,颜惠庆在日记中写道:"与丁文江同去正觉寺、清华大学。反基督教运动把那里的人吓坏了。"⑥

本年底或1926年1月,先生辞去北票煤矿公司总经理之职。关于先生辞职的原因,胡适认为"他所以要辞去北票煤矿的事,大概不但是因为他已决定不愿在奉军的势力范围以内做事了,并且还因为'中英庚款咨询委员会'的原来计划是需要他半年以上的时间,还需要他到英国去一次。"⑦

翁文灏如是谈及先生辞去北票煤矿公司总经理一职:

> 丁文江创办北票煤矿,积极推进,开井采煤,成绩甚著,但因股东腐旧,复思从政。时孙传芳在南京为五省联帅,丁任沪淞商埠总办。余于其时实任地质调查所所长。⑧

经过先生四年半的经营,北票煤矿公司初步实现了机械化运作,发展成为一个具有中型规模的煤矿,其产量每年稳步增长。

---

① 上海市档案馆译:《颜惠庆日记》第二册,第284页。
② 上海市档案馆译:《颜惠庆日记》第二册,第285页。
③ 上海市档案馆译:《颜惠庆日记》第二册,第286页。
④ 上海市档案馆译:《颜惠庆日记》第二册,第288页。
⑤ 上海市档案馆译:《颜惠庆日记》第二册,第292页。
⑥ 上海市档案馆译:《颜惠庆日记》第二册,第293页。
⑦ 胡适:《丁文江的传记》,收入《胡适文集》第7册,第450—451页。
⑧ 翁心鹤、翁心钧整理:《翁文灏自订年谱初稿》,载1996年5月《近代史资料》第88号,第58页。

1921—1925年北票煤矿历年产煤额如下①：

1921年	7716吨
1922年	25808吨
1923年	29536吨
1924年	63384吨
1925年	144758吨

关于先生离开北票煤矿公司一事,董显光曾有说明：

> 北票煤矿公司完全系商业机关。当初创办时,我曾告文江,开矿计划必须五年方能完成。在五年之内,希望你勿离公司。而他就允诺,但至1925年(民国十四年)的春天,文江即向我表示要脱离公司。我问他的原因。他说,第一,北票公司现已能独立,每月产煤所得之盈余,足敷开支而有余。第二,北票公司虽是营业性质,但为公司之事不免还要常与官厅接触,尤其因为北票地方及运销产煤之铁路完全在奉天统治者势力之下内,每隔二三个月必须到沈阳与官厅接洽。关外的官子架子好大,我当初为什么要脱离地质调查所,大部原因就是怕伺候官僚。谁知关外官僚的脸孔更比北京官僚的脸孔格外看不得,我不愿再见胡子的脸孔,尤其不愿在胡子势力之下讨生活。当初我不应该纵恿你怎么办北票煤矿。现在北票的情形已能自主,矿山的组织颇完密,我现在脱离公司,可以告无罪于股东。第三,因为我常常到关外,感觉张作霖本人及他的部下都不是好家伙。……现在胡子的势力已到达山东,可能将来逐渐阑入长江流域。我们江苏人要受胡子的统治,我是不能坐视的。但我仍在北票做经理,就设法到各处去活动了。我老实告诉你,依照现在国内混战的局面,我们不能再袖手旁观,我所眼看的北方军人是完全没有希望的,所以我愿意到南方各处去走走。②

胡适曾就先生任北票煤矿公司总经理期间的情况亦发表过

---

① 参见《中国矿业纪要》(第四次,民国十八年至二十年),北平:实业部地质调查所、国立北平研究院地质学研究所,1932年12月版,第273页。
② 董显光:《丁文江传记》初稿,收入《胡适全集》第34册,第388—389页。

看法:

> 关于在君办理北票煤矿公司的事,我差不多完全不知道。刘厚生先生的纪录,我曾看过,实在也太简略,没有多少传记资料。
>
> 这五年(1921—1925)之中,在君的生活有两件事是值得纪载的:一件是他和我们发起一个评论政治的周报——《努力周报》——这个报其实是他最热心发起的,这件事最可以表现在君对于政治的兴趣;一件是他在《努力周报》上开始"科学与人生观"的讨论,展开了中国现代思想史上一个大论战。①

关于这段先生的事迹,时在上海大同学院读书的丁廷楣有简短回忆:

> 民国八年至十三年,我在上海大同学院时,五年内文江来大同可能有三次,每次至校长室与校长胡敦复及曹梁厦老师等会晤,必有校工前来传呼文沼与我去晤面。我称呼文江为二哥,他呼我为三叔,当胡校长等获知我系丁文江的小叔,均戏称我为小 Uncle。文江二哥也大致问问功课、成绩及兴趣等,并嘱注意体育、健康卫生,我与文沼唯唯轻诺。②

在担任北票煤矿公司总经理职务期间,先生结识了张学良,关于此事,先生后来在《给张学良将军的一封公开信》一文中有所说明:

> 从民国十一年到十五年,我当北票公司的总经理,常常因为公司的事和您见面。您对于公司的帮忙和对于我个人的好意,我至今没有忘却。③

冬,先生与蒋廷黻初次见面。关于此事,蒋廷黻有一段回忆:

> 我初次与在君见面好像是民国十四年的冬天,地点是天

---

① 胡适:《丁文江的传记》,收入《胡适文集》第7册,第442—443页。
② 《丁廷楣先生访问纪录》(中研院近史所口述历史丛书32),第28页。
③ 丁文江:《给张学良将军的一封公开信》,载1933年3月12日《独立评论》第41号。

津的一个饭馆。那天请客的主人是南开大学矿科创办人李组绅,或是矿科主任薛桂轮。在君是主客,陪客者尽是南开的教授,见面的印象,照我现今所记得的,第一是他的胡子,第二是他的配有貂皮领子的皮大衣,第三是他那尖锐的眼光。朋友们普通见面时那套客气话,他说的很少。①

本年,与翁文灏合著的《地质调查所的十年工作》一文,由地质调查所印行。

本年,梁启超在《国产之保护及奖励》的讲演中,讲到中国工业的两大病源:"第一,没有人才。""第二,没有资本。——据丁文江君有统计,中国资本投在矿业的最多150兆元,纺织业最多220兆元,银行最多150兆元,其他面粉、化学、电气、油厂……等所有新式事业合计最多200兆元,比例全国人口,每人摊不到两块大洋。"②可见先生对梁氏的思想有一定影响。

1926年(民国十五年丙寅)　四十岁

1月1日,颜惠庆在日记中写道:"访问段执政、丁文江、王正廷。"③

1月3日,颜惠庆在日记中写道:"丁文江来访,报告徐树铮被枪杀事件。徐被拉下汽车,禁闭了几个小时,在大白天被枪杀。随后,卢在10点钟到达。瞿准将报告了这悲惨事件的经过。"④

1月6日,颜惠庆在日记中写道:"胡适、丁文江及郭秉文将是委员会中的中国人。在委员会晨会上作报告。龚说段执政将在15日动身(更可能是故作姿态而已)。丁文江说的正好与此相反。许与国民党尔虞我诈。"⑤

1月16日,先生致胡适一信,约胡适为《中国年鉴》写一篇有关中国的文艺复兴(Chinese Renaissance)的文章。⑥

---

① 蒋廷黻:《我所记得的丁在君》,载1956年台北《"中央研究院"院刊》第3辑。
② 《饮冰室合集》(5)文集之四十三,第91页。
③ 上海市档案馆译:《颜惠庆日记》第二册,第296页。
④ 上海市档案馆译:《颜惠庆日记》第二册,第296页。
⑤ 上海市档案馆译:《颜惠庆日记》第二册,第297—298页。
⑥ 《胡适遗稿及秘藏书信》第23册,第194—195页。

1月17日，颜惠庆在日记中写道："丁文江来访，说陈锦涛辞职了。他建议龚接任，贾任交通总长。李景林可能去马厂，张去山海关。"①

1月21日，颜惠庆在日记中写道："丁文江说军事形势有变化。"②

1月25日，颜惠庆在日记中写道："丁文江对九六公债提出备忘录，强迫中国的股票持有者在新的证券和旧的证券作出选择。"③

1月27日，颜惠庆在日记中写道："举行文化教育基金会议。教育界人士要求贷款有第三种保证金，我答复我们是受规章约束的，建议以2.5%的附加税代替保证金。"④

2月2日，颜惠庆在日记中写道："据丁文江报告，在阴历年底以前各方面都将有剧烈争斗。张绍曾活动频繁，他想进入权力机构。"⑤

2月11日，先生致胡适一信，告英国大使正式给他一信，说明英国政府任命他们做会员（即"中英庚款顾问委员会"委员）。⑥

同日，颜惠庆在日记中写道："丁文江对内阁改组一事一无所知。"⑦

2月，先生南下，参加"中英庚款顾问委员会"的"卫灵敦中国访问团"的会议。

"中英庚款顾问委员会"的组成人员为：主席柏克司敦伯爵（Earl John Jordan）、副主席卫灵敦子爵（Viscount Willingdon）、女委员安德生女爵士（Dame Adelaide Anderson）、英方委员有牛津大学华文教授苏狄尔（W. E. Soothill）、曼哲斯脱大学董事长倪丹爵士（Sir C. Needbam）、汇丰银行伦敦董事长阿提斯爵士（Sir Charles Addis），中方委员有先生、胡适、王景春。

2月22日，中英庚款顾问委员会卫灵敦子爵（V. Willingdon）为

---

① 上海市档案馆译：《颜惠庆日记》第二册，第300页。
② 上海市档案馆译：《颜惠庆日记》第二册，第301页。
③ 上海市档案馆译：《颜惠庆日记》第二册，第302页。
④ 上海市档案馆译：《颜惠庆日记》第二册，第303页。
⑤ 上海市档案馆译：《颜惠庆日记》第二册，第305页。
⑥ 《胡适来往书信选》上册，第364页。
⑦ 上海市档案馆译：《颜惠庆日记》第二册，第307页。

团长的"中国访问团"一行三人到达上海,先生与胡适在上海迎接。

2月23日,颜惠庆在日记中写道:"晚上丁文江来访,他才从天津返回。"①

2月26日,先生出席中华教育文化基金会会议。颜惠庆在日记中写道:"中华教育文化基金会开会。""丁文江说,孙传芳疑心建设基金将被政府利用。"②

2月27日,先生出席中华教育文化基金会会议。颜惠庆在日记中写道:"整天开会。又通过了关于支付和提出申请报告的规定。""晚上开会,孟禄提出了三件事:鸦片、社会科学与经济研究所以及华美协进会。"③

2月28日,先生出席中华教育文化基金会会议。颜惠庆在日记中写道:"举行最后一次会议,有人在争议基金的分配问题。丁文江坚持要给地质勘测多分配一些。由于投票作了妥协,总共分配到64万元。"④

3月3日,中国地质学会评议会开会,决定设立葛(利普)氏奖章,通过奖章规则,选举葛氏奖章委员会委员,先生与章鸿钊、翁文灏、李四光、王宠佑、葛利普当选委员。

同日,颜惠庆在日记中写道:"王铨祖请我吃饭,我要求丁文江也替我向贾转达我的意见。谣传委任令已发出。丁文江晚上来,他也告诉我这一传闻。"⑤

3月4日,颜惠庆在日记中写道:"去财政委员会,我对丁文江讲要他替我找出一个解决办法。他建议由施肇基出任总长,由曾代理。"⑥

3月6日,颜惠庆在日记中写道:"丁文江认为,我之所以拒绝入阁是因为马不在内阁之内,马对内阁不再感到兴趣(已被排除在外)。"⑦

---

① 上海市档案馆译:《颜惠庆日记》第二册,第310页。
② 上海市档案馆译:《颜惠庆日记》第二册,第311页。
③ 上海市档案馆译:《颜惠庆日记》第二册,第311页。
④ 上海市档案馆译:《颜惠庆日记》第二册,第311页。
⑤ 上海市档案馆译:《颜惠庆日记》第二册,第313页。
⑥ 上海市档案馆译:《颜惠庆日记》第二册,第313页。
⑦ 上海市档案馆译:《颜惠庆日记》第二册,第314页。

3月初至3月26日,先生作为中英庚款顾问委员会中国委员之一,与胡适等一起,陪同中英庚款委员会"中国访问团"卫灵敦一行在上海听取中英两国人士的意见。

3月7日,梁启超与梁令娴一书,告将入协和医院医治:

顷因丁在君、力舒东坚决主张要入协和,已决定明天便入去了。大约此病非耐性调理不可。①

3月20日,颜惠庆在日记中写道:"丁文江来访,他极力维护政府采取的措施。他建议被害士兵家属向学校当局起诉。"②

3月22日,下午五时先生与中英庚款委员会一行(英方委员卫灵顿夫妇、英国委员二人,中方委员胡适、王景春)在上海黄埔滩路礼查饭店招待中外报界,举行新闻发布会,发表宣言,晚上乘轮船赴汉口。③

同日,颜惠庆在日记中写道:"丁文江来访,他谈了一些真实消息,国民军正在缩短防线,他对陈仪备加指责。"④

4月7日,先生开始陪同中英庚款委员会"中国访问团"卫灵敦一行在南京访问。

4月10日,颜惠庆在日记中写道:"政变已成事实。段在使馆区避难。他的卫队已被调走,并加以整编。""丁文江来访,说段仍在寓所,他在事件发生前并没有得到任何情报。"⑤

4月11日,颜惠庆在日记中写道:"胡和丁文江晚上来访,胡谈了内阁的决议:将维持到正式内阁组成为止。"⑥

4月16日,先生陪同中英庚款委员会"中国访问团"卫灵敦一行在杭州访问。

4月18日,颜惠庆在日记中写道:"丁文江、赵椿年及德庆来访。"⑦

4月下旬,先生与中英庚款委员会"中国访问团"卫灵敦一行

---

① 丁文江、赵丰田编:《梁启超年谱长编》,第1075页。
② 上海市档案馆译:《颜惠庆日记》第二册,第318页。
③ 参见《英庚款委员团招待报界》,载1926年3月23日《申报》。
④ 上海市档案馆译:《颜惠庆日记》第二册,第319页。
⑤ 上海市档案馆译:《颜惠庆日记》第二册,第323页。
⑥ 上海市档案馆译:《颜惠庆日记》第二册,第324页。
⑦ 上海市档案馆译:《颜惠庆日记》第二册,第326页。

在上海集会。①

4月24日,上午中英庚款委员会在上海客利饭店举行讨论会,英方委员卫灵顿、安特生、苏希尔、中方委员先生、胡适、王景春均出席会议。据报载:"讨论结果,以中委员丁文江,现因受任淞沪商埠总办,事务极繁,将来成立以后,兼顾为难,而王景春又因旧有喘疾,入夏即发,故委员团拟乘六委员齐在之日,赶快将大纲结束,而赴港粤一行,至少当在二十天左右,时间实有不及,故粤行决即展缓,俟大纲决定后,再商行止。"②

同日,颜惠庆在日记中写道:"丁文江晚上来访,他很担心法国银行的问题。"③

4月27日,先生由南京返回上海。在南京期间,先生与孙传芳面商"规划商埠计划,已经妥绪"。④ 此时先生应已允孙传芳出任淞沪商埠总办一职。

据胡适回忆,先生担任淞沪总办一职与卫灵敦子爵的鼓励有关:

> 孙传芳请他担任淞沪总办的事,他南下之前确不知道。孙传芳向他谈论此事,已在卫灵敦子爵到上海之后了。在君先同我和王景春先生商量。我们都知道卫灵敦子爵(本名)在议会多年,又有过多年的行政经验,是英国一个有名的政治家,所以在君要把这件事告诉他,请他依据他的政治经验,给他一点意见。卫子爵同他长谈几次,很恳挚的鼓励他勉力担负这一件重要而困难的责任。⑤

又据陶菊隐的《蒋百里传》,先生出任淞沪商埠总办一职系出自蒋百里的推荐:

> 此时孙传芳也想请百里任"五省联军"的总参谋长。百里

---

① 有关丁文江陪同卫灵敦子爵一行在中国的访问行程,参见胡适:《丁文江的传记》,收入《胡适文集》第7册,第473—474页。
② 《英庚款委员团消息》,载1926年4月25日《申报》。
③ 上海市档案馆译:《颜惠庆日记》第二册,第328页。
④ 参见《丁文江之谈话:孙传芳定日内来沪》,载1926年4月29日《申报》。
⑤ 胡适:《丁文江的传记》,收入《胡适文集》第7册,第474页。

暗自好笑:"这里是参谋长,那里也是参谋长,绕来绕去都是参谋长,好像我生下来就是参谋长的材料。"由于百里不做参谋长,孙就请他做上海市长或江苏省长,他又不愿卷入政治漩涡,介绍丁文江自代。丁又转介陈陶遗为江苏省长,而自居为淞沪市政督办,孙也一一接受而发表了。①

4月29日,东南通信社发布消息,"淞沪商埠总办丁文江赴宁与孙总司令面商规划商埠计划,已经妥绪。丁氏业于前晚由宁返沪。据丁氏语人云,孙总司令已定一星期内来沪,成立商埠总办公署。"②可见,此时先生担任淞沪商埠总办的消息已为外界所知。

5月1日,据《申报》载:"淞沪商埠督办公署,连日经总办丁文江氏与许交涉员、傅道尹会商组织办法,其大纲已奉孙总司令核准。"③

同日,奉联军总司令孙传芳电召,晚上先生乘车由沪抵宁,"面述在沪与官绅接洽情形,顺便欢迎孙氏来沪"。④

5月2日,《申报》发表《淞沪督办署即将成立》的消息。

5月3日,《申报》发表《孙陈会委丁文江办沪廨案》的消息。

5月3—5日,在地质调查所举行中国地质学会第四届年会上,先生当选为评议会评议员。

5月4日,孙传芳在上海成立淞沪商埠督办公署,统一办理上海的市政,延聘先生为督署总办,主持督署一切事务,孙传芳自领督办,公署设在龙华旧护军使署原址。此前,1925年6月6日北京执政府曾特派孙宝琦为淞沪市政督办,虞和德、李钟钰为会办,时当五卅惨案发生之后,上海局势紧张,孙与虞、李三人均未到职,督署亦未成立。⑤

5月5日,孙传芳在上海总商会招待上海各界的茶会上正式宣布先生担任淞沪商埠督办公署的全权总办。孙传芳说:

---

① 参见陶菊隐:《蒋百里传》,北京:中华书局,1985年2月版,第64页。
② 《丁文江之谈话:孙传芳定日内来沪》,载1926年4月29日《申报》。
③ 《淞沪商埠督办公署组织大纲》,载1926年5月1日《申报》。
④ 《淞沪督办署即将成立》,载1936年5月2日《申报》。
⑤ 朱沛莲:《丁文江、黄郛与大上海》,载1978年台北《中外杂志》第23卷第4期。

丁先生这回本是为了中英庚款的事到上海来的。因为我相信他不会为私人的利益牺牲公家的利益,因为我相信这个人的能力可以做到"大上海"的政策的实现,所以我特别请他担任这件事。他现在竟肯担任这件事,也是因为他对于这个政策有信心。①

　　5月7日,下午五时联华总会在该会三楼设茶点欢迎商埠督办孙传芳与总办丁文江,到会者有中外人士百余人。②

　　本日,《申报》发表《淞沪商埠督办公署与参议会消息》一则报道。

　　5月8日,沪各法团运动收回沪廨代表赵晋卿、李祖虞、陈霆锐等当晚六时假都益处请董绶经、丁文江、王云五、朱经农等十余人,席间董绶经发表对沪廨案收回前后之标准,先生允会同许交涉员切实办去。③

　　本日,孙传芳偕先生参加上海总商会等六团体的欢迎宴会。④

　　本日,《顺天时报》发表《淞沪商埠督办公署组织大纲》。⑤

　　5月11日,远东社记者采访先生,先生对记者谈及自己上任的打算:"第一步即接收闸北工巡捐局。""第二步即进行全部计划,惟淞沪东西南北四区,尚无详细、准确之全图,现拟先将四区地域重加测量,绘成一完全地图;然后按图规划,拟一计划书,邀请市政专家详加研究,该计划书经过研究后,即行公布,请各界批评,此事在最短期内,即可实现。其余较小易行事件,如苏州河之添架桥梁,环租界及闸北南市之建筑马路等,与大体计划上无甚关系,尽可随时进行,总之在十月八日以内,总有多少成功之云云。"⑥

　　孙传芳今晨离沪赴杭,淞沪市政以后由先生负责进行。⑦

　　5月12日,商埠督办公署从本日起开始办公。本日下午二时

---

① 参见胡适:《丁文江的传记》,收入《胡适文集》第7册,第474页。
② 《昨晚联华总会与工部局宴孙、丁》,载1926年5月8日《申报》。
③ 载1926年5月10日《申报》。
④ 《昨日中法官商欢迎孙传芳》,载1926年5月9日《申报》。
⑤ 收入《中华民国史事纪要》(中华民国十五年(1926年)一月至七月),台北:中华民国史料研究中心,1981年版,第393页。
⑥ 《商埠督办公署开始办公》,载1926年5月12日《申报》。
⑦ 《孙传芳昨晨赴杭》,载1926年5月12日《申报》。

在龙华召开第一次行政会议。① 先生就任淞沪商埠督办公署总办后,设置署内办公机构,分设总务、财政、工务三处。总务处处长温应星,财政处处长崔季友,工务处处长程文勋。总务处设在龙华本署,财政、工务两处设在闸北民立路旧沪北工巡捐局原址。②

5月17日,下午先生偕同江苏特派交涉公署交际科长杨筱堂前往意、英、法、美、日领事处拜访。③

5月18日,张元济在日记中记录了他与高翰卿的一段对话:"余又言前荐丁文江数次,尔不置可否,此时当可知其人。余甚愧,不能得同人之信用。丁君不能招致,即到公司,亦决不能重用。"④

5月19日,下午二时先生偕同江苏特派交涉公署交际科长杨筱堂前往各国领事处拜访。⑤

5月21日,孙传芳路过上海,先生与许沅等前往车站迎送。⑥

同日,下午二时半在交涉公署大楼就收回会审公廨问题举行第一次会议。出席者:美国总领事克宁瀚、英国总领事巴尔敦、日本总领事矢田七太郎、淞沪商埠督办公署总办丁文江、江苏交涉员许沅、江苏交涉署交际科科长杨念祖。⑦

据知悉此事原委的赵晋卿回忆:

> 交涉时,我等四人中董康为前清太史,曾派赴日本研究法律,李祖虞亦曾留学日本法科,陈霆锐系美密执根大学法科博士。惟陈更熟悉英美法律,故推陈为代表,参加正式谈判,而我等则时至客利饭店丁文江寓所会谈。
>
> 鉴于租界中颇多特殊职业者及恶势力均赖公廨以生存,彼等如在事前得悉进行收回公廨之消息,定设法多方阻难,甚

---

① 《商埠督办公署开始办公》,载1926年5月12日《申报》。
② 参见朱沛莲:《丁文江、黄郛与大上海》,载1978年台北《中外杂志》第23卷第4期。
③ 《丁文江昨谒领团》,载1926年5月18日《申报》。
④ 张树年主编:《张元济年谱》,第269页。
⑤ 《丁文江续谒各国领事》,载1926年5月20日《申报》。
⑥ 《孙传芳昨午过沪赴宁》,载1926年5月22日《申报》。
⑦ 有关丁文江等与英、美、日等国就收回会审公廨的谈判纪录,参见上海市档案馆整理:《关于收回会审公廨的谈判纪录》,载1997年9月《近代史资料》第92辑,第193—260页。

至有危于我等之身家性命。同时为避免外国领事团事先有所准备起见,我等对收回公廨之意图及进行步骤均保守秘密,不在报端披露。犹忆当交涉进行略有端倪时,一般在上海之外籍律师,以为公廨收回后,将不允许外籍律师出庭,颇为恐慌,曾托人探询其中情况。本人请友人转告彼等,据我所知,公廨收回后,仍允外籍出庭,但只能依据正当之法律程序进行。①

5月22日,淞沪商埠督办公署自将闸北工巡捐局归并后,即将原有局牌取消,改为淞沪商埠督办公署财政处、工务处牌子,先生于下午三时前往闸北该处,传见前局各科科长办事人员,加以谕话,望各照常供职。②

5月23日,上午先生前往苏州办理事宜,拟于第二天下午返回。③

5月24日,晚七时中华民国拒毒会假银行俱乐部开常务委员会,设宴欢迎先生,讨论禁烟问题,到会者有唐绍仪等。先生与中华拒毒会等民间团体相约,对于上海地区的鸦片"决意于相当期内禁绝"。④

5月25日,下午二时半仍在交涉公署大楼就收回会审公廨问题举行第二次会议(非正式会议)。出席者:美国总领事克宁瀚、英国总领事巴尔敦、日本总领事矢田七太郎、淞沪商埠督办公署总办丁文江、江苏交涉员许沅、江苏交涉署交际科科长杨念祖。⑤

5月27日,《申报》发表《商埠督办公署之进行》报道一则。

5月28日,下午浙属旅沪各同乡会联合会及各路商界联合会等八十余团体假座一品香大厅,设茶会欢迎先生,到会者有一百余人,先生于三时到达会场,在欢迎会上,先生表示:"我敢说我对于淞沪市政,没有丝毫利害夹在里面。今天我可先向诸君报告的有两点:(一)我来担任这个职务,决不想因此弄一笔钱,买一所房

---

① 赵晋卿:《收回会审公廨交涉的经过》,收入《列强在中国的租界》,北京:中国文史出版社,1992年4月版,第61页。
② 《商埠总办传见工巡局员》,载1926年5月23日《申报》。
③ 《丁文江昨晨赴苏》,载1926年5月24日《申报》。
④ 《拒毒会前晚欢迎丁文江》,载1926年5月26日《申报》。
⑤ 参见《沪廨交涉日内两次谈判》,载1926年5月25日《申报》。

子,享清闲福气。就是和我同事的几位处长,也和我一样下了决心来的。诸位尽可放心。(二)现在闸北各处慈善、自治、教育、机关,这些经费都已积欠数月,地方上一再要求我照拨,孙总司令曾在公共集会上明白表示过,这一类经费,只要用途正当,办事人正当,没有不照旧发给的,孙总司令这种政策,我必定要实力执行。""我还可郑重声明,我决不因做了总办,就改变书呆子大傻子的脾气的。"①

下午二时半在交涉公署大楼就收回会审公廨问题举行第三次会议(非正式会议)。出席者:美国总领事克宁瀚、英国总领事巴尔敦、日本总领事矢田七太郎、淞沪商埠督办公署总办丁文江、驻沪江苏交涉员许沅、江苏交涉署交际科科长杨念祖。

5月31日,中午十二时中华全国道路建设协会长王正廷、许沅在新新酒楼设宴欢迎先生及公署各处处长,借以畅谈市政交通。②

5月间,先生就任淞沪商埠督办公署总办后,着手把分散管理的华人区,置于统一的市政府管辖之下,以利发展港务和商讨取消外国租界的问题;他还引进了现代化卫生设施,与外国领事团商谈将上海公廨归还中方。

6月1日,《申报》发表《北工巡局归并商埠督署后情形》的报道。

6月3日,《申报》发表《沪公廨案之外部感电》的报道。

6月9日,下午二时半在交涉公署大楼就收回会审公廨问题举行第四次会议。出席者:美国总领事兼领袖总领事克宁瀚、英国总领事巴尔敦、日本总领事矢田七太郎、淞沪商埠督办公署总办丁文江、特派江苏交涉员许沅、江苏交涉署交际科科长杨念祖。

6月10日,《申报》发表《丁总办整顿捐务》布告,称:"拟从7月1日起,将以前沪北工巡捐局所发之汽车、马车、人力车等各项免费执照,一律停发,以裕税收。"

另一则布告《丁总办将考试职员》称:"昨据丁总办语记者称,日内即将通知各候职人员,定期考试,询以如何考法及取额若干,

---

① 《各团体欢迎丁文江记》,载1926年5月29日《申报》。
② 《道路会订期欢迎丁文江》,载1926年5月31日《申报》。

据答,额数仅十一二人,至于考法如总务处考文案,财政处考簿记,工务处考工程,考试时由我(丁自谓)会同各处长主考云。"

6月11日,梁启超致先生一信。①

6月12日,《现代评论》第3卷第79期发表署名"松子"的《沪公廨案的交涉》一文,对先生正在进行的收回上海会审公廨谈判有严苛批评。

6月17日,《申报》发表布告一则《丁总办委瞿科长甄别职员》。

6月21日,下午二时四十分在交涉公署大楼就收回会审公廨问题举行第五次会议。出席者:美国总领事克宁瀚、英国总领事巴尔敦、日本总领事矢田七太郎、挪威总领事华理、荷兰总领事赫龙门、淞沪商埠督办公署总办丁文江、特派江苏交涉员许沅、江苏交涉署交际科科长杨念祖。

6月24日,《申报》发表《商埠督办公署各处近况》一文,称"淞沪商埠督办公署从成立以还,总办丁文江对于商埠事宜,虽积极进行,不遗余力,然终以组织伊始,如经费及人才两项,未能充分如愿,进行总觉不易。"

同日,《申报》发表《丁总办将取缔非正式医生》消息一则。

同日下午,先生从南京返回上海。②

同日,徐志摩致先生一信。③

6月26日,《申报》发表《督办署考试职员续讯》消息一则,报道称报名参加新公署录用人员考试者有百数十人之,考试拟于7月4日举行,分笔、口试两种。先生"为防备考试时之舞弊起见",特饬令总务处机要科长瞿铖"将应考者姓名编为号数列入试卷,以免考试及看卷时作弊"。④

6月30日,《申报》发表《丁总办注意救济工潮》和《丁文江将

---

① 原信影印件收入林任申、林林:《丁文江传》,南京:江苏人民出版社,2007年4月版,第229页。
② 《丁文江昨日返沪》,载1926年6月25日《申报》。
③ 原信影印件收入林任申、林林:《丁文江传》,南京:江苏人民出版社,2007年4月版,第255页。
④ 《督办署考试职员续讯》,载1926年6月26日《申报》。

组织大规模卫生局》报道两则。

6月，先生辞去农商部地质调查所所长一职，由翁文灏接任。

7月2日，下午三时在交涉公署大楼就收回会审公廨问题举行第六次会议。出席者：美国总领事克宁瀚、英国总领事巴尔敦、日本总领事矢田七太郎、挪威总领事华理、荷兰总领事赫龙门、淞沪商埠督办公署总办丁文江、特派江苏交涉员许沅、江苏交涉署交际科科长杨念祖、秘书伍守恭。

同日，《申报》发表《丁、朱奖赠闸北一二三段火会银杯》消息一则。

7月7日，上午十一时先生会见巴西驻沪总领事博良杜。①

7月10日，《现代评论》第4卷第83期发表署名"纯"的《沪廨案交涉为什么还不公开》一文。

7月14日，陈独秀在《向导周报》第162期发表《帝国主义者最近在上海之暴行》一文，对先生处理熊希龄被捕案的态度发表评论：

> 湖南华昌矿务公司董事熊希龄，曾经辞去一切董事名义，并登报声明过；公司闭歇后，尚欠美国工程师怀德薪金若干，现在熊氏来到上海，公廨中美国会审官派克思，竟据怀德之请求发出拘票，于6月28日下午四时，将熊氏在赴拒毒会欢迎会途中拘至公廨，要求熊氏交出保证金三十万两。熊氏被迫登车时，当由丁文江告西探：今日拒毒会开会欢迎，有事可待会后商量；该西探坚称立须逮捕，丁文江等遂陪熊氏同往公廨，直至晚九时，始由江海关监督以一万两保证金保出。公廨受理此案及出票拘捕手续，不用说理由都不充足，分明是美国会审官滥用职权，有意为他们的工程师来侮辱中国绅士一下。绅士尚如此被侮辱，中国平民又当如何？丁文江是华界最高行政长官，对此案不立刻依据职权向美国领事提出严重抗议，竟取"友谊的磋商"之故智，忘了自己的身份，陪熊氏同到公廨，形同被捕，以取侮辱。被此侮辱的不是丁文江个人，而是

---

① 参见《巴西总领事昨日谒丁总办》，载1926年7月8日《申报》。

淞沪商埠总办呵!

7月16日,下午二时四十五分在交涉公署大楼举行第七次会议。出席者:美国总领事克宁瀚、英国总领事巴尔敦、日本总领事矢田七太郎、挪威总领事华理、荷兰总领事赫龙门、淞沪商埠督办公署总办丁文江、江苏交涉员许沅、江苏交涉署交际科科长杨念祖、秘书伍守恭。

同日,《申报》发表《今日下午续议公廨案》报道一则。

7月17日,晚上先生将交涉文件,携带赴南京,请孙传芳核准。

同日,《申报》发表《公廨案昨日继续会议》报道一则。

7月19日,晨先生回到上海,晚上接受《申报》记者访谈。①

本日,先生聘请黄炎培为淞沪商埠督办公署参议,并请其参加第一次会议。②

7月21日,《向导周报》第164期发表署名"超麟"的《友谊磋商出来的沪廨交还协定》一文。

同日,《申报》发表《公廨案之各方消息》一则。

7月24日,《申报》载《孙、丁往来邮差工资之往来电文》,其中先生致联军总司令孙传芳电文如下:

> 南京孙联帅钧鉴:顷据严厅长面称,邮差罢工事与多邮务长接洽。知因去年五卅后,邮差要求加薪,本已由多邮务长承认,事后交通部批驳。乃今春邮员加薪,已成事实,而下级之邮生邮差则否,以致不服。现由多邮务长电交通部,请照去年所请。邮差业已上工,诚恐交通部再驳,罢工又复实现,实际邮差所求,本在情理之中,又经直接长官允许,似可照准。可否请钧部电交通部,请勿再行批驳,以免风潮,谨此电陈,乞即训示。丁文江叩效印。

7月24日,《现代评论》第4卷第85期发表燕树棠的《评收回沪廨协定》一文。

---

① 《收回公廨案将近解决》,载1926年7月20日《申报》。
② 参见许汉三编:《黄炎培年谱》,北京:文史资料出版社,1985年8月版,第69页。

7月28日,《申报》发表《公廨案之昨日消息》报道一则。

6、7月间,民国初曾任总理的熊希龄访问上海时被美国领事拽上公廨法庭,原告是美国工程师怀德,要求扣留熊希龄,因为熊是湖南一家破产煤矿的董事长,而那家煤矿欠了他的薪金。先生出面亲自干预此案,颇费心机,也无法了结,熊希龄只好在保释后潜逃。①

7月,上海霍乱流行,市民因饮水不洁,及夜间露宿,传染甚广。先生命将预定于次年成立的卫生局提前筹组,办公处设在南市毛家弄,局长一职由警察厅长兼任,局务则设副局长一员,由胡鸿基(字叔威,美国霍浦金氏大学公共卫生博士)担任,负责处理。其职权范围包括卫生管理,清道工作,市区内环环境卫生、防疫、中西医师、药剂师、助产士、护士的登记和管理,不良医药的取谛,以及肉类和一般食品的检验。"卫生局成立后,一面督同市内各医院对疫患者,尽量救治,一面在平民施行霍乱伤寒预防注射,收效甚宏"。②

8月6日,下午三时在交涉公署举行第八次会议。出席者:美国总领事克宁瀚、英国总领事巴尔敦、日本总领事矢田七太郎、挪威总领事华理、淞沪商埠督办公署总办丁文江、江苏特派交涉员许沅、江苏交涉署交际科科长杨小堂、秘书伍守恭,另有司法部派郑天锡以私人资格列席旁听。

8月7日,《现代评论》第4卷第87期发表署名"松子"的《三论沪公廨案的交涉》一文。

8月上旬,上海警方逮捕了与创造社有联系的数位作家,并以革命颠覆为由查封了他们的出版社。据楼适夷回忆,当时是通过先生将被捕的创造社小伙计数人保释出狱,其中一名小伙计便是诗人柯仲平:

> 是在1926年的冬季吧,大革命的烽火已经燃烧在大江南北,垂死挣扎的北洋军阀在他们最后统治的区域里,对革命人

---

① 有关熊希龄案的处理,参见《拒毒会欢迎熊希龄之波折》,载1926年6月29日《申报》。《关于熊案》,载1926年7月4日《申报》。《能希龄不受公廨审问》、《官场办理熊案之慎重》,载1926年7月14日《申报》。

② 参见朱沛莲:《丁文江、黄郛与大上海》,载1978年台北《中外杂志》第23卷第4期。

民进行疯狂的镇压,创造社出版部曾一度遭受封闭,并捕去了几个办事的"小伙计",其中一人就是柯仲平。……总之,为时不久,记得那时是丁文江在孙传芳底下当淞沪督办,不知通过那位文化界的知名人士,从丁文江那里把他们营救出来了。①

8月12日,《申报》发表《丁文江复邬志豪函》:

> 接展台函,备悉一一。越界筑路案,现在尚未提商,尊函云云,当于交涉此案时,资以参证,知注特复。顺颂公绥,并希察照不宣。

8月16日,先生致胡适一信,谈及在淞沪总办任内的情形:

> 我此地的事,一言难尽。但是请你不必十分给我担忧。我的短处是太粗心,太偏于独断。新六在此很可以补救我。不过他也很忙,我不忍得利用他的 good nature,请他分我的烦恼。我只好拣重大的事体,给他商量。大体讲起来,事体总算顺手。会审公廨的积案,居然可以解决了。唱高调的人固然攻击我,然而我细细考察上海的真正舆论,对于此事的确十分赞成。市政的计划如果一时无战事,可以有相当的办法。我总相信天下事诚能动人,拙能胜巧,坚忍能制油滑。我只好用我所长,藏我所短,一步一步做去。②

8月24日,淞沪商埠督办公署卫生局经过数月筹备,于本月十五日止,各项事务,方始筹备就绪,16日开始办公,本日举行成立典礼。下午二时先生出席淞沪商埠督办公署卫生局在南市市公所举行的成立典礼,并发表演讲。③

8月26日,《申报》发表《公廨协定签字后消息》一则。

8月27日,《申报》发表《丁、许昨日会宴法律委员》报道一则。

---

① 楼适夷:《永远活在诗歌里——追忆仲平》,收入《话雨录》,北京:三联书店,1984年版,第126页。楼氏将时间柯仲平被捕时间系于1926年冬季,系记忆有误。另参见《请看赤党扰沪的密谋》(本报特讯),载1926年9月1日《洪水》第2卷第23—24期,第577—580页。

② 《丁文江致胡适》,收入《胡适来往书信选》上册,香港:中华书局,1983年11月版,第399页。

③ 《商埠卫生局昨开成立会》,载1926年8月25日《申报》。

内称昨日中午十二时先生与江苏特派交涉员许沅在福州路一枝香餐馆宴请招待法律委员谢永森、陈霆锐两君。

8月28日,《申报》发表《丁文江今日召集各保卫团训话》告示一则。

同日,《现代评论》第4卷第90期发表署名"召"的《司法外交两部与沪廨协定》一文。

8月29日,《申报》发表《孙传芳昨日解散南北市保卫团丁》报道一则。文中称先生派傅道尹、温处长两人到场代为训话。

8月,淞沪商埠督办公署加设政务、外交、保安三处。政务处处长系由沪海道尹博强兼任,处所设在枫林桥道尹公署;外交处处长由外交部特派江苏交涉员许沅兼任,处所亦在枫林桥交涉员公署;保安处处长由淞沪警察厅厅长严阳春兼任,处所设在大东门警察厅内。"至此督署组织,日渐健全。"①

8月31日,由先生和江苏省外事专员代表中国方面签订《交还上海公廨临时协定》,将中国的司法权扩充到了公共租界,并为最终废除外国在华治外法权,迈开了第一步。②

9月1日,先生中午乘车前往南京,向孙传芳报告公廨协约签字及办理解散南市闸北保卫团厅之经过情形。

9月3日,先生由南京返回上海。③

9月6日,《申报》发表《丁、许赴通展缓》的消息一则,内称"丁文江、许沅两君,本拟前晚搭轮赴通,吊张季直之丧。因昨日为四代表宴期,情不可却,临时急电张孝若,请停止派舟车接待。但昨据丁君云,与张氏交谊甚深,必须一往,日内仍须赴通一行云。"

9月7日,《现代评论》第4卷第94期发表署名"松子"的《民众运动与官僚外交》一文,指出"最近沪公廨案的交涉,也就是'反国民利益'的官僚外交之一个显例"。

9月10日,《申报》发表《丁文江昨晚因公赴宁》消息一则。

---

① 参见朱沛莲:《丁文江、黄郛与大上海》,载1978年台北《中外杂志》第23卷第4期。
② 参见《沪廨协定昨由中国签字》,载1926年9月1日《申报》。
③ 《丁总办昨晨返沪》,载1926年9月4日《申报》。

9月15日,《申报》发表《美公使昨晚来沪》消息一则,内称本月16日下午七时先生与许沅将在交涉公署外交大楼欢迎美国公使马慕瑞一行。

9月29日,梁启超在给其孩子们书中云:

> 时局变化极剧,百里所处地位极困难,又极重要。他最得力的几个学生都在南边,蒋介石三番四复拉拢他,而孙传芳又卑礼厚币要仗他做握鹅毛扇的人。孙、蒋间所以久不决裂,都是由他斡旋。但蒋军侵入江西,逼人太甚(俄国人逼他如此),孙为自卫,不得不决裂。我们的熟人如丁在君、张君劢、刘厚生等都在孙幕,参与密勿(务),他们都主战,百里亦不能独立异,现在他已经和孙同往前敌去了。老师打学生,岂非笑话(非寻常之师弟)。好在唐生智所当的是吴佩孚方面(京汉路上吴已经是问题外的人物),孙军当面接触的是蒋介石。这几天江西的战争关系真重大。若孙败以后(百里当然跟着毁了)黄河以南便全是赤俄势力。若孙胜蒋败,以后便看百里手腕如何。百里的计划是要把蒋、唐分开,蒋败后谋孙、唐联和(合)。果能办到此著,便将开一崭新局面。国事大有可为,能成与否不能不付诸气数了。①

10月5日,颜惠庆在日记中写道:"丁文江来访,他才从奉天回来。他叙述了奉天的进展情况,以及兵工厂的工作进行得很顺利,并说铁路局计划开发满洲。奉天今后的计划尚未肯定下来。"②

10月8日,下午三时在上海江苏交涉公署举行第九次会议。出席者:美国总领事克宁翰、英国总领事巴尔敦、日本总领事矢田七太郎、荷兰总领事赫龙门、挪威总领事华理、淞沪商埠督办公署总办丁文江、江苏特派交涉员许沅、江苏交涉公署交际科副科长伍守恭,秘书张似旭。

同日,颜惠庆在日记中写道:"丁文江请我吃午饭。"③

10月10日,《东方杂志》第23卷第19期发表《收回上海会审

---

① 丁文江、赵丰田编:《梁启超年谱长编》,第1093页。
② 上海市档案馆译:《颜惠庆日记》第二册,第374页。
③ 上海市档案馆译:《颜惠庆日记》第二册,第375页。

公廨暂行章程》。

10月13日,《申报》发表《丁文江昨日赴宁》消息一则,内称昨日下午四时先生乘快车赴南京,接洽公务,今日晚上返回上海。

10月16日,在 North China Herald(《北华捷报》)上发表 The Greater Shanghai Municipality(《大上海都市》)一文。

10月18日,《申报》发表《商埠署所接九江来电》报道一则,文内有蒋百里致先生电函一封。

10月19日,《申报》发表《丁文江申谢赠送匾额》一文,南市商总会于国庆日赠送先生匾额,以扬德政,先生于昨日特致函该会表示谢意:

> 敬启者:鄙人承乏沪埠,时日未久,一切理想计划,尚未能实现于万一,深深梗短,正自惶恐,何敢更承殊荣,重滋惭愧。况鄙人莅事以来,一切措施,愿上承孙督办意旨而行,如万一而有丝毫之建白,为列位先生所乐闻,亦皆孙督办保全境土、爱护商民之苦心所致,鄙人更不敢自居其功也。因是对于贵会厚意,虽心焉谢之,而事实上则决不敢当,本拟饬役奉赵,惟既承惠赐,亦不妨暂存敝署,一俟敝署将来或有建筑新署,当再函约列位先生,惠临观礼也,专此布复,即颂近绥。丁文江拜启。

同日,淞沪商埠督办公署由龙华迁往公共租界威海卫路五号办公。

10月27日,《申报》发表《傅筱庵所接孙、丁电函》,其中先生电函如下:

> 筱庵仁兄先生大鉴:昨于报端奉读尊发养电,语长心重,极佩尽筹。兹承函示,并荷鼎嘱,敬已拜悉。现在浙局已定,新长行将就任矣,姑俟联帅复到后,再定进止何如。专复,祗颂台绥,丁文江顿首,十月二十五日。

同日,颜惠庆在日记中写道:"丁文江寄来照片。"①

---

① 上海市档案馆译:《颜惠庆日记》第二册,第379页。

10月,国民革命军在丁泗桥一战中大败吴佩孚的直系军队。在战争进行中,吴军曾求助于孙传芳援助,孙按兵未动。董显光以为此事,对国民革命军获胜有一定作用:

> 当年蒋总司令所统率的国民革命军与吴佩孚在丁泗桥的大战,实是决定控制扬子江流域的重要战争。吴见两军苦战相持不下时,便要求孙传芳派几师生力军参加助战。这时,情势紧急,孙的态度足以影响大局。于是蒋总司令便叫他的部下蒋百里透过他和在君的私人友谊关系说动孙传芳,结果未曾派兵助战,终使国民军在在丁泗桥一役获得大胜。
>
> 国民军克服了丁泗桥后,便自然地和孙军对起阵来了。当时孙军缺乏军饷财力,孙叫在君和英国政府商量一千万英镑的借款,但在君眼见国民军统一全国之势已成,不愿人民多遭涂炭,因此却未如命积极进行,于是国民军便得迅速地打败孙军,终而获得了全国统一。①

11月1日,颜惠庆在日记中写道:"丁文江已去天津。"②

11月3日,下午三时在江苏交涉公署举行第十次会议。出席者:美国总领事克宁瀚、英国总领事巴尔敦、日本总领事矢田七太郎、英国副总领事包来蒙、挪威总领事华理、淞沪商埠督办公署总办丁文江、特派江苏交涉员许沅、江苏交涉公署交际科副科长伍守恭,秘书张似旭。

11月6日,《申报》发表《丁文江今晨赴宁》的消息一则。

11月7日,《申报》发表《丁文江今日由杭返沪》报道一则,文称昨日下午先生由沪至杭州与浙江省长陈仪接洽,今日返沪。

11月11日,颜惠庆在日记中写道:"丁文江来访并留下吃午饭。他认为张不会在天津讨论政局问题。段祺瑞不想出山。"③

11月17日,晚七时半瑞典皇太子古斯塔夫·阿道夫一行在皇家饭店以非正式之宴请先生与江苏特派交涉员许沅、交际科长王

---

① 参见董显光:《我和在君》,载1956年12月台北《"中央研究院"院刊》第三辑。
② 上海市档案馆译:《颜惠庆日记》第二册,第381页。
③ 上海市档案馆译:《颜惠庆日记》第二册,第383页。

漱霞等。① 瑞典皇储是瑞方资助安特生的"中国委员会"主席,他在此前曾与先生就支持安特生在华研究事宜有过接触。

同日,《申报》发表《丁、许派员准备收回公廨各种手续》消息一则。

11月18日,孙传芳由南京赴天津,拜访张作霖,请求张作霖出兵援助。后来先生得知此事,曾劝阻孙传芳与张作霖合作。

11月20日,《申报》发表《丁、许电促公廨法庭主任来沪》消息一则。

11月22日,颜惠庆在日记中写道:"晚上,刁、丁文江、张树森及夏来吃晚饭。"②

11月28日,先生致胡适一信,说明任内工作情形:

> 我个人在上海整理内政,颇有点小成绩(如廓清收税的弊病,厉行考试用人政策),可惜为战争耽搁下来了。你来信所说的整理内政,我当然是赞成的,就是孙也想如此做去,我近来并且作了一个整理内政的具体计划,如整理币制,厉行文官考试,解决关税厘金,承认工会。改革教育,凡你所说的都可以包括在内,但不知道能否有机会给我试试耳。③

11月29日,上午十时二十五分在上海江苏交涉公署举行第十一次会议。出席者:美国总领事戈司、英国总领事巴尔敦、日本总领事矢田七太郎、英国副总领事包来蒙、挪威总领事华理、荷兰总领事赫龙门、淞沪商埠督办公署总办丁文江、特派江苏交涉员许沅、江苏交涉公署交际科副科长伍守恭,秘书张似旭。

同日,颜惠庆在日记中写道:"去委员会。丁文江仍在天津。"④

11月,淞沪商埠督办公署会同江苏省公署委派原任督署经界室主任徐韦曼(字宽甫,曾留学美国,矿冶专家)为上海县知事,各

---

① 《瑞典皇储改十八日离沪》,载1926年11月17日《申报》。
② 上海市档案馆译:《颜惠庆日记》第二册,第386页。
③ 《丁文江致胡适》,收入《胡适来往书信选》上册,香港:中华书局,1983年11月版,第412页。
④ 上海市档案馆译:《颜惠庆日记》第二册,第387页。颜惠庆关于"丁文江仍在天津"的记载疑有误。

项事权,更趋统一。①

冬,章鸿钊、文元模赴上海参加中日文化协会主办的东方文化委员会会议。据章氏回忆:"予偕同人前往列席。时丁文江氏任淞沪商埠总办,盛蒙招待,而予以旧日同志公私获其臂助不少。"②

12月4日,《现代评论》第4卷第104期发表杨鸿楷的《评收回会审公廨暂行章程》一文,指出:"暂行章程现收回的权利,只是华人间的民事案件。而最重要的刑事审判权,则被外人攫去。"

12月11日,先生自南京经过上海前往杭州,与陈公侠有所面洽,记者访之于车中,《申报》第二天作了报道。③

12月12日,凌晨一时先生乘自备汽车在愚园路、忆定磐路遇险受伤。事故的情形是"开车者不慎,将车身直冲,与两路转弯处之路灯柱相撞,路灯柱撞坏了,丁撞伤头部"。④ 事故发生后,当即由静安寺路捕房派捕送入仁济医院医治,当日下午转移至海格路红十字会总医院住院,沪官纷纷前往医院探视。⑤

12月14日,《申报》发表《丁文江伤势昨日无变化》的报道。

12月15日,《申报》发表《丁文江伤势转佳》的报道,文中提及在先生住院期间,蔡元培等前往看望,梁启超、罗文干、朱启钤、孙传芳等亦致电慰问。

12月19日,颜惠庆在日记中写道:"丁文江晚上在我家闲谈。天津情况依然不明。他强烈反对张来北京。"⑥

12月20日,颜惠庆在日记中写道:"丁文江说沈可能任下届外交总长。"⑦

12月28日,颜惠庆在日记中写道:"去委员会,丁文江解释了'旧派'战胜'新派'的经过。张谦和杨宇霆现均退出,奉天方面仍

---

① 参见朱沛莲:《丁文江、黄郛与大上海》,载1978年台北《中外杂志》第23卷第4期。
② 章鸿钊:《六六自述》,武汉地质学院出版社,1987年3月版,第50页。
③ 《丁文江宁杭道中之谈话》,载1926年12月12日《申报》。
④ 《今晨丁文江汽车遇险受重伤》,载1926年12月13日上海《民国日报》。
⑤ 《丁文江受伤后昨讯》,载1926年12月13日《申报》。
⑥ 上海市档案馆译:《颜惠庆日记》第二册,第393页。
⑦ 上海市档案馆译:《颜惠庆日记》第二册,第393页。

不愿意接受第 13 年的统治。"①

12 月 29 日,上海《民国日报》发表《丁文江今日出院》的消息。

12 月 31 日,先生辞去淞沪商埠总办职务,督署事务悉数移交许沅。胡适称誉先生"他是第一个中国大官卸职时半天办完交代的手续的"。② 关于先生辞职之具体情形,刘厚生曾有详细回忆。③

先生辞职后,曾给胡适一信,告其辞职一事。④

关于先生担任淞沪商埠总办的前后情况,翁文灏曾向与先生共事的老同盟会员陈陶遗打听过,陈向翁详述过先生担任此职的内情:

> 当时孙在江苏想要注意的人是:陈陶遗、丁文江、张嘉璈、张君劢等。这些人本来对孙没有交情,孙却殷勤罗致。因此大家认为孙是军阀中一个比较好的人,盼他来保障这个财富之区。结果是陈做省长、丁做淞沪商埠总办。
>
> 淞沪商埠的官制是当时一个新制度。孙传芳自做督办,管辖军队并管理有关鸦片烟的事。丁文江是总办,其地位性质与市长相似。丁文江曾期望对外国人在上海的治外法权有所挽回。孙曾声言决不容许奉军开入。
>
> 当蒋介石从广东统兵北伐时,曾派人分出联络。往南京向孙传芳游说的是张群,由陈陶遗从中介绍。张群说孙可走的路有三条:一是响应北伐,发兵北攻,那便是功臣;二是保持中立,不妨碍北伐军的行动,那还是朋友;三是反抗北伐,那便要兵戎相见了。孙传芳毕竟是个旧式军人,终至兵戎相见,而且还向奉天派求援。那时,陈陶遗与丁文江便决定脱离职位了。丁文江还曾经电告孙务必停止接受奉援、过江反攻的计划。⑤

胡适在《丁文江的传记》中如是评价先生担任淞沪总办一职的

---

① 上海市档案馆译:《颜惠庆日记》第二册,第 394 页。
② 胡适:《丁在君这个人》,载 1936 年 2 月 16 日《独立评论》第 188 号。
③ 参见胡适:《丁文江的传记》,收入《胡适文集》第 7 册,第 482—484 页。
④ 参见胡适:《丁文江的传记》,收入《胡适文集》第 6 册,第 484 页。
⑤ 翁文灏:《关于丁文江》,载《文史资料选辑》第 80 辑,北京:文史资料出版社,1982 年 2 月出版,第 35 页。

工作:

在君做淞沪商埠总办,只有八个月的时间,5月就职,12月31日辞职。他在那短时期内,做了不少的事。在三十年后回看过去,有两件事是最值得记载的:第一是他建立了"大上海"的规模。那个"大上海",从吴淞到龙华,从浦东到沪西,在他的总办任内才第一次有统一的市行政、统一的财政,现代化的公共卫生。他是后来的"上海特别市"的创立者。第二是他从外国人手里为国家争回许多重大的权利。傅孟真说,在君争回这些权利,"不以势力,不以手段,只以公道。交出这些权利的外国人,反而能够真诚的佩服他。"……在他争回的许多重大的利权之中,收回公共租界的会审公堂当然是他最大的成功。①

朱家骅对先生担任淞沪商埠总办一职有过较为中肯的评价:

淞沪总办这一段事迹,是他最受批评的地方,也可以说是他生平的耻辱,但其动机是完全出于热诚爱国,想替国家做一番事业,他也很自信有替国家做事的能力,记得他对当时中国政治混乱的看法,曾经说过:"最可怕的是一种有知识有道德的人,不肯向政治上去努力。"因此他又说:"只要有几个人,有不折不回的决心,拔山蹈海的勇气,不但有知识而且有能力,不但有道德而且要做事业,风气一开,精神就会一变。"他为人极富感情,孙传芳对他尤优礼有加,所以促成了担任此事。在淞沪总办任内,他想转移孙氏真正替国家打开一个光明的前途,可以说完全失败,但是他所擘划的上海都市建设计划,却奠定了大上海成为现代化都市的基础,其功绩仍为人所称道。他不但是一位道地的科学家,而且极有行政能力,真是学者中少见的奇才。他热心政治,是完全出于爱国思想与责任心的驱使,绝非世俗一般热衷利禄者所能比拟。从淞沪总办任内下来,他除掉多添一层沉重的心情,依然是两袖清风,不愧书生本色。②

---

① 胡适:《丁文江的传记》"十三、'大上海'的计划与实施",《胡适文集》第7册,第478—479页。
② 朱家骅:《丁文江与中央研究院》,载台湾《"中央研究院"刊》第3辑,1956年出版。

关于先生在任上海淞沪总办时的生活情形,时在复旦大学读书的丁廷楣有简要回忆：

> 文江于民国十五年在上海淞沪总办任内,家住极司非而路,好像是51号,我每个月抽一礼拜天去一次,我们很少闲谈,大多是招呼一声即问我有无事情商谈。他很匆忙,早餐时看报纸,司机在门口已升火待发,我如答来玩玩,他即招呼二嫂,下午无事带我到大光明看电影,不必留吃晚饭,早点回校。情形大致如此,淡而无味。他从未到复旦看我,不过复旦副校长郭任远曾向我提起文江曾告诉他我的名字。①

本年,所著《民国军事近纪》上册一书,由商务印书馆出版。全书分七章,目次如下：

第一章　绪论
第二章　直、鲁、豫、三特别区及东三省(其一)
第三章　直、鲁、豫、三特别区及东三省(其二)
第四章　陕西、山西、甘肃、新疆
第五章　江苏、浙江
第六章　湖北、安徽、江西
第七章　福建

另留有《广东》一章手稿未刊,②此稿是先生拟订续写的《民国军事近纪》的一部分。

关于先生的军事素养,陈之迈有过一段说明：

> 当时强邻压境,我最想知道的是军事方面的问题。当代文人中懂得军事的有三位最为出色,一为张季鸾先生,一为丁在君先生,一为傅孟真先生。从他们的著作及言论中我学到了许多军事常识。③

---

① 《丁廷楣先生访问纪录》("中研院"近史所口述历史丛书32),第28页。
② 丁文江:《广东军事纪》,收入荣孟源、章伯锋主编:《近代稗海》第6辑,成都:四川人民出版社,1987年9月版。
③ 陈之迈:《关于傅孟真先生的几件事》,载1976年3月台北《传记文学》第28卷第3期。

本年,在《小说月报》第 17 卷号外"中国文学研究"上发表《徐霞客游记》书评,书评分五部分:一、徐霞客游历的目的;二、徐霞客游历的路程;三、徐霞客的发见;四、徐霞客是否到过西藏四川;五、游记的文学价值。

本年,先生继续担任中基会董事。

1927 年(民国十六年丁卯) 四十一岁

1 月 1 日,赵晋卿在豫园宴请先生、许沅和傅疆,出席作陪的有宋汉章、黄炎培、方椒伯、李平书等人。①

1 月 3 日,任鸿隽致胡适信中表示:"你致在君的电报,我极赞成。我尤希望在君此时就暂为脱离政治漩涡。前日听见在君在汽车上受伤的信,写信去慰问他,曾略示此意,不知他的意见如何。有人说,在君现在骑在虎背上了,不晓得他的情形果真是这样吗?你的信上说到《努力》同人,尤为令人短气。你晓得据报纸所说,孙传芳曾经通缉蔡先生,广东工党也曾宣布在君死刑,这不是昔日的《努力》同人,此刻已成了生死对头吗?(虽然这与他们本人并无关系。)你将如何下一转语呢?"②信中表示对先生境况的关切。

1 月 7 日,徐志摩在给胡适的信中提到先生的情况:"在君仍在医院里,他太太病颇不轻,acute headache,他辞职看来已有决心,你骂他的信或许有点影响。"③可见,先生之决心辞职,亦有胡适规劝的原因。

1 月 12 日,徐新六致胡适信中提到先生的近况:"在君乘汽车受伤,在病院多日,已向孙氏辞职,虽尚未批准,事实上是已等于辞职,极端反动之潮流中总算已免了。此后行止,渠拟一方面将未完之云南地质视察等报告完成,一方面'读书'。弟劝以于一年之中埋头读经济学书,是广义的,自斯密亚丹以至马克思、苦罗巴金之理论,以及财政、币制、赋税、人口各种应用问题,均须加以研究。

---

① 参见赵晋卿:《收回会审公廨交涉的经过》,收入《列强在中国的租界》,北京:中国文史出版社,1992 年 4 月版,第 62 页。
② 《任鸿隽致胡适》,收入《胡适来往书信选》上册,第 417 页。
③ 《徐志摩致胡适》,收入《胡适来往书信选》上册,第 420 页。

渠颇首肯。"①

1月18日、25日,梁启超与梁令娴等一书,其中言及政治一段与先生颇有关系:

> 思永问我的朋友何故多站在孙传芳那边?这话很难说。内中关系最重要者,是丁在君、蒋百里二人,他们与孙的关系都在一年以前,当时并没有孙、蒋对抗的局面。孙在北洋军阀中总算比较的好,江浙地方政象总算比较的清明,他们与孙合作并不算无理由,既已与人发生关系,到吃紧时候舍之而去,是不作兴的。直到最近两个月,孙倒行逆施,到天津勾结二张,和丁、蒋等意见大相反,他们方能老老实实的和他脱离关系。中间这一段诚然是万分不值(既有今日何必当初),然在一年前他们的梦想原亦很难怪(故丁在君刻意在上海办一较良的市政,以渐进手段收回租界)。至于我呢?原来不甚赞成他们这类活动(近数月来屡次劝他们自拨),但我们没有团体的严整组织,朋友们总是自由活动,各行其是,亦没有法子去部勒他们(也从未作此想),别人看见我们的朋友关系,便认为党派关系,把个人行动认为党派行动,既无从辩白,抑亦不欲辩白。我之代人受过,总是免不了的(亦自甘心),但因此颇感觉没有团体组织之苦痛,朋友中有能力的人确不少,道德学问和宗旨都是对的,但没有团体的一致行动,不惟不能发挥其势力,而且往往因不一致之故,取消势力,真是可痛。②

1月,先生卸任淞沪商埠总办后,回到北京,关于当时先生的境况,与先生同住在德国饭店的汤中有如下印象:

> 我初见在君,以为他做了阔官,总有些官气,不料一见之下,他的举动,他的言谈,完全和以前一样。他曾告诉我所以辞职的原因,系为了孙传芳被国民军打败以后,就跑到天津屈

---

① 《徐新六致胡适》,收入《胡适来往书信选》上册,第422页。
② 丁文江、赵丰田编:《梁启超年谱长编》,第1111页。

膝于张作霖麾下,原来孙传芳是反对张作霖的,因为要保全自己地位,不惜认敌作友,这种行为的人,哪里可以和他共事。……

在君做了淞沪总办,不但无一些官气,而且依然是一个穷书生,他和他的夫人虽然住了德国饭店的两间房子(是在我住的房间隔壁),而出入不过坐一辆破东洋车。他有一天对我说:"我在上海节下薪水三千元,已被我的大家庭中的人索去了。"许多人认为在君当了淞沪总办,必赚到了不少钱。不错,淞沪总办本来可以发横财的,但在君的操守是一丝不苟,所以只剩了三千元的俸给。①

2月12—14日,先生出席在地质调查所召开的中国地质学会第五届年会,当选为会长,任期2年。

2月9日,中国矿冶工程学会在北京兵马司九号地质调查所图书馆成立,生是发起会员。

2月20日,先生与翁文灏、李四光、金叔初以及美国生物学家葛利普博士、美国医科大学步达生博士、美国考察团古生物学家格兰杰先生、瑞典地质学家安特生、斯文赫定、法国地质学家德日进等参加一次有关北方探险队的疑难问题的特别会议。

3月,先生与瑞典探险家斯文赫定(Sven Hedin)草拟的一份合作协定对外公布,该协定规定由地质调查所派人随斯文赫定探险团而行,但是前往内蒙古和新疆采集所得必须先送至瑞典研究。此项草拟协定公布后,引起北京学术团体的反对,北京大学、清华学校、国立历史博物馆、国立京师图书馆、中央观象台、故宫博物院、地质调查所、中国地质学会、中国天文学会等十四团体组织中国学术团体协会,与赫定进行交涉,双方商定合作办法十九条,将原来的瑞典远队改成中瑞人士合组之西北考察团。②

4月20日,先生在北京崇文门内德国饭店为瑞典地质学家安特生(J. G. Anderson)举行送别宴会,参加者有德日进(P. Teihard)、

---

① 汤中:《对于在君先生的回忆》,载1936年7月26日《独立评论》第211期。
② 参见袁复礼:《三十年代中瑞合作的西北科学考察团》,载1983年、1984年《中国科技史料》第4卷第3、4期、第5卷第1、2、3期。

巴尔博（G. B. Barbour）、葛兰阶（W. Granger）、葛利普（A. W. Grabau）、翁文灏、李四光、金叔初等。安特生1914年受聘来华工作，至此已有十三年。①

南京国民政府成立后，举兵北伐，曾发布通缉与北京政府和军阀有密切关系的文人学者名单，内中有丁文江、章太炎、黄炎培、张君劢等。

4月24日，胡适从美国乘船到达日本横滨，接到先生由船公司转交的信，信中劝胡适暂时居留日本，多做点研究日本国情的工作。并称：自己近来很研究日本问题，深切的感觉中国存亡安危的关键在于日本。② 胡适因不通日语，在日本只能住很贵的旅馆，故在日本游历了二十三天后，由神户返回祖国。

5月5日，梁启超与梁令娴等书信中，详评时事政治，道出其不愿出面组党苦衷，信中云：

> 近一个月以来，我天天被人（却没有奉派军阀在内）包围，弄得我十分为难。简单说许多部分人太息痛恨于共党，而对于国党又绝望，觉得非有别的团体出来收拾不可，而这种团体不能不求首领，于是乎都想到我身上。其中进行最猛烈者，当然是所谓"国家主义"者那许多团体，次则国党右派的一部分人，次则所谓"实业界"的人（次则无数骑墙已经投降党军而实在是假的那些南方二、三等军阀）。这些人想在我的统率之下，成一种大同盟。他们因为团结不起来，以为我挺身而出，便团结了，所以对于我全力运动。除直接找我外，对于我的朋友、门生都进行不遗余力（研究院学生也在他们运动之列，因为国家主义青年团多半是学生），我的朋友、门生对这问题也分两派：张君劢、陈博生、胡石青等是极端赞成的，丁在君、林宰平是极端反对的。他们双方的理由：我也不必详细列举。总之，赞成派认为这回事情比洪宪更重大万倍，断断不能旁观；反对派也承认这是一种理由。其所以反对，专就我本人身

---

① 参见贾兰坡：《中国地质调查所新生代研究室的建立》，收入王鸿祯：《中国地质事业早期史》，北京大学出版社，1990年7月版，第59页。
② 胡适：《丁文江的传记》，收入《胡适文集》第7册，第500页。

上说,第一是身体支持不了这种劳苦,第二是性格不宜于政党活动。

> 我一个月以来,天天在内心交战苦痛中。我实在讨厌政党生活,一提起来便头痛。①

5月,国民革命军北伐,日军为阻北伐,在济南制造惨案。先生致电孙传芳,劝其不要再追随张宗昌。关于此事,傅斯年有所说明:

> 次年党军再度北伐,日本人造成济南惨案,张作霖很知趣,有知难而退之势,而张宗昌大有寄生于日本炮火下之势。这时候,在君用北庭外交部的密电码给孙传芳一个电报,劝他在内争中要以国家的立场为重,不要再跟着张宗昌胡干。此电为奉系查出,几乎给罗文干惹大祸。在君也就从北京溜之大吉了。②

本年上半年,先生居北京。

6月9日,先生致胡适、徐新六一信,反省自己从政的经历,并托胡适等打听南京国民政府通缉他和陈陶遗等曾与北洋政府关系密切的人士的内情:

> 我自到北京来了以后,有两种感觉:(一) 当革命的时代,如我这种人实在不适用。我不太很会说谎话,而且疾恶过严,又好管闲事。行政方面,我自信颇有能力,在上海的试验,尤足以坚我自信,但是目前不是建设的时代,不妨留以有待。(二) 政治是危险的事,我固然不怕危险,但是我现在有许多心愿未了。第一就是我的科学报告。我在地质学上不无贡献,而始终未能专心把我的贡献写了出来。如果个人一时死了,以前的许多心血都是枉用,未免可惜。所以我到了北京来了以后,就摒除一切,专心做云南地质报告,居然很有成绩,精

---

① 丁文江、赵丰田编:《梁启超年谱长编》,上海:上海人民出版社,1983年8月版,第1129—1130页。
② 傅斯年:《丁文江一个人物的几片光影》,载1936年2月23日《独立评论》第189号。

神上也非常痛快。第二是我想做一部新的中国史,我自信预备颇有成绩。第三是想做一部分《科学与政治》,发挥我等政见的根本。目前我的计划是到威海卫避暑(庄士敦屡次来信催我去),在暑期中把云南的报告做好。做好了以后到日本去,做我的第二步的工作。大连我是决不肯去的,一来没有图书馆,二来有许多无聊的人在那边,不愿与他们为伍。……

蔡先生所说通缉的话,请你再打听。因为我也听说过南方通缉多人,陈陶遗为首,我也在内。其后陶遗有信来说,并未实行,所以他安然回家乡去了,或者蔡云所指即是为此。……

我并不怕我受通缉,我最怕的是我兄弟的产业发生危险。因为如成事实,他们一定要向我讨饭吃,我更不能生活。幸而家兄最后来信说,似乎不致如此。

至于我个人的安全,请你们放心,我虽然大胆,然而决不疏忽——知机其神,我虽不神,然而知机!①

6月15日,梁启超与梁令娴等一书,告以王国维之死,自己病状及对时局态度。内中言及自己当时的处世态度与先生等有关:"我本想暑期中作些政论文章,蹇季常、丁在君、林宰平大大反对,说只有'知其不可而为之',没有'知其不可而言之'。他们的话也甚有理。我决意作纯粹的休息。"②

6月28日,先生在天津与孟禄会面,顾维钧、黄炎培等在座。③

6月29日,中基会第三次年会,通过黄炎培、丁文江、韦洛贝之辞职,选举蔡元培、胡适、司徒雷登为继任董事。

夏,先生去大连,从事《徐霞客游记》的整理和研究。黄炎培为躲避国民政府的通缉,此时亦在大连避居。

7月7日,先生为重印《徐霞客游记》及新著《年谱》作序。

8月16日,先生致胡适一信,谈及他在大连的情形:

---

① 《丁文江致胡适、徐新六》,收入《胡适来往书信选》上册,香港:中华书局,1983年11月版,第436、437页。
② 丁文江、赵丰田:《梁启超年谱长编》,第1146页。
③ 参见许汉三:《黄炎培年谱》,北京:文史资料出版社,1985年8月版,第74页。

> 我租了一所五十元一月的房子。预算二百元一月即可足用,也是救贫之法。现在除去吸吕宋烟之外,亦一无嗜好,而且六点起床,九点睡觉,工作极好,可算我生活的一大改革。内子也还算健康。①

8月26日,先生致胡适一信,谈及日本对东北三省和蒙古的野心:

> 日本在东三省及内蒙的野心,真正可怕。我向来不留心东三省的事,这一次来,方才注意。如果经济稍裕,还想到四洮、洮齐两条路走走。②

9月17日,先生致信胡适,告其本日"到哈尔滨去替人家看矿,五星期以后回来"。③

在大连时,先生由于没有固定的收入,生活比较困难,幸赖杨树诚、赵鉴衡两君赠送先生五千元。

关于杨君,先生1928年2月25日曾致信胡适说明:

> 送钱给我的人姓杨、名金,河南人。他的身世,我也不大了了,只听说他在福中公司做工头的时候,曾闹过乱子,几乎被官厅捉去,以后逃到国外一次,回来了就没有饭吃。
>
> 民国八年,美国人为中兴公司打钻包工,他去做工人,每月只有十六元工钱。其后美国人打钻亏了本,不干了,中兴请我荐人。他就托美国人来向我说,他可以承继。但是,他是个穷光蛋,打钻用的金钢钻要一两万元,我不肯介绍他。他以后不知道如何找到了一个河南的绅士,借给他一点证券(公债之类)来做担保,方才给他荐去。所以我自问对于他,并无"恩"可言。据他说,因为我不相信他,要叫他拿债票做押品,他损失了好几千元,因为借他债票的资本家当然是不肯白借的。
>
> 不但如此,他的相貌极其凶恶,说话极其粗鲁,活脱是个强盗的样子。他以前都是短衣,以后穿灯草绒的外国工匠的

---

① 《丁文江致胡适》,收入《胡适来往书信选》上册,第442、443页。
② 《丁文江致胡适》,收入《胡适来往书信选》上册,第443页。
③ 《丁文江致胡适》,收入《胡适来往书信选》上册,第414页。

科学与政治——丁文江研究

常服,身子不过五尺四五寸。却是生得异常结实,一脸的横肉。我看见他,心里总是有点不安,所以分外的"远而避之"。他不认得字,说不到通信,自从中兴打钻的事完结以后,他也不过来见过四五回。

他从前常常对我说感激我的话。到了民国十年我为地质调查所捐图书馆建筑费,他就捐了一千元——其实那时他不过一万多块的财产。我曾对他说,"你捐了这许多钱。已经是报答过我的了,因为我是'感激不音身受'的。"这一回他叫人写信来(从北京中央饭店寄来!)说,"现在我大有钱了,面粉事业很发达。想不是你不能有今天,又晓得你很穷苦。一到北京,就想寄五千块钱给你。但是晓得你的脾气,恐怕你不受,而且误会。我这是完全出于我感激你的诚意,况且我现在不在乎这几个钱,所以先写信,求你同意,望你务必许我把钱寄来。"

我固然很感激他寄钱,而且尤其感激他相信我不要钱,相信我没有钱,这却比我大多数的朋友高明多了。这一点很使我感动。①

赵自新(字鉴衡)送钱的事是在先生去世后,胡振兴在《独立评论》第193号发表《谁送给丁文江先生五千元》一文,向外透露在所送先生五千元钱中,其中两千元钱是前地质研究所的一个学生赵自新君所赠,此事先生生前并不知晓。

11月5日,先生致张元济一信,对张元济遭盗匪劫持表示慰问。②

11月14日,张元济致先生一信,谓"弟突被劫质,殊非意料所及,然闭置窟室,先后六日,亦别有一种情趣"。③

11月12日,先生致张元济一信,谓"十二、十四日两函先后由振飞、任之两处转到"。"且观十四日函所言及盗窟诸作,知丈之乐

---

① 《丁文江致胡适》,收入《胡适来往书信选》上册,第465—466页。
② 张树年主编:《张元济年谱》,第296页。
③ 参见张树年主编:《张元济年谱》,第297页。

天安命,虽涉险,不改故常如爽然。知前此之杞忧为浅视吾丈也。"①

12月23日,范源廉在北平去世。为纪念范先生,先生曾向尚志学会募集基金创办"静生生物调查所",关于此事,周诒春曾有所回忆:

> 他还有一件事,也值得记载的,就是向尚志学会募集了一笔基金,创办静生生物调查所,来纪念教育界前辈范静生先生。现在这个调查所对于生物学的研究,在我国科学界中,也得到了相当的地位。②

据李济回忆,先生在大连居住时,他们曾见过一面,事情的经过是这样:

> 我离开天津后,在君也随着从事政治工作,因此也没有常见面的机会,直到他从上海卸任,在大连住的时候,因为一家日本报馆在报纸上造谣,说他已在大连购了地皮,预备在那里建筑房子作寓公,我有点信不过,就写了一封信去问他。他很快的答复了我的信,绝对的否认有此类计划。那时正是北伐的时期,河南成了战场,平汉铁路截成数段;我住在北平,因为想到陕西去作点调查工作,必须从海路绕道上海到汉口再往西北,因此坐了一条日本船由天津南行往上海。船停大连时,就便看了在君一次。那时他的太太有病;济瀛(文治的太太)尚没结婚,与他们同住作伴。我进门时正看见她替姑父画地质图。与在君谈了数小时,我没有感觉到他作了一任大官的味道,也没有感觉到他有任何失意的气象。他仍是我在天津与他初见面的那个样子;想法子帮忙我完成旅行调查的计划,替我写了好些介绍信。③

---

① 参见张树年主编:《张元济年谱》,第298页。
② 周诒春:《我所敬仰的丁在君先生》,载1936年2月16日《独立评论》第188号,第30—31页。
③ 李济:《对于丁文江所提倡的科学研究几点回忆》,载1956年12月台北《"中央研究院"院刊》第3辑。李济去大连的具体时间不详,暂系于此。

1928年(民国十七年戊辰)　四十二岁

1月3日,致胡适一信,告"对于云南科学进行已有相当程度,四月中或可交稿,即思离此他住也。"①

1月4日,颜惠庆在日记中写道:"丁文江来访,还有宗法,他现从事司法工作,丁文江要迁居天津。"②

1月21日,先生致胡适一信,表示对任鸿隽提议让他担任北平图书馆馆长一职没有兴趣。③

1月22日(旧历除夕),先生致胡适一信:

> 在此间真是寂寞极了,大连有二十万中国人,可以谈谈的莫有一个!今天是除夕,我因为要把宣威的十九个剖面图画完了,一天没有休息。太太不高兴,已经早睡,留我一个人在此听外面无聊的爆竹声音,使我发生了无数的感慨。
>
> 但是我打定主意,先把我的科学心愿了去了,然后依然向政治上努力,决不悲观,决不怕难——也决不怕死。④

2月4日,颜惠庆在日记中写道:"丁文江博士来访,据告他明日返回大连。"⑤

2月8日,颜惠庆在日记中写道:"丁文江忽然来访,谈到了高的事情:高原是前清慈云药房分店经理的儿子,现是朱启钤的属下。他曾错投在李大钊手下做事。"⑥

2月25日,先生致胡适一信,谈及在大连时送给他钱的河南人杨金的身世。⑦

春,先生住在大连。

3月6日,先生致胡适一信,认为颜习斋"是一个变相的村学

---

① 《胡适遗稿及秘藏书信》第23册,第201页。
② 上海市档案馆译:《颜惠庆日记》第二册,第397页。
③ 《胡适遗稿及秘藏书信》第23册,第199—200页。
④ 《丁文江致胡适》,收入《胡适来往书信选》上册,第459—460页。
⑤ 上海市档案馆译:《颜惠庆日记》第二册,第403页。
⑥ 上海市档案馆译:《颜惠庆日记》第二册,第403页。
⑦ 《丁文江致胡适》,收入《胡适来往书信选》上册,第465—466页。

究,而且是一个北方的老憨"。请胡适为史久元开几部新小说书目。①

3月16日,颜惠庆在日记中写道:"在裴士家喝茶,遇见杨豹灵、程、詹克斯、黄氏夫妇、丁博士等人。"②

3月19日,颜惠庆在日记中写道:"丁文江来访,他说北伐将于7月开始,关税会议恐召开无望。"③

3月20日,先生致胡适一信,转告傅立鱼请胡适去大连讲演之事。④

4月8日,颜惠庆在日记中写道:"丁文江来访,告知他已迁移到北京,提到张的被刺是出于政治原因。据传一俟阎来到北京,章士钊将出面组阁。"⑤

4月27日,先生致胡适一信,告胡已离开大连到了北京。在信中,先生就时局的变动和自己的去向征询胡适意见:

> 我看北方根本要变动。到那时候,我是否能安然住在北京,也是问题。请你替我打听打听,计划计划。据厚生同百里说,蔡先生所说的通缉的事,并未成为事实。你能不能向蔡一探。我极不愿意离开北京,因日本太贵,大连太无味也。⑥

先生回到北平后,住在李四光(仲揆)的宅里。⑦

4月28日,葛利普(A. W. Grabau)的 *Stratigraphy of China*(《中国地质学史》)第二册由农商部地质调查所出版。据作者注释说明,该书第37—52页有关 "The Triassic System-China Proper"(中国本部三叠系)部分系采用先生提供的材料写成。

4月,杨钟健留德回国后,在北平接受地质调查所聘请,担任技师。据杨氏回忆:

> 在我回国之前,我对丁先生只知其名,而并不熟悉。但自

---

① 《丁文江致胡适》,收入《胡适来往书信选》上册,第472—473页。
② 上海市档案馆译:《颜惠庆日记》第二册,第411页。
③ 上海市档案馆译:《颜惠庆日记》第二册,第412页。
④ 《丁文江致胡适》,收入《胡适来往书信选》上册,第474—475页。
⑤ 上海市档案馆译:《颜惠庆日记》第二册,第416页。
⑥ 《丁文江致胡适》,收入《胡适来往书信选》上册,第480页。
⑦ 参见陶孟和:《追忆在君》,载1936年2月16日《独立评论》第188号。

我回所任事后,他对我亦十分关怀,我亦对他有了好感。他常常说,新出学校门之人,应当在大都市文化中心才有教学相长之益;如去外省,则容易夜郎自大,故步自封,难有进益,反要退步。他还列举了许多这方面的事例。我当时甚赞其言,亦可以说受用终生。①

夏,为陶氏涉园出版明代科学家宋应星著《天工开物》作《重印〈天工开物〉卷跋》。

6月4日,颜惠庆在日记中写道:"丁文江来访,将奉系人物比拟为乡巴佬,完全为一群暴徒、游民、娼妓所包围。"②

6月12日,颜惠庆在日记中写道:"丁文江来访,他担心南方颁发征用法。"③

6月26日,颜惠庆在日记中写道:"于志昂及丁文江来访,于是来会见钱新之的。"④

6月27日,颜惠庆在日记中写道:"在'杂碎'饭店款待朱、沈、丁文江、陆、于等人。"⑤

6月29日,中基会第四次年会。议决延聘丁文江、祁天锡(N. G. Gee)等九人组织委员会。

7月2日,颜惠庆在日记中写道:"丁文江及孙子涵来访。据日本人报告,杨宇霆已死。丁文江提到:据钱新之说,我将被派往柏林。"⑥

7月5日,颜惠庆在日记中写道:"为丁博士参加妇女会议事写信给福特。"⑦

7月15日,颜惠庆在日记中写道:"丁文江来访:他对发出拘捕安福系人员的命令作出了解释(姚氏兄弟通过周震麟进行活动)。段氏在银行透支。"⑧

---

① 参见杨钟健:《杨钟健回忆录》,北京:地质出版社,1983年7月版,第78页。
② 上海市档案馆译:《颜惠庆日记》第二册,第428页。
③ 上海市档案馆译:《颜惠庆日记》第二册,第430页。
④ 上海市档案馆译:《颜惠庆日记》第二册,第433页。
⑤ 上海市档案馆译:《颜惠庆日记》第二册,第434页。
⑥ 上海市档案馆译:《颜惠庆日记》第二册,第435页。
⑦ 上海市档案馆译:《颜惠庆日记》第二册,第435页。
⑧ 上海市档案馆译:《颜惠庆日记》第二册,第435页。

7月16日,颜惠庆在日记中写道:"丁文江来访,要求写信把他介绍给高思。"①

7月20日至10月中旬,先生在广西进行地质调查。关于此次地质调查的详细情形,有黄汲清在先生去世后整理的英文报告 Geological Reconnaissance in Kuangsi(《广西地质勘察报告》)。②

关于此次先生的广西之行,黄汲清有简要评述:

> 先生于民国十七年赴广西考查,所到各处均曾作地质研究。而于广西中部及北部如南丹、河池、马平、迁江诸县,调查尤为详细。利用军用地形图,填绘地质,同时采集标本化石甚多。其工作性质,除考查南丹、河池锡矿及迁江一带煤田外,特注重地层系统及地质构造。而于马平石灰岩研究尤详。马平石灰岩之驰名,全赖先生之力。③

另据时在广西工作的凌鸿勋回忆:

> 民十七,余于役于广西之苍梧,先生适在西南勘察事毕,道出苍梧,班荆道故,乐乃无极。当其由梧搭乘轮船赴港,已将采集各种标本数十箱送至码头,乃为关吏所留难,时距轮船开行只半小时。余为驰赴梧州关解释,始及时取得签证放行。嗣后每与先生晤及,辄道其当日邅邅与狼狈的情况。④

10月5日,先生从广西致胡适一信,信中写道:

> 广西的情形,一言难尽。……他们第一有建设的决心和诚意,第二有建设的能力,所可惜的是缺乏真正的技术人才给他们帮忙。我到南宁的时候,本无意工作,因为他们的诚意所感动,才"再为冯妇"。……
>
> 我9月以来,又做了很多的工作,东到富川、贺县、西北到

---

① 上海市档案馆译:《颜惠庆日记》第二册,第435页。
② 收入《丁文江先生地质调查报告》,南京:经济部中央地质调查所,1947年6月印行,第274—370页。
③ 黄汲清:《丁在君先生在地质学上的工作》,载1936年2月16日《独立评论》第188号。
④ 凌鸿勋:《忆丁文江先生——并记其对于铁路的意见》,载1957年2月16日《畅流》第15卷第1期。

> 贵州的南丹。本来我还想勾留几次,解决一个煤矿的价值。因为两个月前被广西建设厅的一位职员骑的马踢伤左腿,到了桂林似乎完全好了,而近来跑路太多,忽然又肿了起来,行动不方便,故决意不日东归。大约我三四日后由柳州动身,(十月)十一二可到梧州——坐民船沿途稍可研究——十五、十六可到香港。再去广州三两天,就预备回到上海。①

11月初,先生回到上海,"不久他回到北平去,继续他的地质学研究工作"。②

11月初,先生整理的《徐霞客游记》两卷本(另附一图册),由商务印书馆出版。

关于研读《徐霞客游记》的过程,先生在序中有所交待:

> 余十六出国,二十六始归,凡十年未尝读国书。初不知有徐霞客其人,辛亥自欧归,由越南入滇,将由滇入黔,叶浩吾前辈告之曰:"君习地学,且好游,宜读《徐霞客游记》。徐又君乡人,表彰亦君辈之责。"……元年寓上海,始购得图书集成公司铅字本,然时方以舌耕为活,昼夜无暇晷,实未尝一读全书也。

> 三年复入滇,……独行滇东、滇北二百余日,倦甚则取《游记》读之,并证以所见闻。始惊叹先生精力之富、考察之精、记载之详且实。……回京后又为职务所羁,无复余力,仅于十年夏间,作一总图,加以先生游历之路线,及于北京文友会中,宣读英文论说一篇,略叙先生之生平而已。

> 时友人胡君适之,方作《章实斋年谱》,谓传记可以为治学作人之范,年谱为传记之特式,乃吾国人之所发明,宜改善而扩充之。因思仿其意,为先生作一年谱。……

> 余所见《游记》,沈松泉之新印本外,有集成之铅印本、扫叶山房之石印本、光绪年之活字本、嘉庆年之叶氏初刻本、蒋君汝藻及叶景葵所藏之清初抄本,而校雠所据,一依叶氏,盖叶本为诸印本之宗。

---

① 胡适:《丁文江的传记》,收入《胡适文集》第7册,第487—488页。
② 胡适:《丁文江的传记》,收入《胡适文集》第7册,第489页。

先生整理的《徐霞客游记》及其所撰年谱出版后,在学术界产生极大反响。方豪曾撰写《〈徐霞客先生年谱〉订误》一文一方面对先生一书有所批评,并具体校订年谱中诸多错误之处;一方面承认《徐霞客先生年谱》"亦确有独到之处","《徐霞客游记》,虽踪迹限于国内,唯其书之价值,亦至钜且大。然三百年来,仅三五人以辑刻行世而已。起而作较详研究者,殆莫先于丁文江先生。微先生之功,吾人今日恐仍只能手一卷蝇头细字之旧刻本,或并此亦不可求,遑论其他?丁先生之功不可泯也"。

先生与徐霞客有许多相似之处,章鸿钊曾对他们俩进行了对比,列举先生和徐霞客的相似之点:

丁先生对于明末那位徐霞客先生,推崇备至。他做的《徐霞客年谱》也算一部精心结撰的著作,不单是表彰先贤,对于地理方面,也有重要贡献。原来丁先生和徐霞客确有不少相似之点:一生不避艰险,两人相同,是第一点;霞客游迹遍国中,尤以自崇祯十年至十三年湘桂滇黔之游为最久,丁先生前后入云南凡三次,入川黔桂亦各两三次,是第二点;霞客穷长江潇湘郴漓诸水源,和其地理学上的贡献,可和丁先生对于西南地质学上的贡献先后媲美,是第三点;最奇者,徐霞客携和尚静闻同行,而静闻遇病卒于南宁,民国十八年丁先生组织西南调查队携赵亚曾诸君同行,而赵君遇盗卒于云南,是第四点;徐霞客于静闻死后,尊其遗言,携其骨由南宁经黔入滇,凡行一年零二日,始瘗之于鸡足山,丁先生于赵君死后,归葬其骨,复亲任其子教养,行必与俱,以至终身,两人的义侠,古今罕比,是第五点。霞客和丁先生虽不同时,也算得真同志了。①

叶良辅在《丁文江与徐霞客》一文中,曾对先生有如是评价:

丁先生之兴趣虽广,而始终不离科学。因其所专修者为地质学,故二十岁游学返国,即考察滇黔。其后又两次考察西南。徐公观察之真切,有先生为之实地证明,徐公经历之艰

---

① 章鸿钊:《我对于丁在君先生的回忆》,载 1936 年 6 月《地质论评》第 1 卷第 3 期。

险,有先生为之实地体念。志趣相同,经历相同,又何怪乎先生乐为之表彰。亦徐公幸也。……

丁先生之热忱爱国,广洁自持,诚挚待人,亦为吾侪受其薰陶者所不忘。丁先生学问兴趣既广,以致不能专精,天又不假以时日(享年四十九岁),故其著述,不及徐公之伟大精采为可恒耳。①

谭其骧在《论丁文江所谓徐霞客地理上之重要发见》一文,对先生有不同评价:

> 丁文江为霞客撰年谱,尝论及所以使之然之故,结论曰:"然则先生之游,非徒游也,欲穷江河之渊源,山脉之经络也。此种求知之精神,乃近百年来欧美人之特色,而不谓先生已得之于二百八十年前,故凡论先生者,或仅爱其文章,或徒惊其游迹,皆非真能知先生者也。"诚者斯言。然霞客作万里遐征之志,虽在乎此,而霞客之成就却不在乎此,丁氏知其一而不知其二,竟谓霞客于西南地理上多所重要发见,一一提示而誉扬之。其言差谬,贻误后学不浅。是丁氏亦非真知霞客者也。盖霞客之成就,仍在其游迹文章,霞客能到人所不能到,写人所不能写,此霞客所以为"千古奇人",游记之所以为"千古奇书"(并钱谦益语)也。至其论江河之渊源,山脉之经络也,则于小处如辨枯柯河之入潞江而不入澜沧,碧溪江之即漾濞河下流虽间有所获,于大处如以南盘为右江上流,大金沙为龙川江别名,反多疏失。
>
> 丁氏所谓霞客地理上之重要发见凡五,南北盘江之源流,一也;澜沧江潞江之出路,二也;枯柯河之出路及碧溪江之上流,三也;大盈龙川大金沙三江之分合经流,四也;江流,五也。自余考之中,惟最不重要之第三项,诚足以匡正前人,已引见上文,其余四项,皆断乎绝无"发见"之可言。②

---

① 叶良辅:《丁文江与徐霞客》,收入《地理学家徐霞客》,北京:商务印书馆,1948年2月版,第10页。
② 谭其骧:《论丁文江所谓徐霞客地理上之重要发见》,收入《地理学家徐霞客》,北京:商务印书馆,1948年2月版,第61—62页。

黄汲清在《丁文江——二十世纪的徐霞客》一文中列举了先生"为什么能成为二十世纪的徐霞客呢?"的四点理由：

(1) 他读过徐霞客的书,对徐十分崇敬。——丁先生曾面告本人,他的老家泰兴县黄桥镇与徐霞客的老家江阴县仅长江一水之隔。

(2) 在英国留学时,他读过德国地质学家李希霍芬(Von. Richthofen)写的《中国》几本大书,后者断言中国人不能成为地质学家。丁先生受到了刺激,接受了挑战,下决心要证明李氏的说法是错误的。

(3) 丁先生在格拉斯哥大学学习地质学时,主要教授是格里哥里(J. W. Gregory),是一位有名的探险家型地质学家,对丁有较大的影响。

(4) 丁先生在欧洲学习时期正是法国帝国主义者全力经营印度支那时期,并建成了滇越铁路,势力正在伸入中国云南省。在这之前一批法国地质工作者已在云南、四川南部和贵州之一部分做了工作,其中戴普拉(Deprat)的著作,可能刚刚发表,引起了热爱祖国、不甘落人后的丁文江的注意,后来事实证明丁先生的地质科学成果,否定了戴氏的一些推论的虚构性。①

有的论者对先生主编的《徐霞客游记》与先前出版的各种版本《徐霞客游记》进行比较,概括其有如下四个特点：

(一) 丁编《徐霞客游记》得到"罗叔韫、梁任公、张菊生、胡适之诸先生之助,故所参考之书籍,若《晴山堂帖》,若《徐氏家谱》,若明人诗文集及地方志,胥为不易经见者。"因而丁编《徐霞客游记》除了《游记》本文以外,还编入散见于别书的众多的徐霞客诗文和有关徐霞客的生平资料,等于一本《徐霞客文集》,内容丰富远远超过其他版本,为他人了解徐霞客和研

---

① 黄汲清：《丁文江——二十世纪的徐霞客》,收入《泰兴文史资料——纪念丁文江先生诞辰一百周年》第4辑,中国人民政治协商会议江苏省泰兴县文史资料研究委员会编印,1987年4月。

究《游记》，提供了第一手资料。

（二）以前，《徐霞客游记》的各种版本都没有地图，丁文江认为"舆地之学，非图不明，（徐霞客）先生以天纵之资，刻苦专精，足迹又遍海内，故能言之如指掌。后人限于旧闻，无图可考，故仅知先生文章之奇，而不能言其心得之所在。"于是，丁文江请人协助，对照《徐霞客游记》，画出地图，把徐霞客的游踪再现在地图上"使读者可以按图证书，无盲人瞎马之感"。丁编《游记》附有一本地图集（34图，36幅），这点与上述一样，都是创新之举。

（三）丁编《徐霞客游记》能博采众长。当时的各种《徐霞客游记》版本，只有"咸丰年印本，卷首加（徐霞客）先生小像，"由胡适在上海购得，丁文江把它置于自己所编的《游记》卷首，使得这张珍贵的徐霞客像得以广泛流传。

（四）丁编《徐霞客游记》所附的《徐霞客先生年谱》，集中了丁文江的研究成果，具有筚路蓝缕之功。……丁文江的研究才真正揭示出《徐霞客游记》的主要价值，并且使徐霞客在中国科技史和世界科技史上的崇高地位确立起来。丁文江是徐霞客逝世以后二百多年中第一个文字知音，他对徐霞客的研究，代表了一个时期的重要成果，并为后继者开拓了道路。这样，丁文江主编的《徐霞客游记》也就成为以近代地学观点来研究《游记》的一本开山之作。①

11月7日，先生赠送一套《徐霞客游记》（平装两册）给胡适，在扉页上先生题字，"适之惠存 弟文江持赠 十七、十一、七"。是书现收藏于北京大学图书馆。

12月9日，史久元致胡适信中谈及近况：

在君于上月由汉口来平，带来你送给我的小说书好多本。我看见非常的高兴，谢谢你！只是害你多花钱，过意不去。

今年春天在大连听说有人请你在夏天到那里去讲演，我

---

① 洁甫：《丁文江和商务印书馆》，收入《商务印书馆九十年》，北京：商务印书馆，1987年1月版，第554—555页。

们很希望你来,而结果终于失望了。

在阳历的九月,我由连来到北平,就住着仲癸的房子。现在在君回来了,因为书放不下,天天在要搬家,房子还没有找妥,很是麻烦。①

本年,所著《中国官办矿业史略》一书,由地质调查所印行。据翁文灏为本书所写题记:

此稿由丁君作于民国五年,嗣于七八年间,复稍为补正。十年以来,中央及各省政局屡变,档案难全,经过情形恐难尽考,爰检旧稿,付之剞劂,言矿史者。当有取焉。

本年,陶氏涉园出版明代科学家宋应星著《天工开物》一书(三卷,线装本),书末收有先生《奉新宋长庚先生传》、《重印〈天工开物〉卷跋》两文。

1929年(民国十八年己巳)　四十三岁

1月,所著《广西獞语之研究》一文刊于《科学》第14卷第1期,该文之英文版亦刊登于 *Far Eastern Antiquities*(《远东古迹》)第1期。先生自称民国三年在云南调查地质,"对于西南人种,随时略有研究",民国十七年夏天在广西柳州记录獞人语言八十余字,此篇证明广西獞语与云南的摆夷所操之掸语属于同一语系。

1月19日,梁启超在北平去世。次日遗体在广惠寺大殓,先生前往吊唁,并送遗体入殓。

同日,胡适回到北平。先生在一次宴会上介绍胡适认识自己的学生赵亚曾。胡适曾忆及此事:

民国十八年,我回到北平,第一天在一个宴会上遇见在君,他第一句话就说:"你来,你来,我给你介绍赵亚曾!这是我们地质学古生物学新出的一个天才,今年得地质学奖金

---

① 《史久元致胡适》,收入耿云志主编:《胡适遗稿及秘藏书信》第23册,第248页。

的!"他那时脸上的高兴快乐是使我很感动的。①

1月23日,徐志摩致胡适一信,内中言及先生对徐新六的评价:

> 今天是我生日,下午振飞请我吃茶,谈"人生"。他说他的一辈子竟同一张白纸,如今已过了一生的三分之二,再下去更是下坡的势道,所谓人生者如此而已,言下不胜感慨。他说在君真知道他,曾经将他比作一团火包藏在冰块的心里,火化不了冰,迟早难免为它压灭,也许早已没有火的了。②

1月24日,颜惠庆在日记中写道:"丁文江来访,他说将以股东代表身份去日本。他谈了杨被处决的真相,是先杀后审的。他原来的亲信对此都表示反对。"③

2月13—14日,先生出席在地质调查所举行的中国地质学会第六届年会,以会长身份主持会议,并发表英文演说——The Orogenic Movements in China(中国的造山运动),提出了自己对中国造山运动分期的看法。先生认为,古生代以来,中国经历了三次造山运动:喀里道尼亚运动(因首先见于广西,也叫广西运动)、海西宁运动和燕山运动,与欧洲的造山运动基本一致,具有全球性。而燕山运动又不限于中国东部。先生将燕山运动分为三期:第一期的时代是后雷底格底;第二期的时代是白垩纪始,侏罗纪终;第三期的时代是白垩纪。④

2月17日,京、沪举行梁启超追悼大会,先生在北平广惠寺参加追悼会,并送挽联,深切表达对梁任公的衷悼之情:

> 生我者父母,知我者鲍子,
> 在地为河岳,在天为日星。

在上海静安寺举行的追悼大会上,先生也送了挽联:

---

① 胡适:《丁在君这个人》,载1936年2月16日《独立评论》第188号,第9—15页。
② 《徐志摩致胡适》,收入《胡适来往书信选》上册,第508页。
③ 上海市档案馆译:《颜惠庆日记》第二册,第483页。
④ 丁文江: Orogenic Movements in China,《Bull. Geol. Soc. China》(《中国地质学会志》), Vol 8, No2, July, 1929, pp.151—170.

> 思想随时代而变,一瞑更何之,平生自任仔肩,政绩仅追刘正宇;
>
> 文章得风气之先,百身嗟莫赎,少日酬知宣室,声名突过贾长沙。

梁启超去世后,先生继任松坡图书馆馆长,该馆尚勉强维持。1934年先生出任中研院总干事以后,"松馆就此默默无闻了"。①

2月间,胡适在先生家中住了两周。关于此事,胡适有所回忆:

> 民国十八年(1929年)一月十九日,我回到北平——这是我民国十五年出国远游以后第一次回到北平。我在叔永家住了三星期,在在君家住了两星期。我那时在上海住家,这一次北去是因为北平协和医学校改组董事会,举了我做董事,我是赴会去的。②

农矿部地质调查所成立新生代研究室,先生任名誉主任。

春,由地质调查所组织力量,再度进行西南地区地质调查,先生任总指挥。参加者有黄汲清、赵亚曾、王曰伦、曾世英、李春昱、谭锡畴等。

3月16日,胡适在日记中记有"祝高梦旦先生的六十岁生日",附言有先生一幅贺联:

3月25日在君寄来贺联:

> 吃肉,走路,骂中医,年老心不老。
> 喝酒,写字,说官话,知难行亦难。③

4月4日,先生致胡适一信,索取高梦旦的地址。④

4月16日,先生致胡适一信,告"连日为任公年谱事极忙,竟将地质研究放过一边,甚为忧闷。"⑤

4月18日,先生致胡适一信,告游览妙峰山情形和整理梁启超

---

① 参见蒋复璁:《石虎旧梦记》,载1966年5月台北《自由谈》第15卷第6期。
② 胡适:《丁文江的传记》,收入《胡适文集》第7册,第489页。
③ 《胡适全集》第31册,第343页。
④ 《胡适遗稿及秘藏书信》第23册,第106页。
⑤ 《丁文江致胡适》,收入《胡适来往书信选》上册,第513页。

年谱材料的情况。①

4月29日,颜惠庆在日记中写道:"旧金山某商行也来信想和我们做生意。这是丁文江介绍的。"②

5月1日,颜惠庆在日记中写道:"丁文江来访,他说王荫泰出卖了他。他认为广西和冯玉祥等待着蒋辞职!为了取得'胜利'竟花了2000万元。"③

5月10日,颜惠庆在日记中写道:"步行至丁家花园,是新建的,位于英国工部局公墓旁边。"④

5月20日,颜惠庆在日记中写道:"丁文江来访,他对塔斯社表示不满。"⑤

5月21日,先生致胡适一信,谈整理梁启超年谱材料和中华教育文化基金会等事。⑥

本年初夏,先生与傅斯年初次相见,以后变成了朋友。傅斯年在先生去世时忆及他们相交的经过:

> 记得"九·一八"之前半年间,有一天,我请几个朋友在我家吃饭。座上有在君,有适之先生等。我议论一个人,适之先生以为不公允,说:"你这偏见反正是会改变的。你不记得在巴黎时,你向我说过三遍,回国后第一件事是杀丁文江。现在丁文江就在你身边,你干吗不杀他!"后来我怨适之先生恶作剧,他说:"在君必高兴,他能将你这杀人犯变作朋友,岂不可以自豪?"
>
> 我开始大佩服在君在我读科学玄学战论时,那时我在英国。以为如此人才,何为仕于钱镠之朝,又与吕惠卿辈来往,所以才有"杀"之一说,其中实不免有点如朱子所说,其词若有憾,其实不尽然也。乃民国十八年初夏相见之后,不久即成朋

---

① 《胡适遗稿及秘藏书信》第23册,第109—112页。
② 上海市档案馆译:《颜惠庆日记》第二册,第505页。
③ 上海市档案馆译:《颜惠庆日记》第二册,第505页。
④ 上海市档案馆译:《颜惠庆日记》第二册,第507页。
⑤ 上海市档案馆译:《颜惠庆日记》第二册,第510页。
⑥ 《丁文江致胡适》,收入《胡适来往书信选》上册,第515—517页。

友,一年后成好朋友,最近几年中竟成极好的朋友。①

7月3日,先生致胡适一信,谈整理梁启超年谱材料和希望胡适"积极与闻"中华文化教育基金会之事。②

7月8日,先生致胡适一信,谈在孙仲屿日记中发现梁启超的材料和自己打算撰写《梁任公年谱长编》等事。③

7月15日,先生致胡适一信,催问胡适有关印刷康有为自编年谱之事。④

7月,北平社会调查所成立委员会,陶孟和任所长,任鸿隽为委员长,委员有何廉、范锐、刘鸿生、陈达、丁文江、戴乐仁、章元善等人。

8月3日,先生致胡适一信,在信中表示"我生平没有他长,只有两点自己自信:一是责任心,二是公私清楚"。详告他此次去西南考察的原因:

> 我这次到西南去,抱了几种志愿。第一是把广西和云南的工作连接上——我去年在广西,颇有重要的发见,并且因为这种发见,把从前在云南的观察也证明了一大部分。把各种问题完全解决,非到两省交界的贵州去不可。这是一。
>
> 所谓钦渝铁道是打通川粤交通的唯一方法,也就是解决西南经济问题的唯一方法。西南几省经济问题没有办法,于邻省有绝大的害处——云贵两省都不能种棉花,不种鸦片烟,其他农产运不出来,没法子买棉花用。留着两省为鸦片烟的发源地,湘粤都要大受其害。铁路一通,农产物可以出口,就不成问题的了。钦渝铁路原来是要由四川经过云南到广州的,我民国三年到云南去就是要调查假定路线附近的天产。调查的结果,我认为这条路不应该过云南——唯一的路是在贵州。云南是一个五千尺的高原,贵州只有二千五百尺;经过

---

① 傅斯年:《我所认识的丁文江先生》,载1936年2月16日《独立评论》第188号,第2—8页。
② 《丁文江致胡适》,收入《胡适来往书信选》上册,第518—519页。
③ 《丁文江致胡适》,收入《胡适来往书信选》上册,第519—520页。
④ 《丁文江致胡适》,收入《胡适来往书信选》上册,第521—522页。

贵州,铁路只要上一半的高山,而且贵州的大定、黔西一带,是西南(几)省唯一的有价值的煤田,比云南的宣威、东川好得多。假使铁路一通,这种煤田都可变成西南的富源,并且可以供给扬子江上游的燃料——因为四川的煤层过薄,煤质太坏,不如贵州。我自认为现在中国唯一的"西南通"。乘此把钦渝路线根本解决了,并且把西南的交通和经济做一个具体的方案,纵然一时不能实行,将来总有用处——后人来了,一切计划终不能出我这方案之外,这是二。

抱了这个两种目的,我所以不是一个人去,要带了四个人同去,做一个exploration(我个人的旅费由铁道部出,其余都由地质调查所供给),预定了路线,分四队出发,一边调查地质,一边测量地图——带上经纬仪、无线电,想把经过的地方的经纬度好好的定了。①

8月13日,先生致胡适一信,告编辑梁启超著作的"大编辑"是林宰平。②

8月31日,先生出席在北平忠信堂召开的中国古生物学会创立大会。当天到会的还有葛利普、孙云铸、俞建章、周赞衡等十余人。

9月,先生率领一个分队,偕同曾世英、王曰伦等,自北平出发,开始其川广铁路勘探活动。

关于此次野外调查的实际,随先生而行的王曰伦深情地回忆道:

丁先生在野外调查时,对于青年同事,则诲人不倦;对于工作,则以身作则。民国十八年丁先生偕曾世英及本人从重庆出发到贵州,天未亮,就要起身,天黑然后宿店。每日所获材料,每日必须整理完竣。当时我是第一次作此种工作,丁先生则不惮烦劳,予以指导。丁先生须长背驼,人皆以老先生称之,但其吃苦的精神反较青年人为高。

---

① 《丁文江致胡适》,收入《胡适来往书信选》上册,第527—528页。
② 《丁文江致胡适》,收入《胡适来往书信选》上册,第531—532页。

丁先生工作认真,有一次他做观音桥到松坎一段的地质剖面图,因冬天日短,没有做完,第二天他自己便又回松坎以北继续工作,图做完后,才赶到七阵溪与大队会合。

丁先生对于工作进行,是有计划的,每日有一定的路线与站头,绝不因风雨而改变或停止。丁先生能认识人并且认识后能立刻给一相当的工作,我们当时带一个测夫,叫孙得霖。在桐梓时丁先生发现他颇适于测量,就立即使之学习,后来孙君成绩,果然很好。"①

此次调查的内容,包括地质、地理、矿产、人种、古生物等五个学科,其中对泥盆纪、石炭纪和二叠纪的考察,尤为深入,为西南各省这三个系的进一步研究,奠定了基础。李四光对此曾予以高度评价:"丁文江、田奇㻫和葛利普的研究,为我们了解中国西南部泥盆纪的海陆变迁,作出了许多贡献。"②

10月初,先生一行已抵重庆。据黄汲清回忆:"他们寄给我们一批参考资料,并说明他们的调查路线,和我们可能在什么地方会面等等。他们一行有曾世英担任测绘,王曰伦担任地质矿产调查,是丁的主要助手,此外还有管事,测量员和厨师,队伍是相当庞大的。"③随后,先生一行从重庆经松坎、桐梓至遵义,由遵义西行,经打鼓,新场至大定,与黄汲清会合,再东行至贵阳,旋又南行,经都匀、独山、荔波而入广西南丹县境,继折而北行,经平丹,大塘返贵阳。此行为先生一生中最大的一次地质调查,亦为最后的大规模地质调查。④

11月15日,赵亚曾自大关进至昭通县界二十五里闸心场佛德盛栈,即遇匪殉难。这对先生是一个极大的打击。据与先生会合的黄汲清回忆:"11月某日我从飘儿井赶到大定(现称大方)与丁

---

① 《丁在君先生逝世五周年纪念会》,载1941年《地质论评》第6卷第1、2期,第203页。
② 李四光:《The Geology of China》(《中国地质学》),第120页。
③ 黄汲清:《我的回忆——黄汲清回忆录摘编》,北京:地质出版社,2004年6月版,第59—60页。
④ 参见黄汲清:《丁在君先生在地质学上的工作》,载1936年2月16日《独立评论》第188号。

文江先生会合。丁先生态度严肃,泪流满面,继而泣不成声,一直哭泣不止,约十多分钟,我亦陪哭。经大家劝说,这才开始谈话。丁先生看上去好像老了十岁,八字胡仍旧,脸上皱纹增多,说话声音也显得苍老。……丁文江先生说,赵亚曾先生之死是中国的大损失,但我们川广铁路勘线的工作方才开始,我们的主要工作还在前头。"①

11月中、下旬,先生从四川到达贵州大定,"因为得到了赵亚曾先生在云南被害的消息,没有心绪再做地质的工作,同时又因为约好了黄汲清先生在大定会齐,不能不在那里等他。"于是,先生又"再着于研究猓猓",一面测量他们的体格,一面搜集他们的书籍。"第一部搜集到的是《玄通大书》"。②

12月14日,先生写一长信给胡适,详谈西南之行的情形和为处理赵亚曾去世后善后托胡适办的事。

12月15日,先生在贵州大定与白夷家(白猓猓)老人罗文笔会面。对此次晤面,罗文笔略有记述:

> 于去岁阴历冬月十五夜,民在定邑旅馆开夜课讲福音,祷告方毕,适逢地质调查部队长丁君委员文江大人,鸿通广大,爱及苍生,不存鄙夷之念,特命使者召民至贵寓,试问夷族还有何种书籍?民告之曰,现存者无几矣。因民家藏古本,只有六种,分为七册。……③

12月18日,张元济致先生一信,嘱代为搜集贵州县志。④

年底,作《挽赵予仁》七律四首,悼念在云南考察地质时殉难的青年地质学家赵亚曾。

赵亚曾(1898—1929年)字予仁,河北蠡县人。1917年进入北京大学预科,1919年进入北京大学地质系,1923年大学毕业。在校期间,受葛利普、李四光两教授影响极大,成绩优异,毕业后进入

---

① 黄汲清:《我的回忆——黄汲清回忆录摘编》,第63页。
② 丁文江:《爨文丛刻》自序,收入《爨文丛刻》(中研院史语所专刊之十一),上海:商务印书馆,1936年版。
③ 董作宾:《关于丁文江先生的〈爨文丛刻〉甲编》,收入1956年台北《"中央研究院"院刊》第3辑。
④ 参见张树年主编:《张元济年谱》,第331页。

地质调查所工作。1928年任技师兼古生物学研究室主任。1929年11月,赵氏偕黄汲清由陕西越秦岭入四川,再由四川进入云南工作。11月16日,赵亚曾自大关进至昭通县界二十五里闸心场佛德盛栈,即遇匪殉难。赵氏在地质调查所工作的六年期间,刊行著作凡18种,逾一百万言。先生对赵亚曾十分器重,多次在各种场合表彰他。

本年,所著《外资矿业史资料》,由地质调查所印行。翁文灏在书的序文中交待:

> 此编资料系丁文江先生民国五、六年所编集,在今日视之自多已不合现状,即所述历史系就个人采访所及,亦不足以称官书。然所述各矿在中国经济史上皆有重要关系,以丁先生采访之勤,所集资料之富,听其荒没未免可惜,故为刊之。称为《外资矿业史资料》,固未敢以为全史也。

本年,由汪胡桢翻译的先生所著《扬子江下游地质》一文连载《扬子江水道月刊》第1—3期。据该刊编者在文前附志:

> 扬子江流域地质素鲜调查及纪录,丁君文江所著《扬子江下游之地质》资料宏富,为目下研究扬子江地质仅有之参考,原书本为西文,经汪君胡桢迻译,流传益广,爰登月刊以供考证。

本年,武进陶氏出版明代科学家宋应星著《天工开物》一书(三卷,石印本,收入陶湘辑:《喜咏轩丛书》第五编第三九种),书末收有先生《奉新宋长庚先生传》、《重印〈天工开物〉卷跋》两文。

1930年(民国十九年庚午) 四十四岁

1月1日,颜惠庆在日记中写道:"去徐、曹、段、曹汝霖及丁文江等府上投刺贺年,丁留我闲聊。"①

1月4日,颜惠庆在日记中写道:"上班前丁文江曾来访。"②

1月13日,先生率考察队从贵阳出发到达黄泥哨,继续开展对

---

① 上海市档案馆译:《颜惠庆日记》第二册,第557页。
② 上海市档案馆译:《颜惠庆日记》第二册,第557页。

四川、贵州、广西三省的考察。关于此次考察情形,先生留有经人整理的 Geological Reconnaissance in Szechuan Kueichou and Kuangsi(《四川、贵州和广西地质勘察报告》)和 Geological Reconnaissance in Szechuan Yunnan and Kueichou(《四川、云南和贵州地质勘察报告》)。①

1月20日,中国地质学会评议会举行会议,会议通过《中国地质学会纪念赵亚曾先生研究补助金章程大纲》,组成"赵亚曾先生纪念基金及研究补助金管理委员会",此事先生出力甚大。

1月下旬,先生一行与黄汲清会合于遵义,全队向东行,经湄潭、绥阳到达桐梓。②

1月31日,先生复张元济一信,言"贵州屡遭兵祸,旧志遗失殆尽,唯闻新修《大定县志》,尚为东方图书馆所未有,已函托人转购"。③

3月19日,先生致胡适一信,谈在云南运送赵予仁灵柩的情形。④

同日,颜惠庆在日记中写道:"丁文江来访,说蒋已开始软下来了。"⑤

4月7日,颜惠庆在日记中写道:"王荫泰来访,他才从北平回来,他说谈现在唐山,他将去南方。奉天方面完全中立。外交使团见陈公博、王等是阎的朋友大吃一惊。在黎总统那里遇龚、曹、陆、丁、严、杨等人。"⑥

4月17日,颜惠庆在日记中写道:"出席黄宗法为曹、丁文江、唐等举行的宴会。"⑦

5月,先生与曾世英、王曰伦、黄汲清等一起,由重庆乘颐和公

---

① 收入《丁文江先生地质调查报告》,南京:经济部中央地质调查所,1947年6月发行,第377—594页。
② 参见中国地质学会:《黄汲清年谱》,北京:地质出版社,2004年6月版,第10页。
③ 参见张树年主编:《张元济年谱》,第334页。
④ 《胡适遗稿及秘藏书信》第23册,第205—207页。
⑤ 上海市档案馆译:《颜惠庆日记》第二册,第570页。
⑥ 上海市档案馆译:《颜惠庆日记》第二册,第573页。
⑦ 上海市档案馆译:《颜惠庆日记》第二册,第575页。

司的轮船顺长江东下。到达武汉时,先生上岸看望在汉口的王宠佑。船到达上海时,在先施公司酒店下榻。①

5月15日,张元济在寓所宴请先生,胡适等作陪。②

6月27日,先生致胡适一信,告阅完胡适送给他的《哲学史》稿子,鼓励胡适"向下写,不要分心"。③

7月26日,先生致胡适一信,告把赵予仁的长子接到北京和阅毕胡适所寄"第四期的哲学史稿"。④

7月,中基会将科学教育顾问委员会改组为编译委员会,胡适任该会委员长,丁文江、丁燮林、赵元任、陈源、闻一多、陈寅恪、傅斯年、梁实秋等十三人任委员。

夏,先生曾与胡适、翁文灏、谭锡畴等参观地质调查所新成立的鹫峰地震研究室,并合影留念。鹫峰地震研究室建于北平西北郊北安河村鹫峰山,1930年地质调查所派李善邦在此处筹建地震观测台,命名为"鹫峰地震研究室"。

8月15日,关于中基会编译委员会内部分组情形,胡适在日记中写道:

> 晚上叔永与子高来,细谈编译委员会事,把人选大致决定了。似分两组:
>
> 甲组:丁在君、赵元任、陈寅恪、傅孟真、陈通伯、闻一多、梁实秋
>
> 乙组:王季梁、胡经甫、胡步曾、竺藕舫、丁西林、姜立夫⑤

8月17日,先生致胡适一信,告为胡适在北平找房子的情况。⑥

8月25日,先生致胡适一信,告赵亚曾基金的分配办法。⑦

8月26日,先生在地质调查所讲学会上发表讲演,题为"野外

---

① 参见中国地质学会:《黄汲清年谱》,北京:地质出版社,2004年6月版,第10页。该谱将从重庆出发系于6月,可能有误,现改为5月。
② 参见张树年主编:《张元济年谱》,第339页。
③ 《丁文江致胡适》,《胡适来往书信选》中册,第17页。
④ 《丁文江致胡适》,《胡适来往书信选》中册,第18页。
⑤ 《胡适全集》第31册,第700页。
⑥ 《胡适遗稿及秘藏书信》第23册,第153—155页。
⑦ 《胡适遗稿及秘藏书信》第23册,第156—157页。

工作的经验"。

9月9日,先生致胡适一信,信中写道:

我近来看了许多讲俄国的书,对于俄国的情状有一点了解了。下列的几部都值得看:

Dillon:Russia Today & Yesterday(最浅薄,但文字颇好)

Dobb:*Russian Economic Development Since the Revolution*(favorable to Bol.)

Yugoll:*Economic Trends in Soviet Russia*(Unfavorable, but rather fair)

我本来想欲做几篇提要,因为太忙,只好作罢。你如高兴,似乎值得做。①

9月,中华教育文化基金会董事会设立编译委员会,由胡适任主任委员,委员会成员十三人,其中有先生。其他十二人为赵元任,傅斯年,陈寅恪、梁实秋、陈源、闻一多、姜立夫、丁西林、王韬、胡先骕、胡经甫、竺可桢。

10月,先生致信瑞典王太子,对安特生未能及时给予他的质询回复表示不满。②

秋,先生、翁文灏、曾世英与《申报》订约,编纂《中华民国新地图》,作为《申报》创刊六十周年的纪念。③

11月9日,先生致胡适一信,称赞胡适《我的母亲的订婚》一文"应该考第一"。劝胡适不要多喝酒。④

11月11日,先生致张元济一信,乞寄涵芬楼所藏县志目录,以便与北平各馆比较。⑤

11月12日,先生致胡适一信,借《宛陵集》"樊推官劝予止酒"

---

① 《胡适来往书信选》中册,第19—20页。
② 马思中、陈星灿编著:《中国之前的中国:安特生、丁文江和中国史前史的发现》(中、英文对照本),第69页。
③ 参见曾世英:《追忆川广铁道考察和〈申报地图〉编绘》,收入王鸿祯主编:《中国地质事业早期史:纪念丁文江100周年章鸿钊110周年诞辰》,北京大学出版社,1990年7月版,第187—188页。
④ 胡适:《丁文江的传记》,收入《胡适文集》第7册,第492页。
⑤ 参见张树年主编:《张元济年谱》,第346页。

一诗劝胡适不要喝酒太多。①

12月17日,胡适四十岁生日,先生写对联一幅祝贺:

> 凭咱这点切实工夫,不怕二三人是少数,
> 看你一团孩子脾气,谁说四十岁是中年。

本年下半年,先生在地质调查所内与王曰伦等一同整理野外记录和编制各种图件。所采集的大量古生物标本,分别交葛利普、俞建章、计荣森等研究。

黄汲清将其完成的《秦岭及四川地质》的英文报告,交先生审阅,先生又交燕京大学巴尔博(Barbour)审阅。②

1931年(民国二十年辛未)　四十五岁

4月27日,先生在天津南开大学秀山堂出席南开大学经济学院董事会成立大会。据报道,先生与胡适、任叔永、周寄梅诸人"均特为此事由平来津与会"。③

4月,先生讲演稿《中国地质学者之责任》刊载《国立北京大学地质学会会刊》第5期。

6月9日,傅斯年致函先生,请转商胡市长由市府将北海蚕坛全部拨给史语所使用。④

6月,先生偕夫人史久元、史的侄女史济瀛及地质调查所黄汲清、曾世英去京西妙峰山麓秀峰寺消夏。⑤

7月28日,胡适在日记中记"太平洋国际学会第四届大会出席人名单",共40人,其中有先生。⑥

7月,先生在 Chinese Social and Political Science Review(《中国社会及政治学报》)第15卷第2期刊载英文书评 Professor Granet's "La Civilization Chinoise"(《评法国格兰特著中国文化》)。

---

① 胡适:《丁文江的传记》,收入《胡适文集》第7册,第493页。
② 参见中国地质学会:《黄汲清年谱》,第10—11页。
③ 参见《经济学院董事会成立会开会记》,载1931年5月5日《南大周刊》第108期。
④ 原件存台湾"中研院"史语所。
⑤ 参见中国地质学会:《黄汲清年谱》,第11页。
⑥ 《胡适全集》第32册,第131页。

7月23日,瑞典学者安特生致信先生,讨论仰韶文化遗存的性质,在信中安氏说:

> 我注意到您在一封信中认为仰韶时期与贵国古籍上的夏朝等同。我很理解您的初衷。迄今为止,所有想要发现确认夏朝遗址的努力全都落空,而仰韶遗址的数量极大。在这样的情况下,将已知的仰韶遗址看作为夏朝的村落遗址似乎触手可及。然而本人认为这样的结论有致命性的错误。历史纪录上几乎没有关于夏朝的记载,但考虑到之后的商代已经具备了中国文明主要的特征,如果我们设想夏朝与商朝在发展程度上相距不远,似乎也未必夸张。有其晚期的安阳为代表的商朝与纯属新石器文化的仰韶之间存在着巨大的鸿沟,我认为这鸿沟中不可能只有一个朝代。相反,我坚信未来研究结果将会表现此一鸿沟中曾经存在过一系列复杂的文化阶段。①

8月5日,胡适在日记中记道:"今天'北大中基会合作研究特款顾问委员会'开第一次正式会,……通过聘请下列十五人为研究教授:汪敬熙(心)、王守竞(物)、曾昭抡(化)、刘树纪(化)、冯祖荀(数)、许骧(生)、丁文江(地)、李四光(地)、刘志扬(法)、赵乃传(经)、周作人(文)、刘复(文)、陈受颐(史)、徐志摩(文)、汤用彤(哲)。"②

同日,胡适作诗《答丁在君》:

> 颇悔三年不看山,遂教故纸老朱颜。
> 只须留得童心在,莫问鬓毛斑未斑。③

夏,先生夫妇俩带着侄女史济瀛在秦皇岛租了一间房子歇夏。

8月6日至17日,据胡适回忆,他带着长子胡祖望到秦皇岛"陪在君一家玩了十天"。"这十天里,我们常赤脚在沙滩上散步,有时也下水去洗海水浴或浮在水上谈天,有时我们坐在沙滩上谈天看孩子们游泳。晚上我们总在海边坐着谈天,有时候老友顾湛

---

① 马思中、陈星灿编著:《中国之前的中国:安特生、丁文江和中国史前史的发现》(中、英文对照本),第69、71页。
② 《胡适全集》第32册,第135页。
③ 胡适:《丁文江的传记》,收入《胡适文集》第7册,第498页。

然(震)也来加入谈天。这十天是我们最快乐的十天。"①

8月12日,胡适在日记中撰有两诗:《恭颂赤脚大仙》、《丁先生"买帽"》。现录如下:

> 欲上先生号,"神仙未入流"。
> 地行专赤脚,日下怕光头。
> 吐纳哼哼响,灵丹处处丢。
> 看他施法宝,嘴里雪茄烟。
> (丁先生最赤脚,在家或在熟人家,他必须脱袜。在此日夜赤脚,乐不可支。他自称"赤脚大仙",我作诗颂之。)

> 买到东来买到西,偏偏太小不相宜。
> 先生只好回家去,晒坏当头一片皮。
> (丁先生最怕秃头,今天帽子坏了,买不着帽子,急的不得了。)②

8月15日,先生与胡适在海边谈到深夜,两人一起背诵元微之最后送白乐天的两首绝句,此诗收入白乐天《祭微之文》里:

> 君应怪我留连久,我欲与君辞别难。
> 白头徒侣渐稀少,明日恐君无此欢。

> 自识君来三度闰,这回白尽老髭须。
> 恋君不去君应会:知得后回想见无?

8月16日,先生用元微之的原韵,做了两首诗送给胡适:

> 留君至再君休怪,十日流连别更难。
> 从此听涛深夜坐,海天漠漠不成欢。

> 逢君每觉青来眼,顾我而今白到须。
> 此别原知旬日事,小儿女态未能无。③

---

① 参见胡适:《丁文江的传记》,收入《胡适文集》第7册,第498页。
② 收入《胡适手稿》第十集,台北:胡适纪念馆,1970年6月版。
③ 1955年11月11日,胡适回忆其在民国二十年八月与先生共同吟诗一事,并为其在1936年2月所作诗《哭丁在君》作跋。参见《哭丁在君》,原载1955年11月16日台北《自由中国报·自由天地》。收入《胡适文集》第9册,第266—267页。

科学与政治——丁文江研究

9月18日,日本军队进攻沈阳,占领全城,中国军队没有抵抗,史称"九·一八事变",是为日军大规模侵略我国东北一系列行动的开始。胡适当日在日记中写道:"此事之来,久在意中。八月初我与在君都顾虑到此一着。"①

秋,应北京大学校长蒋梦麟之聘,任北大地质系研究教授,与高振西合开"地质学通论"一课。《地质系课程纲要及指导书》(二十二至二十三年度)介绍该课:"每周讲演三时,实习三时","内容:地球为天体之一——地壳之组成——岩石之类别——地壳之运动——火山现象——火成岩之产生——岩石之风化——侵蚀转运与停积——接触变化——各种地形——地史概略"。"参考书:Grabau's Textbook of Geology, Part I"。"选课注意:凡专习地质学者,必先习本课,最好于第一学年中选习之"。②

先生在北大任教时,颇为留意矿物岩石研究,他常对人说:"生平对于地质学没有十分专精的部分,以后想专做水成岩的研究,因为这在中国还是一块未开辟的园地。"③

先生在北平的这一段生活,据与其过从甚密的黄汲清回忆:

> 丁文江先生要在北大地质系,但在地质图书馆有一间办公室,有一绘图员,他常来此准备图书和阅读有关文献。他家住东单芳嘉园,是一个独立小院子,我常到他家去串门,得和丁师母史久元女士交谈,并在一起吃饭。丁师母初通文墨,谈锋甚健,解放脚,中等偏瘦体型,白净脸蛋,不摆架子,交谈时令人感到无拘无束。她的亲侄女史济瀛,是一位好客而有修养的青年女子,她也和我们常见面,彼此成了朋友。丁文治是丁先生的七弟,年岁和我差不多,与丁先生同住。所以我和文治、济瀛,有时还有曾世英先生一道,在南河沿欧美同学会打网球。有时也一起吃一顿便餐。④

---

① 《胡适全集》第32册,第149页。
② 丁文江、高振西:《普通地质学》课程提要,载《北京大学一览》(民国二十二年度),第130页。
③ 参见谢家荣:《编后》,载1936年6月《地质论评》第1卷第3期。
④ 黄汲清:《我的回忆——黄汲清回忆录摘编》,第86页。

9月23日,北京大学校务会议选举先生等为校务会员。选举结果为:徐志摩、刘复、周作人、戴夏、杨亮功、汤用彤、黄国聪(文学院);王烈、丁文江、汪敬熙、胡壮猷、孙云铸(理学院);燕树棠、张慰慈、秦瓒、何基鸿(法学院)当选。①

10月,先生与胡适到南京谒蒋介石。据《申报》报道:"胡适、丁文江来京蒋,此来系奉蒋召,对大局有所垂询。国府以丁、胡卓识硕学,拟聘为立法委员,俾展其所长,效力党国,将提十四日中政会简任。"②

10月21日至11月2日,先生到上海参加太平洋国际学会第四届大会,此次会议由胡适担任主席。会议在上海国际娱乐俱乐部(International Recreation Club)举行。一位参加会议的日本记者松本重治记录了他对先生的印象:

> 在中国代表团中,还有一人给我留下了深刻的印象,这就是丁文江。丁文江当时是北平(京)大学的教授,几年后成为国立中央研究院总干事,和著名的翁文灏并称,为中国两大地理(质)学者。丁文江在特别演讲中,利用地图和统计图表,介绍中国人口如何多,而且土地辽阔,资源丰富,他的演讲很有说服力。……我觉得丁文江很有学识,但感觉上好像他更具有政治家的味道,演讲中好像也只是在宣传中国的实力。③

10月28日,先生回复安特生一信,提醒安氏有关中国众多的新发现和种种情况:

> 夏等于仰韶的观点自然是一种假设,但我认为这是一种良好的初步假设。随着我们对安阳文化了解的增长,我们甚至可以清楚地看到连殷(商)代末期青铜文化也不至于像原先想象的那样发达。比如,甲骨文中的文字百分之八十的都是

---

① 王学珍等主编:《北京大学纪事》上册,北京大学出版社,1998年4月版,第183页。
② 《蒋召见胡适、丁文江》,载1931年10月14日《申报》。
③ 〔日本〕松本重治著,曹振威、沈中琦等译:《上海时代》,上海书店出版社,2005年3月版,第33页。

真象形文字。宗教信仰限于祖先崇拜,资料所表现的社会组织也相当原始。①

11月3日,在北平地质调查所由翁文灏主持召开的中国地质学会特别会议上授予李四光、葛(利普)氏奖章,表彰他在古生物学和生物地层学领域所作的突出贡献。李四光因事未出席授奖仪式,由先生代领。

11月19日,著名诗人徐志摩因飞机失事,遇难身亡。徐志摩生前与先生关系甚密,他俩在1920年代既同属梁启超系统的重要人物,后来又与胡适有着极为密切的私人关系。徐志摩与先生有书信往来,②李济曾忆及先生对徐志摩的评价:

> 相传徐志摩跌死的消息最初传到他的时候,他说:"可惜可惜!"有一个朋友问他:"你看志摩是一个什么样人?"他毫不踌躇的答道:"志摩是一个好人,他向不扯谎。"至今有好些文学家的朋友多以此为笑谈。但细思之,这不但是最恭维志摩的一句话,并可代表在君的人生观。③

11月,《中国地质学会志》第10卷出版,该卷为"葛利普先生纪念册"。卷首刊有先生与章鸿钊、翁文灏、李四光、朱家骅、叶良辅、谢家荣、孙云铸八人联名写给葛利普的贺信,祝贺葛氏六十寿辰。该卷还刊登了先生撰写的 Biographical Notes:A. W. Grabau(《葛利普先生传》)和 On the Stratigraphy of the Fengninian System(《丰宁纪的分层》)两篇英文文章。《丰宁纪的分层》是先生在西南各地实地考察的基础上写成,先生认为,我国丰宁纪地层的分布,以广西、贵州最广,根据云南,贵州丰宁纪地层情况,将其可分为四统:上丰宁纪——上司统(石灰岩)、中丰宁纪——旧司统(石灰岩)、下丰宁纪——汤耙沟统(砂岩)、下丰宁纪——佯佬革统(石灰岩)。

11月,先生与曾世英合著的《川广铁道路线初勘报告》,列入

---

① 马思中、陈星灿编著:《中国之前的中国:安特生、丁文江和中国史前史的发现》(中、英文对照本),斯德哥尔摩:瑞典斯德哥尔摩东方图书馆,2004年版,第71页。
② 徐志摩致丁文江信的影印件,参见林任申、林林:《丁文江传》,南京:江苏人民出版社,2007年4月版,第255页。
③ 李济:《怀丁在君》,载1936年2月16日《独立评论》第188号。

《地质专报》乙种第 4 号,由实业部地质调查所、国立北平研究院地质学研究所印行。他们所拟议的川广路线是用贵州、广西来联络四川与广东,打通扬子江与西江。路线与粤汉平行,同为南北的干线。"这条路线,从四川重庆起,穿过贵州,到广东的广州湾,共长一千四百零三公里有奇,经过的地方,一部分同以前的钦渝、柳渝、株钦重复,但是根本目的不一样,而且文江认为是西南的一条干路","是开发西南最经济的铁道"。

12 月 19 日,先生致胡适一信,谈阅读 Symposium on Chinese Culture(中国文化讨论会)论文稿的意见。①

本年,先生有函致傅斯年,商西陲团长问题。②

1932 年(民国二十一年壬申) 四十六岁

1 月 27 日,先生与翁文灏、胡适联合宴请出席国难会议的傅斯年、任鸿隽、周诒春、李石曾、周作民、汤尔和、蒋廷黻等,与大家交换意见。③

2 月 29 日,先生致沈崑三一信,谈对上海"一·二八"抗战的感想,以为"此次上海事件,我方牺牲极大,然平心言之,较之东北之奇耻实胜一筹"。④

3 月 19 日,美国地质调查的首席地质学家戴维·怀特(David White)致信先生,高度赞扬地质调查所取得的工作成就。⑤

3 月,张元济起草复先生书,信中谓"吾辈决不欲与国民党争政权,亦不欲推翻其天下,但不能不责其必须改过。"此信因事中止,亦未发。⑥

4 月 11 日,先生致函傅斯年,请最后一天再作品。⑦

4 月 17 日,先生致胡适一信,谈地质调查所的窘境和翁文灏所

---

① 《胡适遗稿及秘藏书信》第 23 册,第 160—163 页。
② 该信未署月日,暂系于此。原件存台湾"中研院"史语所。
③ 参见胡适当日日记,收入《胡适全集》第 32 册,第 166 页。
④ 收入《张元济书札》上册,北京:商务印书馆,1997 年 12 月版,第 4—5 页。
⑤ 参见 V. K. Ting: *Modern Science in China*, Asia Vol. 36, No. 2, February, 1936, p. 132.
⑥ 参见张树年主编:《张元济年谱》,第 364 页。
⑦ 原件存台湾"中研院"史语所。

承受的压力。①

同日,收到胡适一信,胡称办《独立评论》"没有《努力》时代的意兴之十分之一!怎么好?"②

5月10日,先生与胡适、陶孟和等在北平紫禁城东华门附近大街的东兴楼宴请美国学者费正清。③

5月22日,先生与蒋廷黻、胡适、傅斯年、任鸿隽等合办的《独立评论》在北平创刊,创刊的《引言》称:

> 我们八九个朋友在这几个月之中,常常聚会讨论国家和社会的问题,有时候辩论很激烈,有时候议论居然颇一致。我们都不期望有完全一致的主张,只期望各人都根据自己的知识,用公平的态度,来研究中国当前的问题。所以尽管有激烈的辩争,我们总觉得这种讨论是有益的。
>
> 我们现在发起这个刊物,想把我们几个人的意见随时公布出来,做一种引子,引起社会上的注意和讨论。我们对读者的期望,和我们对自己的期望一样:也不希望得着一致的同情,只希望得着一些公心的,根据事实的批评和讨论。
>
> 我们叫这刊物做《独立评论》,因为我们都希望永远保持一点独立的精神。不倚傍任何党派,不迷信任何成见,用负责任的言论来发表我们各人思考的结果:这是独立的精神。
>
> 我们几个人的知识见解是很有限的,我们的判断主张是难免错误的。我们很诚恳的请求社会的批评,并且欢迎各方面的投稿。

先生在《独立评论》创刊号上发表《犬养被刺与日本政局前途》一文。

关于先生与《独立评论》的关系,胡适有一段评述:

> 在君最后病倒的时候(民国二十四年十二月八日),《独立

---

① 《胡适遗稿及秘藏书信》第23册,第167—169页。
② 《胡适论学来往书信选》上册,石家庄:河北人民出版社,1998年8月版,第5页。
③ 〔美〕费正清著,陆惠勤等译:《费正清对华回忆录》,上海:知识出版社,1992年5月版,第46—47页。

评论》已出了一百八十期,已办了三年零七个月了。在那三年零七个月之中,《独立评论》发表了在君的文字共有六十四篇:论文,二十四篇;漫游散记,二十一篇;苏俄旅行记,十九篇。他常说他是《独立评论》最出力的投稿人,但我们在他死后回想,如果没有《独立评论》,他的《漫游散记》和《苏俄旅行记》也许至今还没有整理出来。他为了要"给适之补篇幅",才把他的旅行日记整理一遍,"把其中比较有兴趣的事情摘录出来",才成为《漫游散记》。他的《苏俄旅行记》也是我们硬逼他写出来的。这两部书都没有写完,但这四十篇很有趣味、很有学术资料,又很有传记资料的记游文字的写成,总可以算是《独立评论》逼榨出来的一点有历史意义的成绩了。①

蒋廷黻亦有一段回忆:

"九·一八"事变发生以后,北平教育界的朋友们都受了很大的刺激,都感觉到除了教书和研究以外,应该替国家多做点事。有一天在任叔永家里吃饭。在座的有丁在君、胡适之、傅孟真、陈衡哲女士(即任叔永夫人)、陶孟和、吴宪、竹垚生、周枚生、主人和我。我提议办一个刊物。适之大不以为然,觉得我的提议完全由于我没有办过杂志,不知其中的困难。孟和也是这样的腔调。陈衡哲最热心。在君和孟真没有表示。过了相当时期,我又旧话重提。出乎意料之外,在君赞成,不过他主张先由筹款下手。他建议凡愿意参加的捐月薪百分之五。等到基金到了千元左右,刊物才出版。在君说,先筹备有两层好处,一则可以测量大家热心的程度,二则可以免出版以后又因经费的困难而焦急。当时我不知道,以后我听见这个先筹款的办法是《努力周刊》采用过的。

《独立评论》是"九·一八"事变的产物。登载的文章也以讨论东北问题及其相联的和与战问题的为最多。在君对东北的政治、经济、军事、外交曾有极深刻的认识。他在东北旅行过无数次,他认识东北的主要人物,他深知日本和俄国对东北

---

① 胡适:《丁文江的传记》,收入《胡适文集》第7册,第504页。

的野心和阴谋。①

5月29日,先生在《独立评论》第2号发表《日本的新内阁》、《日本的财政》两文。

6月5日,先生在《独立评论》第3号发表《所谓北平各大学合理化的计划》一文。

6月7日,先生致胡适一短信,对梁启超的内侄婿杨维新所作书评表示不满。②

6月19日,先生在《独立评论》第5号开始连载《漫游散记》,在文前先生交代:

> 这二十年来因为职务的关系,常常在内地旅行,二十二省差不多都走遍了。旅行的途中,偶然也有日记,但是始终没有整理。现在把其中比较有兴趣的事情,摘录出来,给适之补篇幅。因为次序没有一定,事实上不能连贯,所以叫做散记。

关于《漫游散记》,翁文灏曾有过评述:

> 内容述及第一次云贵之游,以及旅行太行山、个旧锡矿、东川铜矿及观察滇省及云南之土著所获之印象,对金沙江也略加叙述。在此散记中,先生力避谈论地质,但其价值并不因此而减,盖其对于各种地形矿业以及人种等方面透彻精辟之考察,殊不可多得也。③

6月,先生与曾世英在合著的 *Reconnaissance of a Railway Line From Chungking to Kwangchowwan*(《川广铁道路线勘察记》)在 *Far Eastern Review*(《远东时报》)一刊发表。

6月,先生所撰 *A Statistical Study of the Difference Between the Width-height Ratio of Spirifer tingi and that of Spirifer Hsichi*(《丁氏及谢氏石燕宽高率差之统计研究》)一文在《中国地质学会志》第11卷刊出。此文用统计学方法,考订丁氏和谢氏石燕的区别。

---

① 蒋廷黻:《我所记得的丁在君》,载1956年12月台北《"中央研究院"院刊》第三辑。
② 《胡适遗稿及秘藏书信》第23册,第163页。
③ 翁文灏:《丁文江先生传》,载1941年《地质论评》第6卷第1、2期。

6月26日,在《独立评论》第6号上发表《所谓"剿匪"问题》和《漫游散记》两文。前文对当时南京国民政府的"剿匪"政策公开提出批评:

> 大家知道国民政府的所谓"匪",就是武装的共产党。自从国民党反共以来,对于反共的名词,经过了几次的变迁。最初的时候是"清共",以后是"讨共",到了最近是"剿匪"。但是共产党并没有因为国民党对于他们改变了称呼,就丧失了他们政党的资格,更没有因为由"清"而"讨"而"剿",减少了武装的实力。
>
> 我们对于国民政府,要请他们正式承认共产党不是匪,是政敌。认清了这一点,政府负责任的人,才能够感觉到他们切身的利害。认清了这一点,才能够明白政敌不是单靠军队可以消灭的。一个政治团体的生命,日子久了,总得靠他政治上的成绩才可以保存。……
>
> 共产党是有组织,有主张,有军队枪械的政敌。国民政府为自卫计,想用兵力铲除这样迫胁它自身存在的政敌,这种心理是一个政府不能没有的。政府何不自己反省:究竟这种政敌是谁造成的?是什么东西造成的?

6月27日,先生致任鸿隽、胡适一信,告翁文灏电文内容。①

7月10日,先生在《独立评论》第8号发表《漫游散记(三)》一文。

7月17日,先生在《独立评论》第9号发表《漫游散记(四)》一文。

7月21日,先生致胡适一信,谈寄《独立评论》给黄桥中学和庄士敦一事。②

7月24日,先生在《独立评论》第10号发表《漫游散记(五)》一文。

7月31日,先生在《独立评论》第11号发表《中国政治的出

---

① 《胡适遗稿及秘藏书信》第23册,第164页。
② 《胡适遗稿及秘藏书信》第23册,第165页。

路》一文。

8月4日,先生致胡适一短信,告"原拟再送《漫游散记》三千字,因事来不及。"①

8月14日,先生在《独立评论》第13号上发表《假如我是张学良》和《漫游散记(六)》两文,前一文写道:"自从日本人有侵略热河的消息,中央政府与地方政府天天计划抵抗的办法,但是抵抗没有实现。""假如我是张学良,要预备积极抵抗"。文中并建议张学良把司令部移到张家口。关于经费问题,则请中央一面派人点验军队的枪支人数军实,一面把所有华北的税收机关由中央派人接收。作战时候的军费、子弹,以及其他需用,一切由中央照全国军队最优的待遇供给。

8月21日,先生在《独立评论》第14号发表《漫游散记(七)》一文。

9月4日,先生在《独立评论》第16号发表《漫游散记(八)》一文。

9月25日,先生在《独立评论》第19号发表《抗日剿匪与中央的政局》、《误人的地图》两文。

10月2日,先生在《独立评论》第20号发表《漫游散记(九)》一文。

10月9日,先生在《独立评论》第21号发表《漫游散记(十)》一文。

10月23日,先生在《独立评论》第23号发表《自杀》和《漫游散记(十一)》两文。

10月30日,先生在《独立评论》第24号发表《漫游散记(十二)》一文。

10月31日,北京大学选举校务会议会员结果:丁文江、汪敬熙、江泽涵、胡濬济、孙云铸(理学院);刘复、周作人、马叙伦、杨亮功、马衡、汤用彤、杨廉(文学院);何基鸿、秦瓒、周作仁、陶希圣(法

---

① 《胡适遗稿及秘藏书信》第23册,第217页。

学院)当选。①

11月1日,先生与翁文灏、吴鼎昌、张季鸾、王世杰等社会名流参加国防设计委员会。国防设计委员会是资源委员会的前身,下设调查、统计、秘书、总务、综合等五处,冶金、矿业、电力等三室,国防设计委员会为国民政府参谋本部所属非公开机构,对外称南京三元巷二号,委员长兼任参谋本部参谋总长为蒋介石,秘书长为翁文灏,副秘书长为钱昌照。②

钱昌照后来评及先生在国防设计委员会中的作用时说:

> 1932年11月国民党政府成立了国防设计委员会(资源委员会的前身),丁先生是委员之一。他认为要进行国防设计工作,必须了解全国资源情况,在丁先生的大力协助下,由国防设计委员会出钱,地质调查所出人,做了不少工作。③

11月6日,先生在《独立评论》第25号发表《废止内战的运动》一文。

11月20日,陈垣致先生一信,在信中称:"兄与适之素所主张之说,在一般公开之舆论上虽有反对,但多数人心理均默认为正当。即上年为人利用之学生,见《独立评论》之论说并未发生任何反动,此足见一般学生经过一番挫折,头脑比较冷静,不致有第二次再为政客作工具之事,此可断言。"④

11月23日,先生致胡适一信。⑤

12月1日,颜惠庆在日记中写道:"王炳章离去。听说丁文江在此地。"⑥

12月2日,颜惠庆在日记中写道:"丁文江打电话给德庆。"⑦

---

① 参见王学珍等主编:《北京大学纪事》上册,北京大学出版社,1998年4月版,第197页。
② 参见李学通:《翁文灏年谱》,第81—82页、马胜云、马兰编著:《李四光年谱》,第109页。
③ 钱昌照:《纪念丁文江先生百年诞辰》,收入王鸿祯主编:《中国地质事业早期史》,第7—8页。
④ 《陈垣致丁文江》,收入《胡适来往书信选》下册,第534—535页。
⑤ 《丁文江致胡适》,《胡适来往书信选》中册,第142页。
⑥ 上海市档案馆译:《颜惠庆日记》第二册,第704页。
⑦ 上海市档案馆译:《颜惠庆日记》第二册,第704页。

12月6日,颜惠庆在日记中写道:"丁分发备忘录供传阅。"①

12月11日,先生在《独立评论》第30号上发表《日本的财政》一文。

本年,据傅斯年回忆,先生起草了《北平教育界致国联调查团书》。

> 凡外国人抹杀了中国事实而加菲薄,他总起来抵抗,论政如他驳濮兰德的小册子,论学如他批评葛兰内的文章,都是很精彩的。北平教育界致国联调查团书,是他的手笔,是一篇伟大的著作。②

1933年(民国二十二年癸酉) 四十七岁

1月6日,先生致电罗钧任:平外部档案似宜勋日寻数南迁,此非易于选择之物,务盼注意。③

1月8日,先生在《独立评论》第34号发表《漫游散记(十三)》一文。

1月15日,先生在《独立评论》第35号发表《假如我是蒋介石》、《漫游散记(十四)》、《兰州的教育惨案与开发西北(通信)》三文。其中在《假如我是蒋介石》一文认为:

> 假如我是蒋介石,我的办法是:第一我要立刻完成国民党内部的团结。……第二我要立刻谋军事首领的合作。……第三我要立刻与共产党商量休战,休战的唯一条件,是在抗日期内彼此互不相攻击。……以上的三件事实上能做到如何的程度,虽然没有把握;但是以蒋介石的地位与责任,是应该要做的,做到十分,我们抗日的成功就可以有十分的把握;做到一分,也可以增一分的效能。

1月22日,先生在《独立评论》第36号发表《漫游散记(十

---

① 上海市档案馆译:《颜惠庆日记》第二册,第705页。
② 参见傅斯年:《我所认识的丁文江先生》,载1936年2月16日《独立评论》第188号。
③ 原件存台湾"中研院"史语所。

五)》一文。

2月12日,先生在《独立评论》第37号发表《抗日的效能与青年的责任》一文,此文系先生在北平燕京大学、协和医学院演讲的整理稿。文前有说明:

> 这是我在燕京和协和讲演的题目。当时并没有稿子。以后在报纸上发表的是听讲人的纪录,当然与我所讲的不能完全相符,我现在追忆两次讲演合并写出来,登在本刊。

这篇文章对中、日两国的军事实力进行了对比,并对青年提出了希望:

> 中国号称养兵二百万——日本的常备兵不过二十万——中国的人口比日本要多四五倍;以人数论,当然我们是占优势的。但是我们的一师人往往步枪都不齐全,步枪的口径也不一律。……所以以武器而论,我们的二百万兵,抵不上日本的十万。
>
> 目前的问题,不是缺少人,是缺少钱、缺少枪、缺少子弹、缺少服装,尤其是缺少能指挥和组织的人才。……
>
> 今天青年的责任是什么?青年应该做什么?他们应该要十二分的努力,彻底的了解近代国家的需要,养成近代国民的人格和态度,学会最低限度的专门技能,然后可以使他们的一点爱国心,成为结晶品,发生出有效能的行为。

2月26日,先生《独立评论》第39号发表《我所知道的朱庆澜将军》一文。

3月3日,与胡适、翁文灏三人会商,密电蒋介石:"热河危急,决非汉卿(张学良)所能支持。不能再失一省,对内对外,中央必难逃责。非公即日飞来指挥挽救,政府将无以自解于天下。"①

3月10日夜,张学良约先生、北大校长蒋梦麟、清华校长梅贻

---

① 胡适:《丁文江的传记》,收入《胡适文集》第7册,第509页。翁文灏所记电文内容稍有出入:"必须保卫整个国家,如果坐弃华北,全国国民及世界各国均不能谅。"参见翁心鹤、翁心钧整理:《翁文灏自订年谱初稿》,载1996年5月《近代史资料》第88号,第64页。

琦和胡适，前往其住宅一谈，说明他已向蒋介石请辞获准。

3月12日，先生在《独立评论》第41号发表《给张学良将军一封公开的信》一文。

3月13日，下午五点先生与胡适、翁文灏应约同到保定会见蒋介石，谈了两点钟。①

3月19日，先生在《独立评论》第42号发表《漫游散记（十六）》一文。

4月16日，先生在《独立评论》第46号发表《漫游散记（十七）》一文。

4月19日，先生与胡适、蒋梦麟应约同至北平军分会与何应钦商谈华北形势。

4月30日，先生在《独立评论》第48号发表《漫游散记（十八）》一文。

5月21日，先生在《独立评论》第51号《评论共产主义并忠告中国共产党党员》一文。

6月4日，先生在《独立评论》第52、53号发表《漫游散记（十九）》一文。

6月13日，颜惠庆在日记中写道："和丁文江、赵川及陈伯庄共进晚餐。"②

6月18日，中研院总干事杨杏佛遇刺身死，蔡元培有意请先生继任其职，消息传出，傅斯年即写信给先生，劝其接受蔡元培的聘任。③

6月23日，先生代表中国地质学会从上海乘古列基总统号轮船去美国，参加第十六届国际地质学大会。同行者有葛利普（Grabau）、德日进（Teilhand）、赫那（Horner）和葛先生的秘书伍夫人。除去赫那以外，都是先生的"老朋友"。④

7月4日，先生一行人士乘船到达檀香山。

---

① 参见胡适当日日记，《胡适全集》第32册，第195页。
② 上海市档案馆译：《颜惠庆日记》第二册，第817页。
③ 参见潘光哲：《丁文江与史语所》，收入中研院史语所七十周年纪念集《新学术之路》上册，台北："中研院"史语所，1998年10月版，第381—383页。
④ 丁文江：《苏俄旅行记》（一），载1934年5月20日《独立评论》第101号。

7月10日,先生一行人士到达美国旧金山。

7月13日,先生与德日进到达芝加哥,在此地仅住了一晚,参观了芝加哥展览馆。然后先生去华盛顿,在华府住了两夜。

7月22—29日,第十六届国际地质大会在华盛顿举行。先生代表中国政府及中国地质学会出席。先生与葛利普、德日进、李四光、朱熙人向会议提交论文八篇,其中先生与葛利普合著的论文两篇:*The Permian of China and its Bearing of Permian Classification*(《中国之二叠纪及其在二叠纪地层分类上之意义》)及 *The Carboniferous of China and its Bearing on the Classification on the Mississipian and Pensylvanian*(《中国之石炭纪及其在密西西比与本薛文尼二系地层分类上之意义》)。前者主要探讨中国各地二叠纪地层彼此间的关系及其分类,认为中国南部的二叠纪可以分为三个系,即上部二叠纪——夜郎系、中部二叠纪——阳新系和乐平系,下部二叠纪——马平系。后者则总结中国各地石炭纪地层的关系及其分类,作者把它分为威宁组=本溪组,丰宁系,丰宁系又分为惮佬河统、旧司统和上司统。

7月下旬,先生在参加华盛顿第十六届国际地质会议的同时,代表中国出席了国际古生物学联合会筹备会,并被推举为筹备会委员。

8月2日,先生离开纽约前往欧洲。

8月9日,先生到达法国哈吴尔,当天下午乘飞机到达日内瓦。"住了两天,飞回巴黎,再经过伦敦,坐船到瑞典,于8月25日从瑞典首都斯德哥尔摩到柏林,计算半个月经过五国。除最后的德国外,平均每一国住了三天。在路上走的时间不过六十点钟。如此才知道欧洲各国土地之小,国界之不天然。"①

在瑞士停留时,先生曾与黄汲清会面,黄对先生的日内瓦之行有详细回忆:

> 八月底或九月初突接了丁文江先生自日内瓦来电,称"在富罗立桑旅馆会面"(Meet me at Hotel Florissant)。第二天我

---

① 丁文江:《苏俄旅行记》(四),载1934年7月1日《独立评论》第107号。

专程去日内瓦,见到了先生。……大概是1907年左右,(丁先生)来过瑞士,曾在洛桑学习法文,而今三十年快过去了,想再攀登一个高山,以助我们会面的余兴。日内瓦南有一座叫大萨勒夫(Grand Salive)(是不是这处记不清楚了,可能一误),第二天天气晴朗,我们两人搭乘架空索道登山,北眺日内瓦,游艇如织,南望昂白高峰,冰舌下垂,良辰美景,能和我的恩师丁文江先生共同享受,真是人生一大快事!……

第三天丁先生拜会了日内瓦大学地质系教授巴勒加(Parejas)。后者曾任南京中央大学教授两年,和丁先生有交往,此次得知他刚提升为地质系正教授,故向他表示祝贺,同时和原地质系主任教授科勒'(L. Collet)会面。丁先生讲法语十分流利,在这些场合对付自如。在临行前一天,丁先生和我单独谈话说:他来欧洲可能去英国走一趟,并拟访问苏联后回国,今后不再跋山涉水,敲石头、找化石了。"你还年青,前程无量,我们对你的希望无穷。我的这架布朗屯罗盘,用了几十年,已经旧了,送给你作纪念吧!"这是恩师的临别赠言,我心里很难过,想回答,竟说不出话来。果然,我们日内瓦一别竟成永别。①

在法国巴黎时,先生"特地去访罗克斐洛基金会科学部驻欧代表蓝波特先生,请教他在苏联旅行的办法,因为他新从苏俄参观科学机关回来的。"②

先生在英国"前后不过四天",还偷空到他十八岁进中学的乡镇司堡尔丁(Spalding)去了一趟。③

在瑞典时,先生与安特生、高本汉和瑞典王太子会晤。④

8月16日,先生与翁文灏、曾世英合编的《中国分省新图》由申报印行问世。史量才在序中称:

---

① 黄汲清:《我的回忆——黄汲清回忆录摘编》,第113页。
② 丁文江:《苏俄旅行记》(四),载1934年7月15日《独立评论》第109号。
③ 丁文江:《苏俄旅行记》(四),载1934年7月1日《独立评论》第107号。
④ 马思中、陈星灿编著:《中国之前的中国:安特生、丁文江和中国史前史的发现》(中、英文对照本),第69页。

申报六十周年纪念,既编行中华民国新地图,以其幅较巨,值较昂也,商之编者丁、翁、曾三先生,缩制此图,以供学校青年与夫一般国民之采用。

　　丁、翁、曾三先生之编制的中华民国新地图,前后历二年有半,又半年而此图脱稿。①

《中国分省新图》出版后,至1948年曾出过五版。

8月25日,先生在柏林,到苏联大使馆去办理护照,并到苏俄旅行社接洽。

8月29日,下午5点58分,先生坐车离开柏林,第二天下午3点到达波兰边境的司托尔甫采(Stolpce)。

8月30日,下午4点多钟,先生坐车到达苏俄的奈高来罗依(uego-reloe),在此地验护照,查行李,然后换乘苏联的火车入境。

8月31日,上午9点45分先生乘火车到达莫斯科,在首都旅馆(Hotel Metropole)办好住宿登记后,随后先生带使馆仆人伊万(I-van)去苏联"地质探矿联合局"(United Geological and Prospecting Service),俄文缩写为Soiusogeolorazwed)。在与该局代理局长奴维哥夫(Novekoff)先生交谈时,先生谈及他来苏联访问的目的共有七项:

一、到乌拉尔山参观铁矿与钢厂;
二、到中央亚细亚作地质旅行;
三、过里海(Caspian)到巴库(Baku)参观煤油矿;
四、从南至北穿过高加索山脉;
五、到东奈治(Donetz)煤田研究地质并参观煤厂;
六、参观德涅勃(Dniper)河边的大水电厂;
七、由气夫(Kiev)到波兰。②

同日,颜惠庆在日记中写道:"丁文江抵达莫斯科。他向我谈

---

① 史量才:《中国分省新图》序,收入丁文江、翁文灏、曾世英编:《中国分省新图》,1933年申报印行。
② 丁文江:《苏俄旅行记》(六),载1934年8月19日《独立评论》第114号。但这位局长觉得先生的计划太大,四十天内做不到,后来就把先生原定的第一、二项取消了。参见胡适:《丁文江的传记》,收入《胡适文集》第7册,第512、512页。

了北平停战协定签订的经过以及应对失败负责的几个人的情况。"①

9月1日,先生到苏联地质探矿联合局参观陈列馆,遇见苏联专门研究煤田地质的普利高罗乌司荃(Prigorovsky)教授。

9月2日,上午10点先生到达列宁格勒,在此城住了两天。行程包括参观地质研究所、苏联科学院地质部。

9月4日,先生回到莫斯科,在莫斯科附近考察。

9月5日,颜惠庆在日记中写道:"丁从列宁格勒返回此地。"②

9月6日,晚上9点乘"牛奶妇"火车从华士克列生土克回到莫斯科。

9月7日,中午先生到中国大使馆吃饭,晚上看柴科夫斯基编导的歌剧——《欧进·奥奈金》。

9月8日,颜惠庆在日记中写道:"丁来访说他将去图凡山。下星期一他将动身去巴库。出席吴招待丁的宴会。丁对苏联的印象非常好。他赞成在目前情况下的现有制度。"③

9月9日,先生到达托尔斯泰家乡并参观其故居。

9月9日夜至10日,先生参观莫斯科盆地的煤田和铁厂。

9月10日,先生从图喇回到莫斯科。

9月11—13日,先生从莫斯科乘火车去巴库,在路途走了两天半,三夜。

9月14日,上午7时先生到达巴库。随后先生参观巴库油田和市区。

9月17日,上午7点45分先生乘火车离开巴库,前往中高加索联邦共和国的都城地夫利斯,晚上12点到达,住的旅馆是Hotel Oriental。

9月18日,上午先生游览大维得山,下午参观博物馆。

9月19日,上午先生去访问乔治安大学教授Djanelidze家,下午参观植物园。

---

① 上海市档案馆译:《颜惠庆日记》第二册,第765页。
② 上海市档案馆译:《颜惠庆日记》第二册,第766页。
③ 上海市档案馆译:《颜惠庆日记》第二册,第767页。

9月20日,先生离开地夫利斯乘汽车前往阿那努尔。先生在《苏俄旅行记》中记其在苏联的旅行到此日为止,①疑其《苏俄旅行记》并未写完。关于先生在苏联的旅行时间,胡适有所记录:

> 先说时间。在君详细记载他费了大力,才把护照上原许留俄一个月延长到两个月。他是八月三十日入俄国境的,可以住到十月三十日。但他只打算旅行四十天。而已发表的游记只到九月二十日,只记了二十天的旅行。②

10月7日,北京大学校务会议选举会员开票结果,先生等十五人当选。当选名单为:丁文江、江泽涵、汪敬熙、胡濬济、孙云铸(理学院);刘复、周作人、马叙伦、郑奠、吴俊升、汤用彤、罗庸(文学院);秦瓒、陶希圣、许德珩(法学院)。③

10月19日,蔡元培致傅斯年一信,信中说:

> 接十一日惠函。知已出医院,并每日可小出一二次为慰。体力虽一时未能复原,然兄年富力强,不久即可恢复,希勿焦虑。北平调养较适宜,然闻在君于下月七日可回沪,巽甫等颇欲请兄留待一谈(弟尤望兄留此同劝在君),此行展缓二十日,想亦不妨,请改期为幸。④

11月初,先生结束在苏俄的旅行,回到北平。从苏联回国后,先生在生活、思想诸方面,均有极大的变化,与他有密切接触的傅斯年、丁张紫珊、胡适对此印象深刻。

> 他从俄国回来,尤其称赞俄国的婚姻制度,他说,儿童既得公育,社会上又从此没有 Scandals 了,这是自从人类有配偶制度以来的最大革命。⑤

在君自苏俄回来后,对于为人的事非常倦厌,颇有把教书也扔去,弄个三百元一月的津贴,闭户著上四五年书的意思,

---

① 丁文江:《苏俄旅行记(十九)》,载1935年11月3日《独立评论》第175号。
② 胡适:《丁文江的传记》,收入《胡适文集》第7册,第512页。
③ 王学珍等主编:《北京大学纪事》上册,第201页。
④ 《复傅斯年函》,收入高平叔编:《蔡元培全集》第6卷,北京:中华书局,1988年8月版,第328—329页。
⑤ 傅斯年:《我所认识的丁文江先生》,载1936年2月16日《独立评论》第188号。

他这一阵精神反常,待我过些时再写一文说明。他这反常并未支持很久,便被蔡先生和大家把他拉到中央研究院去了。①

自二十三年旅俄回国后,他下决心戒掉了吸吕宋烟。②

他回北平好像是在十一月初。他在苏俄的旅行是很辛苦,很不舒服的,回国后感觉身体不大好,感觉两手两足的极端有点变态,所以曾在协和医院受过一次详细的检查。检查的结果是他有血管开始硬化的象征。他有一个短时期的消极,就是孟真说的精神反常,确是事实。③

先生去世后,翁文灏曾作长篇悼诗《追忆丁在君》,其中诗云:"研读西儒资本论,更证苏联气象新。炉火纯青振冶炼,宝藏兴启竭艰辛。从此坚信振弱国,须赖精励尽天真。(君游苏联归后,深信必有坚贞不拔之诚,方收起死回生之效。)"④另翁文灏所作《洄溯吟》一诗,有"奋起苏联兴大计,回旋国士抱衷心。(丁在君读马克思《资本论》后,于1933年往苏联考察,深信须有主义具决心,方真能建设,而造成新国,显非蒋政权所能胜任。勉受蔡子民坚约,暂任中央研究院总干事,稍有布置后志当辞退,从事政治工作,不幸于1935年杪受煤气毒,以致殁于湖南。)"等语。⑤ 可见,先生自苏联归来,其思想变化给翁氏留下深刻的印象。

11月13日,先生在中国地质学会第十届年会上介绍了他参加第十六届国际地质大会以及会后在欧洲旅行的经过,详述在苏联地质旅行的有关情况。

11月21日,颜惠庆在日记中写道:"和比尔纳、丁文江同车,我们一起吃了晚饭。"⑥

---

① 傅斯年:《丁文江一个人物的几片光影》,载1936年2月23日《独立评论》第189号。
② 丁张紫珊:《悼在君二哥》,载1936年1月20日《国闻周报》第13卷第4期。
③ 胡适:《丁文江的传记》,《胡适文集》第7册,第497页。
④ 翁文灏:《追忆丁在君》,载1946年《地质论评》第11卷第1—2期。
⑤ 《洄溯吟》是翁文灏撰写的自传性诗稿,于1953年1月8日完稿。全稿共七律58首,手稿由翁文灏的儿子翁心鹤珍藏。翁心鹤曾将诗稿复印件赠给南京师范大学地理系教授李旭旦。1985年南京师范大学古文献整理研究所主编的《文教资料简报》第2期刊登了该诗。
⑥ 上海市档案馆译:《颜惠庆日记》第二册,第851页。

11月22日,颜惠庆在日记中写道:"与丁文江及比尔纳进行交谈。"①

11月29日,蔡元培致许寿裳信中提到:"丁在君兄尚未允就职,聘书可以从缓预备。"②可见,先生此时尚未接受蔡元培的聘请。

12月31日,先生在《独立评论》第83号发表《漫游散记(二十)》一文。

12月31日,先生在《自然周刊》第57期发表《苏联南部油田地质》一文,此文系本月11日先生在地质调查所讲学的记录,记录人为李春昱。

1934年(民国二十三年甲戌)　四十八岁

1月4日,先生等八人被《大公报》聘任为该报"星期论文"专栏撰稿人。

1月7日,先生在《独立评论》第84号发表《漫游散记(二十)》一文。

1月9日,先生出席祝贺葛利普64岁生日宴会,其他出席者有胡适、任鸿隽夫妇、步达生等。

1月14日,先生在《独立评论》第85号发表《漫游散记(二十一)》一文。

1月14日,先生在《大公报》"星期论文"栏发表《公共信仰与统一》一文,此文1月22日由《国闻周报》第11卷第5期转载。

1月19日,胡适在日记中写道:

> 在君来吃午饭,谈了一点多钟。他是一个最好的教授,对学生最热心,对课程最费工夫,每谈起他的学生如何用功,他真觉得眉飞色舞。他对班上的学生某人天资如何,某人工力如何,都记得清楚。今天他大考后抱了二十五本试卷来,就在我的书桌上挑出三个他最赏识的学生的卷子来,细细的看了,说:"果然!我的赏识不错,这三个人的分数各得87分。我的

---

① 上海市档案馆译:《颜惠庆日记》第二册,第851页。
② 《蔡元培全集》第13卷,杭州:浙江教育出版社,1998年9月版,第283页。

题目太难了！我对他常感觉惭愧。"①

1月，《中国分省新图》第二版由申报印行，先生为之作序。序中说：

> 《中国分省新图》是二十二年八月十六日出版的。不到半年就有再版的必要，是出于我们意料之外的。足见得这种地图不少可以供给社会上一种需要。同时各报上的批评和私人通信，指出了原图上许多错误。这些错误凡时间来得及的都已在再版的图上更正，已付印以后所发现的只好列在勘误表上。我们对于批评和通信的诸君十分的感谢。

2月2日，中基会第八次常会，此次会议因伍朝枢病故出缺，选举先生为继任董事。

2月16日，翁文灏在杭州因车祸受伤住院，先生正病卧在北平协和医院，"接着电报时立刻着急得掉下泪来"。②

3月，先生与翁文灏、李四光、竺可桢、王庸、向达、张其昀、胡焕庸、谢家荣、叶良辅、洪绂、黄国璋、刘恩兰、曾世英、顾颉刚、谭其骧等40余人发起，在南京成立中国地理学会。

3月9日，蔡元培在日记中写道："阴，有风。与在君谈。属致函孟真。"③

3月13日，蔡元培在日记中写道："致季茀函，属备聘书致在君，由子竞携去。致孟真函，请其南下。"④敦请先生为中研院总干事。

3月15日，先生致傅斯年一信，劝其打消辞去中研院史语所所长之意。⑤

春，先生与翁文灏共同筹集了一笔经费，由李四光邀请中外著名地质学家巴尔博（G. B. Barbour）、德日进、诺林（Erik. Norin）、杨

---

① 《胡适全集》第32册，第281页。
② 参见丁张紫珊：《悼在君二哥》，载1936年1月20日《国闻周报》第13卷第4期。
③ 《蔡元培全集》第16卷，第320页，杭州：浙江教育出版社，1998年11月版。
④ 《蔡元培全集》第16卷，第321页。
⑤ 此函存"中研院"史语所傅斯年档案，参见潘光哲：《丁文江与史语所》，收入"中研院"史语所七十周年纪念文集《新学术之路》上册，第385页。

钟健和先生等到庐山进行有关第四纪冰川遗迹的现场考察。①

3月25日,先生致函李济:函达,昨晤蔡先生颇讶,兄及巽甫无一人同行,弟意博物院事最好两兄均往,尤盼兄拟一具体计划。②

3月26日,先生在杭州前往医院看望翁文灏,当晚住在医院陪护。③

此次先生对翁文灏及其家人照顾甚周,给翁家留下了深刻印象,翁心钧后来忆其这段往事:

> 我家自祖父经商失败后,全靠父亲一人薪俸度日,子女繁多,家境清寒,当时除大姐早已出嫁,大哥即将大学毕业外,兄弟姐妹中尚有三人在读中学,三人在读小学,若是有个万一,家庭真是不堪设想。但是,那时我还少不懂事,对家中的这种严重情况竟毫无所知,后来才听母亲说起,当时父亲的几位朋友已经作好收养我们中几个年幼者的打算,丁伯父准备收养的就是年纪最幼小的我。后来父亲的病情有了好转,丁伯父和杨公昭伯父还曾带我往游绍兴,谒禹陵,细雨下乘脚划船,沿运河西至东湖,那徜徉山水、凭怀古迹的往事还历历在目。可惜岁月流逝,又屡经流离,当时一些珍贵的照片都已散失无存了。④

3月30日,先生在南京出席第二次庚款联席会议。

4月4日,蔡元培在日记中记道:"午后,在院,与在君详谈。"⑤

4月上旬,蔡元培在给许寿裳一信中说:"再,在君虽允来院,然不愿居总干事之名,而愿为副院长,请备一上国民政府呈文,修改组织法之第四条为:国立中央研究院设副院长一人,简任,襄助院长执行全院行政事宜。设干事二人至五人云云。将来弟当致函林

---

① 参见李学通:《翁文灏年谱》,第95页。
② 原件存台湾"中研院"史语所。
③ 参见1934年4月22日丁文江在《独立评论》第97号发表的《我所知道的翁咏霓——一个朋友病榻前的感想》一文。
④ 翁心钧:《怀念丁文江伯父》,收入《泰兴文史资料——纪念丁文江先生诞辰一百周年》(4),第65页。
⑤ 《蔡元培全集》第16卷,第328页。

主席及孙、汪两院长,请其主持通过,并同时发表副院长人选。"①

4月13日,李济致先生一信,告戴季陶拍给蔡元培的电报内容,表示"戴氏所代表者为旧社会中之乡愿势力,假道德以行其私,且又欲以此欺天下,对近代之文明全为门外汉"。②

4月19日,先生致函傅斯年,谈关于筹备处各事:1. 组织法早成为是。2. 地点实大难事。3. "吞"营造社事。③

4月22日,先生在《独立评论》第97号发表《我所知道的翁咏霓——一个朋友病榻前的感想》一文。在文前先生写道:

> 我在南方四十天,没有看《独立评论》。回来才见着95期《编辑后记》,有人因为适之讲翁咏霓先生的病,讥讽我们"台里喝彩","互相标榜",说是"未免有点肉麻"。这是难怪的:写信的这一位一定是不很知道翁先生的。……我现在把我在杭州翁先生病榻前的感想写了出来。这一位看见了或者可以了解为什么翁先生的许多朋友十分的敬爱他。

同日,先生与翁文灏、曾世英合编的《中华民国新地图》由申报馆出版,以纪念申报创刊六十周年。史量才在序中对该图的编制缘起作了回顾。王庸先生称此图"丁氏创其计划,翁氏定其体例,而曾氏则任其工作"。④ 它是我国第一本根据实测资料,按等高线,运用分层设色法绘制的现代化地图集,被称之为"中国地图学界一部空前未有的巨著","国内地图革新之第一声","震动了我国整个沉寂的地学界","成为绝大贡献,可与世界最进步之地图并列而无愧色"。⑤ 在国外,被称为丁氏地图(V. K. Ting Atlas)。

曾世英对此书的编纂过程及先生的贡献有详细说明:

> 地质调查需赖地图定位,因之前地质调查所图书馆当时存图之富在全国居首位。丁先生之所以有编纂地图作为《申

---

① 《蔡元培全集》第13卷,第325页。
② 《李济致丁文江》,收入《胡适来往书信选》下册,第535—536页。
③ 原件存台湾"中研院"史语所。
④ 王庸:《中国地理学史》,北京:商务印书馆,1998年4月版,第220页。
⑤ 参见李昌文、姜素清:《业精于勤、锲而不舍——访地图制图学家曾世英教授》,收入刘纪远主编:《现代中国地理科学家的足迹》,北京:学苑出版社,2002年6月版,第145页。

报》纪念的建议,这不是凭空设想而是有物质基础的。此外,我国地形复杂、多样,即有平面、高山,又有丘陵、盆地,在地图上如何科学地予以显示,关系到爱国主义教育中对我锦锈河山如何认识。而历来囿于龙脉旧说,认为山岭脉络相互通联,源出葱岭。因此,图上出现蜿蜒曲折的毛毛虫式符号而违反了地理的科学性。这是丁先生创议于前,翁先生赞同于后,冀图改现的科学诊据。……

丁先生首先要求方位准确,地形要表示。这两个要求,我随丁先生在西南调查时就有所体会。……一面搜集古今中外经纬度测量成果,进行分析对比,择优用以订正各地的方位;一面考核上述各图海拔的依据。经过订正,据以描绘等高线,并采用分层设色法,取代晕滃法,排除龙脉说。这是《申报地图》地学上有所贡献的主要方面,这必须归功于丁先生的原则性指导。

《中国民国新地图》的普通地图部分采用人文(行政区划)和地文(自然地理)分幅的办法是依据丁先生的地理要求决定的。地名是地图的主要要素之一,如何说略适当,需因图而异。丁先生认为小比例尺地形地图上,如果地名密密麻麻,势必影响地形的清晰性。分幅绘印,使这一矛盾得到解决。又该图的普通地图部分按经纬线不按省区分幅,也是请示丁先生决定的。……

《申报地图》,包括《中华民国新地图》和《中国分省新图》,出版后受到国内外地学界的重视,影响深远,被誉为划时代之作。饮水思源,必须归功于丁先生的创议、领导和多方面的关心。①

地理学史家王庸在《中国地图史纲》一书中对《中华民国新地图》作了高度评价:

> 它是利用过去的测绘成绩,参考中外地图七千多幅,采用

---

① 曾世英:《追忆川广铁道考察和〈申报地图〉编绘》,收入王鸿祯主编:《中国地质事业早期史:纪念丁文江100周年章鸿钊110周年诞辰》,北京大学出版社,1990年7月版,第188—190页。

了一千多个经纬点,并采取适于中国亚尔伯斯双标准纬线(北纬24度与48度)投影,完成投影的坐标计算。关于地形方面,它采用分层设色法来表现,作者又在图上量算各级的高度面积。此外,又在卷首加上十幅专门性质的地图。在这一地图的基础上,另行缩制《中国分省新图》作为一般参考之用。此图曾改编印行过五次(第六次改编本未发行),不但风行一时,而且是解放以前坊间一般地图的主要依据,可以说自康乾测图到二十世纪三十年代,才产生这一种划时代的"作品"。①

4月24日,先生致函李济,函达,梁思成有入博物院之决心及关于经费之计算。②

4月29日,胡适在日记中写道:"在君邀吃午饭,见着李拨可先生、陈伯庄、魏子肫等。"③

春,蔡元培致许寿裳一信,称:"总干事改称副院长事,前呈业已抽回,各方谅解,亦复甚佳。"④由此可见,先生原提任中研院副院长之议,没有成功,至此告一终结。

大约在此时,先生主持地质调查所新生代研究室工作。关于此事,杨钟健在回忆中提及:

> 二十三年新生代研究室主任步达生去世后,德日进、巴尔博与我在沿江各省调查,时因翁先生卧病杭州,一切事由丁先生主持。丁先生在百忙中,对我们的调查计划及一切便利之处,无不尽力筹划,并对我一再声称,他对地质界后进,无论何人都是一律平等看待,量材使用,毫无私心存在。⑤

5月1日,先生致傅斯年一信,请傅向罗家伦解释其拟请庄长恭任化学研究所所长一职。⑥

5月3日,胡适在日记中写道:"晚上独立社在我家聚餐。到

---

① 王庸:《中国地图史纲》,北京:商务印书馆,1960年1月版,第109页。
② 原件存台湾"中研院"史语所。
③ 《胡适全集》第32册,第361页。
④ 《蔡元培全集》第13卷,第344页。
⑤ 杨钟健:《悼丁在君先生》,载1936年2月16日《独立评论》第188号。
⑥ 此函存史语所傅斯年档案中,参见潘光哲:《丁文江与史语所》,收入"中研院"史语所七十周年纪念文集《新学术之路》上册,第386页。

者:在君、廷黻、景超、叔永夫妇、梅荪、涛鸣、何醉帘(廉)。客人为汤尔和,他新从日本回来,谈他所见广田、重光、币原诸人的话,他颇乐观。"①

5月6日,先生在《大公报》"星期论文"栏发表《我的信仰》一文,5月13日由《独立评论》第100号转载。文中称"我一方面相信人类的天赋是不平等的,一方面我相信社会的待遇(物质的享受)不可以太相悬殊,不然,社会的秩序是不能安宁的。近年来苏俄的口号:'各人尽其所长来服务于社会,各人视其所需来取偿于社会'是一个理想的目标。"在文中,他还表示:"我尽管同情于共产主义的一部分(或是大部分),而不赞成共产党式的革命。"

5月6日,先生致函李济:函达,营造学社一人乃朱桂莘,朱意甚活动,但欲知博物院对于工作及实物如何处置,弟意兄应注意:1.朱欲知博物院经费情形。2.朱欲知营造学社工作将属于博物院中之何部。3.朱欲知营造学社财产如何处分。②

5月10日,中基会第十四次执委会会议,先生与任鸿隽报告出席本年3月30日在南京举行之第二次庚款联席会议之经过。

5月11日,中国地质学会和中国博物学会联合在北平开会,悼念步达生(DayiSon Black)逝世,先生出席了追悼会,并在会上讲话。

步达生(1884—1934年),加拿大古人类学家。1918年来华任北京协和医学院教授,1921年任解剖系主任。1929年任地质调查所新生代研究室主任;同年授予葛氏奖章,奖励他在周口店中国猿人的研究工作中所做出的卓越贡献。1934年3月15日因心脏病突发,在实验室内去世。

关于此时地质调查所新生代研究室的工作,杨钟健有简略回忆:

> 二十三年新生代研究室主任步达生去世后,德日进、巴尔摩与我在沿江各地调查,时因翁先生卧病杭州,一切事由丁先生主持。丁先生在百忙中,对我们的调查计划及一切便利之

---

① 《胡适全集》第32册,第363—364页。
② 原件存台湾"中研院"史语所。

处,无不尽力筹划,并对我一再声称,他对地质界后进,无论何人都是一律平等看待,量材使用,毫无私心存在。①

5月18日,应中央研究院院长蔡元培之邀,先生继杨杏佛遗缺、任中央研究院总干事,本日正式上任。蔡元培在日记中写道:"晴。在君到。四时,本院开会欢迎。"②

先生在中研院上任后,同时在资源委员会、经济委员会兼职,关于先生对兼职所得的薪水,傅斯年有所交代:

> 四年前,资源委员会送他每月一百元,他拿来,分给几个青年编地理教科书。他到中央研究院后,经济委员会送他每月公费二百元,他便分请了三位助理各做一件事。③

先生上任后,约汪敬熙来中央研究院工作。④

5月20日,先生在《独立评论》第101号开始连载《苏俄旅行记(一)》一文。

5月26日,胡适在日记中写道:"与丁在君、徐新六、竹垚生、杨珠山同游长城。"⑤

5月27日,胡适在日记中写道:"下午到垚生处与在君、新六诸人打牌。"⑥

5月29日,先生在北平出席中基会第十次常委会。

6月3日,先生在《独立评论》第103号发表《苏俄旅行记(二)》一文。

6月6日,蔡元培在日记中写道:"得岂明、幼鱼电,属电告徐轼游,以季茀任女学院院长。"先生就任中研院总干事后,坚持必须有一过去随他工作的熟手作助理,蔡元培不得不同意许寿裳(季茀)

---

① 参见杨钟健:《悼丁在君先生》,载1936年2月16日《独立评论》第188号。
② 《蔡元培全集》第16卷,第334页。
③ 傅斯年:《我所认识的丁文江先生》,载1936年2月16日《独立评论》第188号。另外,郑肇经在回忆中亦提到,先生在这期间是全国经济委员会评议员,并在1934年担任"全国水利委员会"的委员,该机构是水利工程计划和经费分配的审议团体。参见郑肇经:《贵在奉献》,收入王鸿祯主编:《中国地质事业早期史——纪念丁文江100周年章鸿钊110周年诞辰》,北京大学出版社,1990年7月,第14页。
④ 参见汪敬熙:《丁在君先生》,载1936年2月16日《独立评论》第188号。
⑤ 《胡适全集》第32册,第371页。
⑥ 《胡适全集》第32册,第372页。

辞去中研院文书处主任而就北平大学女子文理学院院长。①

6月10日,胡适在日记中写道:"竹垚生邀在君、汪伯桑打牌。"②

本日,先生在《独立评论》第104号发表《苏俄旅行记(三)》一文。

6月15日,蔡元培在日记中写道:"在君到。"③

6月26日,傅斯年、李济呈蔡元培,请拨给通信研究员丁文江聘书。④

6月29日,先生致傅斯年一信,开出其就任中研院总干事的二项条件:一是希望傅斯年、李济、赵元任、李四光、丁燮林等人继续留在中研院,"皆不可言去";二是"不愿居总干事之名,而愿为副院长"。⑤

6月,先生辞去北京大学教授职务。

关于先生在北大的教学情况,担任先生助教的高振西回忆:

> 民国二十年以前,丁先生有时候住在北平,北大的当局与学生曾经多次请他到北大任课,都被他因为"没有充分的时间"拒绝了。大概是民国十六七年间的时候吧,他在北平闲住,北大又作教书的请求,并拟定了一个课目"中国西南地质",请他担任。……那个时候,他正在失业,生活有相当的艰窘,他竟然坚决的辞谢了聘任。
>
> 他在北大教的是地质学,是他自己认为能教的,所以才"惠然肯来"。他不教则已,既教了,他是用尽了他所有的力量去教的。教材部分,决不肯按照某种或某某教科书上所有的即算了事。他要搜集普通的,专门的,不论中外古今,凡有关系之材料,均参考周到,然后再斟酌取舍。……此外他对于标本挂图等类,都全力罗致,除自己采集、绘制外,还要请托中外

---

① 参见《蔡元培全集》第16卷,第336、374页。
② 《胡适全集》第32册,第381页。
③ 《蔡元培全集》第16卷,第337页。
④ 原件存台湾"中研院"史语所。
⑤ 参见潘光哲:《丁文江与史语所》,收入"中研院"史语所七十周年纪念文集《新学术之路》上册,台北:"中研院"史语所,1998年10月版,第384页。

朋友帮忙,务求完备。当时地质调查所的同事们曾有这样的笑话:"丁先生在北大教书,我们许多人连礼拜天都不得休息了,我们的标本也教丁先生弄破产了。"足证他教书的"郑重不苟"![1]

据当时听过先生的北大学生蒋良俊回忆:

> 我是在1930年秋考入北大地质系的,次年(1931年)秋丁先生到北大任地质系教授,同学们久仰先生的大名,都很高兴。但当时丁先生担任的是一年级的普通地质学,这门课程对我们进入二年级的学生来说,是刚刚学过了的。记得当时担任地史学课程的美国人葛利普教授却建议我们最好再重听一遍丁先生的课。葛利普先生说,在美国的大学,各系最基本的课程,都是由所谓 Head Professor 来担任的。他认为丁先生学问渊博,由丁先生来讲授普通地质学是最恰当的人选,机会难得,所以建议我们同学再听一遍。果然,丁先生讲课,确是内容丰富,尤其是我国的实际材料多,对在他自己所做的许多实地工作中见到的地质现象,讲述时都有分析,有自己的看法,讲得非常生动,吸引人。不但能为同学们学习地质打下良好的基础,而且能启发同学如何进行思考及分析问题。听丁先生的讲课,我们都感到受益不浅。[2]

又据时在北大读书且听过先生课的阮维周回忆:

> 在君先生在北大时担任一年级的普通地质学,本是一门打基础的课程,但他却给每一个学生留下了不可磨灭的印象,也使每一个学生坚定了向学和研究的志向。使我最难忘的,是丁先生在课堂上讲学的神态:他左手持雪茄,右手持粉笔,深邃的目光、坦荡的风度和极为生动的讲词,他常用幽默的口吻来激发学生研究的兴趣,造成一种活泼愉快的学术空气。有一次他强调火山喷发的温度,三天后还可以煮熟鸡蛋,火山爆发的威力也能使火山灰飞绕地球三周,妙语如珠,真是既透

---

[1] 高振西:《做教师的丁文江先生》,载1936年2月16日《独立评论》第188号。
[2] 蒋良俊:《怀念丁老》,载1986年7月《湖南省地质学会会讯》总第16号。

彻又深入,博得学生不少欢呼。每在这种得意的场合,丁先生也不禁猛吸两口雪茄,放下粉笔,左右开弓的捋胡子。在这种自由讲学的空气中,欢笑共发问俱起,烟灰与粉屑齐飞,本来是颇为枯燥的学科,变成了人人爱好的功课。不仅激发了在学青年的兴趣,同时使旁听的助教也有了终生研究地质的决心。他首倡野外训练,常率领学生实地工作,指导范围,不仅亲授野外工作方法,并给予学生野外工作服装与饮食等各方面之指示。先生对地质的讨论与解答,善把握重点,扼要精辟,发人深思;对团体组织的处理,则极为科学,而有亲切感,众心悦服;真是一个绝好的青年导师与模范。至今日,后学者仍以先生之工作方法为准绳。……

在君先生于1931至1934年返回北京大学任教,对地质系系务,多所改进,并集资筹建地质馆于北平沙滩松公府,使教学设备更趋完善,教授阵营。益形充实,室内野外分途研习,师生共任,登山临渊跋涉采取之劳。遂造成北大地质系的黄金时代。①

丁先生对我们有很大的影响,那就是如何在野外调查地质。出野外时,丁先生对生活起居,如怎样穿衣服、早饭吃多少,都指点管理,非常亲切。他还教我们看地形时先远看再近看等,这些小动作今天看起来很平常,但对年青初学者却很重要。

地质系的野外调查本来是一学期一次,丁文江到系后,改为一学期四次,时间短则一天,长则三天,经费由学校提供,这套制度,我后来介绍到台大地质系。当时主要的野外地点以北平西山为主,也远去南口、青龙桥等地。出野外时什么都看,什么都教,举凡地质结构、矿产、地层等,并且也采集标本。野外调查是包括在普通地质学课程内的,直到后来才单独设立学分。②

---

① 阮维周:《丁在君先生在地质学上之贡献》,载1936年2月16日《独立评论》第188号。
② 杨翠华访问,杨明哲、万丽娟记录:《阮维周先生访问记录》("中研院"近史所口述历史丛书36),台北:"中研院"近史所,1992年4月版,第2—3页。

关于蔡元培为何聘任先生为中研院总干事一职,可从蔡元培、李济的评论中找出缘由:

> 在君先生是一位有办事才(能)的科学家,普通科学家未必长于办事,普通能办事的又未必精于科学,精于科学而又长于办事,如在君先生,实为我国现代稀有的人物。①

> 杨杏佛暴死时,教育文化界一班的反应都认为继杨杏佛中央研究院的职守的人以在君为最适宜。嫉妒他的人,讥笑他是"超科学家";但是这些流言,对于他却没有丝毫的损害。支持他的,并不完全靠钦佩他的几位朋友;最实质的理由,是他留在社会的及教育文化界的若干成绩:地质调查所的工作,以及北京人的发现(他是新生代实验室的名誉监督),与张君劢玄学与科学的论战——都可使人相信,他不但是一位有成绩的科学家,关且是一位有理想的科学家;以他作中央研究院的领导设计人,岂不是一种最适宜的安排吗?②

蔡元培先生全面评价了先生对中央研究院的贡献:

> 在君先生到研究院是二十三年六月十八日,到今年一月五日他去世的那日,不过一年有半;然而他对于研究院的贡献已经不少,今把最大的记述在后面:
>
> 第一是评议会。此会为本院组织法中所规定,对于全国的学术研究有指导、联络、奖励的责任。以关系复杂,七、八年来,尚未组织。在君先生到院后,认为不可再缓,乃与各关系方面商讨,补充条文,规划手续,呈请国民政府核准后,于二十四年九月成立。会员四十一位,除中央研究院院长与十位所长为当然委员外,其他三十位,是由各国立大学选举,再由国民政府聘任的。凡国内重要的研究机关,如北平研究院,地质调查所,农事实验所,科学社的生物研究所,静生生物调查所,黄海工业化学研究社,中央、北京、清华、武汉、中山、浙江、南

---

① 蔡元培:《丁在君先生对于中央研究院之贡献》,载 1936 年 2 月 16 日《独立评论》第 188 号。
② 李济:《对于丁文江所提供的科学研究几段回忆》,载 1956 年台湾《"中央研究院"院刊》第 3 辑。

开、协和、燕京各大学，都有代表当选，可以认为一个代表全国学术研究的机关。开会的时候，照中央研究院已经设立的科目分组，再由各组委员会调查全国研究机关的成绩与全国学者所发表的著作，以为将来联络的基础。

第二是基金保管委员会。本院组织法第九条有最小限度基金定为五百万元之规定；历年因所积基金，为数尚微，未曾正式组织保管委员会。但近几年来，本院各所的收入，可以归入基金的渐增，而本院各所的设备，有赖于基金利息之补助亦多；故在君先生认为有组织基金保管委员会的必要。于是草拟本院基金暂行条例，呈请国民政府核准。该条例第二条规定聚集基金之方式：一、政府照国立中央研究院组织法第九条应拨之款；二、已有基金之生利；三、私人或团体之捐助。而附项中，又规定除上列各项外，在基金总数未达五百万元以前，本院得以所举办事业以及其他一切收入拨入基金。又于第六条，规定本院得将每年基金利息一部分用于本院下列各事业；一、有特殊重要性质之讲座及研究生名额，二、有促成学术进步功用之奖学金；三、院内有利事业之投资；四、其他特别建筑设备或事业。有此正式规定，于是本院基金部分的增益与作用，均有规则可循了。

第三是各所与总办事处预算的更定。从前因各所建筑设备在在需款，而政府除经常费外未能拨款，不得不从经常费中各有所撙节，以备建筑及设备的用途；这些本是不得已的办法，所以各所经费的分配，略取平均分配的方式。但此种方式，虽有各所自由计划的便利，而每所各自撙节的款，为数有限，对于较繁重的设备，不免有旷日持久的窒碍，于全院的效率上，难免吃亏。在君先生有鉴于此，到院后，即与各所长商讨，打破平均分配的习惯，而各所均视其最紧缩的需要，以定预算。由总办事处综合所撙节的款，以应付本院所需提前赶办的，或与其他机关合作的事业。于是各事业的轻重缓急，有伸缩余地，不致有胶柱鼓瑟的流弊。

以上三项，均为本院定百年大计。其他局部的，如促进各所工作的紧张，尤以化学、心理及动植物研究所为最显著，减少行政费以增加事业费,扩大合作的范围,除各所与其他研究机关早经合作的仍继续进行外,更与中央博物院筹备会合办博物院,与棉业统制委员会合办棉纺织染实验馆,都是我们所当随规进行的。至于在君先生实事求是的精神,案无留牍的勤敏,影响于我们全院同人的地方很大,我们也是不肯忘掉的。①

翁文灏对先生担任总干事任内的工作也做了高度评价:

近年来在君先生做中央研究院总干事。他的工作第一在促进各研究所切实研究,把不能工作的人撤换了,把能工作的人请进来,而且与他们商定应解决的问题,应进行的步骤。第二在详实规定各研究所的开支,各所的预算很真实的按照他们一年度应做工作必需数目来规定,省下来的钱用以举办以前未做的工作,其结果是工作加多而开支减少。他并成立评议会,实际完成了全国科学院应有的组织,做这种事不但要热心毅力,而且要有充分的专门科学的知识与经验。②

7月1日,先生在《独立评论》第107号发表《苏俄旅行记(四)》一文。

7月1日,先生在《大公报》"星期论文"栏发表《实行统制经济制度的条件》一文。7月8日《独立评论》第108号转载。

同日,由中央研究院与全国经济委员会棉业统制委员会所合办之棉纺织染实验馆筹备处,自本日起在中研院工程研究所办工。

据《筹设棉纺织染实验馆案》云:

吾国棉纺织染事业,衰颓已极,考其症结所在,无非因技术不精,出品不如外资优美,管理欠佳,成品不如洋货低廉。全国各棉纺织染厂商,大都在风雨飘摇之中,欲图改进,均因限于经费人力,不获如愿,且纵有改进之方,亦往往只能为消极的一家一厂之挽救,终无补于全体。本院及全国经济委员

---

① 蔡元培:《丁在君先生对于中央研究院之贡献》,载1936年2月16日《独立评论》第188号。
② 翁文灏:《追悼丁在君先生》,载1936年2月《方志》第9卷第1期。

会棉业统制委员会有鉴于斯,特会同筹设棉纺织染实验馆于上海。言其任务:(一)则以研究棉纺织业之原料,机械制品,与工厂管理等项。(二)则以调查及征询国内外棉业制造情形,并谋国际间技术之合作。(三)则以试验及检定国内外之各种棉织品及原料。(四)则以受政府或教育机关及棉业厂商之委托检验或研究改进各项技术与学理上之问题。(五)则以奖励或补助有裨棉织品之研究及发明。(六)则以介绍国内外棉工业之新颖学术及其研究与应用之方法。该馆筹备处暂附设于本院工程研究所内,自二十三年七月一日起,开始办公。①

7月15日,先生在《独立评论》第109号发表《苏俄旅行记(五)》一文。

7月17日,先生致胡适一信,谈及对刘半农在北平协和医院病逝的感想:

> 上火车时,听说半农生病,以为无妨,不料他竟死了,听见了很怅然。许多人以为我旅行太小心,太求舒服。其实乃我很知道内地旅行的危险,不敢冒无谓的险。假如刘半农小心点——多用杀虫药粉,而且带帆布床,当然不会把性命送掉的。②

7月22日,先生致胡适一信,要胡适劝任鸿隽不要固执己见。③

7月24日,先生致胡适一信,详谈任鸿隽与陶孟和之间的矛盾,请胡适调解。④

7月29日,先生致胡适一信,表示看完胡适的《中国的文艺复兴》(*Chinese Renaissance*),"书做得很好"。⑤

7月,先生将在北平中国科学社的社会调查所与中央研究院社会研究所合并,改称社会科学研究所,聘请陶孟和为所长,分法制、

---

① 收入《国立中央研究院二十三年度总报告》,第168页。
② 胡适:《丁文江的传记》,收入《胡适文集》第7册,第535—536页。
③ 《丁文江致胡适》,《胡适来往书信选》中册,第252页。
④ 《丁文江致胡适》,《胡适来往书信选》中册,第252—255页。
⑤ 《胡适遗稿及秘藏书信》第23册,第208页。

经济、与社会三组,将原有之民族组划归史语所,并请中华文化教育基金会补助经费,延揽人才,提高水准。"将濒合并之时,因基金会总干事任叔永对先已谈妥的条件忽然持异议,他大为生气,后经适之先生从中调停,才获转圜。"①

夏,国际人类学与民族学社在伦敦开会,议定每国应推举最著名的人类学家3—4人担任该社理事会理事(由该社执行委员会选出),中国当选者为丁文江、李济、许文生。②

夏,先生北上至北平。据杨钟健回忆,先生与其"倾谈片刻,时我眼疾新痊,殷殷存问,方期后会方长。"这一年,杨钟健等赴广西调查,亦得先生帮助。据杨后来回忆:

> 去年我们往广西调查,丁先生也为我们介绍桂省当局。归后,因购买上海之骨化石尚未开箱整理,而丁先生已物故了,睹物思人,能不怅然。③

8月18日,先生致傅斯年一信,表示收回其禁止史语所研究人员外出调查时携眷的成命。④

8月19日,先生在《独立评论》第114号发表《苏俄旅行记(六)》一文。

8月29日,先生致傅斯年一信,说明其对李方桂计划往云南调查的态度。⑤

8月,中研院致函南京市政府请求拨地建筑中央博物院,关于此事,据朱家骅回忆:

> 中央博物院是我在民国二十二年春所竭力主张已经发起请傅斯年先生筹备的,他对博物院事业也向来极其注意,所以

---

① 参见朱家骅:《丁文江与中央研究院》,收入1956年12月《"中央研究院"院刊》第3辑。
② 吴定良:《丁在君先生对于人类学之贡献》,载1936年2月16日《独立评论》第188号。
③ 杨钟健:《悼丁在君先生》,载1936年2月16日《独立评论》第188号。
④ 此函存史语所傅斯年档案中,参见潘光哲:《丁文江与史语所》,收入"中研院"史语所七十周年纪念文集《新学术之路》上册,第388页。
⑤ 此函存史语所傅斯年档案中,参见潘光哲:《丁文江与史语所》,收入"中研院"史语所七十周年纪念文集《新学术之路》上册,第389页。

到中研院以后，一面力助教育部促成并推进其事，一面更与博物院筹备处订立合作研究办法，这些合作办法后来继续扩大进行，得到许多重要的成就。①

又据《筹设中央博物院及征收基金案》：

> 国民政府教育部为提倡科学研究，传布现代知识，保管国有古物，以适当之陈列展览辅助公众教育起见，特会同本院筹设中央博物院，内分人文馆，自然馆及工艺馆等三部分。聘定傅斯年先生为筹备主任，旋因傅先生事繁，未便兼任，改聘李济先生担任。人文馆筹备主任由李先生兼任，自然馆及工程馆之主任，则由翁文灏先生、周仁先生分任之。二十三年八月由本院函请南京市政府将中山门内马路北，中央党部基地以东，遗族学校校址以西，自中山马路以北至城根一带基地一百亩拨归本院建筑中央博物院院址。经再三磋商，征收完备，绘图设计，预备最短期间建筑第一期工程。②

9月1日，先生致胡适一信，谈寄《苏俄旅行记》文稿等事。③

9月2日，先生在《独立评论》第116号发表《苏俄旅行记（七）》一文。

9月3日，先生在《国闻周报》第11卷第35期发表《关于国防的根本问题》一文。

同日，先生致傅斯年一信，表示撤回其禁止史语所研究人员外出调查时携眷的信函。④

9月6日，先生就北大欲聘请李方桂一事连续两次致电蔡元培。蔡元培在日记中写道："得在君（南京）电，谓适之邀李方桂往北大，渠以去就争之，属我电适之。我即致一电于适之，属勿强拉方桂。夜半，又得在君电，谓方桂允留，可不再电适之矣。"第二天，

---

① 朱家骅：《丁文江与中央研究院》，收入1956年12月台北"中央研究院"院刊》第3辑。
② 收入《国立中央研究院二十三年度总报告》，第168页。
③ 《胡适遗稿及秘藏书信》第23册，第218—219页。
④ 此函存史语所傅斯年档案中，参见潘光哲：《丁文江与史语所》，收入"中研院"史语所七十周年纪念文集《新学术之路》上册，第388页。

蔡元培回复先生一函。①

9月9日,胡适在日记中写道:"写信与赵元任、丁在君、李方桂,皆谈方桂不来北大,及我改请罗莘田的事。"②

9月13日,先生致蔡元培一电,据蔡元培在日记中写道:"得丁在君(言北大拟借罗莘田二年,与本院不脱离关系,孟真已表同意,现在元任询本人。又凌纯声'民族'、陶云遗'人种',各带助手一人,于月内出发,到云南调查)、马叔平(询常务理事会期)函。"③

同日,程霖致函陈钝,函请寄下京华刷书局欲印秦汉墓志铭及丁文江先生之猓猡文二种开单。④

9月16日,先生在《独立评论》第118号发表《苏俄旅行记(八)》一文。

9月18日,先生致函傅斯年,函达兹奉上魏子肫兄来电,济之何时再开工最好即去一函通知,魏君常不在,济之去时可向郑礼明及曹胜之接洽。⑤

9月23日,先生在《独立评论》第119号发表《苏俄旅行记(九)》一文。

10月14日,先生在《独立评论》第122号发表《苏俄旅行记(十)》一文。

10月21、22、24日,先生在《大公报》"星期论文"栏发表《银出口征税以后》,10月29日《国闻周报》第11卷第43期转载。

秋,由先生主持、赵丰田编辑的《梁任公先生年谱长编初稿》第一稿完成。关于此书的编辑过程,据赵丰田先生后来回忆:

> 《初稿》的编辑工作,是在梁启超去世的1929年开始的。当时,梁的亲属和朋友们为了纪念这位有影响的历史人物,给后人研究评论梁启超提供基本资料,商议办两件事。一是编辑《饮冰室合集》,由梁的朋友林志钧(宰平)负责。因为梁著述甚多,生前已刊行的《饮冰室文集》多达二三十种,但均收录

---

① 《蔡元培全集》第16卷,第344页。
② 《胡适全集》第32册,第394页。
③ 《蔡元培全集》第16卷,第346页。
④ 原件存台湾"中研院"史语所。
⑤ 原件存台湾"中研院"史语所。此函未署年份,暂系于此。

不全,故决定编一部比较完备的集子,这便是1932年由上海中华书局发行的《饮冰室合集》四十册。二是编一部年谱,为梁启超传作准备,交梁的另一位朋友丁文江(在君)负责。

编辑年谱的计划确定之后,即由梁的子女梁思成、梁思顺(令娴)署名登报,并由丁文江和梁思成亲自发函向各处征集梁启超与师友的来往信札,以及诗、词、文、电等的抄件或复制件(原件仍由原收藏者保存)。仅半年左右时间,梁家就收到了大量的资料,其中仅梁的信札就有二千多封,其他各种资料仍陆续寄来。丁文江翻阅了这些资料,刚粗加整理,又因南京铁道部的邀请,于1929年冬率领一个勘察队前往云南、贵州进行地质调查,次年夏天才回到北平。1931年秋,丁就任北京大学地质系研究教授。当时,丁既要写西南地质调查报告,又承担了北大的地质研究工作,实无余力再编辑梁谱。因而丁就托朋友从北京高等学校中替他物色助手,帮他编辑梁谱。这时,我正在燕京大学研究院学习,曾撰作《康长素先生年谱稿》的大学毕业论文,对康有为和梁启超作过一些研究。燕大研究院院长陆志韦教授和我的老师顾颉刚教授乃将我介绍于丁,丁即到燕大研究院邀聘我助他编写梁谱。

1932年暑假开始,我就在丁文江的指导下,到北京图书馆正式接手此项工作。当时已经搜集到的梁启超来往信札有近万件之多,这是编年谱的主要材料。此外,还有梁几百万字的著作,以及他人撰写的有关梁的传记。要把这么浩繁和杂乱的资料疏理清楚,并编辑成书,任务是比较艰巨的。好在丁文江对此已有了比较成熟的意见,向我强调了下面几个主要之点:一、梁启超生前很欣赏西人"画我像我"的名言,年谱要全面地、真实地反映谱主的面貌;二、本谱要有自己的特点,即以梁的来往信札为主,其他一般资料少用;三、采用梁在《中国历史研究补编》中讲的编辑方法,平述和纲目并用的编年体;四、用语体文先编部年谱长编。这最后一点与梁家的意见不同。梁的家属主张编年谱,并用文言文。丁文江觉得重要材料很多,先编年谱长编,既可以保存较多的材料,又可较快成书。他又是胡适的好友,很赞成胡适提倡的白话文运动,所以仍是坚持用白话文。我根据丁文江的意见，草拟了详细的编例，经丁修改后定为二十五条。现附于书首，借见当年编辑用意。

编例确定之后，我就进入了紧张的编辑工作。首先是阅读和选定所需资料，交缮写员抄录并注明出处。然后，我再将选录的资料按年分类连缀起来，定出纲目，加上说明性的或论介性的文字，显现谱主在有关年月中的主要活动。在此过程中，丁文江不定期地前来了解编辑情况，及时提出一些指导性的意见。1934年秋编出第一稿，抄成二十四册，约一百余万字。丁认为篇幅太大，要我大加削简后，再送给他审阅。

1934年6月，丁文江辞去北大教授职务，到南京就任中央研究院总干事。我也于1935年初随往南京中央研究院，对第一稿进行删削。这年12月，丁因公出差湖南衡阳，不幸煤气中毒，1936年1月5日于长沙湘雅医院去世。之后，由丁的朋友翁文灏接替主管梁谱编辑工作。这时，我想早日结束此事，转往别的研究，工作加速进行，以致《初稿》的最后部分显得比较粗糙。到1936年5月，我完成了长编第二稿，约六十七万字。由翁文灏根据丁文江的原意，题名为《梁任公先生年谱长编初稿》，油印五十部，每部装成十二册，发给梁的家属和知友作为征求意见之用。①

11月11日，先生在《独立评论》第126号发表《苏俄旅行记（十一）》一文。

11月13日，上海《申报》主办人史量才（1880—1934）在浙江海宁县境被国民党特务杀害。史氏是先生的好友，为纪念《申报》创办六十周年，他曾邀请先生编辑《中华民国新地图》、《中国分省新图》。先生于本年1月14日在《大公报》发表的《公共信仰与统一》一文中表示"许多人以为成绩不满意是党的制度不好，换了一种更时髦一点的制度，披上一种最高的制服，拥戴一个最有权力军人，暗杀几个无权无勇的新闻记者，就可以变死党为活党（或者是

---

① 赵丰田：《〈梁启超年谱〉前言》，收入丁文江、赵丰田著：《梁启超年谱》，上海人民出版社，1983年8月版，第4—6页。

变活党为死党),这都是错误的。"①对国民党特务的暗杀行径表示不满。

11月15日,史语所致函先生,函送二十四年度概算书及请求人类学组临时费。②

11月16日,先生致傅斯年一信,同意由院里拨给史语所民族学组经费。③

11月26日,先生与翁文灏、钱昌照及全国经济委员会秘书长秦汾会见蒋介石。

12月上旬,李四光应邀赴英国讲学,先生代为指导地质研究所工作。④

12月11日,先生致傅斯年一信,征求傅斯年对《国立中央研究院基金暂行条例》的意见。⑤

12月14日,先生致胡适一信,告为《大公报》"星期论文"写作《民主政治与独裁政治》一文,是文主要批评胡适的《中国无独裁的必要与可能》一文的论点,主张"试行新式的独裁"。⑥

9月—12月,先生在德国杂志 Anthropos(《人类》)第29卷(9—12月)发表 Notinen von einer gemachlichen Pahrt in Sadchina(《记在中国南部一次平静的旅行》)一文。⑦

12月30日,先生在《独立评论》第133号发表《民主政治与独裁政治》一文。

12月,先生在 Rotary(《扶轮周刊》)第1卷第4期发表 The Academic Sinica(《中央研究院》)一文。

本年,受曾养甫委托,先生主持马鞍山钢铁厂的筹建工作。⑧

---

① 丁文江:《公共信仰与统一》,载1934年1月14日《大公报》。
② 原件存台湾"中研院"史语所。
③ 此函存史语所傅斯年档案中,参见潘光哲:《丁文江与史语所》,收入"中研院"史语所七十周年纪念文集《新学术之路》上册,第398页。
④ 张祖还:《忆丁文江先生》,收入《泰兴文史资料——纪念丁文江先生诞辰一百周年》,第4辑,1987年4月,第30页。
⑤ 此函存史语所傅斯年档案中,参见潘光哲:《丁文江与史语所》,收入"中研院"史语所七十周年纪念文集《新学术之路》上册,第385页。
⑥ 《丁文江致胡适》,收入《胡适来往书信选》中册,第264页。
⑦ 张祖还:《忆丁文江先生》,收入《泰兴文史资料——纪念丁文江先生诞辰一百周年》,第4辑,1987年4月,第30页。
⑧ 此事具体时间不详,暂系于此。参见王仲之:《丁文江年谱》,第64页。

本年,蒋介石在庐山召开国防设计委员会会议,先生与陈伯庄在南京下关搭江船赴九江。①

本年度,先生在《中国地质学会志》第13卷发表《徐君光熙行述》一文(中、英文)。

1935年(民国二十四年乙亥)　四十九岁

1月6日,先生在《独立评论》第134号发表《苏俄旅行记(十二)》一文。

1月13日,先生在《独立评论》第135号发表《苏俄旅行记(十三)》一文。

1月16日,蔡元培在日记中写道:"在君到院,详谈。在君属致宋美龄函,为博物院地址事。"②

1月21日,先生致函傅斯年,同意吴定良兼任中央大学生物统计学一课程。③

1月27日,先生在《独立评论》第137号发表《再论民治与独裁》一文。

1月16日,先生在《东方杂志》第32卷第2期发表《中央研究院之使命》一文。

2月16日,晚上在欧美同学会举行中国地质学会第十一届年会聚餐及葛氏奖章授奖典礼。先生荣获第四届(1931年度)葛(利普)氏奖章。先生亲自出席颁奖仪式,接受奖章。先生之所以获奖,是由于他是中国地质调查所的创始人、首任所长,对中国地质事业做出了卓越的贡献,所著《调查正太铁路附近地质矿务报告书》是第一篇用中文写成的地质报告。

2月19日,《斯文·赫定七十岁纪念集》在瑞典斯德哥尔摩出版,收入先生提供的论文 Notes on the Records of Droughts and Floods in Shensi and Supposed Desiccation of Northwest China(《陕西省水旱灾之纪录与中国西北部干旱化之假说》),先生否认陕西省的气候

---

① 陈伯庄:《纪念丁在君先生》,收入氏著《卅年存稿》,1959年8月版。
② 《蔡元培全集》第16卷,第385页。
③ 原件存台湾"中研院"史语所。

由潮湿向干燥变化的理论。

2月22日,先生在北平约集旧友,签署遗嘱。先生在逝世的前一年,曾对好友陈伯庄说:"伯庄,我们学科学的,该重视统计平均(statistical average)。我丁家男子,很难过五十岁的,而我快到五十了。"① 故先生在近五十之年,决定立一遗嘱,遗嘱的内容如下:

> 立遗嘱人丁文江,字在君,江苏泰兴县人,今因来平之便,特邀旅平后列署名之三友,签证余所立最后之遗嘱如左(下)。
>
> 遇本遗嘱发生效力时,即由余亲属邀请余友竹垚生先生为遗嘱执行人,余弟文渊亦为余指定之遗嘱执行人,依后列条款,会同处分余之遗产及管理余身后之事:
>
> 一、余在坎拿大商永明保险公司(The Sun Life Assurance Company of Canada)所保余之寿险所保额为英币贰千镑,业由余让与余妇史久元承受并经通知该保险公司以余妇为让受人,即为余妇应得之特留分。此项外币之特赠,为确保其依兑换率折合华币之数足敷生活费用起见,兹特切托本嘱执行人,遇兑换所得不足华币现银叁万圆时,即先尽余其余遗产变价补足之。
>
> 就换足前项额数之货币中,至少有半额,终余妇之身,应听本嘱执行人指商存储;平时只用孳息,不得动本,遇有变故或其他不得已事由,仍得商取本遗嘱执行人之同意,酌提一部分之本;此项余妇生前用余之款,除其丧费用外,概听余妇以遗嘱专决之。
>
> 二、除前项确保之特留分及后项遗赠之书籍用具文稿外,余所遗之其余现金证券及其他动产,兹授权于本嘱执行人,将可变现金之动产,悉于一定期间内,变易现金;就其所得之现金,以四分之一归余三弟文潮之子女均分,以四分之一归余兄文涛之子明达承受,其余四分之二归余弟文渊、文澜、文浩、文治四人均分。
>
> 三、余所遗之中西文书籍,属于经济者赠与七弟文治,属

---

① 陈伯庄:《纪念丁在君先生》,收入《卅年存稿》,1959年8月出版。

于文学者赠与七弟妇史济瀛,中文小说留给余妇,其余概赠现设北平之中国地质学会。

余所遗家庭用具,除尽余妇视日用必要听其酌留外,其余悉赠上开中国地质学会。

余所遗文稿信札,统由余四弟文渊七弟文治整理处置之。

四、以上各条之遗赠,遇失效或抛弃而仍归属于遗产时,即由余友竹遗嘱执行人商取本嘱见证人之意思,就归属于遗产部分之财产,以一半分配于现设北平之中国地质学会,其余一半,准本嘱第一条第二条所定,比例摊分于该两条之受赠人。

五、于余身故时即以所故地之地方区域以内为余葬地,所占坟地不得过半亩,所殓之棺,其值不得逾银一百元,今并指令余之亲属,不得为余开吊、发讣闻、诵经,或徇其他糜费无益之习尚;遇所故地有火葬设备时,余切托遗嘱执行人务必嘱余亲属将余遗体火化。

现行法已废宗祧继承,余切嘱余之亲属,不得于余身后,为余立嗣。

以上遗嘱,为余赴北平时,约集旧友眼同见证,同时签署,并嘱余友林斐成,本余意旨,为之撰文,合并记明。

中华民国二十四年二月二十二日立于北平
立遗嘱人　见证人　撰遗嘱人①

2月28日,赵元任致函傅斯年,言"丁文江"、报告稿、"罗常培"事。②

3月7日,先生从南京给竹垚生一信,请竹为其遗嘱执行人。原信如下:

弟新立一遗嘱,请兄为执行人之一。遗嘱同样一共有三份:一份存此(南京中央研究院),一份拟存上海浙江兴业银行

---

① 《丁文江遗嘱》,收入《胡适文集》第7册,第546—547页。
② 原件存台湾"中研院"史语所。

保管箱,一份寄上乞兄代存。遗嘱执行人责甚重,以此累兄,心甚不安。忝在知交,想不见怪也。①

3月24日,所著《现在中国的中年与青年》一文,刊《大公报》"星期论文"栏。4月1日出版的《独立评论》也曾刊登。

3月27日,先生致函傅斯年,请作纪念周书面报告。②

3月31日,先生在《独立评论》第144号发表《现在中国的中年与青年》一文。

3月,先生着手组织中国太平洋科学协会海洋学组中国分会。③

4月8日,先生代表中研院院长蔡元培出席在南京北极阁召开的第二届全国气象机关联合讨论会开幕式。④

4月10日,先生出席在中研院召开的太平洋科学协会海洋学组中国分会成立大会,并任该分会主席。

> 分会的内部,分为(一)渔业技术、(二)渔业、(三)珊瑚礁、(四)海洋物理学及化学、(五)海产生物等五组,各组会员所代表的机关,以及在各种方式下援助事业进行的机关,除中央研究院外,有北平研究院,中国科学社,静生生物调查所,经济委员会,资源委员会,实业部,海军部海道测量局,第三舰队,中国动物学会,中华海产生物学会,青岛市政府,青岛观象台,胶济路委员会,威海卫管理公署,福建省政府,山东、厦门两大学,天津、吴淞、厦门集美三处水产学校,江、浙两省水产试验等多处,这是中国科学界向来少有的大规模的集团组织。⑤

在南京中央研究院总办事处举行的分组委员会开幕式上,正式通过了一些重要的决议,分别在厦门、定海、青岛和烟

---

① 竹垚生:《丁在君先生之遗嘱》,载1936年7月26日《独立评论》第211号。
② 原件存台湾"中研院"史语所。
③ 参见蔡元培:《中央研究院与中国科学研究概况》,收入高平叔编:《蔡元培全集》第6卷,北京:中华书局,1988年8月版,第609页。
④ 参见《气象机关联席会议昨晚在北极阁举行》,载1935年4月9日《中央日报》。
⑤ 参见蔡元培:《中央研究院与中国科学研究概况》,收入高平叔编:《蔡元培全集》第6卷,第609页。

台建立四个海洋生物站。定海站的工作受中央研究院指导,厦门站的工作由厦门大学指导,青岛站由青岛观象台和山东大学联合照管,把原先的北平研究院在烟台建立的海洋动物研究站更名为渤海海洋生物站,其地位与其他三个站相同。①

同日,董作宾致傅斯年、李济一电,对"因招待女同乡参观工作,致干本所风纪,无任惶愧,谨请即日辞职,以谢贤明"。②

同日,李济致丁文江一信,表示对董作宾之行负责,"孟真兄殆无责任可言"。③

4月11日,先生致董作宾一信,请董"幡然改图,勿作去意,勿以良友之忠言为逆耳也"。④

4月11日,先生致徐中舒一信,为傅斯年反对董作宾携女友赴考古现场再一次解释,化解矛盾。⑤

4月13日,先生致胡适一信,表明自己对处理董作宾之事的态度:"我给彦堂的信,是与孟真、彦堂两方面找台阶下台,并非要责备彦堂。目前孟真的冲动已经大体过去,只要彦堂不辞职,我想就没有什么问题。无论你如何忙,请你务必向彦堂解释,请他打消辞意。"⑥

4月14日,先生回复董作宾一信,请其"平心静气,一细思之"。⑦

关于这场风波,董作宾本人后来亦有提及:

> 丁先生给我印象最深的就是在民国二十四年,那时为了一件不愉快的事,我在北平,他在南京,他曾一再写长信去劝我,他摆着一副老大哥的面孔,写了许多诚诚恳恳的话语,举出许多他自己的经验,谆谆教导我,使我看了非常感动,于是

---

① 蔡元培:《中国中央研究院与中国科学研究事业》,收入高平叔编:《蔡元培全集》第7卷,第51页。
② 《胡适遗稿及秘藏书信》第23册,第244页。
③ 《胡适遗稿及秘藏书信》第23册,第245—246页。
④ 《胡适遗稿及秘藏书信》第23册,第249—252页。
⑤ 《胡适遗稿及秘藏书信》第23册,第247—248页。
⑥ 《胡适遗稿及秘藏书信》第23册,第181—182页。
⑦ 《胡适遗稿及秘藏书信》第23册,第253—259页。

放弃自己的偏见,服从在他的指示之下。①

4月14日,先生在《独立评论》第146号发表《苏俄旅行记(十四)》一文。

4月19日,竺可桢致先生一信,就全国经济委员会所拟新疆建设关于气象部分计划发表意见,觉其"规模过大,不易实现"。②

同日,先生出席中基会第十一次年会。

4月29日,中午先生与夫人请蔡元培吃饭,蔡元培在日记中写道:"午,在君夫妇招饮,座有外姑、五妹等。"③

5月6日,凌纯声致电先生与傅斯年,告其赤□迤西,工作难进行,请电示方针。④

5月7日,先生致函傅斯年,请惠复凌纯声电。⑤

5月7日晚,先生在中央广播电台发表以"科学化的建设"为题的讲演,赵元任恰好在实验室里用铅片收灌广播讲演作为语言的参考材料,故将这次讲演收灌下来。第二天一早,赵元任请先生来听,"他还觉得是像他自己的声音"。⑥

5月15日,先生与蔡元培一晤。蔡元培在日记中写道:"晴。在君来。"⑦

5月19日,先生在《独立评论》第151号发表《科学化的建设》一文。

5月26日,先生在《独立评论》第152号发表《苏俄旅行记(十五)》一文。

5月27日,由先生负责起草的《国立中央研究院评议会条例》和经过修正的《国立中央研究院组织法》由国民政府公布实施。

---

① 董作宾:《关于丁文江先生的〈爨文丛刻〉甲编》,载1956年台北《"中央研究院"院刊》第3辑。
② 该信原件存南京第二历史档案馆,全宗号39,案卷号13。转引自宋广波:《竺可桢给丁文江的一封佚信》,载2006年5月18日《光明日报》。
③ 《蔡元培全集》第16卷,第401页。
④ 原件存台湾"中研院"史语所。
⑤ 原件存台湾"中研院"史语所。
⑥ 参见赵元任:《记丁在君先生讲演留声片》,载1936年3月15日《独立评论》第192号。
⑦ 《蔡元培全集》第16卷,第403页。

5月31日,先生致电李济,电告北方情形不佳,乞将安阳物品运京。①

6月3日,先生致电傅斯年,电请速运侯家庄古物并告安阳已照办。②

6月8日,先生致胡适一信,希望胡适诸人在华北事变中"善自设法,不要陷在绝地。到必要的时候,脱身南来"。③

6月11日,胡适回复先生一信,说明:"第一,你最不公道的是责备干事处用钱太费。""第二,中基会正需要能独立主张的董事。""第三,我冷眼观察,在今日国内很不容易寻得十五个完全公心而不想谋私利的董事先生。""第四,这样一个机关是决不会'尽人而悦之'的。"信末说:"北平昨夜事势略'好转',或可苟安一时,但以后此地更不有人气的人能久居的了。"④

6月12日,先生致电傅斯年:电达,华北事未了,运物速进行并告孟和。⑤

6月14日,由先生草拟的《国立中央研究院基金暂行条例》,经国民政府核准施行。

据此前的《制定本院基金暂行条例案》:

> 本院组织法第九条内开:"国立中央研究院最小限度之基金定为五百万元。基金条例另定之。"查本基金仅于民国十七年由前大学院拨到公债四十八万元,现金二万元,嗣后并未蒙政府续拨。历年以来,此项公债及存款利息均有增加,二十四年三月间,本院鉴于基金利息,已有相当之积蓄,本年举行特种事业,又已呈准国府动用该项利息,为慎重起见,特依照历年经验情形,拟就《国立中央研究院基金暂行条例》呈准国民政府核准施行(原条例见前法规类)。并依照该条例第四条组织本院基金保管委员会。本院方面之委员,为蔡院长,丁总干事,会计主任王敬礼及由院长指定之工程研究所所长周仁、气

---

① 原件存台湾"中研院"史语所。
② 原件存台湾"中研院"史语所。
③ 《丁文江致胡适》,收入《胡适来往书信选》中册,第270页。
④ 《胡适致丁文江(稿)》,收入《胡适来往书信选》中册,第270—272页。
⑤ 原件存台湾"中研院"史语所。

象研究所所长竺可桢等五人。院外委员为教育部代表雷司长震,主计处代表傅秘书光培等二人。①

6月19日,先生出席中研院第一届评议会选举会之预备会。

6月20日,先生被选为中央研究院首届评议会评议员。首届评议会由蔡元培任议长,先生任秘书。地质组评议员有先生、翁文灏与朱家骅三人。② 7月2日国民政府正式发布中央研究院首届评议会评议员聘任书。

6月23日,先生在《独立评论》第156号发表《苏俄旅行记(十六)》一文。

6月29日,先生致傅斯年一长信,谈及对史语所工作的意见。③

7月16日,先生出席全国水利委员会第二次全体会议。④

7月21日,先生在《大公报》"星期论文"栏发表《苏俄革命外交史的一页及其教训》一文,8月11日出版的《独立评论》第163号转载。先生以1918年2月年青的苏维埃与德奥签订"布列斯特条约"这段史实为依据,认为"当日苏俄首领的态度,很足以做我们当局的殷鉴"。

同日,蔡元培在本日日记中写道:"晴,偶有雨。在君来。"⑤

8月10日,先生在英国 Nature(《自然》)周刊第136卷发表 Scientific Research in China: The Academic Sinica(《中国的科学研究:中央研究院》)一文。

同日,先生致函傅斯年,为梁任公年谱材料事。⑥

8月16日,先生作《〈爨文丛刻〉自序》。

8月18日,蔡元培在日记中写道:"得在君函,并抄示与蒋右沧君往返函。"⑦

8月23日,先生致胡适一信,告"我们住在莫干山很清静,月底

---

① 收入《国立中央研究院二十三年度总报告》,第168—169页。
② 参见《蔡元培全集》第16卷,第409页。
③ 此函存史语所傅斯年档案中,参见潘光哲:《丁文江与史语所》,收入"中研院"史语所七十周年纪念文集《新学术之路》上册,第390—391页。
④ 《经委会水利委员会昨开幕》,载1935年7月17日《中央日报》。
⑤ 《蔡元培全集》第16卷,第413页。
⑥ 原件存台湾"中研院"史语所。
⑦ 《蔡元培全集》第16卷,第417页。

可以回京"。①

8月28日，先生致函傅斯年，为本院之年度概况及任公年谱事。②

8月，"科学团体国际评议会"秘书长致函中研院，邀请中研院代表中国正式加入，中研院复函接受。据《本院加入"科学团体国际评议会"案》：

> "科学团体国际评议会"（International Council of Scientific Union）设立于比京不鲁捨尔，其所负之使命三：（一）联络各国入会团体及各国际科学团体；（二）对于既有国际科学团体不预备从事研究之问题设法领导国际间之合作研究；（三）藉各国入会团体之居间，与各该国政府发生联系，以期促进某国内科学研究中事业之进步。二十四年八年间，该会秘书长来函邀请本院代表中国正式加入，本院已经函复赞同矣。③

秋，应中央大学校长罗家伦及地质主任李学清之聘，兼任该校地质系名誉教授。系中每有系务会议，亲自出席。李学清曾忆及此事：

> 去年暑假后，系中每有系务会议，丁先生必亲自出席，详加指示。系中课程，有时因乏相当教授，致重要功课，不克充分发展，未切实用，亦有欲就所教范围酌量扩充，钟点又稍嫌过多，此等事实，势所难免，恐亦各校所常有，在第一次系务会议时，丁先生即将课程修改，而人亦无不乐从者，非先生之热诚毅力不至此。④

中央大学地质学系本年经先生代请聘任的教授有：李承三、奥籍贝克博士（Dr. Beeker）、马廷英。"中央大学地质学系成立已五

---

① 《胡适遗稿及秘藏书信》第23册，第185页。
② 原件存台湾"中研院"史语所。
③ 收入《国立中央研究院二十四年度总报告》，第167—168页。
④ 李学清：《追念丁师在君先生》，载1936年6月《地质评论》第1卷第3期。另参见罗家伦：《现代学人丁在君先生的一角》，载1956年12月台北"中央研究院"院刊》第三辑。

六年,名教授至难得,经丁先生之多方罗致,以至有今日者,诚幸甚也。"①

9月7—8日,中央研究院评议会举行第一次全体会议,会上推举先生为评议会秘书。当时的评议会承担物理、化学、工程学、地质学、气象学、历史学、语言学、人类学、考古学、心理学、社会科学、动物学、植物学等十四个科目的评议,由四十一位著名的科学家组成。

本届评议会收到提案七件,先生的提案为《促进学术之研究与互助案》,②全文如下:

> 年来国内之科学研究机构,设立日多:属于中央政府者,除中央研究院外,有北平研究院、实业部之地质调查所、农业实验所、工业试验所,经济委员会之蚕丝改良会、棉产改进所、茶叶改良所、西北畜牧改良所、卫生试验处,参谋部与兵工署之试验室等。其他各大学及私人学术机关,尚不在此列。为增加工作效能计,自应有相当之联络,以期消极的免除无意识之重复,积极的取得有计划之合作。据本会条例第五条,本会职权之一条"促进国内外学术研究之合作与互助",为此提议,本会议定下列原则:
>
> (一)凡有常规的任务,如气象观测、地磁地质测量等,绝对不应重复。
>
> (二)凡研究吾国原料物产以谋发展实业之工作,应互相联络,在可能范围之内免除重复。
>
> (三)凡纯粹科学,不妨重复。
>
> 以上原则应由各分组委员会先调查各研究机关工作之现状,设法接洽,以期实行。是否有当,敬候公决。③

1936年3月,蔡元培在《中国的中央研究院与科学研究事业》一文中特别表彰了先生此项提案,并提到先生的另一项举措:

---

① 李学清:《追念丁师在君先生》,载1936年6月《地质论评》第1卷第3期。
② 收入《国立中央研究院首届评议会第一次报告》(民国二十六年四月),第101页。
③ 通过此案时,惟将原则第(一)项"绝对"二字删去。

作为一个预备性的措施,丁博士建议成立若干分组委员会,每个分组委员会负责对科学研究的特殊部门的现状进行调查。中央研究院评议会收到分组委员会提供的情报,只要在自己的权限内,就应该要求从事性质相同的科学分支研究工作的各科研机构,为了共同的目的而进行紧密的合作。

分组委员会还被委以一项任务,即准备一份中国学者科研成果的完整目录,这对于学习自然科学的大学生是极有参考价值的。①

会议通过评议会议事规则、处务规程、选举规程及提案七件。会议在8日晚上闭幕。

9月8日,先生致函傅斯年,告傅所最关心选举规程已订立完成。②

9月9日,晚七时陈公博在南京陵园139号举行宴会,蔡元培、罗家伦与先生等出席。③

9月10日,先生出席中央研究院院务会议。

9月13日,先生致函傅斯年,为审查会事说明。④

9月16日,程霖致函陈钝,函达京华书局送来丁文江所编之《爨文丛刻》题签字样请由此间写好以便铸版,此书本为本所专利种分类封面应当署明为专刊之几,请一查。⑤

9月19日,陈钝致函程霖,函复丁文江所编之《爨文丛刻》一种应列为专刊之十一。⑥

大约在这时期,蒋介石有意请先生担任铁道部部长,陈伯庄、董显光、郑肇经对此均有回忆:

当年蒋先生自任行政院,预先约定了在君当铁道部长,未

---

① 《中国的中央研究院与科学研究事业》(1936年3月),收入高平叔编:《蔡元培全集》第7卷,北京:中华书局,1989年7月版,第50页。
② 原件存台湾"中研院"史语所。
③ 参见《蔡元培全集》第16卷,杭州:浙江教育出版社,1998年11月版,第423页。
④ 原件存台湾"中研院"史语所。
⑤ 原件存台湾"中研院"史语所。
⑥ 原件存台湾"中研院"史语所。

发表前他不幸地在粤汉路株韶段工程局衡阳官舍一夜间中了煤炉气的窒息,医救无效竟作古了。①

文江对于政治兴味还是一样的浓厚。但是他在民国廿五年(1936年)死前的几个月,我与他在上海见面,他对我透露,蒋介石要找他出来做什么部长,正在竭力躲避。他说蒋介石决不是可与共事的人,还不如孙传芳之能信任其部下,我已吃过苦头了,不能随便出来。不久他便离开上海而至湖南,从此人天永隔了。②

丁文江先生是我的同乡,比我大七岁,我们之间曾经有过许多接触。在上海,他任淞沪商埠总办,我当工程师;在南京,他当中央研究院总干事,我任全国经济委员会简任技正、水利处副处长、处长。那时,我们常来常往,直到他去世前的长沙之行,还对我们谈起他参加人寿保险和不愿当铁道部长的想法,因而我对他还是比较了解的。③

翁文灏忆及此时蒋介石对先生的器重时说:

> 蒋介石对丁君仍甚器重,力约彼为资源委员会常务委员及中央钢铁厂筹备主任。丁君意在皖南马鞍山设厂,并盼开滦矿务局投资协助。丁君与此局总经理顾振友谊甚笃,且甚得中英双方之信任。④

9月22日,先生在《独立评论》第169号发表《苏俄旅行记(十七)》一文。

10月8日,蔡元培在日记中写道:"得在君函,拟出售成贤街总办事处之屋于中央图书馆,已得雪艇、骝先同意,本院则以此款(六万余)及亚尔培路出售存款,建筑社会科学研究所及总办事处于钦天山下,询余意见。余即复一航空函,属照此计划进行。"⑤

---

① 陈伯庄:《纪念丁在君先生》,收入氏著《卅年存稿》,1959年8月出版。
② 董显光:《丁文江传记》初稿,收入《胡适全集》第34册,第417页。
③ 郑肇经:《贵在奉献》,收入王鸿祯主编:《中国地质事业早期史——纪念丁文江100周年章鸿钊110周年诞辰》,北京大学出版社,1990年7月版,第12页。
④ 翁心鹤、翁心钧整理:《翁文灏自订年谱初稿》,载1996年5月《近代史资料》第88号,第67页。
⑤ 《蔡元培全集》第16卷,第429页。

10月13日,先生在《大公报》"星期论文"栏发表《实行耕者有其田的办法》一文。

10月20日,先生在上海《人间世》第38期发表五言律诗《嘲竹》一首,林语堂在诗后附言:

> 竹是伪君子,外坚中实空。
> 成群能蔽日,独立不禁风。
> 根细善钻穴,腰柔惯鞠躬。
> 文人都爱此,臭味想相同。
>
> 席上遇在君(按丁文江字在君)先生,述夏日避暑莫干山,痛恨满山竹篁,曾吟成一律,虽说打油,妙喻而意深,乃迫他放下筷子,拿起笔杆录上,并抢来发表。在君恶竹,恐骨子里仍是十年前大打玄学鬼之科学家也。语堂

竹、松和梅素称"岁寒三友",传统士大夫爱竹成癖,以种竹赏竹为雅事。先生在诗中借物叙情,阐述了自己的人生哲学和处世之道,抒发了与众不同的见解,表达了他的人生境界。

10月26日,先生致罗家伦一信,与罗商量资助留德学生李宪之留学费用之事。①

10月27日,先生在《独立评论》第174号发表《苏俄旅行记(十八)》一文。

本月,先生与其兄丁文涛在南京一会,并谈至半夜。其兄丁文涛曾忆及此事:

> 去夏,涛卧病几殆,弟函弟嘱涛子妇,每日必以病状告。迨涛病起,十月至京,相见握手,快慰逾往昔。弟夜寝故有定时,而此次絮絮语平生,恒过半夜,别时恋恋不忍舍,殆若最后之永诀然。②

10月31日,中央研究院举行第一次基金保管委员会议,议决

---

① 《丁文江致罗家伦函》,收入《罗家伦先生文存附编》,台北:中国国民党中央委员会党史委员会,1996年印行。

② 丁文涛:《亡弟在君童年轶事追忆录,载1936年2月16日《独立评论》第188号。

关于动用本院基金利息之提案二件：一为继续拨给国立中央博物院补助费九万元案。一为中研院工程研究所、物理研究所及与全国经济委员会棉业统制委员会合办之棉纺织染实验馆在不超过各该所馆收入数目范围内拨用基金利息，为购买材料添置设备费用案。①

11月3日，先生在《独立评论》第175号发表《苏俄旅行记（十九）》一文，这是先生在《独立评论》最后一次发表文章。

11月4日，中研院院长蔡元培在国民党四届六中全会纪念周作《中央研究院与中国科学研究概况》的报告。在报告的第三部分《各大学研究院》，蔡先生两次引用先生《中央研究院的使命》一文的观点，介绍了先生在第一届评议会中所提《促进学术研究之合作与互助案》和先生领导的太平洋科学协会海洋学组中国分会的组织情况。

11月18日，好友汤中来到中央研究院拜访先生，请其为亡儿汤晋的遗文作序。

同日，李济致函先生，为人类学组不足工作费，得兄允许于本年内，另补助三千元，已嘱四组补作预算请通知会计处。②

同日，先生致傅斯年一信，同意补助人类学组工作经费。③

同日，先生致函李济，函乞嘱第四组补一预算，如系本年内必需工作，当尽力设法筹措。④

11月26日、28日，先生对全国中等学校学生发表广播讲演，题为《我国的科学研究事业》，讲稿发表于12月4、6、8、9日的《申报》。

11月27日，从本日起，中研院总办事处暂借心理研究所办公。据《南京成贤街院址出让与建总办事处及社会科学研究所新厦案》：

---

① 参用《动用基金利息补助中央博物院等经费案》，收入《国立中央研究院二十四年度总报告》，第165—166页。
② 原件存台湾"中研院"史语所。
③ 此函存史语所傅斯年档案中，参见潘光哲：《丁文江与史语所》，收入"中研院"史语所七十周年纪念文集《新学术之路》上册，第398页。
④ 原件存台湾"中研院"史语所。

本院为谋集中办公起见,年来将上海心理研究所及历史语言研究所之北平部分陆续迁京,集中在钦天山东麓各新厦内办公。本院总办事处向设南京成贤街四十八号,亦决定出让与中央图书馆筹备处,另在钦天山东南麓建筑总办事处及社会科学研究所新厦,总办事处于廿四年十一月廿七日起暂借心理所办公,新厦工程于廿五年四月开始,预定年底可以完成。①

同日,浙江私立法政学校财产管理委员会代表陈叔通致函中国地质学会,表示愿将该校停办后存在浙江实业银行的定期、活期存款捐给中国地质学会作为基金。随后中国地质学会推举先生与翁文灏、徐新六等六人为委员管理此笔款项。后因先生去世出缺,改推黄汲清替补。②

11月29日,先生致凌鸿勋一信,告其本日出发赴湘及在湘行程安排。这可能是先生发出的最后一封信,全信如下:

竹铭吾兄:

弟受铁道部委托,于今晨西行,计12月2日可抵长。在省尚有二三日之勾留,即赴衡相晤;晤后拟赴湘潭之谭家山煤矿一观。如时间来得及,或至耒阳。弟恐在长各学校或请讲演,故旅行不用真姓名,有信乞由教育厅朱经农先生转(丁在君)为荷。此颂

近安

　　　　　　　　　　　　　　　　弟　丁文江　顿首
　　　　　　　　　　　　　　　　二十四年十一月廿九日③

12月2日,先生抵达长沙。此次先生受铁道部部长顾孟余委托,离开南京赴湖南为粤汉铁路调查煤矿。时值日本帝国主义者向我国发动侵略战争前夕,南京国民政府出于战备的考虑,拟完成

---

① 《国立中央研究院二十四年度总报告》,第165页。
② 《浙江私立法政学校捐助本会基金》,载1936年《地质论评》第1卷第1期。
③ 参见凌鸿勋:《丁文江先生最后遗墨之一》,载1967年11月台北《传记文学》第11卷第5期。

由湖南宜章到广州的粤汉铁路南段的建设,为此须要有充足的燃料——煤。同时,教育部部长王世杰亦请先生在长沙附近,视察几个学校,复勘清华大学校址。

12月3日,上午先生先与湖南地质调查所的朋友聊天,后与张子高、朱经农同去参观学校。先生每到一处,都作周密观察。对于一个学校的建筑是否合用,建筑材料的坚实程度和价格高低,都估计得很清楚,尤其注意于学校将来发展的机会。

12月4日,先生视察湖南地质调查所,与该所所长刘基磐等商量调查工作日程,同时要求刘基磐介绍一位高级地质人员协助进行地质工作。刘欣然同意,即派技正王晓青同往,另外还派了一名叫盛贵荣的工友,帮助照料生活。

下午先生拜访郭若衡、萧秉文诸先生。晚间作长信致南京教育部长王世杰,报告视察学校情形。①

12月5日,先生乘车前往南岳,中午到达。午饭后开始登山,至烈光亭读恩师龙研仙先生纪念碑。晚上宿半山亭下中国行旅社,作诗《烈光亭怀先师龙研仙先生》、《麻姑桥晚眺》、《宿半山亭》三首。②

《烈光亭怀先师龙研仙先生》一诗回顾了龙研仙对自己的教诲之恩,诗中洋溢着先生对恩师龙研仙深切的怀念之情:

> 十五初来拜我师,为文试论西南夷。
> 半生走遍滇黔路,暗示当年不自知。
> 海外归来初入湘,长沙拜谒再登堂。
> 回思廿五年前事,天柱峰前泪满眶。

《麻姑桥晚眺》则表达了先生出世的人生观,是胡适"最喜欢"的一首诗:

> 红黄树草留秋色,碧绿琉璃照晚晴。
> 为语麻姑桥下水,出山要比在山清。

---

① 朱经农:《最后一个月的丁在君先生》,载1936年2月16日《独立评论》第188号。
② 朱经农:《最后一个月的丁在君先生》,载1936年2月16日《独立评论》第188号。

6日,先生和朱经农、张子高继续游览南岳,途中调查地质,勘测南岳高度,晚宿山下中国旅行社。据陪同先生同行的朱经农回忆:

> 在君先生依然勘地质。测气压,计算步数,缓缓前进。过了南天门,山高怒号吹人欲倒。几乘空轿险些被风吹翻。我等逆风而行,呼吸都觉得困难,在君先生依然做他的勘测工作,并不休息。到了上峰寺(亦作上封寺),他还余勇可贾,立即走上祝融峰。

12月7日,先生乘粤汉铁路局派来的汽车,赴谭家山勘矿;张子高与朱经农返回长沙。据刘基磐回忆这天的行程:

> 7日晨九点钟方才由南岳乘铁路局汽车到茶园铺。此地距离矿山大约15里;有人主张雇轿前往,但是在君坚不肯从,决定步行。未及休息,即刻向谭家山行进。……
>
> 到谭家山后,他并不稍休息,即沿谭家山东侧田园,经萍塘曾家山冲,到东茅塘一带查询土窑情形。到东茅塘后,西折至牛形山昭谭公司,已是下午二时了。午餐后,下洞考察。矿洞倾角45度,斜深170公尺,洞内温度甚高,着单衣而入,亦汗流浃背。然年事已高的在君先生竟不畏艰苦,直至洞底,亲测煤系倾角及厚度,始行出洞。事先王晓青君劝请勿入,由他代为下洞勘测,亦不允许。在君先生出洞时,衣服已尽湿。由洞口到公事房,相距约百余公尺;洞外气候是极冷的。在君先生经过这百余公尺之旷野到公事房,坚不肯入浴;因为已是下午5时,还要赶回南岳歇宿的缘故。如是将汗湿的衣服烤干,加上外衣,径回茶园铺车站。铁路局汽车早已在等候,他便于六时回南岳歇宿。①

12月8日,先生自谭家山矿场抵达衡阳。据凌鸿勋回忆:

> 是日为星期,相约于翌日同赴耒阳马田墟一带勘察。余

---

① 刘基磐:《丁在君先生在湘工作情形的追述》,载1936年3月22日《独立评论》第193号。

馆先生于工程局之招待所，即邀其视察耒河桥工，旋憩于苗圃之嘉树轩，两人对茗，相与讨论沿线煤矿之情况。先生以为湘南虽多煤，然苟非靠近路线者，则运输成本较重。举其距路最近，而又较有开采价值者，则湘潭有谭家山，耒阳有马田墟，宜章有杨梅山，乐昌有狗牙洞等处。其中谭家山煤可以炼焦，马田墟一带为华南最大之煤田，距路至近，惟系无烟煤。杨梅山、狗牙洞两处情形则尚待研究。嘱余将此四处煤各取数十吨试用，以资参考。先生于讨论煤矿之余，即转而纵论国家之事，以为吾辈亟宜有以自奋，趁此盛壮之年急起苦干，为国家建事业，为后学树楷模……余自识先生以来，其态度之诚挚，谈锋之雄键，无逾此者。

8日晚间先生留余家便饭，9时送回招待所。①

当天晚上因天寒，招待所内生了壁炉，且气窗关闭，结果致使先生煤气中毒。此事之原委，凌鸿勋有详细回忆：

> 翌晨七时半余扣先生户，知尚未起。招待所工友则谓已久撼而未醒也。时天甚寒冷，卧室中有壁炉，曾于先一日下午生火，工友谓先生睡时曾嘱多加煤，并将所有气窗关闭，于是同人决为中毒，且察其枕下之安眠药瓶少去三片，想系夜睡过熟中毒不觉。因一面由铁路医院医师施以急救，一面召教会仁济医院美籍布医师诊治，并电知长沙教育厅长朱经农觅一良医来衡。9日午间先生由招待所移住仁济医院，是晚长沙湘雅医院杨济时医生赶到，而在君先生尚昏迷不醒，至翌日始醒转过来。②

12月10—11日，湘雅医院内科主任杨济时医生参与先生病情的诊治。

12月11日，翁文灏乘飞机到长沙。下飞机后即由刘基磐陪往衡阳。此时先生已略省人事，尚未脱险，几个人会商，认为长沙湘

---

① 凌鸿勋：《忆丁文江先生——并记其对于铁路的意见》，载1957年2月16日《畅流》半月刊第15卷第1期。
② 凌鸿勋：《忆丁文江先生——并记其对于铁路的意见》，载1957年2月16日《畅流》半月刊第15卷第1期。

雅医院医疗条件较好,决定转院。

12月15日,十时半先生离开衡阳,午后五时半被送到长沙湘雅医院治疗。此后的病情有杨济时医生的回忆:

> 16日下午拍照肺部X光,发现左右两肺底部有少许发炎变化,且左胸似容有少量之水液。丁先生病势日有起色,左肺无其他变化,惟肿起处仍作剧痛。
>
> 此后自16日至22日,经过甚为满意,能谈笑饮食。20日曾要求嗣后每日下床行走,未允其请。①

12月16日,蔡元培在日记中写道:"地质研究所报告。巽甫自衡阳回,报告在君病况。"②

12月22日,到达长沙的傅斯年与先生见面。这时候,丁夫人和五弟文澜、七弟文治亦已来到长沙,探视先生。

12月24日,先生经湘雅医院外科主任顾仁(Dr. Phillips Greene)诊视,发现先生左胸第五肋骨折断,胸部受伤。当时已经化脓,即行穿刺,抽出少量稀脓液。商诸傅斯年请协和医院外科医师来湘诊视。

12月25日,蔡元培为先生病情事致电徐新六、朱经农两人。蔡元培在日记中写道:"雨。闻在君病又剧,电招新六去。致一电于经农。"③

12月26日,朱经农就先生病况事复蔡元培一电,蔡元培在日记中写道:"雨。得经农复电,称在君病脓胸及肋膜炎,已抽出脓五百西西,神志清醒,但尚未脱险境。"④

12月26日,傅斯年致函赵元任,告探丁文江病情形。⑤

12月27日,先生时醒时睡,神志不甚清晰。

12月28日,顾仁医生于先生第五肋骨处开割,果然发现第五肋骨已折,并取出一百五十公撮之浓脓,培养及染色检查结果,发

---

① 杨济时:《丁在君先生治疗经过报告》,载1936年2月23日《独立评论》第189号。
② 《蔡元培全集》第16卷,第437页。
③ 《蔡元培全集》第16卷,第438页。
④ 《蔡元培全集》第16卷,第439页。
⑤ 原件存台湾"中研院"史语所。

现脓中有肺炎双球菌。开割口约二寸,置放出脓管。

12月29—30日,先生体温正常。

12月31日,自此日起,先生"每日体温脉搏由正常度上增,服用毛地黄并不见效"。①

12月,先生所著《〈爨文丛刻〉自序》,刊于《地理学报》第2卷第4期。

本年,《庆祝蔡元培先生六十五岁生日论文集》出版,先生提供的论文 On the Influence of the Observational Error in Measuring Stature, Span and Sitting-Height upon the resulting Indices(《读数误差对身高、指距和坐高测量结果的影响》)收入该论文集下册。②

本年,中国地质学会拟在南京建立会所,发动各方人士捐助,先生与翁文灏、曾世英合捐2500元、先生本人捐90元。③

本年,先生致函王云五,商请商务代表汇陶云逵君工作费。④

1936年(民国二十五年丙子) 五十岁

1月1日,协和医院外科主任娄克思给胡适一电:"在君病状有进步,后果尚难预测。"⑤

同日,第8期《宇宙风》刊登的《二十四年我最爱读的书》,内中载有先生推荐的两本英文书:(一)《科学研究与社会需要》,赫胥黎著。"Scientific Research and Social Needs" by Julian Huxley, London, Watts & Co. 1934。(二)《赞闲》,罗素著。"In Praise of Idleness" by B. Russell, London George Allen & Unwin 1935。这是先生生前发表的最后一篇文字。先生去世后,周作人致信胡适,曾提及此文。

---

① 杨济时:《丁在君先生治疗经过报告》,载1936年2月23日《独立评论》第189号。
② 在黄汲清、潘云唐、谢广连编:《丁文江选集》所附《丁文江学术著作系年目录》1935年条目下列有先生本年7月在 Quarterly Journal of the Society for National Research 第11卷第3期发表 Things Produced by the Works of Nature, Mariner's Mirror 一文,经编者检查该刊这一期,未见,显有误。
③ 《南京会所建筑捐款清单》,载1936年《地质论评》第1卷第1期。
④ 原件存台湾"中研院"史语所。
⑤ 胡适:《丁文江的传记》,收入《胡适文集》第7册,第544页。

> 昨阅报知丁在君先生去世,怅惘久之。今日拟作一挽联云:治学足千秋,遗恨未成任父传;赞闲供一笑,同调空存罗素书。平素与在君先生甚疏阔,唯文章常读,又新年《宇宙风》中在君先生所举爱读书中有罗素的 In Praise of Idleness,与鄙意相同,故写此一联,但甚欠工稳,未必能用也,姑录呈一览。①

1月2日,傅斯年、娄克思离开长沙。傅斯年电告胡适:"病无变,面详。"

1月4日,先生病情转危。

1月5日,先生于下午5时30分在长沙湘雅医院逝世。

据天津《大公报》北平5日讯:

> 协和所派医生,4日晚赶到长沙,但为时已迟。此间胡适之氏于4日晚接丁氏病象转危之电后,即约协和王院长及内科、外科、脑病科、脑外科各主任医生会同研究诊治方法,自晚十时到十二时。会后即将结论电告湘雅医院参考,但未奏效。协和医院原拟于今晚派医生南下,现已作罢。

据长沙湘雅医院内科主任杨济时诊断,先生的病情症状如下②:

1. 一氧化碳中毒。
2. 左胸第五肋骨骨折。
3. 支气管发炎。
4. 左胸积脓(肺炎双球菌)。
5. 心脏衰退。
6. 脑中枢瘀斑出血。

据翁文灏《丁文江先生传》所记,先生担负的职务除中研院总干事、中国地质学会会长外,还有伦敦地质学会外国通讯员、地质

---

① 《周作人致胡适》(1936年1月7日),收入《胡适全集》第32册,第552页。
② 杨济时:《丁在君先生治疗经过报告》,载1936年2月23日《独立评论》第189号。

调查所新生代研究室名誉主任、古生物志总编辑、南开大学董事、①协和医院董事、资源委员会委员、钢铁公司筹备委员会之委务委员。②

身 后 记

1936 年(民国二十五年丙子)

1月6日,《申报》发表《丁文江昨逝世》、《大公报》发表《丁文江病逝:患脑冲血症不治》的报道。先生所在的工作单位中央研究院及所属各所,均下半旗致哀。

同日,蔡元培在日记中写道:"阴。在纪念周中,静默三分钟,追悼在君。竹垚生来,见示在君遗嘱。致宽甫两电:一、嘱代表中央研究院协助丁夫人办理善后事宜。二、嘱协助(丁)夫(人),遵在君遗嘱办理(不立嗣子,丧事从简等)。得宽甫电,言因前未见遗嘱,棺价已超过;又丁夫人坚持葬南京,灵柩定七日午专车行。如必遵遗嘱,请急电示复。复一电说:小节不必大拘,运柩南京之计画,不必变更。午后得丁夫人电,言决遵遗嘱行。"③

1月7日,《申报》发表《王世杰、翁文灏唁丁文江夫人》、《中央日报》发表《丁文江遗体昨晨入殓》、《大公报》发表《平津学术界哀悼丁文江》、《新闻报》、发表《丁文江柩运京》、英文报纸 The North-China Herald(《北华捷报》)发表 A True Patriot(《一个真正的爱国者》)、The Times(《泰晤士报》)发表 Obituary: Dr. V. K. Ting.(《丁文江博士讣告》)的社论,国内外报纸纷纷报道各界哀悼先生逝世的消息。

同日,蔡元培、翁文灏电告湖南方面,请缓运先生灵柩。何健遂令将先生遗体移至市区中心,并派员筹备追悼会,就此询问丁夫人的意见。

---

① 参见《南开大学创办人、校董及教职员一览表》,收入《南开大学校史资料选》,天津:南开大学出版社,1989年10月版,第50页。
② 翁文灏:《丁文江先生传》,载1941年《地质论评》第6卷第1、2期。
③ 《蔡元培全集》第16卷,第449—450页。

国联卫生组长拉西曼"特自日内瓦电经委会,请转电唁慰丁夫人,电内称丁氏此次因公丧身,深加惋惜,并认为中国学术界莫大损失,惟望夫人勉抑哀感,善自珍摄等云"。①

1月8日,The Times(《泰晤士报》)发表 Grafton Eliot Smith, Dr. V. K. Ting: An Appreciation(《格莱夫特·艾略特·史密斯先生评价丁文江博士》的报道。

1月9日,先生夫人史久元与其弟丁文澜、丁文浩等由武汉乘船抵达南京。②

1月10日,中研院总干事一职由丁燮林代理,本日丁由上海来南京任职。

同日,翁文灏与徐新六、竹垚生等共同整理先生遗物,处理后事。先生去世后,于1936年4月1日将八种股票卖去,共得法币17070元。除去丧葬费,还余15570元。遵照遗嘱分给文潮、文涛子女各3892.5元,文渊、文澜、文浩、文治各1946.25元。翁文灏对先生的生活曾如是评价道:"在君先生在民国十六年淞沪商埠总办辞职后,生计极为困难,幸赖杨聚诚君赠送五千元得以度日。他一生历任各种职务,辛苦工作,到他死后总计他的遗产,不过一万五千元,如非公私分明,十分廉洁,岂能清寒至此!"③

1月12日,在中央研究院举行的院务会议上,决定18日下午二时在南京、上海同时开追悼会。蔡元培在日记中写道:"午前十时,本院开院务会议,讨论丁总干事故后追悼、抚恤及纪念等问题。"④

1月18日,在南京设追悼会场于中央大学大礼堂,到会者有蔡元培、王世杰、翁文灏、胡适、罗家伦、邵元冲、张群、朱家骅、钱昌照、张默君、张伯苓、徐诵明、梅贻琦等,及先生生前好友六百余人。行政院院长蒋中正在会前到会致悼。礼堂内除悬挂着先生遗像,及于遗像前摆放着蒋中正、蒋廷黻、翁文灏、张道藩、罗家伦、王世杰、朱家骅及中研院各所所送花圈外,别无布置,但会场气象极为

---

① 《蔡元培、翁文灏电湘,请缓运丁文江灵柩》,载1936年1月8日《中央日报》。
② 《丁文江家属抵京》,载1936年1月10日《中央日报》。
③ 翁文灏:《对于丁在君先生的回忆》,载1936年2月16日《独立评论》第188号。
④ 《蔡元培全集》第16卷,杭州:浙江教育出版社,1998年版,第450页。

肃穆。下午二时正追悼会开始,由中央研究院院长蔡元培主持,蔡先生带领大家行礼并默哀三分钟,随后致悼词。继由翁文灏报告先生事略,极为详尽。胡适、罗家伦致辞,最后由丁氏家属致谢词,追悼会于四时结束。①

蔡元培的悼词全文如下:

> 今日的会,是中央研究院同人追悼本院总干事丁在君先生的会。丁先生一生,综核名实,痛恶虚文,遗嘱中不许有发讣、开吊等事。所以我们仰体丁先生本意,不举行大规模的联合追悼,而仅以本院同人为范围,且于今日午后同时在京、沪分别举行,以免一方面同人中跋涉的劳苦。
>
> 丁先生是地质学专家,又兼治地理学、人类学及优生学,既博且精,久有定评。他又有办事的才具,主持地质调查所,整理北京大学地质系,办理北票煤矿,均应用科学方法,卓著成绩。丁先生的年龄尚不到五十岁,若再有十年、二十年的工作,学术上事业上的贡献,岂可限量?不意一病不起,我中国学术上事业上的损失,岂可限量?
>
> 我们在院言院,丁先生到本院任总干事,虽为时不及二年,而对于本院的贡献,均有重大关系:例如评议会的组织,基金保管委员会的成立,各所预算案的示范,均为本院立坚定不拔的基础。院内各所的改进与扩充,也有不可磨灭的劳绩。又若中央博物院的计划,棉纺织染实验馆的建设,为本院与其他文化机关合作的事业,虽完成有待,而规模粗具,也不外乎丁先生努力的结果。使再假以年,不知进步到何种状况。今丁先生忽然撒手而去,本院岂不是受一最大的打击么?
>
> 丁先生是一个纯粹的科学家,他平日对于宗教家的迷信,玄学家的幻想,是一点不肯假借的。所以我们也不敢以宗教家、玄学家所傅会的不死精神来颂祝先生。我们笃信先生不死之精神,是永留在后死者的意识上。倘使我们后死者,能把丁先生所已建设的学业维持下去,把丁先生所未完成的学业

---

① 《中央研究院昨开会追悼丁文江》,载1936年1月19日《中央日报》。

充实起来,那就是丁先生虽死犹生了。我们同人于追悼丁先生的时候,就要立定这种志愿,才算对得起丁先生,才算不辜负自己参加追悼会的本意。①

上海会场设于该中研院理工实验馆礼堂,由工程研究所所长周子竞主祭。

1月26日,中国地质学会第十二届年会在南京举行,会期五天,到会者共七十余人,由翁文灏、杨钟健、李毓尧、李学清、张席禔、谢家荣等组成主席团,主持会议。26日上午之会由谢家荣主持,谢氏在报告中谓:"丁先生之死不仅为地质界之大损失,亦全国之大损失,噩耗传来,全国悲痛,敬于开会之第一日,举行简单纪念会,乃请全体起立静默三分钟,以志哀悼。"继请翁文灏报告先生事略及对本会之贡献。翁氏略谓:在君先生是开始中国地质学工作之一人,彼尤注意于野外调查,无论在当所长或当教授时,俱能身体力行,毫不苟且,因是给后进者以最好之模范。在君先生在滇、黔、桂三省所得之地质材料,异常丰富,但因慎重故,尚未能充分发表,殊为遗憾。除地质学外,彼于地理、人种、历史等学术,俱有深切之研究与贡献,而于政治,尤为关心,每思以实事求是之精神,为国努力。《字林西报》谓丁先生是"一个真爱国者",诚属最确当之评论也。在君先生对于本会之热心,尤属难得,如发起募集基金及向各方捐款建筑南京本会会址;彼又请葛利普先生将全部古生物图书,捐与本会,而彼私人之地质图书,亦俱捐赠本会。凡此贡献,皆能予本会以固定不灭之基础,而足为后来之景式者也。继由主席请黄汲清报告先生在中国地质上之贡献。黄群先略述先生在中国西南及南北各省地质考察之经过,及其已出版之论文,继谓先生在地质学上之贡献,当以志留泥盆石炭二叠及新生代各纪为最重要。先生调查之区域虽多,尤其在西南各省,但出版者尚属寥寥,现地质调查所已请尹赞勋、黄汲清进行整理,不久将由所出一专号纪念先生。

---

① 蔡元培:《丁文江追悼会致词》,收入高平叔编《蔡元培全集》,第7卷,北京:中华书局,1989年7月版,第6页。

此次年会,因适值先生之丧,故特停止年会宴,以志哀悼。①

1月27日,中国地质学会理事会开会,出席理事翁文灏、杨钟健、冯景兰、张席禔、黄汲清、谢家荣等六人。会上翁文灏提出设立"丁文江纪念基金",原案通过,共三条:"一、本基金由丁先生至好友人捐助于中国地质学会,由该会理事会推举五人至七人,组织保管委员会保管之。委员如出缺时,由其余委员推举,请理事会核定。二、本基金应长久保存,但所得利息,至多以一千元为限,送备丁夫人之用。三、除第二条规定之用途外,所有利息,作为纪念奖金,对于地质工作有特别贡献者,每年发给一次,其详细办法,由理事会另订之。"②后接胡适之来函谓:丁夫人已取得保险费全部,第二条办法并无必要,且恐奖学金过于微薄,为实行奖励研究,以永纪念起见,以所有利息尽数拨用,较为适宜。③

1月,先生编著的《爨文丛刻》,由商务印书馆出版。此书高37.5厘米,宽26厘米,厚2.8厘米。关于编辑此书的经过,先生在序文中略有说明:

> 民国十九年冬天,我从四川到了贵州的大定。④ 因为得到了赵亚曾先生在云南被害的消息,没有心绪再做地质的工作;同时又因为约好了黄汲清先生在大定会齐,不能不在那里等他。同行的曾世英看见我闲居无事,哀悼懊丧,极力劝我想法子消遣。于是我才再着手研究罗罗。一面测量他们的体格,一面搜集他们的书籍。第一部搜集到的是《玄通大书》,……
>
> 要保存课文的真相,只好用罗文笔先生墨迹石印,又因为《玄通大书》的原来尺寸很大,不能再十分缩小,所以其他的书不能不以它为准,每页分上、下两页或三页,卷册未免太大一点。

著名民族学家马学良先生在其主编《增订〈爨文丛刻〉》一书的

---

① 《中国地质学会第十二次年会纪事》,载1936年《地质论评》第1卷第1期,第81、82、86页。
② 《理事会纪录》,载1936年《地质论评》第1卷第1期,第87、88页。
③ 《本会丁在君先生纪念基金消息》,载1936年6月《地质论评》第1卷第3期。
④ 此处先生所记"民国十九年冬天"系民国十八年(1929年)之误。

序文中对先生有这样的评价：

> 在少数民族语文和民族本身同样是受歧视和被压迫的黑暗时代，像丁先生这样一位著名的科学家，竟然不畏艰险，毅然深入彝族，收集整理彝文经典。在那时为保存彝族文化，到今天为发扬彝族文化，作出了重大贡献，这是难能可贵的。我常想，如果这部珍贵的文化遗产，当时没有丁先生的收集整理付印，仍留藏在彝族呗耄（祭师）手中，即使不毁于国民党大汉族主义同化政策下，也难逃林彪、"四人帮"极左路线的浩劫。
>
> 《丛刻》的翻译者是贵州大定县的彝族经师罗文笔。翻译的方法是丁先生为他设计的。……这是四行对译法。至今犹为翻译的好方法。为我们研究彝族语言文字提供了真实可靠的彝文资料。但原《丛刻》本限于当时的条件和水平，标音和译文，多有不妥之处。尤其用注音字母标音，既不准确，又不通行，因此有必要重加增订。①

1月，葛利普著的《广西及贵州下二叠纪马平石灰岩中之动物群》，被列为《中国古生物志》乙种第8号第4册，由地质调查所出版。此书所鉴定之化石材料，大半为先生调查广西、贵州地质时所采集，当此书将及完成之时，而先生遽然去逝，因此，葛氏特以此书作为纪念先生之专册，在该书第2页中特别标明。

2月16日，《独立评论》第188号出版，该号为"丁文江先生纪念专号"。共收文19篇，其篇目依次为：《我所认识的丁文江先生》（傅孟真）、《丁在君这个人》（胡适）、《对于丁在君先生的追忆》（翁文灏）、《丁文江先生与中国科学之发展》（葛利普著、高振西译）、《丁在君先生在地质学上的工作》（黄汲清）、《悼丁在君先生》（杨钟健）、《丁在君先生对于人类学之贡献》（吴定良）、《我所敬仰的丁在君先生》（周诒春）、《丁在君先生对于中央研究院之贡献》（蔡元培）、《追忆在君》（陶孟和）、《怀丁在君》（李济）、《丁在君先生》（汪敬熙）、《悼丁在君先生》（凌鸿勋）、《最后一个月的丁在君先

---

① 马学良：《增订〈彝文丛刻〉序》，收入马学良主编：《增订〈彝文丛刻〉》，成都：四川民族出版社，1986年版。

生》(朱经农)、《亡弟在君童年轶事追忆录》(丁文涛)、《我的二哥文江》(丁文治)、《做教师的丁文江先生》(高振西)、《丁文江先生著作系年目录》(张其昀)、《编辑后记》(适之)。

2月23日,《独立评论》第189号出版,该号发表追悼先生的文章有:《丁文江一个人物的几片光彩》(傅孟真)、《丁在君先生治疗经过报告》(杨济时)、《丁文江先生在考察湖南湘潭谭家山潭沼煤矿公司情形》(钟伯谦)。

2月27日,程霖致函陈钝:函达郭子衡先生加印抽印百本,已嘱京华加印,并请陈代送《独立评论》"纪念丁文江先生"九册等事。①

2月,先生在 Asia(《亚洲》)第36卷第2期发表 Modern Science in China(《现代科学在中国》)一文。

3月,先生之弟丁文渊从德国赶回国内,抵达南京,决定按照先生遗嘱,葬在长沙,并电请朱经农觅地。关于先生的遗物,丁文渊有一段回忆:

> 我是他遗嘱的执行人,也是他遗嘱上指定整理遗著的人,然而等到我三月回到南京寓所,已经找不到他的任何遗著。据家人告诉我,二哥死后,所有的著作,都给翁咏霓先生拿走了。我就问之于翁,他的回答是:"你老兄并没有什么遗著!在我这里的,只有他在云、贵、川三省调查的报告。这是一部专门著作,又不是你所能懂的,还是让我替他整理代印罢!"这是翁咏霓先生在民国廿五年三月说的话。②

3月15日,《独立评论》第192号出版,该号发表追悼先生的文章有:《记丁在君先生讲演留声片》(赵元任),另刊登广告:《丁在君讲演遗音片预约》、《丁文江先生的数种著作》。

3月22日,朱经农复函胡适,建议先生墓地选在清华大学新校址内。

3月22日,《独立评论》第193号出版,该号发表的追悼先生文

---

① 原件存台湾"中研院"史语所。
② 丁文渊:《梁任公先生年谱长编初稿》前言,收入丁文江:《梁任公先生年谱长编初稿》上册,第8页。

章有:《丁在君先生在湘工作情形的追述》(刘基磐)、《谁送给丁在君先生五千元?》(胡振兴)。

4月,《方志》第9卷第2期刊载朱炳海翻译先生 Notes on the Records of Droughts and Floods in Shensi and Supposed Desiccation of Northwest China 一文的译文《陕西省水旱灾之纪录与中国西北部干旱化之假说》。

4月,先生遗稿《高等考试中国地理试题答案》一文刊于《地理教育》第1卷第1期。

5月3日,上午11时,由湖南省教育厅、湖南地质调查所等六家单位发起、筹备的先生追悼会在长沙国货陈列馆举行。参加追悼会的各界人士约千余人。追悼会由何健主持,翁文灏报告先生一生生平事迹,朱经农报告先生来湘使命及其逝世情形,丁燮林略述先生在中研院服务事迹,最后由丁文渊致答词。

5月4日,天下着大雨。根据先生的遗嘱,丧事从简。先生遗嘱中写明"死在那里,即葬在那里",因此,他的遗体葬在长沙岳麓山左家垅。先生的好友翁文灏、蒋梦麟、梅贻琦、刘厚生等专程赶到长沙参加安葬仪式,执绋的近两百人。按照当地惯例,执绋的送到江边为止,但先生的许多老友翁文灏、蒋梦麟、刘基磐等,都过江步行十余里,一直送到墓地。在经过湖南大学校区时,该校有一些师生参加执绋,表达他们对先生的敬仰之心。

5月16日,国民政府明令褒扬,并照准拨发恤金国币一万四千四百元,由中研院具领转发给家属,以慰亡灵而昭激劝。①

5月,赵丰田完成了《梁任公先生年谱长编初稿》第二稿,全稿67万字,交付油印。先生去世后,翁文灏接替主管梁谱编辑工作,当赵丰田完成第二稿后,由翁文灏根据先生的原意,题名为《梁任公先生年谱长编初稿》,印发油印本五十部,每部装成12册,送给梁氏的家属和知友作征求意见之用。② 此著资料主要来自梁氏与师友的七百多件来往信札,被誉为年谱类书中的名著。

---

① 参见《丁总干事文江因公逝世请予抚恤案》,收入《国立中央研究院二十四年度总报告》,第168页。
② 参见赵丰田:《梁启超年谱》前言,收入丁文江、赵丰田编:《梁启超年谱》,第4页。

6月,《地质论评》第1卷第3期"丁文江先生纪念号"出版。纪念号中登载的悼念纪念文字有:翁文灏的《追忆丁在君先生》、卢祖荫的《哭丁师》、章鸿钊的《我对于丁在君先生的回忆》、李学清的《追念丁师在君先生》、黄汲清的《丁在君先生在地质学上的工作》等诗文。本着"纪念先贤要继续先贤的工作"的精神,在"纪念号"中刊登的论文有:章鸿钊的《中国中生代初期之地壳运动与震旦运动之异点》、田奇㻪的《中国之丰宁纪》、尹赞勋的《云南地质研究的进展》、马廷英的《造礁珊瑚的成长率》、叶良辅的(《研究浙江平阳矾矿之经过》、李捷的《广西罗城黄金寺门附近地质》、杨钟健的《三门系之历史的检讨》、谭锡畴的《四川岩盐及盐水矿床之成因》、孟宪民的《个旧地质述略》、王竹泉的《井陉北部煤田地质》、谢家荣的《中国矿产时代及矿产区域》等。

10月底,丁文江纪念基金征募已达42000余元,捐助最多的单位有:开滦矿务局(7500元)、中兴煤矿公司(5000元)、地质调查所及北平研究院地质研究所(4000元)、中华教育文化基金董事会、申报馆、中福煤矿两公司联合办事处(3000元)、华东煤矿公司、北京大学(2000元)等。捐助最多的个人为:刘厚生及徐静仁(2000元)、杨树诚、叶揆初、竹垚生、蕢廷芳(500元),其他知名者如翁文灏(300元)、曾世英(250元)、黄汲清(240元)、周赞衡、蔡元培、胡适(200元)。

11月28日,由中国地质学会理事会推出丁文江纪念基金委员会委员七人,他们是:翁文灏、李四光、章鸿钊、谢家荣、黄汲清、尹赞勋、杨钟健等七人,学会理事长为当然委员。又关于基金保管办法,亦经委员会决定,交与中华教育文化基金会代为保管。

丁文江纪念基金管理规则共十一条,其中第三条规定:"以基金所得利息,每二年(民国纪元之单数年份)对中华国籍研究地质有特殊贡献者,发给丁文江先生纪念奖金六千元正,如有余数再捐助北京大学地质系研究院,作为调查研究之用,但每年最多以一千元为限"。其管理及支配方法,由奖金委员会及北京大学地质系另定之。"第四条规定:"得奖人应有具有下列条件:甲、曾将工作方法及所得结果妥适记录于著作中。乙、对于地质学之各部分(例如古生物学、矿物学、岩石学、矿床学、地文学)及其密切相关之学科

（例如土壤学、地球物理学）有新颖贡献者。丙、对于中国地质及其密切相关事项有重要工作具有推进功力者。丁、能专心从事科学研究不分骛其他工作者。"①

李四光评及丁文江先生纪念基金设立的意义时表示："一方面是纪念丁先生生前对于中国地质学术事业的努力和贡献；一方面是要使后起的中国地质学者，对于地质学上的努力和贡献，得着一种表彰和安慰，这里含着一种意思，就是大家对于受奖者的贡献，表示钦慕。"②

1937 年（民国二十六年丁丑）

1月，先生遗著《云南个旧附近地质矿务报告》由尹赞勋整理，列入《地质专报》乙种出版。

1月5日，中国地质学会北平分会、地质调查所北平分所、北京大学地质系在北平西四兵马司地质调查所图书馆阅览室举行"丁文江先生逝世一周年大会纪念大会"，会场北面悬挂先生遗像及摆放花圈，东西桌上陈列先生遗著四十余种，壁上并悬有先生地质考察路线图及遗墨，还有信稿、旅行照片等亦陈列展览。杨钟健、胡适、章鸿钊、葛利普分别报告"丁氏平生事迹外，胡氏并将赵元任收制之丁氏在广播电台讲演之胶片，以留声机播音。"③

杨钟健在致辞中说：

> 时间过的真快，丁先生逝世，到今天整一周年了。回想去年今天，我们还期待着长沙的好消息。不料第二天早晨，便接到噩耗。丁先生在地质界及其他方面的功绩，我想大家都知道的很清楚，用不着我来说。我想纪念一个人的最好方法，莫过于去使他关心的有兴趣的事业，发扬光大。我们就是照着这个方向做的。就今天发起公祭的三个机关来说，中国地质学会除了本已出版很久的英文会志照常出版外，在谢季骅先

---

① 《丁氏纪念基金消息》，载1936年《地质论评》第1卷第6期，第731—737页。
② 尹赞勋：《丁文江先生纪念基金第一届授奖报告》，载1940年《地质论评》第5卷第1—2期，第146、147页。
③ 《本会北平分会与北京大学地质系及地质调查所北平分所联合举行丁文江先生周年公祭纪事》，载1937年2月《地质论评》第2卷第1期。

生主持之下,我们发刊了一中文刊物,叫《地质论评》。现第一卷已出齐了。北京大学地质系也在谢先生领导之下,照常进行,不久还要添办地质研究院。至于地质调查所虽说中心已至南京,此间改为分所,但这里一切还照常进行,除几个研究室仍旧外,陈列馆也照常,所以也是扩充,而不是收缩。就全国地质事业讲,地质调查所仍在翁先生指导下,热烈的进行。其他机关亦然。我今天只举一个例子,以概其余。近来还未完成的南岭调查,在黄汲清先生领导下进行,地域占四省之多,参加人员数十位,分为六组,其规模之大,前所未有。这也可说是丁先生未竟工作的继续。至于关于纪念丁先生的工作,我们也做了一些。……这样看起来,丁先生躯壳虽逝,他的精神还留在我们个个人的心目中,而且我们将永远的存留着,与中国地质界将同其不朽。

2月20日,中国地质学会第十三次年会在北平地质调查所分所开幕,到会者有黄汲清、尹赞勋、许德佑等三十余人,会议由杨钟健主持,会上全体默立三分钟,为去年逝世的会员丁文江、斯米斯、郑厚怀志哀。

本年,先生与王曰伦合著 Cambrian and Silurian Formations of Making and Chutsing Districts, Yunnan（《云南马龙和曲靖地区的寒武纪及志留纪地层》）收入《中国地质学会志》第16卷。

本年,《中国地质学会志》"丁文江先生纪念册"（第10卷,1936—1937年）,专号扉页上刊登着先生的遗像,内刊翁文灏的《丁在君传略》一文,这本纪念专号共刊登地质学论文二十篇,第一篇是丁文江、王曰伦合著、尹赞勋整理的论文——《云南马龙曲靖之寒武纪及志留纪地层》,其他十九篇是喻德渊等地质学家为悼念丁文江而写的地质学论文。

本年,先生逝世后,地质研究所同学以师生关系,尤感痛悼。先生为地质研究所的首任所长和专任教授,惨淡经营,煞费苦心。该所同学刘季辰等发起,为先生造一半身铜像,所需费用1230元,由发起及赞同的同学共14人平均负担。铜像高约三尺,下承红木座,当时陈列于地质调查所内,抗战期间不慎丢失。①

1938 年(民国二十七年戊寅)

1月5日,中国地质学会、经济部地质调查所及中央研究院各机关已先后迁往湖南长沙。本日各机关人士前往岳麓山先生墓前致祭,地质调查所同人前往者约三十人,行礼后由杨钟健致简短之纪念词。杨氏还写五律一首,作为纪念。诗云:

死别痛两年,山河半沦亡。
招魂忆平市,扫祭渡湘江。
一代留空冢,众志欲兴邦。
我辈多奇才,继述应未忘。②

2月26日,中国地质学会第14次年会在长沙召开。27日上午,与会会员为追念先生对我国地质学之功勋,分组渡湘江赴岳麓山左家垅先生墓地致敬。

1939 年(民国二十八年己卯)

3月,先生晚年所在的工作单位中央研究院,经陶孟和、李四光、胡适等提议,第一届评议会第四次年会决定设立"杨铨、丁文江奖金"。根据《杨铨、丁文江奖金施行细则》第二条规定:"丁文江奖金所包括之科目分数理化科学(内括算学、天文、物理、化学四门),地学(内括地质、古生物、地理、气象四门),生物科学(内括植物、动物、生理、人类学四门)四类,用回转法每届给予一类。"第三条"请求此项奖金者以由有权威之学者推荐或代请为原则,但本人亦得自请。"

第六条"本奖金之给予以每次给予一人为原则,但得依情形分给,惟不得过三人。"③

本年,李四光著《中国地质学》(The Geology of China)一书由英国伦敦杜尔·摩尔比公司(Thomas Murby & Co)出版。李四光在该

---

① 参见王仰之:《丁文江年谱》,第94—95页。
② 《丁在君先生逝世二周年纪念》,载1938年《地质论评》第3卷第1期,第95页。
③ 《国立中央研究院民国二十六年度至二十八年度总报告》,第102页。

书《自序》中写道：

> 正当我的手稿整理工作将告结束时，传来了我的朋友和最尊重的同事丁文江博士不幸逝世的消息。如果我借此机会来对这位如此忠心致力于发展中国地质科学的人表示钦佩之意，或许不会是不合适的。①

1940 年（民国二十九年庚辰）

3 月 15 日，第一届"丁文江纪念奖"在重庆举行的中国地质学会第 16 届年会上授奖，获奖金者为田奇㻪，奖金 4210 元，因田氏对于湖南的地层，特别是泥盆纪，以及湖南境内各种矿产和地质构造以及侵入岩体的关系等方面的研究工作都做出了重要贡献。②

1941 年（民国三十年辛巳）

1 月 5 日，中国地质学会假重庆北碚经济部中央地质调查所礼堂开一联合纪念与演讲会，纪念先生逝世五周年。到会的地质学会会员共四十余人，来宾二十余人，纪念会由尹赞勋主持并致开幕词。他介绍了先生的生平事迹外，指出举行先生纪念会的意义"一方面表彰丁先生的功绩，一方面激励后人继续努力，以发扬丁先生开创的大事业。"接着由中央研究院院长朱家骅、中央研究院历史语言研究所所长傅斯年、河南省参政员胡石青、地质调查所技正王曰伦讲话。朱家骅在演讲中说：

> 丁在君先生去世已经五年，他一生的事迹与贡献，已由主席报告过，现在我想补充的，约有两点：第一，我们通常总以为没有钱不能做事，而丁先生当时在北京政府下办地质事业，既没有钱，又没有人，一切全靠自己努力。从地质研究所，到地质学会及地质调查所，费钱很少而成就却很大，所以没有钱不是不能做事，而有钱也不一定能够做事。第二，丁先生对于何

---

① J. S. LEE, *The Geology of China*, London: Thomas Murby & Co., 1939, p. vii.
② 尹赞勋：《丁文江先生纪念奖金第一届授奖报告》，载 1940 年《地质论评》第 5 卷第 1—2 期，第 145—149 页。

人都肯尽力提携,无论是学生、同事或朋友,他均愿意辅导帮助他们成功,例如李承三先生往欧洲之前,并不认识丁先生,可是丁先生在欧洲遇见他后,就屡次帮助他的学业,归国后又介绍他到中央大学任教。我们纪念丁先生,要能够继续他的此种精神。

黄汲清在会上择要介绍了先生遗著图稿情况。①

1942年(民国三十一年壬午)

3月20日,第二届"丁文江纪念奖"在重庆举行的中国地质学会第18届年会上授奖,获奖人为李四光,由张更代为接受,奖金6000元,主要由于李四光在地质科学的研究成就而获奖。在授奖仪式上,中国地质学会丁文江纪念基金委员会主席杨钟健致辞。②

1943年(民国三十二年癸未)

9月10日,那廉君致函梁思成,函复嘱将丁文江先生遗著任公先生年谱底稿送交思永先生一事,孟真先生谓最好由先生与丁月波先生商妥后,合出一收据,较为妥当,或俟询明咏霓先生后再行办理,故此物尚未遵嘱送交思永先生。③

11月23日,中央地质调查所来函,函达中央地质调查所前将丁文江先生主编之梁任公年谱原稿送转史语所整理,兹为时已久,未蒙赐覆,未识已否收到。④

12月3日,史语所函中央地质调查所,函复丁文江先生主编之梁任公年谱原稿,本所业已照收。⑤

1944年(民国三十三年甲申)

2月15日,"丁文江纪念奖"委员会开会,到会委员翁文灏、李

---

① 《丁在君先生逝世五周年纪念会》,参见1941年《地质论评》第6卷第1—2期,第201—204页。
② 尹赞勋:《丁文江先生纪念奖金第二届授奖报告》,载1942年《地质论评》第7卷第4—5期,第222—224页。
③ 原件存台湾"中研院"史语所。
④ 原件存台湾"中研院"史语所。
⑤ 原件存台湾"中研院"史语所。

春昱、谢家荣、俞建章、尹赞勋等5人，按票决定第三届"丁文江纪念奖"授予黄汲清。①

4月1日，在重庆举行的中国地质学会第20届年会上授予黄汲清第三届"丁文江纪念奖"，奖金1万元，主要由于黄氏对于中国二叠纪地层的研究作出了较大的贡献。②

1946年（民国三十五年丙戌）

10月27日，第四届"丁文江纪念奖"在南京举行的中国地质学会第22届年会上授奖，授奖仪式由谢家荣主持，得奖人为尹赞勋，奖金40万元。尹氏获奖是由于他"从事地质工作约二十年，研究范围颇广；对于地层学及古生物学造诣最深，自寒武纪迄第四纪之化石均有描述讨论。此外，于普通地质如火山、瀑布以及金属矿产，均有贡献。"③

1947年（民国三十六年丁亥）

6月，《丁文江先生地质调查报告》一书在南京由经济部地质调查所印行。此书从酝酿到编辑、出版经历了一个长期过程。1936年春，先生逝世后不久，中国地质学会理事会开会讨论会务时，商议整理和出版先生著作事宜。考虑到先生是地质调查所的首任所长，他生前有二十多年时间都和地质调查所保持密切联系，因此就把这一任务交给了地质调查所；又因为先生的调查工作主要在西南几省，所以又决定由在云南做过长期调查工作的尹赞勋和先生组织的"西南地质调查队"的主要成员黄汲清具体负责整理和编辑工作。不久，由于抗战的爆发，事情被搁置下来，直到1944年5月才动手编辑，1946年春告一段落，书名为《丁文江先生地质调查报告》（民国二年至民国十九年间已故丁文江先生在冀晋鲁滇

---

① 《本会理事会纪录》，载1944年《地质论评》第9卷，第241页。
② Proceedings of the Twentieth Annual Meeting Held at Kueiyang, April 1—3, 1994. 参见1944年《中国地质学会志》(*Bulletin of the Geological Society of China*)第24卷第1、2期，第2页。
③ 《各项奖章奖金授予式》，载1946年《地质论评》第11卷第5、6期，第431页。参见尹赞勋：《往事漫忆》，北京：海洋出版社，1988年8月版，第53—54页。

桂黔川各省实地考察结果)。全书共 746 页,16 开本,附有插图 44 张,图版 45 幅。书前冠有翁文灏写的《丁文江传略》(英文),书末附有谌义睿编的《丁文江博士地质学及相关科学著作目录》。

6 月,中央研究院院务会议决定,将上海自然科学研究所址更名为在君纪念馆。

1948 年(民国三十七年戊子)

10 月下旬,第五届"丁文江纪念奖"在南京举行的中国地质学会第 22 届年会上授奖,得奖人为杨钟健,由刘东生代为接受,奖金为金圆券 200 元。杨氏由于在研究禄丰龙动物群,中国云南禄丰的似哺乳类爬行动物方面取得了卓越成就而获奖。[①]

1956 年(丙申)

12 月,台湾"中央研究院"出版《中央研究院院刊》第 3 辑《丁故总干事逝世廿周年纪念刊》。这本纪念刊的内容分为三部分:1. 传记;2. 纪念论文;3. 遗著选辑。

传记部分收入文章八篇:《丁文江的传记》(胡适)、《丁文江与中央研究院》(朱家骅)、《丁文江在地质学上之贡献》(阮维周)、《我和在君》(董显光)、《我所记得的丁在君》(蒋廷黻)、《关于丁文江先生的〈爨文丛刻〉甲编》(董作宾)、《现代学人丁在君先生的一角》(罗家伦)、《对于丁文江所提倡的科学研究几段回忆》(李济)。纪念论文共收入十一篇。遗著选辑部分收入六篇:《漫游散记》、《苏俄旅行记》、《徐霞客游记》、《奉新宋长庚先生传》、《重印〈天工开物〉卷跋》、《〈爨文丛刻〉自序》。

1958 年(戊戌)

《梁任公先生年谱长编初稿》一书分上、下两册在台北由世界书局出版。书前有胡适的《序》、丁文渊的《前言》。

---

① 《各项奖金授予式》,1949 年《地质论评》第 14 卷第 1—3 期,第 85 页。

1967 年(丁未)

9月1日,台北传记文学出版社出版胡适等著《丁文江这个人》一书,内分:一、《独立评论》第一八八期部分;二、《独立评论》第一八九、二一一期部分;三、《"中央研究院"院刊》第三辑部分;四、其他部分。共辑录怀念先生文字39篇。

1970 年(庚戌)

美国学者傅乐诗在哈佛大学出版社出版《丁文江:科学与中国新文化》一书(Charlotte Furth, *Ting, Wen-chiang: Science and China's New Culture*, Cambridge, Massachusetts: Harvard University Press, 1970.)。这是国外第一本以先生为研究对象的论著。丁子霖、蒋毅坚、杨昭将该书译成中文,湖南科技出版社1987年3月出版,新星出版社2006年1月再版。

1978 年(戊午)

5月,先生所著《明徐霞客先生宏祖年谱》一书在台北由商务印书馆出版。

1983 年(癸亥)

8月,署名丁文江、赵丰田编《梁启超年谱长编》,由上海人民出版社出版,全书81.5万字。此版在原《梁任公先生年谱长编初稿》一书基础上有所修改、增删。

1984 年(甲子)

根据先生"所占坟地不得过半亩"的遗嘱,其坟墓规模并不大。在"文化大革命"中,遭到红卫兵破坏,原有墓圈、墓桌等地面设施,荡然无存。但四周松柏长青,残碑犹在。1984年冬,先生生前友好钱昌照、黄汲清、曾世英、李春昱、高振西、夏湘蓉、刘基磐、陈国达以及先生亲属史济瀛、丁明远等,为缅怀先贤,激励后学,倡议修复先生墓。这件事得到了湖南省各界人士的响应。

12月28日,湖南省人大常委孔安民、陈新民、刘跃、韩工正、张惠民、王兴久、李强、王益之、赵琦、蒋慎言、刁操铨、欧阳骑、林增平、周炎辉、张世纯、成从修、谭日强、程希翱、黎盛斯,省科委副主任汪立康等二十人,联名向省委、省人民政府建议,请从速拨款修复丁墓,恢复旧观。同时,中南矿冶学院陈国达、黄培云、蒋良俊、刘基磐、廖友仁、徐康泰、丁传谱、区元任、何绍勋、李祖材、陈国珧、吴延之、张德仁、沈永欢、岳松等十四位教授,也联名请求湖南省委同意修复丁墓,以增色名山,扩大国际影响。这一倡议和要求,得到中共湖南省委、省人民政府有关领导的支持。①

1985年(乙丑)

　　本年初,先生墓园修复工程即着手进行,当时决定按原貌修复,做到修旧如旧。随后,中南矿冶学院地质系、湖南省地质矿产局、省地质学会共同提出初步修复方案和坟地原貌示意图,交施工负责单位——长沙市岳麓公园组织施工。

　　6月1日,修复工程正式破土动工。

　　9月底,修复工程如期完成。完成的主要工程项目计有:墓圈直径20米,面积314.16平方米;墓台直径8米,面积87平方米,片石道路350米;生平事迹简介碑一座。所有墓台、坟堆、围栏、香案均用花岗岩镶砌而成,碑面为长方形汉白玉,镌有横书"丁文江先生之墓"七个大字,由中国人民大学高承宗先生题写。碑体采用一色花岗岩砌成。落成半年后,游人和前来瞻仰者络绎不绝。②

1986年(丙寅)

　　1月,署名明徐弘祖著、丁文江编《徐霞客游记》一书,在北京由商务印书馆影印出版。书前收有《重印〈徐霞客游记〉及新编年谱序》、书内有《徐霞客先生年谱》、《徐霞客游记》和游记地图一幅。

　　4月23日上午,在长沙湖南省科协礼堂隆重举行"丁文江先生

---

① 参见黎盛斯:《丁文江先生墓重修经过》,载1986年《湖南省地质学会会讯》总第16号,第2、3页。
② 参见黎盛斯:《丁文江先生墓重修经过》,载1986年《湖南省地质学会会讯》总第16号,第2、3页。

逝世五十周年纪念会",这是建国以来科技界对这位已故科学家的首次纪念活动。纪念会由湖南省科协、湖南省地质学会、中南工业大学等单位筹备。会议由省科协副主席、省地质学会名誉理事长陈国达教授主持。省人大常委会主任焦林义首先讲话。接着省政协主席周政,省委常委、宣传部长夏赞忠,省科协主席黄培云,省科委主任陶敏,省地质学会理事长黎斯盛,中国地质学会地质学史研究会会长夏湘蓉,中南工业大学地质系教授蒋良俊等先后在大会上发言,回忆和赞扬先生对我国地质事业早期所作出的重大贡献,同时对湖南省政府拨出专款恢复丁墓表示感谢。最后,丁明远代表先生亲属发言,对湖南省政府及筹备纪念活动的各单位表示深切感谢。

出席这次纪念会的有省内外科技界、教育界的专家、知名人士、地质工作者共一百余人,当年与先生有师生之谊或共事多年的地质界、测绘界老前辈黄汲清、李春昱、曾世英等,以及丁氏在全国各地的家属,也应邀参加了纪念会。

下午,与会人员和各界代表分两批前往岳麓公园先生墓地瞻仰和扫墓。扫墓结束后,黄汲清、李春昱、陈国达、曾世英、黄培云等在墓地后侧种植三棵松柏长青树,并摄影留念。

4月24日上午,与会者在长沙市枫林宾馆召开缅怀先生生前事迹座谈会。会议由陈国达教授主持,出席座谈会的有李春昱、黄汲清、夏湘蓉、曾世英等33人,黄汲清先生首先讲话,题目是《丁文江——二十世纪的徐霞客》。接着,李春昱、曾世英均以其过去亲身感受回顾了先生对他们的谆谆教诲,说明先生关心青年、热爱祖国、治学严谨、尽毕生精力贡献给地质事业的崇高精神。夏湘蓉等也竞相发言,从各个方面来怀念先生对我国早期地质事业的创建作出的重大贡献。

纪念会期间,湖南省电视台在新闻节目里播放了"丁文江逝世五十周年纪念大会"实况,湖南省广播电台、湖南日报、长沙晚报、北京周报(英文版)、文汇报、光明日报、团结报、中国地质报以及中南工业大学校刊上均先后发表了纪念活动消息。①

---

① 参见《丁文江先生逝世五十周年纪念会在长沙隆重举行》,载1986年7月《湖南省地质学会会讯》总第十六号,第1、2页。

1987年(丁卯)

4月13日,在先生老家江苏泰兴,"为缅怀贤明,激励后人学习他严谨治学、重视实践、崇尚科学、热爱祖国,为振兴中华的献身精神",召开小型座谈会,以示纪念。县政协文史资料研究委员会则于去年10月着手向国内有关单位的专家、学者征集史料和纪念文章,编辑出版了《泰兴文史资料——纪念丁文江先生诞辰一百周年》专辑。[1]

9月,荣孟源、章伯锋主编《近代稗海》第六辑,由四川人民出版社出版。内收先生所著《民国军事近纪》和未刊稿《广东军事纪》。

10月5—7日,为了纪念先生诞生100周年和章鸿钊诞生110周年,在北京大学召开了一个为期3天的中国地质事业早期史学术讨论会。参加这次会议的有来自全国各地的专家学者、丁和章的生前友好及家属共113人,其中有学部委员22人,教授23人,副教授26人。纪念会由北大地质系主任何国琦主持,全国政协副主席钱昌照、地质学史研究会会长王鸿祯、北大校长丁石孙、地质科学院名誉院长黄汲清、中国地质学会理事长程裕淇、前任地质学史研究会会长夏湘蓉及先生生前友好、94岁高龄的水利学史专家郑肇经参加了这次会议。在会上宣读论文和讨论发言的有黄汲清、李春昱、贾兰坡、秦菱馨、王鸿祯、杨遵仪、袁见齐、谢学锦、韩德馨、霍世诚等,代表向会议提供论文72篇,三天会议共有87人次发言。会议期间还举办了纪念会展。[2]

1990年(庚午)

7月,由王鸿祯主编《中国地质事业早期史:纪念丁文江100周年章鸿钊110周年诞辰》一书,由北京大学出版社出版。此书分创业史、教育史、学术史、附录四部分,涉及纪念先生的文章有十

---

[1] 参见《泰兴文史资料——纪念丁文江先生诞辰一百周年》第4辑《前言》。
[2] 参见王鸿祯主编:《中国地质事业早期史》,北京大学出版社,1990年7月版,第286—288页。

余篇。

1993 年(癸酉)

2月,黄汲清、潘云唐、谢广连三人编辑的《丁文江选集》一书,由北京大学出版社出版。此书前有题词:"谨以此书献给丁文江先生诞辰105周年,纪念中国地质学会成立70周年"。黄汲清作序,收先生地质调查报告20篇,后附潘云唐编《丁文江学术著作系年目录》、翁文灏《丁文江先生传》。

1997 年(丁丑)

12月,学林出版社出版的《印象书系》第三辑,收入雷启立编《丁文江印象》。

1998 年(戊寅)

11月,河北人民出版社出版卫建国、张文颖、王俊金、张文理校注、明徐弘祖著《徐霞客游记》,书后附录收入先生著《徐霞客先生年谱》。

12月,辽宁教育出版社出版的《新世纪万有文库》收入先生著《两种游记》,内收《漫游散记》、《苏俄旅行记》两种。

2000 年(庚辰)

4月,中国青年出版社出版《二十世纪中国文化学术随笔大系》第三辑,收入洪晓斌编《丁文江文化学术随笔》。

2001 年(辛巳)

1月,河北教育出版社出版丁琴海著《丁文江》。

2005 年(乙酉)

2月,天津古籍出版社出版谷小水著《"少数人的责任"——丁文江的思想与实践》。

2007年（丁亥）

4月，湖北教育出版社出版宋广波著《丁文江图传》，江苏人民出版社出版林任申、林林著《丁文江》。

10月26日，中共泰兴市委、市人民政府在黄桥举办"纪念丁文江先生诞辰120周年大会"，出席会议的有泰兴各界人士、先生亲属和全国有关专家学者。会议还组织与会人员参观先生故居和纪念丁文江先生诞辰120周年展览。

12月8—9日，中国地质学会地质学史研究会、中国地质调查局科技外事部、中国地质大学（北京）地质调查研究院在北京中国地质大学举行"中国区域地质调查历史的回顾暨纪念丁文江诞辰120周年学术研讨会"，参加会议的学者提交与先生有关的研究论文十余篇。

2008年（戊子）

1月，中华书局出版欧阳哲生编《丁文江先生学行记》，收集有关纪念、回忆和研究先生的中、英文文章101篇，书后附《丁文江纪念、研究资料索引》。

10月30日，江苏省徐霞客研究会在南京举行丁文江研究分会（筹备）学术研讨会，出席会议的有江苏及北京的专家学者。会上有江苏省徐霞客研究会张永康会长、张德华副会长讲话，詹庚申就丁文江研究分会的工作目标及任务发言，王德滋、丁海曙、宋广波、张尔平、李学通、林任申、夏树芳、潘云唐、吕锡生作学术发言。会议组织与会人员参观了南京地质博物馆。

《丁文江先生学行记》前言

1936年1月5日丁文江在长沙湘雅医院因煤气中毒引起脑出血等病症,医治无效而去世。自从上年12月8日晚上他在衡阳煤气中毒,被送进医院以后,他的病情很快就惊动了北平、南京、长沙等地的朋友们,成为人们心悬的一块阴影。各地的亲朋好友密切关注他的病情的发展。12月11日翁文灏赶赴衡阳,决定让丁文江转往长沙湘雅医院治疗;12月21日傅斯年赶到长沙湘雅医院看望住院的丁文江,亲自与医生商量治疗方案;胡适则在北平通过电报持续了解病情发展,并与协和医院联系协助治疗事宜。

关于丁文江的死因,除了煤气中毒这一诱因,医治不得力似也是一大原因。① 此前,丁文江对生命的脆弱、环境的险恶和因为自己拼命工作、语锋太露可

---

① 丁文治在他的悼文中检讨:"衡阳方面如果有长沙方面的医药设备和人才,不至于行人工呼吸将筋骨折断,长沙方面如果有更好的设备和人才,许多潜伏的病或不至于查不出来,这是中国内地医药和一般医士程度的整个问题。"《我的二哥文江》,载1936年2月16日《独立评论》第188号。

能遭到不测,似乎早有某种预感,故在他去世的前一年已立下遗嘱,安排了后事。这样的做法,当时的确有点令人感到突兀。但联系丁文江所处的环境,似乎又并不为奇。

这是一个知识界频发事故的年代,不测的消息一个一个传来,年青的地质学者赵亚曾在四川考察时被土匪杀害(1929年),诗人徐志摩因飞机失事而陨命(1931年),前任中研院总干事杨杏佛被国民党特务杀害于办公室前(1933年),刘半农在内蒙古考察时染回归热病身亡(1934年),《申报》总经理史量才被国民党特务猎杀(1934年),这些熟悉面孔的消失,似乎都在一次又一次地提醒丁文江:生命是脆弱的。丁文江已明显意识到这一点。联想到自己家族成员的生命史过短,亲属中几乎没有活过五十岁的人,丁文江对生命的有限性不得不有所准备。然当事情真正发生时,人们的心灵不免产生一种震撼,毕竟他只有四十九岁,这样的年岁,正是一个人的事业如日中天,大展宏图的好时机。

丁文江是偏信西医的,胡适说:"他有一次在贵州内地旅行,到了一处地方,他和他的跟人都病倒了。本地没有西医,在君是绝对不信中医的,所以他无论如何不肯请中医诊治,他打电报到贵阳去请西医,必须等贵阳的医生赶到了他才肯吃药。医生还没有赶到,他的跟人已病死了,人都劝在君先服中药,他终不肯破戒。"[①]梁启超患病时,丁文江亦是力主送北京最有名的协和医院治疗,但与梁启超死在协和医院的结果一样,西医亦未能挽救他本人的生命,他在中国南方最有名的西医医院——湘雅医院溘然离世。他俩的死多少都有误诊的成分。

丁文江去世后,1月18日在中央研究院假中央大学大礼堂举行了高规格的追悼会,政界显要和学界名流,如蒋中正、蔡元培、王世杰、翁文灏、胡适等悉数参加,蔡元培主祭并亲致悼词。丁文江生前工作过的机构和学会组织,如地质调查所北平分所、北京大学地质系、中国地质学会等,也举行了追悼活动。按照丁文江本人的遗嘱,"死在那里,即葬在那里",在长沙举行了盛大的安葬仪式,他的好友翁文灏、蒋梦麟、梅贻琦专程赶到长沙出席。《独立评论》、

---

① 胡适:《丁在君这个人》,载1936年2月16日《独立评论》第188号。

《地质论评》、《中国地质学会会志》等刊开辟纪念专号、专栏,纷纷发表悼念丁文江的文章。在国际上,《字林西报》发表 A True Patriot(《一个真正的爱国者》)的社论,《泰晤士报》发表史密斯先生(Grafton Elliot Smith)的 Dr V. K. Ting: An Appreciation(《丁文江博士:一个评价》)悼文,国联卫生组长拉西曼特自日内瓦电唁慰问丁夫人,日本、美国、欧洲等地报刊亦迅即报道了丁文江去世的消息,这是国际上第一次对一位中国科学家逝世做出如此众多的报道。国内外对丁文江去世所作的这种强烈反应说明,一方面大家对丁文江因追求科学事业而以身殉职深表哀悼,一方面亦是承认丁文江为近代中国科学事业的发展做出了重大贡献。从这个意义上说,丁文江作为一个杰出的科学家,已赫然载入中国近代科技史。

丁文江是一个具有多方面成就的科学家。在他短暂的四十九年生涯中,他最大、最成功的事业是在地质学方面,"他的功绩特别是在实行野外调查,在这一方面讲,他是中国地质学界唯一的人物",[①]对西南地区的地质考察尤详。他创设地质调查所,经过严格、科学的管理,成为中国近代地质事业的卓有成就的主要机构,并在极短的时间里获得了世界性的声誉,为中国地质事业的发展奠定了重要基础。他首创培养地质人才的机构——地质研究所,不遗余力地训练、提携富有才华的青年地质学者。国际著名地质学家葛利普称誉丁文江的学术成就时说:"建造中国地质学之基础,及擘划其发展之途径,丁文江博士实最大之功绩。博士之姓名,在地质学上所占之位置,恐较其他任何学术方面更为重要。"[②]此外,他以现代科学眼光发掘十七世纪明代两大科学文献《徐霞客游记》、《天工开物》的科学价值,表彰徐霞客、宋应星在人类科技史上的地位,使中国古代科学遗产在20世纪重新大放光彩。他积极整理少数民族历史语言文献(主要是壮族、彝族),编辑《爨文丛刻》,是最早重视少数民族语言文献研究的高级学者。他对全国人种曾搜集最完备的材料,是中国人类学研究的开拓者。他撰写的

---

① 翁文灏:《追悼丁在君》,载1935年12月《地理学报》第2卷第4期。
② 葛利普:《丁文江先生与中国科学之发现》,载1936年2月16日《独立评论》第188号。

《民国军事近纪》保存了民国前期军事编制的诸多史料,成为人们研究北洋政府时期军事历史的重要参考文献之一。他主持编撰的《梁任公先生年谱长编初稿》,保存了大量梁启超的书札,是研究梁启超的主要参考文献,也是近代人物年谱的经典之作。他参与"科学与人生观"论战、独裁与民主论争,是20世纪二三十年代具有代表性意义的重要思想家之一。在近代中国科研环境和科研条件均极其恶劣的情形下,一个人物做出一项开拓性的成就已不容易,丁文江能取得如此之多的成就,这与他勤奋的工作精神和卓越的科研能力分不开。

丁文江遽然离世时,大家异口同声地为国家失去这样一位卓有成就的科学家而表示深深的惋惜。胡适沉痛地说:"在君之死,是学术界的一大损失,无法弥补的一大损失!"[①]章鸿钊哀叹:"我真不解世界上有这样无穷的缺憾!""我听到了丁在君的死,我只有叹一声,人生只是一个缺憾而已!"[②]翁文灏感慨道:"在君先生的死是中国的大损失,'人之云亡,邦国殄瘁!'人才如此难得,像在君先生的人中国能有几个?"[③]陶孟和痛苦地表示:"在君的死,不待言,是我们国家无法弥补的损失。"[④]李济悲泣地说:"在君之死,不但使认识他的朋友泪流满襟;一般有民族意识的公众莫不认为是国家的一种不可补偿的损失。这种自然流露的情绪,不是偶然发生的。这可以证明他所领导的各种事业之价值,已渐为大家所能了解。"[⑤]葛利普在悼文中称:"丁博士之遽尔长逝,科学界哀悼损失一个领袖,一个工作人员,一个主动之力量。博士之学生,博士之同事,与博士之朋友,又哀悼损失丁文江这个'人'!"[⑥]杨钟健评价道:"他的死,不但是地质界的损失,学术界的损失,实是中国各方面的一

[①] 《胡适日记》1936年1月5日,《胡适全集》第32册,合肥:安徽教育出版社2003年版,第544页。
[②] 章鸿钊:《我对于丁在君先生的记忆》,载《地质论评》第1卷第3期。
[③] 翁文灏:《追悼丁在君先生》,载1935年12月《地理学报》第2卷第4期。
[④] 陶孟:《追忆在君》,载1936年2月16日《独立评论》第188号。
[⑤] 李济:《怀丁在君》,载1936年2月16日《独立评论》第188号。
[⑥] 葛利普:《丁文江先生与中国科学之发展》,载1936年2月16日《独立评论》第188号。

个大损失。"①学术界这些重量级人物对丁文江的高度评价,突显出丁文江在当时中国学术界、地质界不可替代的重要地位。他的逝世使大家产生了一种失重感。

为纪念丁文江,中央研究院设立"丁文江奖学金",表彰在自然科学领域做出贡献的科学工作者。中国地质学会设立"丁文江纪念基金",以奖励那些在地质领域富有成就的地质工作者。这些纪念奖的设立,实在是对一种丁文江式的为科学献身的精神的鼓励,"明天就死又何妨!又拼命做工,就像你永永不会死一样!"这是丁文江喜欢吟诵的诗句,胡适以为也是丁文江最适当的墓志铭,其实也是对"丁文江精神"最好的诠释。

本书将所收纪念、追思文章为便于读者阅读,大略分为六辑:第一辑为《独立评论》(第188、189、192、211号)刊登的纪念文章。第二辑为《地质论评》、《国闻周报》等刊登载的纪念文章。另有两篇系在丁文江生前发表的介绍性文字,出自温源宁、林语堂之手,因有助人们了解时人对丁文江的印象,故予以收录。第三辑为20世纪50年代以后发表在台港地区报刊上纪念丁文江的文章。第四辑为20世纪80年代以后中国内地学人发表的纪念丁文江的文章。第五辑为丁文江逝世后出版的各种著作序言及其相关书评。第六辑为评论丁文江的各种英文报道和文章,在处理这一辑时,我没有像许多编者那样将它们译成中文,而是直接采用原文,一方面是为免读者搜索原作之苦,一方面也是希望引起学术界直接阅读外文文献的兴趣。书后附录《纪念、研究丁文江论著目录索引》,以为进一步了解、研究丁文江的读者提供文献资料索引。本书所收文章绝大多数出自与丁文江有关的朋友、同事、学生和亲属之手,他们亲身感受丁文江的教诲,对先生的为人处世、治学精神有着直接的了解;少数几篇文章的作者与丁文江虽无一面之缘,但其文引用的档案材料,亦可谓直接史料,对理解、研究丁文江极有价值。追忆、纪念丁文江的文字并不限现在所收文章,有些文字因时间已长,记忆与事实明显差误,故未予收录。

将有关纪念、研究丁文江的文字编辑成集,现已有数种:《丁文

---

① 杨钟健:《悼丁在君先生》,载1936年2月16日《独立评论》第188号。

江这个人》(台北:传记文学出版社,1967年版)、朱传誉编《丁文江传记资料》(3册,影印资料,台北:天一出版社,1979年版)、《泰兴文史资料——纪念丁文江先生诞辰一百周年专辑》(第4辑,1987年4月版)、王鸿祯主编《中国地质事业早期史——纪念丁文江100周年章鸿钊110周年诞辰》(北京大学出版社,1990年版)、雷启立编《丁文江印象》(上海:学林出版社,1997年版)。今年是丁文江先生诞辰120周年,为缅怀先生的学术业绩和科学精神,我们再一次编辑了这本《丁文江先生学行录》,收文数量有较大篇幅增加,其意在于传承"丁文江精神"———一种为中国科学事业而献身的奋斗精神,希望本书的问世,有助于人们对丁文江先生学行和交谊的全面理解。

2005年9月25日于北京海淀蓝旗营

(《丁文江先生学行录》,北京:中华书局,2008年1月出版)

附录 追悼丁文江佚文三篇

我在编辑《丁文江先生学行录》时,遗漏下列三篇追悼丁文江先生的文字,现补录于此,以飨读者。

一、Obituary: Dr. V. K. Ting

The death of Dr. V. K. Ting on January 5 in hospital at Changsha, at the age of forty-eight years, removes the second of the three distinguished honorary directors of Cenozoic research in China, which was set up by the late Prof. Davidson Black with funds provided by the Rockefeller Foundation of New York, when the fundamental importance of the fossil bed found at Choukoutien was demonstrated. The Chinese Press has emphasised the fact that the death of this courageous and learned man is a national loss.

Dr. Ting was not only an enlightened pioneer who exerted great influence in promoting the development of science and its applications, but he was also keenly interested in doing what he could to promote peaceful relations between Great Britain and China. In the days when the restoration to China of the control of Hankow was under consideration, he went to Nanking to propose to his Government a scheme which would satisfy both British and Chinese demands, and was distressed when, after apparently reaching a satisfactory solution of the problem, the announcement was made in the House of Commons that Great Britain had given up Hankow. In spite of this action, which looked like a rebuff to him, he still retained his intense friendliness to the nation which had, in the persons of Prof. Davidson Black and Prof. J. W. Gregory, under whose influence he went to Glasgow, revealed its confidence in him. When, after much delay, the British Government decided to apply the Boxer Indemnity Fund to the same sort of purpose, the promotion of science and education, as the United States under the guidance of President Theodore Roosevelt had done, Dr. Ting was one of the Chinese advisors chosen by Sir Austen Chamberlain to help with his counsel.

After preliminary studies in Peiping, where he enjoyed the friendship of Dr. A. Grabau, who is professor of palæontology in the National University, Ting proceeded to Cambridge for study and then went to the University of Glasgow, where he was a devoted follower of Prof. J. W. Gregory, and obtained his B. Sc. He then undertook post-graduate research in the University of Freiburg and obtained his doctorate for it. Returning to China with the prestige of his German doctorate and much experience, he became active in shaping policy in the Ministry of Agriculture and Commerce, especially in promoting the development of mining. With this object, he and his friend, Wong Wen-Hao, recommended the Ministry to invite to China Dr. J. Gunnar Andersson, formerly director of the Swedish Geological Survey. Readers of Nature are already familiar with the startling events which resulted from his inspired guidance in the fields of both palæontology and archæology. It was obvious that some medium for publication of the rich harvest of results accumulating from the researches of Prof. Davidson Black, Drs.

Andersson, Ting and Wong was needed, and in co-operation with his distinguished colleagues, Dr. Ting founded *Palæontologia Sinica* with funds provided by Mr. Ivan Krueger. This journal played an essential part in the development of science in China, and particularly in making *Sinanthropus* known and appreciated.

While the growing Geological Survey under Dr. Wong's able direction was mainly concerned with the creation of palæontological knowledge, Dr. Ting never lost sight of the significance of mining for the industrial welfare of China, and he specially devoted himself to the study of mining, until eventually he met his death from coal-gas poisoning in the course of inspection of a mine in Hunan. How thoroughly he carried on this work is revealed by the fact that one of his friends, Mr. Sotsu King, an enthusiastic scientific amateur, founded a special institute for fuel research in Peiping, and equipped it for every kind of modern research on fuel problems. This is merely one example of how the late Dr. Ting used his knowledge and charm in the promotion of scientific progress.

The chief disaster created by the death of Dr. Ting is due to the removal of an essential link in the body of wise men, such as Dr. Hu Shih, Dr. Wong Wen-Hao and others who exert a vast and important influence by restraining the over-hasty adoption of the intoxicating elements of Western culture by an Oriental people. In the intellectual society of Peiping and the important work it is doing, the loss of Dr. Ting will be severely felt. Special sympathy must be extended to the students of the National University of Peiping who sit at the feet of Prof. Grabau, whose co-operation with Dr. Ting afforded an ideally wise guidance.

(January 18, 1936. *Nature*)

二、中国地质学会第十二次年会记事(节录)

中国地质学会第十二次年会于民国二十五年一月二十六日起在南京举行,会期共五日,前四日俱为事务会论文会及特别讨论会,最后一日则为地质旅行。兹将开会详情,记录如后:

二十六日上午九时半在水晶台地质调查所会场开事务会,到会者共有七十余人,因理事长叶良辅君因病未能出席,改由理事会公推翁文灏、杨钟健、李毓尧、李学清、张席禔、谢家荣等为主席团。是日上午之会,由谢家荣主席先报告开会意义,并感谢各地会员不辞道远来京出席之热忱。继谓本届年会在地质调查所新建筑内开会,本属极可欣慰之事,但同时有一极不幸之事发生,即地质界先进、本会之创造者丁在君先生,在衡阳考察煤矿时偶中煤毒,医治无效,竟于一月五号卒于长沙湘雅医院。丁先生之死,不仅为地质界之大损失,亦全国之大损失,噩耗传来,全国悲痛,敬于开会之第一日,举行简单纪念会,乃请全体起立静默三分钟,以志哀悼。继请翁文灏君报告丁氏事略及对于本会之贡献。翁氏略谓在君先生是开始中国地质学工作之一人,彼尤注意于野外调查,无论在当所长或当教授时,俱能身体力行,毫不苟且,因是给后进者以最好之模范。在君先生在滇黔桂三省所得之地质材料,异常丰富,但因慎重故,尚未能充分发表,殊为遗憾。除地质学外,彼于地理、人种、历史等学术,俱有深切之研究与贡献,而于政治,尤属关心,每思以实事求是之精神,为国努力。《字林西报》谓丁先生是"一个真爱国者"诚属最确当之评论也。在君先生对于本会之热心,尤属难得,如发起募集基金及向各方捐款建筑南京本会会址;彼又请葛利普先生将全部古生物图书,捐与本会,而彼私人之地质图书,亦俱捐赠本会。凡此贡献,皆能予本会以固定不灭之基础,而足为后来之景式者也。继由主席请黄汲清君报告丁氏在中国地质上之贡献。黄君先略述丁氏在中国西南及南北各省地质考察之经过,及其已出版之论文,继谓先生在地质学上之贡献,当以志留泥盆石炭二叠及新生代各纪为最重要。丁氏调查之区域虽多,尤其在西南各省,但出版者尚属寥寥,现地质调查所已请尹赞勋、黄汲清二君整理丁氏笔记,不久即将由所出一专报纪念丁氏云。翁、黄二君报告毕,乃由书记会计及编辑报告,辞从略。最后由主席宣布本届选举理事结果,翁文灏、杨钟健得票最多当选,又因丁文江病故,照章由次多数黄汲清递补。……

此次年会,因适值丁在君先生之丧,故特停止年会宴,以志哀悼。但在京会员及中央研究院地质研究所国立编译馆等各机关,仍多设宴招待,附志于此,以表谢忱。

理事会记录

一月二十七日晚八时开理事会,出席理事翁文灏、杨钟健、冯景兰、张席禔、黄汲清、谢家荣等六人。先推选理事会议员,投票结果,杨钟健当选为理事长,黄汲清为书记,冯景兰为会计。助理书记及会计仍请叶荣森、钱声骏担任。次乃议决下列各案:

(一)翁文灏理事提出丁在君先生纪念基本原则,原案通过(详文列后)。

(二)推举竹垚生、金叔初、翁文灏、李四光、谢家荣等为丁氏纪念基金保管委员会委员。

(三)本会基金委员会委员丁文江出缺,推举黄汲清继任。

(四)推举翁文灏为本会会志编辑主任,谢家荣、尹赞勋、袁复礼为编辑,高振西、赵金科为助理编辑。

(五)核准北平会员组织中国地质学会北平分会。

(六)谢家荣等理事提出由本会发行一中文刊物,名曰《地质论评》。一致通过,并推举谢家荣为编辑主任,尹赞勋(无椎脊古生物)、杨钟健(椎脊古生物)、田奇㻪(地层)、李四光(构造地质)、李学清(矿物)、孟宪民(经济地质)、袁复礼(地文)、章鸿钊(动力地质)、斯行健(古植物)、冯景兰(岩石)等为编辑。

(七)推举叶荣森继续编著中国地质文献目录。

丁在君先生纪念基金原则三条,抄录如下:

一、本基金由丁先生至好友人捐助于中国地质学会,由该会理事会推举五人至七人,组织保管委员会保管之。委员如出缺时,由其余委员推举,请理事会核定。

二、本基金应长久保存,但所得利息,至多以每年一千元为限,送备丁在君夫人之用。

三、除第二条规定之用途外,所有利息,作为纪念奖金,对于地质工作有特别贡献者,每年发给一次,其详细办法,由理事会另订之。

(载 1936 年《地质论评》第 1 卷第 1 期)

三、悼丁文江先生

本年献岁之初,吾国科学界发生一不幸之事,厥为丁文江先生在湘中煤毒病逝,噩耗惊传,同深悼惜,斯不仅科学界失一导师,实吾国现代人才之一大损失也。

丁先生早岁劬学,聪颖异常,年十五即留学东瀛,继转英德,专攻地质采矿,旁及人文之学,崭然露头角。归国后,历官农商部,首创地质调查所,开吾国研究科学之先声,并兼任北大地质学教授,琢育人才,风被至广。后任北票煤矿经理,亦著成绩。十四年,任淞沪商埠督办,尤著政声,上海市政府得有今日之良好规模与权力,实于是时植其根基,而卫生局之设立,尤为中外识者所称道。近年任中央研究院总干事,人地两宜,颇能展其怀抱,如组织评议会,基金保管会,规定各所预算,扩充学术合作等,均曾尽最大努力,于确立中研院之基础,发挥其威权,卓著勋劳,未可磨灭,乃长才未竟,遽尔撒手,此于一机关之损失,更未可以寻常视之。

丁先生交游至广,蜚声国际,领袖群伦,时誉至隆,对于社会上之一般学术文化事业,尽力至多,如历任本社理事与社长,多所规则,中美中英基金团,或为董事,或备顾问,于政策之定夺,基金之运用,更多盖筹,其他学术团体,得丁先生之赞助者,不胜枚举,即外人在吾国办理科学文化事业者,亦每以得丁先生之顾问以为是,其系中外之信望,有足多者。

复次,丁先生博闻强识,辩才无碍,于专治所学之外,兼擅政论,外观大势,内审国情,以为非厉行独裁政治,不足以救国家危亡(论著多见于《独立评论》及《大公报》),腾诵一时,盖丁先生不仅为一学擅专门,著作宏富之学者,同时亦为富有办事才能,洞明治理之政治人才,年及知非,宜可服政,天假之年,正可运用于绵密思想,丰富常识,专门学术,领袖才干,担当国事,其将有造于国家前途,盖可预人,在缺乏人才之中国,尤其缺乏科学人才之中国,于丁先生之丧,尤可惋惜。语云:"人之云亡,邦国殄瘁,"其是之谓欤!闻地质调查所,中央研究院,均将为丁先生设立奖学金,以纪念之,国府并将明令优恤,以彰功勋,亦崇德报功之美意也。(咸)

(载1936年2月《科学》第20卷第2期)